Das Handbuch zur Tauchgeschichte

Michael Jung

mit einem Vorwort von

Prof. Dr. Hans Hass

VERLAG STEPHANIE NAGLSCHMID STUTTGART

Die Deutsche Bibliothek - CIP-Einheitsaufnahme

Jung, Michael:
Das Handbuch zur Tauchgeschichte /
Michael Jung. Mit einem Vorw. von Hans Hass. -
Stuttgart : Naglschmid, 1999
ISBN 3-925342-35-4

Titelfotos: Hermann Stelzner/Drägerwerke AG, Manfred Müller /MTi
Titelgestaltung: Stephanie Naglschmid/MTi-Press
Fotoreproduktionen: Friedrich Albermann

Inhaltsverzeichnis

Vorwort

Oft, wenn ich im heutigen Taucher-gewimmel wieder im Meer bin, denke ich an meine ersten Abstiege mit einem Schwimmtauchgerät im Sommer 1942 zurück. Ich war damals so glücklich und frei wie nie zuvor. Endlich konnte ich ohne Atemnot in aller Gemütsruhe über den Meeresgrund schwimmen, konnte ruhig stillsitzen und das Verhalten der Meerestiere in aller Intimität studieren. Ich war gleichsam selbst zu einem Fisch unter Fischen geworden!

Interessierte Augen betrachteten mich, wandten sich dann wieder beruhigt ab und dem Alltag zu. Das Kreislaufgerät gab außer einem gelegentlichen, leisen Klikken der Ventile kein Geräusch von sich. Meine Bewegungen verrieten nicht mehr die Unruhe des kurzfristigen Eindringlings. Plötzlich war ich nicht mehr ein suspekter Fremder, sondern Bestandteil im jeweiligen Biotop. So lange der Mensch bei seinem Vordringen unter Wasser die an Land erworbene, aufrechte Gehweise beibehielt, blieb er ein Fremdkörper im Meer. Erst als er mit den künstlichen Flossen von Louis de Corlieu und der Lungenergänzung des Schwimmtauchgerätes selbst zum fischartigen Wesen wurde, nahm ihn die einstige Heimat wieder freundlich auf.

Ich ahnte damals schon, welch ungeheuere Möglichkeiten diese neue Tauchmethode für Wissenschaft, Freizeit und Sport eröffnet. Im geografischen Kabinett der Wiener Nationalbibliothek studierte ich auf britischen Admiralitätskarten die endlose Vielzahl von Korallenriffen in tropischen Meeren, stellte mir bereits vor, was ich dort sehen und erleben würde. Mit meinem Forschungsschiff *Xarifa* erreichte ich dann im Laufe der Jahre viele von ihnen und tauchte an Stellen, die vor mir noch nie ein Mensch gesehen hatte.

Unendlich einsam kreist unser von Meeren überdeckter Planet durch das All. In den Unterwasserräumen entfaltete sich der geheimnisvolle Strom, den wir „Leben“ nennen. Über drei Milliarden Jahre lang konnte er sich nur hier fortsetzen und in immer neuen, höher differenzierten Lebenskörpern entfalten. Davon wurden einige dann auch fähig, auf das trockene Land vorzudringen, es zu erobern, zu kolonisieren. Über den Menschen und seine Technik gelangte der Lebensstrom dann zu solcher Macht, daß er sich heute bereits selbst zu vernichten droht.

In diesem Handbuch schildert mein Freund Michael Jung anhand einer außerordentlichen Vielzahl interessanter Informationen die Rückkehr des Menschen ins Meer. Er schließt damit eine Lücke, denn bisher wurde die Entwicklungsgeschichte des Schwimmtauchens noch nie in dieser Ausführlichkeit von ihren Anfängen an dokumentiert. Deshalb begrüße ich es, daß er sich diese nicht einfache Aufgabe gestellt hat.

Michael Jung spannt den Bogen vom Apnoetauchen in der Frühzeit bis hin zur hochmodernen Tauchtechnik unserer Tage. Dabei wird die Entwicklung von Flossen, Maske und Schnorchel ebenso umfassend dargestellt wie vom Helmtauchergerät, dem Kreislaufgerät oder dem autonomen Drucklufttauchgerät. Auch die aktuellen Entwicklungen auf den Sektoren der Mischgas- und Sättigungstauchtechnik spart er nicht aus.

Ich wünsche dem ebenso aufschlußreich wie spannend gestalteten Werk von Herzen den Erfolg, den es verdient!

Prof. Dr. Hans Hass
Wien, den 06. Oktober 1998

Einleitung

„Geschichte schreiben ist eine Art, sich die Vergangenheit vom Halse zu schaffen" - Diese von Goethe geäußerte Meinung entsprach sicher nicht meiner Intention, als ich mich daranmachte, vielfältiges, geschichtsträchtiges Material zusammenzutragen, zu sichten und auszuwählen, um die Entstehung des menschlichen Tauchens und vor allem die Entwicklung des Schwimmtauchens im Lauf der Jahrhunderte nachzuzeichnen.

Über dieses wichtige Teilgebiet der submarinen Forschung sind in der Literatur keine frei verfügbaren Werke vorhanden. Die umfangreichen Dokumentationen von Hermann Stelzner und Robert Davis, beide bereits vor über einem halben Jahrhundert abgefasst und noch heute mit Recht als Standardwerke angesehen, können die Lücke über die Entwicklung des Schwimmtauchens nicht schließen: Gerade diese Tauchtechnik hat in den letzten fünf Jahrzehnten mit Riesenschritten die Pionierzeit hinter sich gelassen. Eine aktuelle Aufarbeitung dieses Themas drängt sich schon deshalb auf.

Seit Mitte unseres Jahrhunderts hat die Eroberung des Unterwasserraumes einen größeren Sprung getan als in all den vielen davorliegenden Jahrhunderten, in denen nur die Perlen- oder Schwammtaucher bescheidene Kenntnisse von der Unterwasserwelt hatten. Abhängig von ihrem Vermögen, die Luft anzuhalten, durchstreiften sie immer nur für kurze Momente ein eng begrenztes Unterwassergebiet. Auch Helmtaucher konnten uns nur vereinzelt Einblicke verschaffen, denn sie besaßen noch nicht ausreichend Mobilität. Erst das Schwimmtauchen ermöglichte hier den entscheidenden Durchbruch.

In vielen Büchern, in denen der Geschichte des Tauchens breiterer Raum geboten wird, findet man statt der erhofften Fakten häufig nur mehr oder weniger wahre, heroisierende Geschichten über Erlebnisse von Tauchern auf dem Meeresgrund. Hier soll zugunsten historisch belegbarer Tatsachen auf solche Erzählungen verzichtet und der Weg aufgezeigt werden, den die Entwicklung der Schwimmtauchtechnik wirklich nahm. Dabei wurde bewußt darauf geachtet, möglichst viel historisches Original-Bildmaterial mitzuverwenden. Solche Skizzen, technische Zeichnungen oder Fotos geben besser den jeweiligen Stand der Technik wieder als jede verbale Beschreibung. So soll dieses Buch auch einen Beitrag zur Klarstellung und Verdeutlichung historischer Ereignisse leisten. Nicht zuletzt ist es die Aufgabe des Geschichtsschreibers, Pioniertaten festzuhalten, die schon vergessen oder totgeschwiegen werden. Ich habe mich dabei bemüht, trotz wissenschaftlich-sachlicher Dokumentationsarbeit und der damit oftmals verbundenen Gefahr einer trägen Detaillierung, eine gut lesbare und anregende Darstellung zu finden.

Dieses Buch beschäftigt sich also vor allem mit der Entwicklung des Schwimmtauchens - der Betätigung, die heute Millionen Menschen weltweit als Sport oder Beruf ausüben. Die Entwicklung der Unterwasserfotografie und des Unterwasserfilmes fehlt in vorliegender Dokumentation ebenso bewußt wie die des Unterseebootes und der Panzertauchgeräte (ADS): Hierzu stehen bereits ausgezeichnete Schilderungen zur Verfügung. Eine wirklich vollständige Abhandlung, die *alle* Aspekte des menschlichen Vordringens in die Meerestiefen mitbehandelt wäre so umfangreich, daß sie die Dimension einer mehrbändigen Enzyklopädie annehmen würde. Deshalb kann es hier nur darum gehen, den Schwerpunkt des Schwimmtauchens zu betrachten.

An der Schwelle zum dritten Jahrtausend ist es an der Zeit, innezuhalten und sich die weitreichenden Veränderungen zu vergegenwärtigen, die sich im Laufe der Jahre ergeben haben. Auch wenn inzwischen die Tauchtechnik ausgereift scheint - die Erforschung der Geheimnisse des Meeres ist damit lange noch nicht abgeschlossen!

Michael Jung
Merzig, im November 1998

Die verschiedenen Taucharten

Stellt man einem Menschen die Frage, was er unter einem „Taucher" versteht, wird man wohl irritierte Blicke ernten. Die Frage scheint so simpel, daß sich eine ausführliche Antwort kaum lohnen dürfte. Daß ein Taucher jemand ist, der sich unter der Wasseroberfläche aufhält, dürfte ja wohl jeder wissen! - Warum also diese Frage?

Für einen Außenstehenden, der die Betätigung des Menschen in der Unterwasserwelt distanziert betrachtet, mag es keine Rolle spielen, mit welchem Hilfsmittel ein Mensch unter die Wasseroberfläche steigt um dort zu tauchen. Für ihn mag es nicht wichtig sein zu wissen, *wie* der Mensch taucht. Jeder, der unter die Wasseroberfläche steigt, ist für ihn ein „Taucher". Für uns jedoch, die wir den Weg des Menschen unter Wasser nachzeichnen wollen, kommt es aber gerade auf dieses *Wie?* an. Erst der Blick auf die verschiedenen Entwicklungsstufen der Tauchtechnik, ihrer zeitlichen Aufeinanderfolge und auch auf die Rückschritte, die es bei der Tauchtechnik ebenso wie bei jeder anderen Entwicklung gab, gibt ein schlüssiges Bild vom Werdegang. Deshalb beinhaltet der allgemeine Begriff des „Tauchers" eine für unsere Zwecke ungenügende Abgrenzung.

Ebenso wie im gesamten Verlauf der biologischen Evolution hat die menschliche Entfaltung im Meer eine Vielzahl der verschiedensten Formen und Arten von Tauchern hervorgebracht. Es gibt Taucher, die nackt, ohne jedes Hilfsmittel hinabtauchen und sich dort in beachtlichen Tiefen, mit angehaltenem Atem, aufhalten. Andere Taucher steigen, von druckfesten Panzern umgeben, in Tiefen hinab, die noch nicht einmal mehr vom Sonnenlicht erreicht werden. Wiederum andere sind ausgerüstet mit leichten Atemgeräten, tragen Flossen an den Füßen und schweben als Fisch unter Fischen über die Riffe. Es ist sicher nicht ausreichend, all diese verschiedenen Entwicklungsformen mit ihren spezifischen Vor- und Nachteilen mit dem pauschalen Begriff „Taucher" zu bezeichnen.

Im Bereich der Fortbewegungsmöglichkeit an Land ist die Sprache in Bezug auf das *Wie?* reicher und läßt mehr Differenzierung zu: Je nach Art des Fortbewegungsmittels spricht man vom Fahrrad, dem PKW, Omnibus, LKW, Eisenbahn, usw. Für die Fortbewegung und den Aufenthalt unter Wasser wird hingegen oft nur ein Begriff benutzt: eben „Tauchgerät". Es ist eine Crux, daß darunter - unabhängig von der Beschaffenheit des benutzten Hilfsmittels - *alle* Apparate verstanden werden können.

Zu zusätzlicher Konfusion kommt es in Deutschland, seit hier der Begriff des *Scubing* für alle Betätigungsarten unter der Wasseroberfläche eingeführt wurde. Dieser Begriff ist irreführend und etymologisch unzulässig: Er stammt von dem amerikanischen Begriff SCUBA ab, eine abgekürzte Schreibweise von „Self-Contained Underwater Breathing Apparatus“ - also selbstversorgendes Unterwasseratemgerät. Damit ist also eine spezielle Art von Tauchgerät gemeint, weshalb „Scubing“ auf alle Taucharten ausgeweitet eine irreführende Wortschöpfung ist. Allerdings scheint man hier einem Modetrend zu folgen, spricht man doch inzwischen auch nicht mehr vom Fahrradfahren sondern vom Biking, oder vom Skiing statt Skilaufen...

Ein Blick auf andere Sprachen zeigt das gleiche Grundproblem: Die Franzosen beispielsweise bezeichnen die Grundausrüstung des Sporttauchers mit *le scaphandre autonome*. Buchstäblich bedeutet dies „der autonome Taucheranzug“ - was ebenso ambivalent wie in der deutschen Sprache ist. In der Praxis verkürzen die Franzosen diesen Ausdruck in *scaphandre*, was ursprünglich eine Korkschwimmweste und nicht einen Taucheranzug bezeichnete. Als *scaphandrier* wird ebenso ein Taucher in seinem üblichen Anzug, komplett mit Helm, Bleischuhen und Anzug bezeichnet wie auch - unter Weglassung des Wortes *autonome* - ein moderner Schwimmtaucher. Zu weiterer Verwirrung kommt es dadurch, daß die Franzosen noch ein Wort für Tauchen haben: *la plongée*. Taucher nennen sie *le plongeur*, manchmal auch *le plongeur autonome*.

Dieser Name stammt noch von den griechischen Schwammtauchern ab. Bei ihnen war die Verwendung eines Bleigewichtes zum schnelleren Abtauchen allgemein üblich. Blei heißt im Lateinischen *plumbum*. Daraus sind, vielleicht über ein Verbum *plumbiare*, mit der weiteren sprachlichen Entwicklung in den romanischen Sprachen die entsprechenden Begriffe entstanden, zum Beispiel die französischen Worte *plonger* (tauchen) und *plongeur* (Taucher), die im Italienischen *palombaro* heißen.

Diesem Reichtum hat die englische Sprache zunächst nichts entgegenzusetzen als *diving* und *Diver*. Allerdings gibt es hier inzwischen durch Kombinationen und Neuschöpfungen ein reicheres Begriffsinventar, das ebenfalls mehr oder weniger genau die Sache, um die es geht, bezeichnet: *Freediving, Skindiving, Undress Diving, Helmeted, Hard-Hatted, Old-Style Diving, Recreational Diving, Technical Diving*.

Wegen der aufgezeigten Schwierigkeiten gab es viele Versuche, die unpräzisen Begriffe genauer zu fassen, um so die verschiedenen Varianten menschlichen Tauchens besser zu berücksichtigen. Eine der ersten, ausführlicheren Definitionen eines „Tauchers“ findet sich bereits in *Johann Huebners Zeitungs- und Conversations-Lexikon* von 1828. Dort steht: „Taucher, der, ein Mensch, welcher die Fertigkeit besitzt, unter Wasser zu tauchen, eine Zeitlang auf dem Grunde sich aufzuhalten und unten befindliche Dinge heraufzubringen. Menschen, deren Gewerbe sich ungemein vervollkommnet hat. Seltener benutzt man in solchem jetzt Individuen zur Perlen-

und Korallenfischerei oder zur Heraufholung in Flüssen und Meeren untergegangener Schätze, indem man solche mit und ohne schützende Glocken ins Meer hinabläßt, aber desto häufiger zu menschenfreundlichen Zwecken, tiefe Steindämme mit ungeheuren Blöcken regelmäßig zu versenken oder Felsen, sie einen Fluß sperren oder eines Hafen Mündung oder Breite unsicher machen, zu zersprengen, wozu sie besonders in England benutzt werden“.

Der exzellente Tauchtechniker Hermann Stelzner gab 1943 in der zweiten Auflage seines Werkes *Tauchertechnik* eine Beschreibung, die wohl dem damaligen Zeitgeist entsprang. Er schreib: „Taucher sind Männer großer Muskelkraft, mit gesunden Organen. Es gibt keinen zweiten Beruf, der so hohe Anforderungen an körperliche Leistungsfähigkeit stellt, wie sie der Beruf des Tauchers - nicht nur gelegentlich - verlangt. Taucher sind Männer hoher geistiger Kräfte, von Verstand und einwandfreier Moral. Sie haben so vielseitigen Gefahren zu trotzen, daß an ihrer Geistesgegenwart und Beobachtungsgabe höchste Anforderungen gestellt werden. Ein unbeirrbares Pflichtgefühl muß ihn antreiben, unter Hergabe aller Kräfte des Körpers und Geistes für schnellste und trefflichste Lösung der gestellten Aufgaben zu sorgen“.

Auf solche markigen Beschreibungen ist es wohl zurückzuführen, daß Tauchen lange Zeit hindurch als Betätigungsart ausschließlich für harte Männer angesehen wurde. Bis in unsere Zeit hinein herrscht mancherorts noch die Ansicht von der Taucherei als elitäre Gemeinschaft wagemutiger, athletischer Männer. Seit jedoch die Schrecken der Meere - die „menschenmordenden“ Haie, Polypen oder Muränen - als Schauermärchen entlarvt wurden, verlor die Taucherei zum Glück viel von diesem Habitus. Es ist allerdings richtig, daß zur Zeit Stelzners die Tauchtechnik noch nicht so weit fortgeschritten war, als daß sie leichtes und unbeschwertes Tauchen für jedermann so wie heute ermöglichte. In der Tat erforderte der Beruf des Tauchers damals noch besonders hohe körperliche Kondition und Unerschrockenheit.

Stelzner wendet den Begriff des Tauchers nicht nur auf Menschen unter Wasser - er nennt sie Wassertaucher - sondern auch auf solche in unatembarer Luft an. Er spricht hier von „Gastauchern“, denen z.B. Feuerwehrleute mit Atemgeräten oder auch Ballonfahrer oder Flieger mit Sauerstoffgeräten - die sogenannten „Höhentaucher“ - angehören. Diese Gastaucher gehören allerdings nur hinsichtlich ihrer Atemtätigkeit zu den Tauchern, sie sind nicht von den negativen Einflüssen des steigenden Umgebungsdruckes betroffen.

Man bezeichnet als Taucher aber auch Tiere, wenn sie sich eine gewisse Zeit unter Wasser aufhalten können, ihre Atemorgane sie allerdings zu dauerndem Leben unter Wasser nicht befähigen. Im weiteren Sinne nennt man Taucher auch Arbeiter, die Gegenstände in Wasser, Farbe oder Öl tauchen.

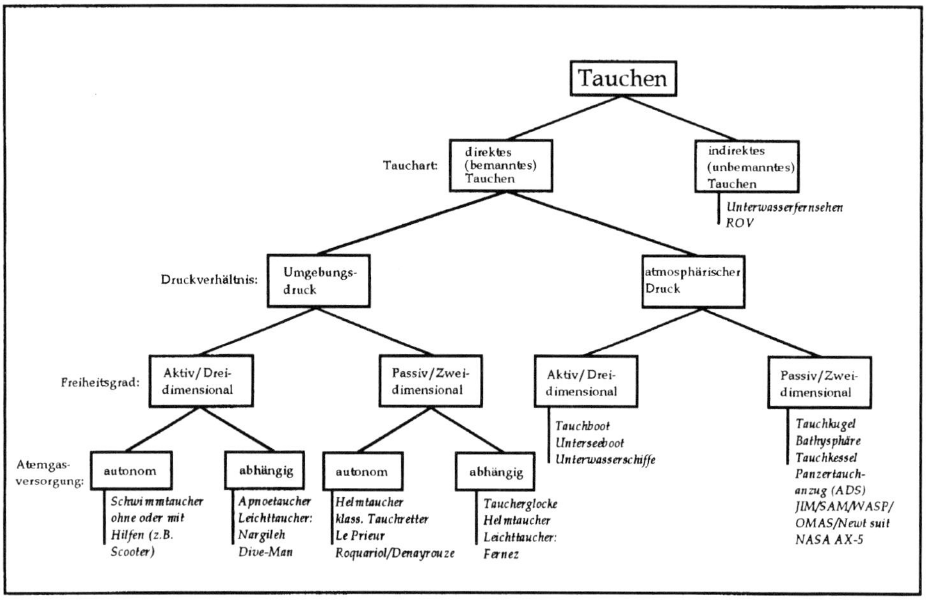

Wir wollen hier allerdings unter „Taucher" einen luftatmenden Menschen verstehen, der sich unter Wasser mit angehaltenem Atem bis zu wenigen Minuten oder mit Hilfe besonderer Tauchgeräte längere Zeit aufhalten und Unterwasserarbeiten ausführen kann. Und „Tauchen" bedeutet für uns, gleich ob in Flüssigkeiten oder Gasen, immer der Aufenthalt eines luftatmenden Lebewesens in einem höheren Umgebungsdruckniveau als an der Erdoberfläche mit zeitlich begrenztem Aufenthalt unter diesen Umgebungsbedingungen. In Abgrenzung zum Taucher bezeichnet man als „Aquanaut" - in Anlehnung an den Begriff Astronaut - eine Person, die sich für mindestens 24 Stunden unter der Wasseroberfläche aufgehalten hat. Diese Bezeichnung tragen vor allem die Bewohner von Unterwasserhäuser oder Sättigungstaucher, welche sich etwa in der Offshore-Industrie lange in der Tiefe aufhalten.

Man spricht ab einer Tiefe von 66 Meter (= der errechneten, theoretischen Grenze für sicheres Drucklufttauchen) bis etwa 1.000 Meter vom „Tieftauchen". Die Entwicklung des Tieftauchens begann erst mit der Einführung künstlicher Atemgasgemische. Als „Tiefsttauchen" werden alle über 1.000 Meter Tiefe hinausgehenden Abstiege bezeichnet.

Die Gemeinschaft der Taucher läßt sich in 6 Hauptgruppen einteilen, wobei sich vier prinzipielle Differenzierungsebenen gegeneinander abgrenzen lassen:

- Die *Tauchart*: direktes (bemanntes) oder indirektes (unbemanntes) Tauchen,
- das *Druckverhältnis*: Umgebungsdruck oder atmosphärischer Druck,

- der *Freiheitsgrad:* Aktiv/Dreidimensional oder Passiv/Zweidimensional,
- die *Atemgasversorgung:* autonom oder abhängig.

Überträgt man diese Gruppen in ein Schema, lassen sich die verschiedenen Betätigungsarten des Tauchens besser einordnen. Der apparative Aufwand für die einzelnen Tauchverfahren ist dabei sehr unterschiedlich: er reicht im einfachsten Fall von einer Oberflächenversorgung bis hin zur komplexen Anlage für Sättigungseinsätze in großen Tiefen.

Die Gruppe aller Taucher, die mit angehaltenem Atem tauchen, fassen wir zunächst unter der Bezeichnung *Apnoetaucher* zusammen. Unter Apnoe versteht man in der Tauchphysiologie ein Aussetzen der Atmung, gleichgültig ob das willkürlich geschieht oder unwillkürlich, wie z.B. in Fällen von Bewußtlosigkeit. Wir sprechen hier nur vom bewußten, willkürlichen Atemanhalten beim Tauchen. In diese Gruppe fallen also alle sogenannten Frei- und Nackttaucher sowie die Schnorchler. Die Apnoetaucher haben keine Atemgasvorratshaltung und sind deshalb abhängig von der Oberflächenluft. Sie können sich dreidimensional im Raum bewegen und sind dem Umgebungsdruck ausgesetzt.

Eine weitere Gruppe ist die der *Leichttaucher*: Hierzu gehören Tauchgeräte vom Typ „Narguilé" (Frankreich) oder „Hookah" (USA). Hier ist der Taucher nur mit Lungenautomat (zweite Stufe des Atemreglers), Maske und Flossen ausgerüstet und wird über einen langen Schlauch mit Druckluft von der Oberfläche versorgt. Ihr Grundprinzip geht bis auf Edmund Halley (1716) zurück, der allerdings nicht schwamm sondern auf dem Boden wanderte.

Den Apnoetauchern komplementär ist die Gruppe der *Schwimmtaucher*. Der funktionelle Unterschied zu den Apnoetauchern und Leichttauchern besteht darin, daß Schwimmtaucher *nicht* von Oberflächenluft abhängig sondern autonom sind. Sie verlängern ihre Verweildauer unter Wasser durch mitgenommene Atemgasreserven. Das kennzeichnende Merkmal des autonomen Tauchens ist das Mitführen des notwendigen Atemgases in entsprechenden Druckbehältern. Damit ist die Versorgung unabhängig von der Oberfläche und ermöglicht einen freien und flexiblen Aufenthalt unter Wasser.

Schwimmtaucher sind also Menschen, die sich durch Zuhilfenahme von mitgenommenen Atemgasreserven frei, autonom von jeglicher Verbindung nach oben während einer längeren Zeitspanne unter der Wasseroberfläche aufhalten und durch Einsatz von Flossen eigenverantwortlich im dreidimensionalen Raum bewegen können. Es ist also nicht, wie oft fälschlich dargestellt, nur die Erfindung des autonomen Drucklufttauchgerätes, welches die neue Entwicklungsstufe des Schwimmtauchens kennzeichnet, sondern sie liegt in der *Kombination von Flossen bzw. Vortriebshilfsmittel mit autonomen Tauchgerät*, wobei die Beschaffenheit von

Vortriebshilfsmittel und Tauchgerät zunächst sekundär ist: Ob Flossen oder Scooter bzw. Sauerstoff-Kreislaufgerät oder Druckluftgerät. Das Atemgas spielt ebenfalls nur eine sekundäre Rolle: Der Übergang von Sauerstoff auf Druckluft oder Mischgas bedeutet eine Verbesserung, die größere Tauchtiefen bzw. längeren Aufenthalt erlaubt, ändert aber nichts am Prinzip.

Es gibt zwei Arten Atemgeräte: Nach dem Ausatmen wird die Atemluft entweder in das Wasser ausgestoßen (offenes System), oder durch ein Kreislaufgerät („Rebreather" mit geschlossenem oder halbgeschlossenem System) wieder regeneriert. Aufgrund des geringen Geräteaufwandes werden heute zum Sporttauchen vorwiegend Schwimmtauchgeräte verwendet, die nach dem Prinzip der offenen Druckluftgeräte arbeiten. Der in der Regel für eine halbe bis eine Stunde Tauchzeit bemessene Atemluftvorrat wir hochkomprimiert in ein bis drei Druckluftflaschen mitgeführt. Der Verwendung von Flossen verdankt der Schwimmtaucher den - leider irreführenden - Spitznamen „Froschmann". Da der Begriff des Schwimmtauchers in den letzten Jahrzehnten weite Verbreitung gefunden hat, soll er hier trotz des Risikos eines Mißverständnisses - denn auch die Apnoe- oder Leichttaucher „schwimmen" ja - beibehalten werden.

Die Gruppen der Apnoe-, Leicht- und Schwimmtaucher besitzen die Eigenschaft, daß sie sich im dreidimensionalen Raum eigenverantwortlich bewegen können. Damit unterscheiden sie sich von der Gruppe der „Geh-Taucher", die sich vorwiegend auf dem Meeresgrund bewegen und in der Regel oberflächenversorgt sind. Zu diesen gehören beispielsweise die *Helmtaucher*, welche sowohl eine autonome oder auch oberflächenabhängige Atemgasversorgung haben können. Sie sind ebenfalls dem Umgebungsdruck ausgesetzt. Die Helmtaucher können einen „offenen" Taucheranzug tragen - man spricht manchmal auch von einer Taucherhaube - oder einen geschlossenen. Eine Taucherhaube bzw. ein offener Taucherhelm ist ein über den Kopf des Tauchers gestülpter, auf dessen Achseln ruhender Helm, der durch eine Pumpe von der Oberfläche aus mit Luft versorgt wird.

Der geschlossene Helmtaucheranzug besteht aus einem mit Druckluft aufgepumpten Taucheranzug aus luft- und wasserdichtem Gewebe, wobei der Kopf durch einen starren Helm mit mehreren Sichtfenstern geschützt wird. Die Lufthülle, die unter Umgebungsdruck steht, umschließt den ganzen Körper. Um den Auftrieb auszugleichen, werden Brust, Rücken und Sohlen mit Bleigewichten beschwert. Etwa die Hälfte des Gewichtes entfällt auf die Sohlen, da sonst der Taucher außerstande wäre, auf dem Meeresgrund zu laufen. Die Druckluft wurde früher ausschließlich durch einen Luftschlauch zugepumpt, bis im Jahre 1912 von der deutschen Firma Dräger der erste schlauchlose, autonome Helmtaucheranzug gebaut wurde.

Für Tauchgänge in größere Wassertiefen wird neben der sinkenden Wassertemperatur der zunehmende Wasserdruck problematisch. Es gibt jedoch die Möglichkeit, sich vom Umgebungsdruck vollkommen abzuschirmen und Luft unter atmosphärischem Druck zu atmen. Hierzu gehören beispielsweise die *Panzertaucheranzüge* (Atmospheric Diving Suit ADS, 1-bar-Tauchsystem), die mittelalterlichen Ritterrüstungen gleichen und Dank ständiger Verbesserung der Werkstoffe heute bereits Tiefen bis zu 500 Meter erreichen. Die reguläre Arbeitstiefe liegt bei 300 Meter. Der menschliche Körper ist bei den Panzertaucheranzügen in ein Gehäuse von Stahlzylindern und Stahlringen eingeschlossen, die durch wasserdichte Gelenke verbunden sind; die Arbeit der Hände übernehmen eiserne Greifer. Bekannte Systeme sind der sogenannte JIM-Suit und als Weiterentwicklung der SAM-Suit. Die modernste Version ist der Newtsuit, benannt nach seinem Erfinder Phil Nuytten aus Kanada.

Der Panzertaucheranzug hat den Vorzug, daß der Mensch in ihm bei normalem Druck arbeiten kann. Unserer Definition folgend spricht man hier also *nicht* von einem „Taucher", da der Atmosphärendruck in dem Apparat unabhängig von der aktuellen Tauchtiefe erhalten bleibt, der menschliche Körper also keinem höheren Umgebungsdruck unterliegt. Insofern steht er - mag er auch dem geschlossenen Helmtaucheranzug ähnlich sehen - seinem Wesen nach Tauchkugel und Tauchkammer näher, sowie dem Unterseeboot (Tauchboot), das freilich ganz ohne „Fesseln" agieren kann. Bei den Panzertaucheranzügen spricht man vom „Bediener" oder „Operateur", bei der Besatzung von Unterseebooten spricht man vom „Insasse" oder „Fahrer". Einige Tauchboote sind auch für den Unterwasserausstieg von Tauchern konzipiert. Dabei verbleibt der Operateur in seiner druckfesten Kommandozentrale, während die Taucher über eine besondere Schleuse das Boot verlassen bzw. wieder zurückkehren.

Natürlich läßt sich - vor allem in Bezug auf den Freiheitsgrad - nicht immer messerscharf trennen, zu welcher Gruppe ein Tauchgerät gehört. So ist es beispielsweise bei den Leichttauchgeräten: Mit ihnen kann man in einem Radius, den der Atemschlauch zuläßt, unter der Wasseroberfläche schwimmen, allerdings findet die Fortbewegung überwiegend durch Gehen oder Hüpfen auf dem Meeresgrund statt. Eine weitere Zwischenstufe bilden Tauchretter. Darunter versteht man Tauchgeräte zum Selbstretten der Besatzung gesunkener Unterseeboote. Sie sind autonome Tauchgeräte, wurden auch in anderen Feldern eingesetzt (z.B. als Badetauchretter), aber auch sie stellen nur eine Stufe in der Entwicklung hin zum *vollkommen* eigenverantwortlichen Schwimmtaucher dar.

Heute stehen dem unter Umgebungsdruck atmenden Taucher zwei sichere und nützliche Grundtypen von Tauchergeräten zur Verfügung: das oberflächenversorgte Helmtauchergerät sowie

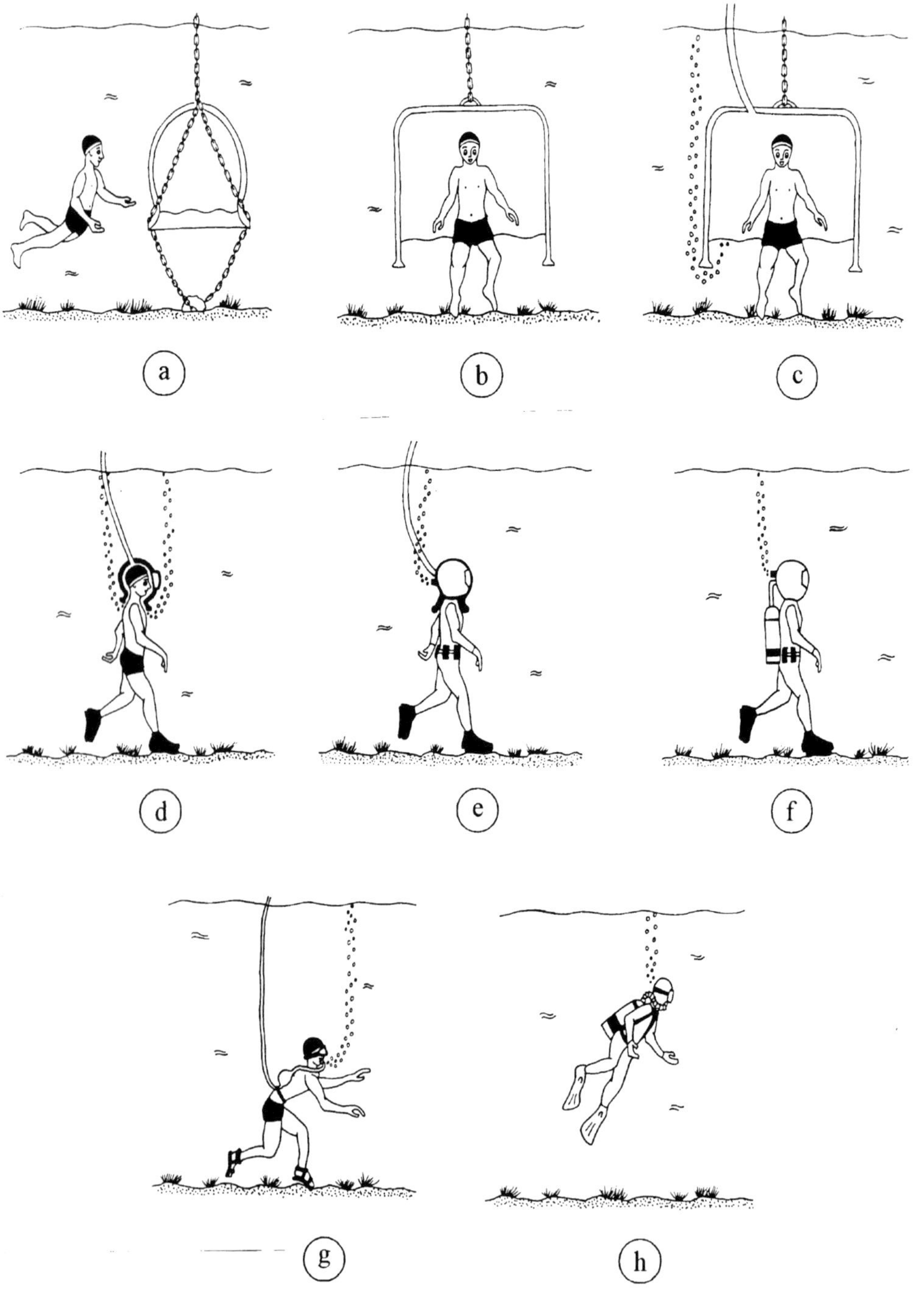
a
b
c
d
e
f
g
h

< Die Evolutionsstufen des Tauchens

Seit der Mensch mit angehaltenem Atem tauchte, und keine anderen Hilfsmittel zur Verfügung standen, hat er darüber nachgedacht, wie die Dauer des Tauchganges verlängert oder die Tauchzeit vorteilhafter ausgenützt werden kann. Eine Möglichkeit fanden die frühzeitlichen Apnoetaucher in einem Blei- oder Steingewicht, das sie in die Tiefe mitnahmen und welches ihnen ein leichtes und rasches Abtauchen gestattete. Auf diese Weise hatten sie mehr Zeit für die eigentliche Arbeit auf dem Meeresgrund. Dort diente das Blei oder der Stein gleichzeitig als Gewicht gegen die Auftriebstendenz, half also etwas beim Kräftesparen. Um ebenso leicht nach oben zurückzukehren, hatten sich die Taucher ein Seil um die Hüfte gebunden und ließen sich nach einem verabredeten Signal, das sie durch Ziehen am Seil gaben, von ihren Helfern an Bord hochziehen. Erste einfache Hilfsmittel zum Tauchen waren also Gewicht und Seil, eventuell auch Taucherbrille.

Der nächste Entwicklungsschritt bestand darin, daß die Taucher umgestülpte Gefäße mit nach unten nahmen, aus denen sie gelegentlich Luft schöpften (a). Dadurch wurde ihre Aufenthaltsdauer spürbar verlängert, und es wurde möglich, die Unterwasserarbeiten effizienter auszuführen. Dann wurde das umgestülpte Gefäß vergrößert, die Taucherglocke entstand (b). Aber auch sie hatte Nachteile: Sie war unhandlich und wenig mobil und mußte jedesmal zur Erneuerung der Atemluft an die Oberfläche gezogen werden. Dadurch war die weitere Entwicklung praktisch vorgezeichnet: Die Lufterneuerung in der Taucherglocke von der Oberfläche aus (c). Nun konnte die Aufenthaltsdauer wesentlich verlängert werden, die Glocke mußte nicht mehr zum Frischluftaustausch nach oben gezogen werden.

Als nächstes mußte der zweite Nachteil der Taucherglocken beseitigt werden: ihre Unbeweglichkeit. Geniale Erfinder verkleinerten die Taucherglocke auf die Größe eines offenen Taucherhelmes (d). Sie ist nichts anderes als eine tragbare, kleine Taucherglocke für den Kopf. Dann kamen geschlossener Anzug, Bleiplatte und Bleischuhe hinzu (e). Vorteile: Erstens *war der menschliche Körper so besser vom Umgebungswasser abgeschirmt und es kam dadurch zu einer geringeren Auskühlung des Körpers (also einer höheren Einsatzdauer des Tauchers), und* zweitens *konnte der Taucher nun lageunabhängig arbeiten. Dann wurde als weiterer Fortschritt der schlauchlose Helmtaucheranzug entwickelt (f). Dadurch wurde eine noch größere Freiheit für den Taucher erreicht: Der Aktionsradius war vergrößert und die Unfallgefahr durch den Schlauch beseitigt. Nun standen auch die Innenräume von Wracks oder tiefe, verzweigte Höhlensysteme dem Taucher offen.*

In allen Fällen jedoch bewegt sich der Mensch auf seinen Beinen gehend unter Wasser - also gerade in jener Stellung, die dem Wasser den meisten Widerstand bietet. Eine Zwischenstufe bedeuteten zunächst die Leichttauchgeräte (z.B. von Fernez), die dem Taucher bereits eine größere Freiheit unter Wasser gaben (g). Aber erst das Schwimmtauchen führte zur entscheidenden Wende. Mit Flossen und autonomer Atemgasreserve bewegt sich der Schwimmtaucher frei verantwortlich im dreidimensionalen Raum (h). Hochverdichtende Kompressoren an Land ermöglichen es, einen ausreichenden Atemgasvorrat in handlichen Portionen mit in die Tiefe zu nehmen.
(Zeichnung: Michael Adams)

das autonome Schwimmtauchgerät mit Druckluftversorgung oder Mischgas-Kreislauf. Man wird je nach Anwendungsfall entscheiden, welcher der beiden Grundtypen am besten für den jeweiligen Zweck geeignet ist. Die Vorteile der Schwimmtaucherausrüstung sind dabei offenkundig: Sie bestehen zunächst in dem geringen Gewicht und der Leichtigkeit, mit der sie sowohl unter Wasser als auch an der Oberfläche transportiert werden kann. Außerdem ist der Taucher nicht unbedingt auf Helfer angewiesen, und beim normalen Druckluftgerät ist der finanzielle Aufwand verhältnismäßig gering.

Gegenüber dem leichten, autonomen Schwimmtaucher ist der von der Oberfläche durch Luftschlauch versorgte Helmtaucher merklich benachteiligt. Er kann sich nur auf dem Grund und dort auch bloß schwerfällig und langsam fortbewegen. Sein Einsatz ist aufwendig, denn es werden mindestens drei Hilfspersonen, ferner ein Taucherschiff oder ein anderer Stützpunkt benötigt.

Allerdings hat die schwere, oberflächenabhängige Taucherausrüstung bei weitem nicht nur negative Seiten. So lag es nahe, die Vorteile beider Grundtypen der Atemgasversorgung und des elastischen, geschlossenen Anzuges miteinander zu verbinden. Dadurch entstanden verschiedene Kombinationen. Zum Beispiel vereinigte man die Vorteile des leichten Taucheranzugs, das heißt des Anzuges ohne den schweren Taucherhelm, mit den Vorteilen der Schlauchatmung: Die Luft wird dem Taucher von einem Tank oder Kompressor aus zugeführt, der sich, wie beim Helmtauchen, an Bord eines Schiffes oder auch in Grundstationen befindet. Dadurch wird der Nachteil des die Tauchzeit begrenzenden Flaschenvolumens aufgehoben. Der Taucher atmet die Luft durch einen Atemregler ein, der mit einer einfachen Haltevorrichtung an seinem Rücken angebracht ist. Der Verbindungsschlauch ist leicht und beweglich; man vermeidet allzu hohe Druck- und Zugbelastungen. Diese Art des leichten Schlauchtauchergerätes nennt man Nargileh (sanskrit für Wasserpfeife), Hookah, oder eben Leichttauchgerät. Je nach Art der Arbeit wird der Taucher sich Flossen oder Stiefel anlegen, und sich so schwimmend oder laufend fortbewegen.

Andere Aufgaben können den Einsatz des robusten schweren Helmtaucheranzuges zweckmäßiger machen. Jedoch mag die Behinderung durch den Luftschlauch gelegentlich unerwünscht sein; oder der Aufwand steht nicht im Verhältnis zur Einsatzdauer. Für diese Zwecke gibt es bereits seit Beginn unseres Jahrhunderts den Helmtaucheranzug mit autonomem Atemgerät. Der runde Kupferhelm wird inzwischen mehr und mehr durch einen Helm aus glasfaserverstärkten Kunststoffen ersetzt.

So ergänzen und durchdringen sich heute die verschiedenen Taucharten. Prinzipiell sind fast alle Kombinationen von Tauchverfahren, Atemgas, Ausrüstung usw. denkbar. In der Praxis entfallen aber eine Vielzahl der möglichen Kombinationen; hier haben sich bestimmte Zuordnungen herausgebildet, die eine sinnvolle Bedeutung erlangt haben und die Anzahl der einsetzbaren Kombinationen überschaubar macht. Ohne Zweifel wird jedoch das leichte Schwimmtauchgerät für die meisten Anwendungsfälle vorgezogen werden. Die meereskundliche Forschung legte nach dem Anstoß und Vorbild von Hans Hass inzwischen fast völlig das Helmtauchergerät ab und wandte sich dem Schwimmtauchgerät zu, da es für ihre Zwecke wesentlich geeigneter ist. Die Tauchsportenthusiasten sehen dies ebenso.

Verbesserungen und neue Erfindungen machten das Schwimmtauchgerät seit seiner Popularisierung vor rund 50 Jahren sicher und vielseitig anwendbar. Neuartige Wärmeisolierungen und Atemgase erlauben längeres und tieferes Tauchen. Die Nachrichtenübermittlung wird durch drahtlose Sprechgeräte für Schwimmtaucher verbessert. Ganz zu schweigen von den vielen anderen Hilfsmitteln, die dem Taucher den Unterwasseraufenthalt erleichtern: computergesteuerte Dekompressionsrechner, motorgetriebene Unterwasserfahrzeuge, die ihn noch rationeller zu seinem Einsatzort bringen; neuartige Handwerkszeuge, Unterwasserstützpunkte und vieles mehr. In Zukunft ist noch vieles weitere denkbar.

Mensch und Meer

Anstatt „Erde“ sollte der Planet, auf dem wir leben, richtiger „Meer“ heißen: 70,6% seiner Oberfläche - das sind 361 Millionen Quadratkilometer - sind von Wasser bedeckt. Seine ungeheure Größe entzieht sich unserem Vorstellungsvermögen: Es enthält 1.370 Millionen Kubikkilometer Wasser! Demgegenüber beträgt die gesamte Landmasse über dem Meeresspiegel nur ein Fünfzehntel der Gesamtwassermenge des Meeres. Ohne eine äußere Spur zu hinterlassen könnte der höchste Gipfel der Erde, der Mount Everest mit 8.848 Metern, in die größte Meerestiefe - 11.022 Meter, im westpazifischen Marianengraben - versenkt werden. Wenn man alle Unebenheiten auf der Erdoberfläche über und unter Wasser einebnete, so daß es nirgendwo mehr Spitzen oder Abgründe gäbe, würde überhaupt kein Land mehr heraustreten. Der Ozean würde die gesamte Erdkugel bis zu einer Tiefe von 3.600 Meter bedecken.

Das Meer ist aber nicht nur der Fläche nach der größte Lebensraum der Erde, sondern auch in seiner ganzen Tiefe besiedelt, und ohne das aus dem Meer aufsteigende und von den Winden über die Kontinente verfrachtete Wasser wären die Festländer ebenso leblos wie der wasserlose Mond. Die Meere sind durch ihr ungeheures Reservoire an Nahrung, an Metallen und anderen Rohstoffen, an Trinkwasser und Energie eine unentbehrliche Lebensgrundlage für die Menschheit. Bereits Thales von Milet, einer der Sieben Weisen des Altertums, führte die Vielgestalt der Welt auf eine Einheit zurück: das Meer. Wasser galt ihm als Urstoff von allem, was lebt.

Das Alter der Urmeere entzieht sich unserer Kenntnis. Sie müssen aber älter als 3,5 Milliarden Jahre sein, denn so alt sind die ältesten Spuren des Lebens, und Leben konnte nur im Wasser entstehen. Das Leben im Meer ist ein einmaliges Phänomen. Niemand kann genau sagen, wie groß die Anzahl der Einzelorganismen ist, die im Meer vorkommen. Nicht einmal alle Arten von Lebewesen des Meeres sind bekannt, geschweige denn beschrieben. Fast jede Expedition findet neue, manchmal sogar überraschend alte. Fast alles kann man im Meer erwarten - alles, außer Seeungeheuern. Niemand glaubt heute mehr an den Riesenkraken, ein Fabelwesen, von dem die Sage ging, er könne ein ganzes Schiff in die Tiefe hinabziehen. Und auch die eleganten Haie haben endlich ihren Ruf als blutrünstige Mörder verloren.

Jahrtausendelang war das Meer für die Menschen gleichbedeutend mit dem Ende der Welt. Das Meer war selbst jenen Stämmen, die an seinen Küsten wohnten und die Uferzonen befahren lernten, der übermächtige Gegner, der immer wieder Opfer forderte. Die Menschen zögerten deshalb lange, sich dem Meer zuzuwenden, und hielten respektvoll Abstand von einem Element, das ihnen unberechenbar erschien. Fischer des Altertums blieben vorsichtig in Küstennähe, und Kaufleute durchquerten lieber mit ihren Handelskaravanen Wüsten und passierten hohe Bergrücken, als daß sie kürzere Seewege nutzten. Nur vereinzelt trieben Abenteuerlust, Neugierde und Hoffnung auf ruhmreiche Eroberungen Seefahrer und Forscher auf und in das Meer.

Vor allem zwei Gründe waren es, die den Menschen lange Jahre Zaudernd verharren ließen und die Eroberung der Tiefen einschränkten: die abergläubische Scheu vor dem tiefen Wasser sowie die Unfähigkeit, sich auf einer endlos scheinenden Wasserfläche zu orientieren. Hinzukam, daß sie es nicht gewohnt waren, sich dreidimensional zu orientieren: Sie lebten immer nur auf der zweidimensionalen Erdoberfläche, und ein Abstieg in die Meerestiefe kam einem Flug in Himmelhöhen gleich - und die Sage erzählte, daß Ikarus seinen kühnen Flug zur Sonne mit dem Leben büßte. Wie also konnten sie den Abstieg in die Tiefe wagen, ohne die Götter zu erzürnen? So begnügte der Mensch sich zunächst damit, Schiffe zu bauen, um diese Flächen zu befahren.

Das Denken des Menschen war mythisch und poetisch, ehe es wissenschaftlich wurde. Zahllos sind darum die Sagen, in denen von dunklen Mächten erzählt wird, die draußen, in der Weite der hohen See, dem Menschen verderblich werden. Und ein göttergleicher Held ist derjenige, welcher diesen Mächten zu widerstehen vermag!

Den wenigen Menschen, die in früherer Zeit damit begannen, die Meerestiefen zu erobern, versperrten große Probleme den Weg: Anders als Fische, die in diesem Element Zuhause sind, muß der Mensch, um überleben zu können, ständig Luft atmen. Zunehmender Druck und lebensfeindliche Kälte sind weitere Faktoren, die den Aufenthalt in der Tiefe erschweren.

Trotzdem haben im Laufe der Jahrhunderte immer wieder einzelne Verwegene beharrlich versucht, in das Meer hinabzusteigen und dabei Aufenthaltsdauer und Tiefe immer weiter auszudehnen. Teilweise bizarre und abenteuerlich konstruierte Gerätschaften wurden entwickelt, erprobt, verworfen oder verbessert. Manches Erdachte blieb auf dem Papier und wurde (oft zum Glück für den Erfinder) nie praktisch eingesetzt, anderes führte zu Teilerfolgen und ermutigte zum Weiterentwickeln.

Es ist das Verdienst dieser Tauchpioniere, daß sie bei ihrem Vorstoß in die Tiefen der Weltmeere die Schauermärchen über Seeungeheuer entlarvten und den Weg für die Invasion des Menschen ins Meer ebneten. Ihr Wagemut und ihre Kühnheit sowie der menschliche Trieb, Neues zu entdecken, gaben ihnen dazu die Kraft. Wir haben Pionieren wie Hans Hass, Jacques-Yves Cousteau, Yves Le Prieur, Guy Gilpatric, Robert Davis, Hermann Stelzner, Benoit Rouquayrol und Auguste Denayourze - um nur einige wenige hervorzuheben - manches zu verdanken. Sie haben die erfolgreiche

Technik entwickelt und propagiert, Teile der Ozeane nach allen drei Dimensionen durchmessen, in ihnen wie Flügelmenschen in der Atmosphäre geschwebt, Unterwasserhäuser erprobt um die Aufenthaltsdauer zu verlängern, prächtige Aufnahmen von den Tieren und Pflanzen des Meeres und von seinem Grund angefertigt, und uns vieles von dem erschlossen, was vorher unbekannt war.

Aber solche Schwimmtaucher kommen mit den konventionellen Hilfsmitteln nur wenige Dutzend Meter tief. In die Tiefsee konnten sie bislang noch nicht vordringen. Hier waren es der Amerikaner William Beebe, der Schweizer Jacques Piccard, die Franzosen George Houot und Pierre Willm, die sich in eine druckfeste, stahlgepanzerte Kugel einschlossen und erheblich tiefer als irgendein anderer Taucher kamen. Sie erreichten schließlich den tiefsten Grund des Meeres, betrachteten ihn erstmals mit Menschenaugen und fanden sensationelles: Selbst in 11.000 Meter Tiefe und unter 1.100 bar Druck regt sich in ewiger Finsternis und Eiseskälte Leben, gibt es Entfaltung und Entwicklung.

Die Pioniere, welche die brauchbaren Mittel zur Erforschung dieses Raumes zur Verfügung stellten, konnten dies allerdings nur vollbringen, weil vor ihnen, im Lauf von Generationen, sich die menschliche Tauchtechnik soweit entwikkelte, bis endlich der große Durchbruch möglich wurde. Wie aus einer Vielzahl von Mosaiksteinen wurde all das entwikkelt, was heute unter dem Oberbegriff „Tauchtechnik" zusammengefaßt wird.

Bis vor wenigen Jahrzehnten war es nur eine vergleichsweise geringe Zahl von berufsmäßigen Tauchern, die nackt, mit Glocke, Taucheranzug oder Tauchboot hinabstiegen. Erst die Einführung und Verbreitung von Tauchermaske und Flossen, von autonomen Sauerstoff- und Drucklufttauchgerät schufen hier den Wandel. Jetzt offenbarten Fauna und Flora der Litorale dem Menschen ihre Reize. An den Mittelmeerküsten und an der Küste Kaliforniens wurde Tauchen bald zum Volkssport und verbreitete sich immer mehr. Überall waren plötzlich an den Gestaden der Meere oder Binnengewässer Taucher zu finden, welche die Tiefe ergründen wollten, sei es zu Forschungszwecken, als Freizeitsport oder berufliche Betätigung.

Was treibt heute Millionen Menschen dazu, sich in ihrer Freizeit Flossen anzulegen, eine Tauchermaske umzuschnallen, ein Tauchgerät umzugürten und wie ein Fisch im Meer zu schwimmen? Freizeitforscher meinen, es muß wohl damit zusammenhängen, daß unser Alltagsleben in zunehmendem Maß voraussehbar und unromantisch geworden ist. Unter Wasser sind wir unserem zweiten Ich, der Natur, plötzlich ganz nah. Hier verlieren die diktatorischen Gesetze der Schwerkraft ihre Bedeutung, der tauchende Mensch wird zum Vogel. Er schwebt abwärts, hängt frei im endlosen Raum. Er leuchtet hierhin, dorthin - Farben leuchten auf, als hätten sie mit ihrem Leuchten bis zu diesem Augenblick gewartet.

Durch die biologische Evolution entwickelte sich der Einzeller zum Vielzeller "Mensch". Fortschritte in der Technik machten es ihm möglich, sich zusätzlicher Organe zu bedienen. Diese verhelfen ihm zu neuartigen Leistungen, wie eine größere Aufenthaltsdauer und Mobiltät unter Wasser (Zeichnung: Michael Adams)

„Ehe Du stirbst", schrieb William Beebe, „versuche unter allen Umständen, die Geräte, die man braucht, um einen Blick in diese neue Welt zu werfen, zu kaufen, zu leihen oder notfalls zu stehlen!" Es ist eine Wunderwelt voller Leben und Farbe, ein phantastisches Panorama von seltsamer Schönheit. Wer könnte der Versuchung widerstehen, sich dieses gewaltige neue Reich zu erobern, ja, einer seiner Bewohner zu werden?

In den Abgründen des Meeres ist der Mensch dem Geheimnis des eigenen Ursprungs näher als irgendwo sonst. Vor 4.000 Millionen Jahre erglomm hier erstmals der Funke, den wir Leben nennen. Mehr als neun Zehntel der bisher abgelaufenen Erdgeschichte war bereits vergangen, als die ersten Lebewesen - und damit auch der Mensch - das Wasser verließen, um auf dem Land Fuß zu fassen. Noch immer hat jeder Mensch mit seinem Blut etwas Meer in sich, und tatsächlich ist die Salzkonzentration in unserem Blut eine interessante Erinnerung an die Salzkonzentration im Urmeer. Es enthält die gleichen Salze wie das Meer, auch in ähnlichen Mengenverhältnissen, aber in geringerer Konzentration. An die Herkunft unserer Vorfahren aus dem Meer erinnern ebenfalls Kiemenbögen und Kiemenspalten, mit denen der Mensch vor der Geburt eine Zeitlang ausgestattet ist. Am 4 bis 6 Zentimeter großen Embryo sind sie noch deutlich zu erkennen.

Vor 2 Milliarden Jahren gab es nur einzellige Lebewesen im Meer. Sie sahen ähnlich aus wie jene, die wir auch heute noch in jedem Wassertropfen finden. Eines Tages kam es dahin, daß sich solche Einzeller, wenn sie sich zwar teilen, aber nicht mehr trennten, in Gruppen zusammenblieben. So entstanden Vielzeller. Der nächste Entwicklungsschritt vollzog sich von 400 bis 380 Millionen Jahren nicht im Meer, sondern im Süßwasser. Es entstanden Amphibien und im weiteren Verlauf Reptilien und schließlich auch die Säugetiere, aus deren Kreis der Mensch hervorging.

Erst vor der vergleichsweise geringen Zeit von 10 bis 8 Millionen Jahre trennte sich unser Affenahne von den Urwaldbäumen und ging zum Leben in der Savanne über. Im Buschwerk und hohen Gras wurde es vorteilhaft, aufrecht zu gehen. Die stärkere Ausbildung der Großhirnrinde führte dann zu einer Sternstunde der Menschheit: Zur Fähigkeit, Ursachen und Wirkungen zu verknüpfen, wozu der Affenvorfahre noch nicht in der Lage war. Sie führte zu erheblich gesteigerter Intelligenz, zum Vergleich der fremden mit der eigenen Handlung, zur Betrachtung des Selbst.

Das menschliche Gehirn begann sich mit sich selbst zu beschäftigen, mit den Möglichkeiten eigener Wirkungen auf die Umwelt. Nur aufgrund unserer besonders entwickelten Großhirnrinde vollbrachten wir all die technischen und kulturellen Errungenschaften der letzten Jahrtausende. Mit Werkzeugen in seinen Händen, der Technik und Industrie erweiterte der Mensch seinen Zellkörper durch zusätzliche Organe, die ihn dazu befähigen, mannigfache neue Leistungen zu vollbringen, welche auf dem biologischen Weg der Evolution wohl nie oder erst in Äonen möglich gewesen wären.

Auch das Tauchgerät oder Flossen und Tauchermaske sind solche zusätzlichen Organe - funktionelle Erweiterungen unseres Zellkörpers. Durch den Schnorchel beispielsweise verlegen wir unsere Atemöffnung an den Hinterkopf, wo sie zweckmäßigerweise auch bei allen anderen ins Meer zurückgekehrten Säugetieren - den Walen, Delphinen, Robben - zu finden ist. Durch die künstlichen Flossen bedienen wir uns der einzig physikalisch richtigen Fortbewegungsweise unter Wasser, denen sich ebenfalls auch alle anderen Säugetiere bedienen, die wieder das Wasser besiedelt haben, nämlich mit dem Kopf voran und Flossen an den rückwärtigen Enden. Im Tierreich war diese Bildung ein langandauernder Prozeß - der Mensch hingegen vermag innerhalb vergleichsweise weniger Generationen aufgrund seiner besonderen geistigen Fähigkeiten dies weit schneller und perfekter zu tun. Mit Hilfe seiner Technik kann sich der Mensch wieder in einen Fisch zurückverwandeln: Der uralte Traum der Menschheit, sich unter Wasser frei bewegen und nach Belieben umsehen zu können, wurde nach jahrhundertelangen Bemühungen wahr.

Neben der forschenden Neugierde suchten die Menschen unter dem Wasserspiegel vor allem materielle Schätze - Perlen und Schwämme - und Nahrung. Besonders aber auch in Kriegsjahren wurden große Anstrengungen unternommen, um den Vorstoß ins Meer voranzubringen. Es gibt wohl kaum einen anderen Anlaß, der den menschlichen Erfindergeist so aufblühen läßt, als Krieg gegen seine Artgenossen zu führen.

Die Meerestiefe ist das letzte unbekannte und unerschlossene Gebiet der Erde. Diese Tatsache bedeutet eine große Herausforderung. Jahrtausende hindurch haben wir, die wir eigentlich Inselbewohner sind, die Ozeane fast nur als Jagdgründe für Fischer und als Verkehrswege für Schiffe betrachtet. Jetzt beginnen wir aufzuwachen und zu sehen, daß unsichtbar unter den Wellen ein ungeheuer großes, noch nicht angetastetes Territorium liegt, das überall so interessant ist wie der Weltraum, aber unendlich viel mehr wirtschaftlichen Nutzen verspricht. Mit neuen Erkenntnissen und Techniken beginnt der Mensch jetzt die Reichtümer des Meeres zu heben. Seine Beziehung zum Meer ist aber leider immer noch eher die eines primitiven Jägers als die eines pflegenden „Seewirts". Ob die Zukunft des Menschen wirklich im Meer liegt, ist ungewiß - sicher ist hingegen, daß seine Vergangenheit dort liegt. Der Mensch kehrt zu seiner Urheimat, der er entstammt, zurück: Zunächst ohne Hilfsmittel und angehaltenem Atem, dann mit primitiven mechanischen Vorrichtungen, später mit verbesserter Technik im Dienste der Wissenschaft, zur Nahrungs- und Rohstoffgewinnung, aus Abenteuertum oder sportlicher Betätigung.

Das Apnoetauchen

So alt wie die Menschheit ist der Traum, tief ins Meer zu tauchen, und es ist sicher, daß sie dies schon viele Jahrtausende lang mit angehaltenem Atem, unter „Apnoe", tut. Schwimmen und Tauchen gehört eng zusammen und es ist folglich nicht verwunderlich, daß Küstenvölker in der Regel über eine größere Schwimm- und Tauchfertigkeit verfügen als Binnenvölker. Eine von Natur aus besondere Begabung zum Apnoetauchen kann man bei vielen Küstenvölkern bis in die heutige Zeit verfolgen, und es gibt mittlerweile eine Reihe wissenschaftlicher Untersuchungen zu diesem Thema. Hier sind in erster Linie die Südsee-Insulaner sowie die japanischen und karibischen Küstenbewohner zu nennen. Erstere sind in hohem Maße auf das Meer angewiesen, denn die Armut der kargen Koralleninseln zwingt die Einheimischen, den Lebensunterhalt vor allem durch die Früchte des Meeres zu decken.

Seit der letzten großen Eiszeit, also um 15000 v.Chr., ernährten sich die Insel- und Küstenvölker meist von Muscheln und Fischen. Aus dieser Zeit findet sich heute noch zahlreiche knöcherne Angeln, Fischpfeile und Harpunen. Die Küchenabfälle von den Malzeiten vorgeschichtlicher Generationen sind uns bis heute erhalten blieben: Der Prähistoriker bezeichnet sie mit dem dänischen Namen *Kjockkebmoeddinger*, denn in Dänemark wurden die ersten derartigen Lager entdeckt. Man fand auch viele solche Depots an den Nordseeufern, am Mittelmeer, an den Küsten Portugals und in Nordafrika. Sie bestehen aus Fischgräten, am Strand zusammengelesenen Muscheln, aber auch Austern und Sankt-Jacobs-Muscheln, die man aus teilweise beträchtlichen Tiefen fischen mußte. Man findet sie nicht am Strand, selbst nicht bei Ebbe. Dies gibt uns deutliche Hinweise darauf, daß der Mensch schon in vorgeschichtlicher Zeit tauchte, um Nahrung aus dem Meer zu holen. Aber auch für Opferzwecken wurden Tiere aus dem Meer geholt: Die Zivilisation der Altsteinzeit legten oft Seemuscheln und Fische in die Grabstätten von Verstorbenen.

Außer diesen Fundstücken gibt es kaum weitere Hinweise und so ist es recht schwierig, die allerersten Tauchversuche des Menschen genau zu datieren.[1] Die Chronologie des Tauchens geht zumindest bis weit in die Antike zurück. Die überlieferten Sagen sind voll von phantastischen und heroischen Geschichten über frühzeitliche Taucher, und es ist oft unmöglich zu trennen, wo die historische Wahrheit aufhört und die Legendenbildung beginnt.

Das dunkle, gefahrvolle Meer regte die Phantasie der Menschen an. Die Neugier auf die Vorgänge unter dem Wasserspiegel erfüllte viele, aber nur eine verhältnismäßig kleine Gruppe Unerschrockener ging an die Ausführung ihrer Pläne. Es

Seejungfrauen und Meermänner beschäftigten schon seit jeher die Phantasie der Menschen (Zeichnung aus Buel, J.W.: Sea and Land, St. Louis, 1887).

ist nicht verwunderlich, daß die Ehrfurcht, die man vor diesen wenigen tapferen Helden hatte, ihren Niederschlag in Dichtungen und Mythen fand. Keine sportliche Betätigung wurde früher mit so viel geheimnisvollem Zauber und Übertreibung beschrieben wie gerade das Tauchen. Es ist anzunehmen, daß viele Meeresgötter, die von den Dichtern der altgriechischen Mythologie besungen wurden, nichts anderes als besonders geschickte Taucher waren. Das abergläubische, mit dieser Betätigung nicht vertraute Volk sah sie als übernatürliche Wesen an.

Die Kenntnis, welche die Menschen noch bis vor wenigen Jahrhunderten vom Meer und dem reichhaltigen Leben in seinen Tiefen hatten, war eben nur sehr spärlich. Die alten Sagen und Erzählungen von Meeresungeheuern fanden deshalb gläubige Anhänger, und die einzigen, die solchen Greuelmärchen hätten entgegentreten können, die Schwamm- und Korallentaucher, nährten sie selbst mit phantastischen Erzählungen. Denn je unheimlicher und gefährlicher es dort unten war, um so höher mußte ihr Lohn sein und um so geringer ihre Konkurrenz!

Zu Homers Zeiten war das Meer das Reich Poseidons und seiner Gattin Amphitrite, die umringt war von Nereiden und Sirenen. Bewohnt war es weiterhin von einem ganzen Heer von Meeresgöttern: von Triton, halb Mensch, halb Fisch, von Proteus, dem weissagenden Meeresgreis, der allmittäglich vor der Mündung des Nils aus den Fluten stieg und inmitten seiner Robben schläft, von dem bärtigen Okeanos und von der Meeresnymphe Thetis. Okeanos, in der griechischen Mythologie ein Sohn von Uranos und Gäa, von Vater Himmel und Mutter Erde, nannten die alten Griechen den ringförmigen Strom, der nach ihrem Weltbild die noch als Scheibe angesehene Erde umfloß und sie vom Totenreich trennte. Bereits um 2000 v.Chr. entstanden sumerische Epen, die erzählen, daß der königliche Halbgott Gilgamesch ins Meer hinabgetaucht sei, um heilkräftige Algen zu sammeln. Der verkrüppelte

Hephästos wurde aus dem Olymp verstoßen und richtete sich in einer unterseeischen Höhle eine Schmiede ein. Er ist der Schutzgott der Unterwasseringenieure. Aphrodite, die Liebesgöttin, entstand aus dem Schaum des Meeres und trieb auf einer Muschel bei der Insel Kythera an Land. Sie heiratete den Hephästos.

In der griechischen Mythologie finden sich zahlreiche Erzählungen von Tauchern, die zu Heldenruhm oder gar göttlicher Unsterblichkeit gelangten, wie etwa über Glaukos, der im Gefolge Neptuns in die Mythologie einging. Glaukos war ein griechischer Fischer aus dem boötischen Dorf Antheodon, dem man sagenhaften Tauchfähigkeiten nachsagte. Er tauchte oft in dem Strudel der Charybdis in der Meerenge von Messina, und wurde zum Halbgott erhoben. Man sagte ihm nach, daß er dort seine Geliebte, die Nymphe Scylla, besuchte, die von der eifersüchtigen Zauberin Kirke in eine Felssäule verwandelt worden war. Seine große Tauchkunst soll Glaukos einem Kraut verdanken, das er kaute. Als der Fischer nämlich eines Tages seine Beute an Land gebracht hatte, bekamen die toten Fische, kaum ins Gras gelegt, wieder Leben und sprangen ins Meer zurück. „Sollte dieses Gras Wunderkraft besitzen?" dachte Glaukos. Er kaute ein paar Halme, tauchte dann wieder und merkte, daß er nun gleich einem Fisch stundenlang im Wasser leben konnte. Die Meeresgötter nahmen ihn später unter sich auf.

Weitere Hinweise auf das Tauchen finden wir in der klassischen Literatur beispielsweise in Ovids Tauchersage von Aesacus. Pausanias führt an, daß auf dem östlichen Zipfel der Peleponnes in jedem Jahr zu Ehren des Dionysos neben einem musischen auch ein Taucher- und Schiffswettkampf abgehalten wurde. Diogenes teilt uns mit, daß König Perseus von Makedonien bei Pelle einen Schatz im Meer versenken ließ. Als er diese Handlung bereute, ließ er den Schatz durch Taucher wieder hochholen. Dieses gelang nahezu vollständig. Auch Homer erwähnt in der Ilias,[2] einem der beiden großen Epen, die Homer zugeschrieben werden, das Tauchen.

Aber nicht nur an den Gestaden des Mittelmeeres, sondern auch im Norden Europas besitzt das Tauchen in der Dichtung eine große Bedeutung. Wettkämpfe im Schwimmen und Tauchen wurden häufig auf dem normannischen Volksthing - ein regelmäßiges Treffen der Stammesfürsten, bei dem auch immer ausgiebig gefeiert wurde - ausgetragen. So wird von König Agnar von Northumberland berichtet, daß er einen kostbaren Ring seines Vaters Hroar aus dem Meere geholt haben soll.[3] König Olaf Trygvason von Norwegen, der von 995 bis 1000 lebte, wird in einer nordischen Überlieferung als der beste Taucher seiner Zeit bezeichnet.[4] Im Sturm soll er nach dem Ankertau eines Schiffes getaucht haben, und in Tauchwettkämpfen besiegte er den isländischen Meister Olafson und den Helden Eindridri. König Sigurd Jorsalfar, der 1130 gestorben ist, und Skallagrin werden ferner als gute Taucher genannt. Letzterer soll für seine Schmiede in Island einen Felsblock aus dem Meer geholt haben, welchen er dann als Amboß nutzte. Vier Männer sollten den Fels kaum heben können. König Eystein[5] soll gesagt haben: „Ich schwamm nicht kürzer als du, auch war ich kein schlechter Tauchschwimmer".

In dem ältesten Schwimmbuch der Welt, dem *Colymbetes* von dem Ingolstädter Nikolaus Wynmann, Augsburg 1538, wird ebenfalls von großen Tauchleistungen berichtet. Der Verfasser schreibt außerdem, daß im Zürichsee fleißig getaucht wurde. Unter den Jungen am See war das Tauchen eine der Übungen, die jeder beherrschen mußte. Wer von ihnen keinen Stein vom Grund des Sees heraufbringen konnte, wurde verspottet. Im *Colymbetes* schildert Wynmann ferner das schwimmerische und taucherische Treiben der akademischen Jugend Wiens in der Donau. Wenn wohl die meisten dieser Berichte schwer nachzuprüfen und teilweise auch zweifellos übertrieben sind, so bilden sie zumindest den Beweis, daß das Tauchen zu allen Zeiten schon beliebt war und sogar als Wettkampf gepflegt wurde.

Im Mittelalter galt Niclas Pescecola als der größte Taucher aller Zeiten und Länder. Er wird in vielen Sagen und Balladen erwähnt. Nach diesen Angaben lebte er tagelang unter Wasser und ernährte sich von Fischen und Austern. Auch der Jesuit Athanasius Kircherus (1601-1680) beschreibt in seinem Werk *Mundus Subterraneus* von 1668 die Geschichte dieses Tauchers: „Seine Kunst und Geschicklichkeit war so groß, daß er Dank seinem ständigen Aufenthalt im Wasser in der Lage war, alle Geheimnisse des Meeres zu kennen und sogar Stürme vorherzusagen. Der Mann schwamm oft mit Briefen vom König von Sizilien über die Charybdis zum König von Kalabrien."

Die beste Beschreibung über Niclas Pescecola, das Urbild des Tauchers im Mittelalter, gibt uns aber ein im Jahre 1785 in Leipzig erschienenes Buch, dessen Verfasser J. L. Christ, der „Pfarrer zu Rodheim vor der Höhe" war.[6] In dieser *Geschichte unseres Erdkörpers von den ersten Zeiten der Schöpfung des Chaos an, und von den Revolutionen desselben durch Vulkane, Erdbeben und Überschwemmungen* berichtet der Autor recht ausführlich diese Sage. Es wird darin erzählt, daß der deutsche Kaiser Friedrich II. um 1500 nach Messina kam, weil er von dem Können dieses Tauchers gehört hatte. Dort wollte er sich selbst von den unglaublichen Künsten überzeugen und hoffte auch, durch Ausfragen des Mannes neue Kenntnisse über die Welt unter dem Meeresspiegel zu erfahren.

Zu diesem Zweck warf er einen goldenen Becher in die gefährliche und strudelreiche Meerenge und bestimmte, falls der Taucher ihn hoch bringen und dem Kaiser mehr über die Unterwasserwelt erzählen würde, sollte er den Becher als Lohn behalten dürfen. Pescecola holte ihn auch tatsächlich aus dem Strudel der Charybdis[7] hinauf. Daraufhin warf der staunende Kaiser den Becher ein zweites Mal in

den Schlund, jedoch kehrte diesmal der Taucher nicht zurück. Diese Erzählung inspirierte Friedrich von Schiller 1798 zu seiner Ballade *Der Taucher*.
Man setzte im Altertum Apnoetaucher für die verschiedensten Zwecke ein. So berichtet Livius um 10 v.Chr. von der Verwendung der Taucher beim Heben von Schätzen. Etwa 25 Jahre später erwähnte Manilius in seinem Lehrgedicht ebenfalls Taucherarbeiten. Lucanus berichtet um 50 n.Chr. von Tauchern, die man auf Schiffen zum Lichten der Anker verwendete.

Bereits im Altertum wurden aber Taucher auch besonders häufig zu kriegerischen Zwecken eingesetzt. Beutelüsterne Kriegsherren erkannten den großen Vorteil, den der Taucher ihnen bei der Lösung spezieller Aufgaben bietet: seine Unsichtbarkeit. Hier treffen wir, beispielsweise um 450 v.Chr. in den Berichten des griechischen Geschichtsschreibers Herodot (484-425 v.Chr.), auf den Taucher Skyllias aus Skione bei Alphetae. Herodot berichtet, „Skyllias war der beste Taucher seiner Zeit, der viele Schätze gerettet, sich selbst aber auch viele angeeignet hat". Er holte im Dienste des Perserkönigs Xerxes (485-465 v.Chr.) gesunkenes Schiffsgut vom Meeresgrund zurück und wurde dafür mit Beuteanteilen reich belohnt. Skyllias half aber insgeheim seinem eigenen Land und kappte während eines Sturmes beim Pelion unter Wasser die Ankerseile der persischen Schiffe. Einige der auf diese Weise dem Sturm preisgegebenen und hilflos treibenden Schiffe wurden auf den Klippen des Kap Artemision zerschlagen und sanken. Dadurch trugen die Griechen den Sieg davon.

Skyllias soll bis Artemision etwa 80 Stadien[8], also etwa 13 Kilometer weit getaucht sein, um der persischen Flotte zu entgehen und zur hellenischen Küste zu gelangen. Für diese große Tat wurden Skyllias und seiner Tochter Cyana, die ebenfalls an der Flucht beteiligt gewesen sein soll, im heiligen Apollon-Tempel zu Delphi goldene Statuen aufgestellt. Aufgrund der großen taucherischen Leistungen, die auch Cyana gehabt haben soll, sprach sie das abergläubische griechische Volk als Geliebte des Meeresgottes Glaukos an. Diese Beschreibung von Herodot wird später auch in anderen Sagen wie etwa der von Beowulf[9] dichterisch verherrlicht.

Von großer Bedeutung waren die frühgeschichtlichen Apnoetaucher in fast allen antiken Seekriegen für Schiffsreparaturen; bei Seebelagerungen hatten sie die Fahrrinne und das Hafengelände zu erkunden. Auch eventuell unter Wasser auftretende Hindernisse für Schiffe sollten durch sie beseitigt werden. Ein Beispiel dafür bildet die Belagerung von Syrakus durch die Athener im Peleponnesischen Krieg. Damals wurde die sizilianische Stadt von Truppen Athens belagert. Im Hafen befanden sich viele Handelsschiffe, auf die es die Athener abgesehen hatten. Aber die Syrakusaner wußten, daß ihre Handelsflotte wichtiger als ihre Häuser war, und hatten alles darangesetzt, um sie nicht in die Hand des Gegners fallen zu lassen. Pfähle wurden dazu in den Meeresboden geschlagen; ihre Spitzen sollten in die angreifenden Schiffe eindringen. Taucher sägten allerdings unter Wasser diese Holzpfähle, die als Sperrmauer für den Hafen aufgerichtet waren, ab. Diese Taucher wurden in der Schlacht auch dazu verwendet, den Rumpf der feindlichen Schiffe aufzubohren. Der Geschichtsschreiber des Peleponnesischen Krieges (431-404 v.Chr.), der Geschwaderkommandant, Stratege und Historiker Thukydides (460-395 v.Chr.), berichtet ausführlich von der Zerstörung der Verteidigungsanlagen von Syrakus durch Taucher um 414 v.Chr.

Beim Geschichtsschreiber Pausanias finden sich Hinweise, daß Alexander der Große bei der Belagerung von Tyros (322 v.Chr.), das im heutigen Libanon liegt, Belagerungsmaschinen einsetzen, die er auf Schiffen heranbrachte. Feindliche Taucher durchschnitten jedoch die Ankertaue und vereitelten so den Angriff. Über die dreijährige Belagerung von Byzanz durch die Römer unter Kaiser Severus (196-198) wird berichtet, daß sich eines Tages die Schiffe der Belagerer langsam auf den Hafen zubewegten. Weder Ruder noch Segel wurde benutzt, die eingesetzten byzantinischen Taucher hatten die Ankerseile durchschnitten und dafür Zugseile an den Schiffen befestigt.

Die Bedeutung des Tauchereinsatzes für Kriegszwecke wurde schließlich im Laufe der Zeit so groß, daß zur Abwehr auch Fallen gebaut wurden. Zumeist handelte es sich um Netze, an denen Alarmvorrichtungen wie etwa Glocken angebracht wurden, allerdings wurden die Netze auch mit Schneiden ausgestattet. Es wurden auch Balken aufgestellt, die mit scharfen Eisenklingen versehen waren, sich im Wasser drehten und den Taucher verletzten. Die Römer ersetzten bereits im 2 Jahrhundert v.Chr. alle Ankerseile ihrer Boote durch eiserne Ketten, und ließen ihre Schiffe in unsicherem Gebiet durch Taucher bewachen, die mit spitzen Stoßharpunen bewaffnet waren.

Neben direkten Angriffen wurden Taucher auch zur Nachrichtenübermittlung, zum Einschleichen in das feindliche Lager, zur Überbringung von Lebensmitteln und zu anderen Aufgaben eingesetzt. Als die Athener beispielsweise die Lazedämonier im Hafen von Messina belagerten, brachten Taucher Nachrichten und Lebensmittel durch die feindlichen Linien. Ähnliches wird von der Umzingelung der Stadt Numantia in Kastilien durch die Römer berichtet. Da Taucher die Lebensmittel durch den Fluß Duero schmuggelten, ließ ihn Scipio mit Balken versperren, an denen Schwerter und Spieße angeschraubt waren. Diese Balken waren am Flußufer gelagert und drehten sich mit der Strömung.

Eine Nutzbarmachung des Apnoetauchens als Beruf führte im 2. Jahrhundert v.Chr. in Rom zur Gründung der ersten gewerbsmäßigen Tauchergesellschaft. Der Name dieses Tauchercorps lautete *Urinatores*. Ihr Wahlspruch lautete *Urinari est mergi in aquam.*[10] In ihm hatten sich Taucher mit Fischern zu einer durch eine eigene Satzung geregelten Gilde zusammengeschlossen, die durch einen angesehenen Schutzherren geleitet wurde. Bei den verschiedensten Unfällen auf dem Tiber und auch im Meer traten sie in Tätigkeit und holten gegen Entgelt gesunkene Gegenstände vom Grund zurück. Auch bei Schiffsausbesserungen und im Krieg arbeiteten diese Taucher gegen Bezahlung.

Varro erklärt die Etymologie des Namens der römischen Urinatores. *Urinare* bedeutet im Lateinischen „tauchen", und dieses Wort hängt mit dem Wort *urna* (Urne, große Vase, Vorläufer der Taucherglocken) zusammen. Die römischen Urinatores zeichneten sich während des Bürgerkrieges zwischen Cäsar und Pompejus besonders aus. Sie werden mehrmals von Lukan beschrieben, dem römischen Dichter, der keine Zeit hatte, den Kampf der Helden zu Ende zu erzählen, da Nero ihn mit 26 Jahren zwang, sich das Leben zu nehmen.

Die Urinatores bildeten eine Truppenabteilung, die vor allem mit Spezialaufträgen und kühnen Handstreichen betraut wurde. Sie brachten Lebensmittel in die belagerten Städte, indem sie mit Getreide gefüllte Säcke aus wasserdichtem Ziegenleder mit sich durch das Wasser schleppten, und übermittelten auf ihren Armschienen in Bleiplatten eingeritzte Befehle. Schließlich zerstörten sie auch feindlichen Verteidigungswerke.

Auguste Jal schreibt in seiner *Archéologie Navale*, daß die Urinatores der Antike sehr lange im Wasser blieben, und zumeist mit einem Schluck Öl im Mund hinabtauchten, welches sie tropfenweise wieder ausstießen.[11] Plutarch und Plinius der Ältere nannten als Grund dafür, daß sie dies taten, um im Wasser klar zu sehen, denn diese Taucher besaßen noch keine Taucherbrillen.

Das Aponetauchen zu kriegerischen Zwecken ist von der Antike bis zum Mittelalter durch alle Jahrhunderte hindurch und in allen Kulturkreisen präsent. Im Mittelalter stand beispielsweise auch in der Ausbildung der Ritter neben den höfischen Umgangsformen und Kampftechnik die körperliche Ertüchtigung mit im Vordergrund. Das Tauchen wurde dabei ebenfalls ausgiebig geübt. Welche hohe Bedeutung das Tauchen in dieser Zeit besaß geht wohl am besten aus der Tatsache hervor, daß Tauchen zu den „sieben leiblichen Fertigkeiten der Ritter" gehörte. Den Beweis dafür liefert uns Johannes Rothes *Thüringer Ritterspiegel* von 1400, in dem es bei der zweiten Fertigkeit heißt: „Die zweite, daß er schwimmen kann, daß im Wasser dreiste er tauche, daß sich krümm' und dreh' der Mann auf dem Rücken und auf dem Bauche."[12]

Aber nicht nur im deutschen Raum war das Tauchen bei den Rittern Brauch, sondern wahrscheinlich auch in anderen Ländern. So wird von Frankreich berichtet, daß dort unter anderem auch eine Tauchprobe vor dem Ritterschlag üblich war. Burian berichtet aus einer Schrift von Thevenot, daß früher diejenigen, die zum Ritter geschlagen werden sollten, vorher

Der alte Stich zeigt griechische Schwammtaucher bei der Arbeit (Zeichnung aus Falkenhorst, Carl: In Meerestiefen. Leipzig, 1891).

öffentliche Beweise ihrer Geschicklichkeit im Schwimmen und Tauchen ablegen mußten. Noch zur Zeit Ludwig XI. habe man diese Gewohnheiten und Bräuche angetroffen.

Obwohl Kampftaucher immer wieder in den Kriegen eine wichtige Rolle spielten, findet man nach der Belagerung von Malta durch die Türken um 1565 kaum noch Aufzeichnungen über sie. Der Vezir Mustapha, der Malta belagerte, schickte dort seine mit Äxten bewaffnete Taucherbrigade aus, um eine zur Verteidigung errichtete Palisade zu zerstören. Die Türken tauchten ins Wasser, doch waren sie noch nicht am Schanzwerk angelangt, als sie von den maltesischen Tauchern angegriffen wurden. Aus einem furchtbaren Kampf im Wasser gingen die Malteser als Sieger hervor, und die türkischen Taucher ergriffen die Flucht.

Nach diesem Ereignis scheint die Bedeutung der Kampftaucher zu schwinden, und den letzten Bericht über sie haben wir von der Marine von Louis XIV. Sie bekleideten dort Offiziersdienstgrade und nannten sich „Mourgons“. Sie hatten allerdings kaum mehr kriegswichtige Funktion und wurden nur noch zur Inspektion und Reparatur von Schiffsböden eingesetzt. Erst im Zweiten Weltkrieg, und nun mit neuen Tauchausrüstungen versehen, wurde die große Bedeutung von Kampftauchern wieder erkannt.

Neben Kriegszwecken wurde auch schon früh getaucht, um wertvolle, als Schmuckstücke zu verwendende Dinge zu finden. Die Apnoetaucher im Altertum suchten nach Schmuck- und nützlichen Gebrauchsgegenständen wie Perlen und Perlmutt, Purpurschnecken, dekorativen Korallen, Bernstein und Schwämmen. Korallen kommen bereits an Funden der

Hallstadt- und Latènezeit (um 800-100 v.Chr.) vor. Plinius der Ältere[13] (23-79 n.Chr) sagt, die Gallier schmückten Schilde, Helme und Schwertgriffe mit Korallen. In Rom schnitzte man auch Figuren in Korallen. Der roten Koralle wurden mystische Kräfte zugeschrieben, und man exportierte sie bis nach China, wo die Amtsabzeichen der Mandarins daraus hergestellt wurden.

Schon seit alten Zeiten stehen neben den Schwämmen und Korallen aber vor allem die Perlmuscheln im Mittelpunkt des Interesses. Legenden und Mythen ranken sich um Perlen. Sie galten als Tränen der Seejungfrauen, als Tränen der Wolken; man schrieb ihnen wunderwirkende Kräfte zu. Die ältesten nachweisbaren Hinweise, daß Menschen nach Perlen tauchten, stammen bereits aus einer Zeit vor etwa 6.000 Jahren. Es sind Perlen, die vornehme Frauen im alten Baylon als Schmuck trugen. Auch im ägyptischen Theben wurden etwa 3.200 Jahre v.Chr. Perlmutterschalen für Schnitzwerkarbeiten verwendet.

Im asiatischen und südpazifischen Raum gibt es ebenfalls schon lange Perlentaucher. 2.000 Jahre v.Chr. brachten wilde Stämme dem Chinesenkaiser YU neben anderen Zinsen Fische und ertauchte Austernperlen. Etwa aus dem Jahr 2.000 v.Chr. stammt eine assyrische Inschrift, mit der ein Kaufmann den Empfang „eines Pakets voll Fischaugen aus Dillum“ bestätigt - Perlen aus Bahrein. Im Alten und Neuen Testament der Bibel sowie im Koran und dem Talmud wird regelmäßig die Perle als Symbol von Reinheit und Schönheit gebraucht. Im alten Rom waren Perlen Zeichen eines großen Luxus. Wer im Römerreich besonderen Reichtum demonstrieren wollte, reichte bei Schlemmermählern in scharfen Essenzen aufgelöste Perlen als Leckerbissen. Fanden sportliche Wettkämpfe statt, erhielten die Sieger kostbare Perlenketten; damit geschmückt zu werden, galt als eine hohe Ehre.

So berühmt, wie die griechischen Schwammtaucher noch heute sind, waren im alten Hellas gewisse Orte als Zentren der Taucherei. Auf Delos befaßte sich die ganze Bevölkerung mit diesem gefahrvollen Beruf. Eines der ältesten Tauchzentren am Mittelmeer war auch Kreta. Künstlerische Darstellungen aus seinen frühesten Kulturepochen zeigen, daß hier das Meer als Nahrungsquelle eine besonders wichtige Rolle spielte, und daß man die verschiedenen Tiere aus Beobachtungen unter Wasser gekannt haben muß.

Um 1.000 v. Chr. stiegen die Phönizier vor allem durch den Export von purpurroten Textilien zur reichen Handelsmacht auf. Der begehrte Farbstoff stammt aus einem Sekret der kleinen *Murex*-Meeresschnecken, von denen jede einzelne nur für einen winzigen roten Tupfer gut war. Aus 10.000 dieser Purpurschnecken lassen sich gerade 1,2 Gramm Purpur gewinnen - etwa sechs Zentner Schnecken mußten gesammelt werden, um genug Farbe für einen Zentner Wolle gewinnen zu können! Doch diese purpurne Wolle war so wertvoll, daß sie mit Gold aufgewogen wurde, denn Purpur war der begehrteste Farbstoff des Altertums. Heute ist das Tauchen nach Purpurschnecken bedeutungslos, da die natürliche Purpurfarbe weitgehend aus der Mode gekommen und durch preiswerte chemische Farbstoffe ersetzt wurde.

Bereits vor etwa 2.500 Jahren erreichte das Apnoetauchen seinen ersten Höhepunkt. In den klassischen griechischen Stadtstaaten und später im Römischen Reich entstanden regelrechte Tauchergewerbe, denn in dieser Zeit wuchs die Nachfrage nach bestimmten Meeresgütern. Dabei scheint der Verbrauch an Schwämmen im Altertum beachtlich gewesen zu sein. Die reichen Griechen und Römer trieben häufig Sport und pflegten ausgiebig zu baden, wodurch ein großer Bedarf an Badeschwämmen entstand. Aber auch beispielsweise zur Meerwasserentsalzung brauchte man sie: Die Schwämme wurden in den aufsteigenden Dampf über den kochenden Wasserkessel gehalten und saugten sich dort voll. Besonders feine, engporige Schwämme dienten als Polsterung an Helmen und dem Schuhwerk der Krieger.

Immer mehr Bürger konnten sich auch erlesene Delikatessen wie bestimmte Muscheln, seltene Farbstoffe und schöne Schmuckstücke wie Perlen und Korallen leisten. Schwämme, Austern, Purpurschnecken, Perlmuscheln und Korallen mußten aus dem Meer geborgen werden, und dies war alles andere als eine leichte Arbeit. Oppian gab bereits im 2. Jahrhundert n.Chr. eine ausführliche Schilderung über die Ausstattung und Arbeitsweise der antiken Schwammtaucher: „Der Taucher nimmt Olivenöl in seinen Mund und stopft ölgetränkte Schwammstücke in Ohren und Nase.[14] Nachdem er einen tiefen Atemzug genommen hat, taucht er ab. Durch das große Gewicht des Steines in der einen Hand wird er schnell hinabgezogen. Trotz den ölgefüllten Schwammstücken in den Ohren beginnen sie sehr zu schmerzen. Er schlägt mit dem Stein mehr auf dem Meeresgrund auf, als daß er sacht landet. Dann spuckt er kleine Mengen des Öls aus seinem Mund aus, das langsam zur Oberfläche aufsteigt, sich dort ausbreitet und die Wellen glättet. So bekommt der Meeresgrund mehr Licht, und der Taucher kann besser sehen.“[15]

Perlen- und Schwammtauchen war harte Arbeit - die Taucher mußten dutzendemal an einem Tag in die Tiefe gehen. Daß ein derartiger Raubbau am menschlichen Körper schwere gesundheitliche Schäden nach sich zieht, ist selbstredend. Einige dieser Taucher rieben ihren Körper mit Öl ein, um sich vor der Kälte des Wassers zu schützen. Im Durchschnitt waren die Taucher etwa ein bis eineinhalb Minuten unter Wasser und gingen nicht tiefer als 25 Meter, aber auch längere und tiefere Tauchgänge waren durchaus keine Seltenheit. Die physischen Belastungen, die diese Apnoetaucher auf sich nahmen, waren gewaltig.

Im Altertum wurde das Tauchen nach Perlen und Schwämmen als sehr gefährlich angesehen. Dies war der Grund da-

Korallentaucher im Mittelmeer, die Taucherbrillen bei ihrer Arbeit tragen (nach J. Stradanus, 1520).

für, daß man vor allem Sklaven, zum Tode Verurteilte oder schwere Verbrecher dafür einsetzte. Besonders auch die Mär von den gefährlichen Haien ließ die Taucherei gefährlich erscheinen. Die Gefahr durch diese Räuber wurde von den Tauchern oftmals ganz bewußt übertrieben, um die mehr als spärliche Belohnung für ihre harte Tätigkeit aufzubessern. Heute sind die Berichte belustigend, die von Tauchern erzählen, die unter Wasser nur mit Dolchen bewaffnet gegen angreifende Haie gekämpft haben wollten. Pere Labat, ein französischer Missionar, erzählt beispielsweise in seinen Berichten von einem Duell zwischen einem karibischen Perlentaucher und einem Hammerhai, das 1676 bei St. Kitts stattgefunden haben soll. Der Hai soll einem kleinen Kind das Bein abgebissen haben, und um diese Tat zu rächen stürzte sich der Indianer, „bewaffnet mit zwei Bajonetten und gestärkt durch zwei satte Gläser Rum“ in das Meer. „Wir sahen daraufhin von oben starke Bewegungen unter Wasser“ schrieb Labat, „und als er wieder nach oben kam, vollkommen erschöpft und gezeichnet von dem schweren Kampf, versicherte er uns, daß dieser Hai zukünftig keinen Taucher mehr belästigen werde, denn er habe ihn getötet." Der mutige Taucher verlangte daraufhin natürlich eine angemessene Belohnung...

Belustigend sind heute ebenfalls die Berichte von den Methoden, durch die sich die Taucher vor den Haien schützen wollten: „Perlenfischer, die nackt tauchen, sind vielfach den Angriffen der Haifische ausgesetzt und haben deshalb eine besondere Abwehrtechnik entwickelt. Sie wissen, daß der Hai erst Kreise um sein Opfer beschreibt und dann plötzlich zum direkten Angriff übergeht. Ostasiatische Perlentaucher berichten, daß sie sich oft dem Angriff eines Hais entziehen, indem sie sich so flach auf den Meeresboden legen, bis ihnen die Luft ausgeht - in der Hoffnung, daß der Fisch sie so aus dem Auge verliert; andere warten, bis der Hai auf sie zukommt, und stoßen ihm dann die Finger in die Augen; wieder andere halten ihm eine Hand als Köder hin und stechen dann mit dem in der anderen Hand gehaltenen Messer zu, wenn er auf sie zufährt. Perlentaucher hüten sich, Essensreste über Bord zu werfen, um nicht Haifische anzulocken. Die Fußsohlen, der einzige hellere Körperteil der dunkelhäutigen Eingeborenen, werden aus gleichem Grund mit Ruß und Teer geschwärzt. Die Perlentaucher im Persischen Golf knien vor jedem Sprung in die Tiefe zum Gebet nieder; sie tragen Amulette aus Bernstein oder Knochen, die sie vor den Haien schützen sollen. An Bord der Boote ertönt währenddessen der monotone Singsang der Haifischbeschwörer. Früher spielten auch Priester eine aktive Rolle beim Perlentauchen, indem sie Gebete aufsagten, während der Taucher unter Wasser war. Dafür waren sie am Gewinn beteiligt."[16]

Mit dem Tauchen nach natürlichen Meeresgütern wie Perlen, Schwämmen oder Korallen ist die Anwendung des Apnoetauchens als Erwerbsart keineswegs erschöpft. So gab es zum Beispiel auf der Insel Demonesos eine Kupfermine, die nur durch einen unterseeischen Zugang erreichbar war. Taucher hatten sie entdeckt, und nur Taucher konnten in ihr arbeiten. Der römische Geschichtsschreiber Plinius hat überliefert, daß auch Taucher der 685 v.Chr. gegründeten griechischen Siedlung Chalcedon (heute zur Türkei gehörend) am Bosporus Kupfererz zutage förderten.

Es gibt eine Vielzahl historischer Aufzeichnungen über das Tauchen bei Naturvölkern ausserhalb Europas. Bereits Christoph Kolumbus berichtete von Perlentauchern an den Küsten Venezuelas und auch Marco Polo, der 1599 durch Sri Lanka reiste, berichtete von tauchenden Einheimischen. 1559 beschreibt Samuel Champlain einen 20-Meter-Tauchgang von karibischen Indianern. James Cook schrieb in seinen Tagebüchern über seine zweite Entdeckungsfahrt im Jahre 1722 ausführlich über die großen Tauchfähigkeiten der Tahitierinnen, die ohne Hilfsmittel Tiefen von 25 Meter und mehr erreichten. Der Naturforscher Labillardière, der 1791 mit einer französischen

Expedition nach Tasmanien kam, war erstaunt über die großen Tauchfertigkeiten der Aborigines. Charles Darwin berichtete noch 1893 von den gewandten Taucherinnen von Feuerland.

Als die spanischen Eroberer Feuerland an der Spitze Südamerikas erstmals erreichten, fanden sie dort unter den Yahgan-Indianern geschickte Taucherinnen, die aus dem kalten Meer in großen Tiefen Seegras, Krebse und Muscheln nach oben brachten. Aber die eingeborenen Männer der Neuen Welt standen diesen Frauen in nichts nach: Bei der Entdekkung und Besetzung von Florida wurden beispielsweise von den spanischen Seefahrern gefesselte Indianer an Bord gebracht. Schenkt man den Schilderungen Glauben, müssen sie gewaltige Tauchfertigkeiten besessen haben: Es wird berichtet, daß einige der Gefangenen, mit schweren Ketten gefesselt, über Bord gesprungen sind und verschwunden blieben, bis man sie weit vom Schiff wieder auftauchen sah.

Leider wurden aber all diese eingeborenen Taucher fast ohne Ausnahme durch die gierigen Eroberer ausgebeutet und ausgerottet. Das beste Beispiel dafür gibt uns Cubagua, eine Perleninsel nahe der Küste Venezuelas: Bei der dritten Reise, die Kolumbus 1498 in die Neue Welt führte, ankerte er eines Tages bei dieser Insel, um Früchte und frisches Wasser zu bunkern. Als einige seiner Männer den Strand erreichten, sahen sie dort eine Indianerin, die eine große Perlenkette um den Hals trug. Die Indianerin berichtete den begehrlichen Spaniern, daß dies nichts besonderes sei, rund um die Insel wären die Perlmuscheln in großer Menge zu finden.

Die Indianer auf Cubagua fanden die Gier der Spanier nach diesen hübschen, hellen Kugeln zunächst äußerst amüsant und tauschten sie bereitwillig gegen Messer und Vorräte ein. In ihrer Besessenheit zwangen die Conquistadoren die Eingeborenen aber bald, immer häufiger nach den Perlen zu tauchen, schlugen sie, wenn sie mit leeren Händen nach oben kamen, und zwangen sie, sich mit blutenden Wunden wieder ins Meer zu stürzen. Wie aus den Aufzeichnungen des spanischen Priesters Bartolomé de la Casas hervorgeht, starben viele an Hunger, grausamer Behandlung oder Verzweiflung.

Die Entdeckung von Cubagua brachte Kolumbus 40 Kilogramm erlesener Perlen ein und machte die Reise von 1498 zu einer seiner erfolgreichsten Fahrten. Nach Rückkehr nach Spanien empfahl er seiner Königin, auf Cubagua eine Perlenfarm einzurichten. In den darauffolgenden Jahren wurden weitere reiche Perlenbänke zwischen Cubagua und der Insel Margarita gefunden. Sie ist noch heute weltbekannt für ihre Perlmuscheln. Über die Jahrhunderte hinweg versorgten die karibischen Gewässer fortan das spanische Königshaus mit Perlen von einem solch immensen Wert, wie er nur noch von dem Gold und den Edelsteinen der Neuen Welt übertroffen wurde.

Die Einwohner Margaritas und Cubaguas mußten allerdings einen hohen Preis zahlen: Sie wurden von den Spaniern versklavt, und viele starben vor Erschöpfung, weil sie von den Spaniern bis zu 16 Stunden täglich erbarmungslos zum Tauchen gezwungen wurden. Als die Zahl der Taucher vor der Küste Venezuelas rapid zu schwinden drohte, importierten die Spanier kurzerhand Lucaya-Indianer von den Bahamas als neue Arbeitskräfte.

Die Lucayas wurden damals oft als die besten Apnoetaucher der Neuen Welt bezeichnet. Der spanische Historiker Oviedo schrieb 1535 über seinen Besuch auf den Perlenfarmen Margaritas, daß die Lucayas bis zu 30 Meter tief tauchen und dort extrem lange den Atem anhalten konnten. Gleichzeitig hätten sie eine noch größere Ausdauer als die Ureinwohner der Inseln: Die Lucayas tauchten von Sonnenaufgang bis Sonnenuntergang, und dies sieben Tage in der Woche, ohne Müdigkeit zu zeigen.

Der Leidensweg der Lucayas ist ein besonders trauriges Kapitel in der Geschichte des Tauchens: Es wird berichtet, daß sich im Jahre 1509 Nicolas de Ovando, der spanische Gouverneur von Santo Domingo, als er die meisten Ureinwohner dieser Insel durch Zwangsarbeit ausgerottet hatte, der Bahamainseln erinnerte, deren Einwohner seit der Landung des Kolumbus, 17 Jahre zuvor, unbehelligt geblieben waren. Don Nicolas segelte mit seiner Flotte zu den Bahamas und wurde dort von dem gutartigen, friedlichen Volk der Lucayas arglos aufgenommen. Er verkündete, er wäre ihr Gott und komme geradewegs vom Himmel, und jeder, der mit ihm dorthin zurückkehren wolle, sei ihm willkommen. Über 3.000 Menschen drängten sich daraufhin auf seine Schiffe; die gesamte Bevölkerung betrug nicht mehr als 4.000. Don Nicolas pferchte sie alle unter Deck zusammen und machte sich auf die Heimfahrt nach Santo Domingo. Die nachfolgenden Schiffe brauchten sich um die Navigation nicht zu kümmern - sie folgten einfach der Spur des Flaggschiffs, die von den im Wasser treibenden Leichen der Indianer gebildet wurde.

Aus den Überlebenden wurden die besten Taucher herausgesucht, der Rest wanderte in die Bergwerke und arbeitete sich dort zu Tode. Die Taucher brachte man nach Hispaniola (Haiti), Juana (Kuba), Cubagua und Margarita. Auf den spanischen Sklavenmärkten brachten gute Perlentaucher bis zu 150 Goldstücke ein. Bald lebte keiner mehr von ihnen, auch die Lucayas wurden von den Spaniern zugrundegerichtet. Die auf den Bahamas verbliebenen Lucayas wurden bei späteren Raubzügen fortgeschleppt. Das ganze Volk wurde restlos vernichtet und ist nur noch nach spanischen Dokumenten und seltenen Scherbenfunden bekannt.

Die Spanier begannen nach der Ausrottung der einheimischen Bevölkerung unbarmherzig damit, aus Afrika verschleppte Negersklaven zu der harten Taucharbeit zu zwingen. Doch 1533 waren die reichen Perlenbänke von Cubagua leergefischt, und 8 Jahre später machten ein Erdbeben und eine Flutwelle sie vollständig dem Erdboden gleich. Die Ruinen der Stadt auf der Insel wurden erst 1949 durch Ausgrabungen wieder zutage gefördert.

Eine besonders kurioser Aspekt wurde lange Jahre von den spanischen Eroberern als Grund für die große Tauchkunst der karibischen Indianer gehalten. Sie glaubten, daß die Taucher so gut tauchen können, weil sie viel Tabak rauchten. Sie waren tatsächlich sehr starke Raucher, und es verging fast keine der kurzen, seltenen Pausen auf dem Boot, wo sie nicht Pfeife oder Zigarre rauchten. 1617 schrieb der Gouverneur von Margarita nach Spanien, daß er sich Sorgen wegen der Perlmuschelernte mache, denn die Tabakvorräte würden knapp und die Taucher würden deshalb anfangen, zu meutern! Zunächst zwang der Gouverneur die Taucher, weiterzuarbeiten, schickte aber dann doch ein Schiff nach Kuba, um neuen Tabak zu laden. Heutzutage wird wohl niemand mehr glauben, er könne durch Tabakrauchen sein Atem- und damit Tauchvermögen steigern.

Während die Perlentaucher Europas und der Neuen Welt also oft bis zur tödlichen Überanstrengung hinab in die Tiefen gejagt wurden, waren die Chinesen des 13. Jahrhunderts bereits etwas schlauer. Die Chinesen kamen auf den Gedanken, der Natur nachzuhelfen, indem sie die Auster künstlich dazu veranlaßten, eine Perle herauszubilden. Jahrhundertelang hüteten die Chinesen ihr Geheimnis, und erst Ende des 19. Jahrhunderts übernahm der Japaner Kokichi Mikimoto das Verfahren und nützte es zur Massenherstellung von Perlen aus. Seit 1891 experimentierte er mit der künstlichen Herstellung von Perlen, seine erste Ernte hielt Mikimoto dann im Jahre 1896. Die Zuchtperlen sind zwar für den Fachmann leicht zu erkennen und weniger wertvoll als die natürlichen, aber Mikimoto sollte mit seiner Spekulation recht behalten: Sein Unternehmen in der Akobucht erlangte in wenigen Jahren Weltruf.

Etwa zu gleichen Zeit wie Mikimoto erforschte auf der anderen Seite der Welt der französische Wissenschaftler Louis Boutan im Meeresbiologischen Institut in Roscoff in der Bretagne ebenfalls die Perlmuschel. 1925 legte er sein Wissen über das Geheimnis von der künstlichen Perlzucht in seiner Schrift *La Perle* nieder, das damals ein Standardwerk war, und einen Boom der Perlenfarmen auslöste. Seltsamerweise kennt man heute Boutan nur noch als Pionier der Unterwasserfotografie, sein damaliger, viel größerer Weltruf als Biologe und Erforscher der Perlmuschel ist hingegen kaum noch bekannt.[17]

Der Japaner Mikimoto stellte in seiner Perlenfarm in der Akobucht nur Mädchen als Taucherinnen ein; nicht nur, weil sie mit geringen Löhnen zufrieden waren, sondern weil Frauen angeblich einen längeren Aufenthalt in kaltem Wasser besser überstehen als Männer. Aber es ist auch an den Küsten dort seit Jahrhunderten Brauch, daß vor allem die Frauen nach Nahrung tauchen. Diese tauchenden Frauen werden *Ama* genannt.

Drei verschieden ausgerüstete bzw. bekleidete Ama. Links von der Insel Hekura; mitte von der Shima Halbinsel; rechts von der Boso Halbinsel (Fotos aus Rahn, Hermann (Hrsg.) :Physiology of Breath-Hold Diving and the Ama of Japan. Washington, 1965).

Das Tauchen nach Nahrung aus dem Meer hat an den Küsten von Japan und Korea eine jahrhundertealte Tradition. Seit mindestens 2.000 Jahren lebt eine größere Anzahl von Menschen an diesen Küsten von eßbarem Seegras, Schalentieren und Perlmuscheln, welche freitauchend vom Meeresboden geholt werden. Eine der ältesten Nachweise, in denen die Ama erwähnt werden, ist der *Gishi-Wajin-Den*, der etwa 268 v.Chr. in Japan veröffentlicht wurde. Eine Vielzahl von Berichten erzählen seither von den Ama, die oft bis zu 43 Meter tief gehen, um dort zu ernten. Das japanische Fischerdorf Toschi oder die Insel Hekura ist durch die Taucherinnen sehr bekannt geworden. Der deutsche Arzt Kempfer besuchte bereits 1710 Japan und beschrieb die Amas und ihre Suche nach den *Awabi* (Haliotis oder Abalonen). Arthur Neustadt berichtete 1913 in seinen *Japanischen Reisebriefe* ebenfalls von der Arbeit dieser Frauen.

Wie Hans Hass, der 1940 dort auf Besuch weilte, dem Autor dieses Handbuches einmal berichtete, gab es in der Akobucht damals etwa 100 Taucherinnen. Die meisten wurden noch von ihren Müttern angelernt, die in den 20er und 30er Jahren für Mikomoto arbeiteten. Manche waren verheiratet; die Ehemänner blieben daheim und versorgten die Kinder. Die Taucherinnen wurden in einem Boot mit flachem Boden zu den Austernbänken gebracht. Ihre Tauchausrüstung bestand nur aus einer Kopfhaube und Taucherbrille oder -maske sowie einem gebogenen Messer zum Abhebeln festsitzender Muscheln von den Felsen. Bekleidet waren sie mit einem kurzen Sarong und einem weißen Hemd mit langen Ärmeln, das um die Taille mit einem Strick zusammengezogen war. Sie sollen täglich über 100 Mal getaucht sein. Hass beschrieb die Ama als kräftige, muskulöse Frauen. Die eine Hälfte der Belegschaft taucht, während die andere sich ausruht. Nach dem mehrmaligen Tauchen in dem kühlen Wasser kauerten sich die Ama um offene Feuer am Strand, während andere Arbeiter ihren Fang sortierten.

Kurz vor jedem Tauchgang stoßen sie die Luft mit einem pfeifenden Geräusch, dem „Ama-Seufzer", durch die Zähne aus. Über der ganzen Buch lag dieses dauernde Pfeifgeräusch der Ama. Ein japanischer Poet nannte es *iso nageki*, „das Klagelied des Meeres". Aber die Bedeutung des Pfeifens ist keine musikalische und auch nicht die eines Signals; die Ama bereitet sich zum Tauchen vor, indem sie beim Pfeifen soviel wie möglich Luft aus ihren Lungen herausstößt und dann eine leise, aber tiefe Einatmung macht. Damit ist keine schwere Arbeit des Brustkorbes und des Zwerchfells verbunden, während heftige tiefe Atmungen die gesamten Atemmuskeln ermüden würden.

Wir wissen von neueren Untersuchungen[18] mehr über das Leben und die Arbeitsweise der japanischen Ama. Die Ama unterscheiden drei verschiedene Taucharten: *Koisodo* wird die Taucherin ohne Hilfsmittel und ohne Helfer genannt. Die Koisodo benutzen kein Boot, sondern tauchen direkt vor der Küste an relativ flachen Plätzen in 4 bis 6 Meter Tiefe, je nach Gelegenheit aber auch tiefer. Sie haben eine hölzerne Schale, die wie ein kleines Floß auf dem Wasser treibt und mit dem Taucher durch eine Leine verbunden ist. Die Kaisodo tauchen rund um dieses Floß und suchen den Meeresgrund ab. Sie bleiben etwa 30 Sekunden unter Wasser, atmen an der Oberfläche wieder genausolange und tauchen so etwa 60 Mal in der Stunde. Vor allem Anfängerinnen und alte Ama tauchen in dieser Art.

Die Gruppe der *Nakaisodo* ist geübter als die Kaisodo. Nur jungen Taucherinnen, die schon einige Jahre als Kaisodo gearbeitet haben, ist erlaubt, als Nakaisodo zu arbeiten. Viele von ihnen sind zwischen 15 und 20 Jahre alt und machen Tauchgänge zwischen 4 und 8 Meter. Gruppen von 5 bis 10 Nakaisodo gehen zusammen an Bord eines Bootes mit einem oder zwei männlichen Helfern. Das Boot fährt zu den Riffen hinaus, wo dann die Ama in der gleichen Art tauchen, wie die Koisodo. Wenn sie nach einigen Stunden Taucharbeit kalt haben, fahren sie zurück zur Küste und wärmen sich dort an Feuern auf, bevor sie wieder hinausfahren.

Die höchste der drei Ausbildungsstufen stellen die *Ooisodo* dar. Sie sind die geübtesten Taucherinnen und gehen erst einige Jahre als Koisodo und Nakaisodo tauchen, bevor sie Ooisodo werden. Diese Frauen sind üblicherweise über 20 Jahre alt und erreichen ihre größte Leistungsfähigkeit zwischen 25 und 40 Jahren. Die Ooisodo arbeitet in Tiefen von 18 bis 25 Meter und bleibt 30 Sekunden auf dem Grund. Sie fährt mit dem Boot hinaus, läßt sich mit einem Gewicht auf den Grund sinken und wird nach getaner Arbeit an einer Leine von dem Helfer im Boot, meist dem Ehemann, wieder hochgezogen. Auf- und Abtauchen dauern jeweils etwa 15 Sekunden. Zwischen den Tauchgängen wird einige Minuten lang, langsam steigernd, hyperventiliert. Die Ooisodo macht 30 Tauchgänge in der Stunde; insgesamt wird so etwa 4 Stunden täglich getaucht.

Obwohl sie traditionell unbekleidet tauchen, werden heutzutage auch Baumwollkleider oder Neoprenanzüge zum Schutz vor Kälte und Verletzungen angezogen. Die Untersuchungen berichten von den guten körperlichen Konstitutionen der Ama. Aber heute ändern sich auch für die romantische Betätigung der Ama die Zeiten: Viele junge Frauen wandern von den Dörfern der Küste in die Städte, um dort in Fabriken zu arbeiten. Es ist sicher nicht mehr allzuferne Zukunft, daß auch der Berufsstand der Ama ausstirbt.

Das berufsmäßige Apnoetauchen ohne technische Hilfsmittel finden wir heute bei den Naturvölkern nur noch sehr selten, obwohl es noch bis vor 100 Jahren in voller Blüte stand. Die Taucher, die früher ohne jegliche Hilfsmittel Korallen, Perlmuscheln, Schwämme, Austern und andere Dinge aus dem Meer holten, folgten auch der sich immer mehr verbessernden Tauchtechnik, denn der normale Mensch kann unter Apnoe nur in sehr engen Grenzen tauchen. Die von Mensch zu Mensch individuell verschiedenen Tauchleistungen unter Apnoe sind dabei ein besonders interessantes Problem. Die griechischen Taucher des Altertums sollen Rekordtauchzeiten von viereinhalb Minuten erreicht haben, aber nur bei völliger Bewegungslosigkeit. Wie unzuverlässig aber die Angaben sind, sahen wir bereits bei der Mitteilung über die von Skyllias angeblich zurückgelegte Tauchstrecke von 13 Kilometern. Die Nachrichten aus der Antike über Tauchleistungen sind meistens unsinnig oder unbestimmt. So heißt es zum Beispiel bei Seneca, daß Taucher „in eine unermeßliche Tiefe tauchen und dort ohne Atemholen aushalten." Oppian gibt die Grenze des Tieftauchens mit 300 Klafter an - das wären etwa 555 Meter.

Eine der wenigen, glaubwürdigen Nachrichten über die von Tauchern erreichte Tiefe findet sich bei Isidor von Charax (um 300 v.Chr.). Er sagt, daß beim Perlentauchen manchmal in eine Tiefe von 20 *orgyca* (Klafter) hinabgetaucht werde. Das sind 37 Meter. Obwohl wir bedenken müssen, daß am Meeresgrund dann noch gearbeitet wurde, können wir diese Angabe ohne weiteres für glaubwürdig halten; denn wir wissen, daß heute Menschen in Apnoe noch wesentlich tiefer tauchen können.

Unter Wasser ist die Aufenthaltsdauer für Menschen ohne technische Hilfsmittel natürlich eng begrenzt. Dabei ist es zunächst weniger der Sauerstoffmangel, der die Taucher schnell wieder zur Oberfläche zwingt, um Luft zu schöpfen, sondern die Anreicherung von Kohlendioxid im Blut. Dieses Stoffwechselprodukt löst das aus, was wir als Lufthunger empfinden. Das zweite Problem für Taucher ist der mit der Wassertiefe schnell steigende Druck. In zehn Meter Tiefe hat sich der Druck von etwa einem bar, dem der Körper an der Erdoberfläche ausgesetzt ist, bereits verdoppelt. Das flüssigkeitshaltige Körpergewebe ist zwar recht druckbeständig, aber die Luft in der Lunge und den anderen Körperhohlräumen wird dabei bereits auf die Hälfte zusammengepreßt. Der elastische Brustkorb ermöglicht es der Lunge zunächst, sich dem erhöhten Druck anzupassen. Reicht die Elastizität bei zunehmender Tiefe jedoch nicht mehr aus, entsteht in der Lunge ein Unterdruck. Dann dringt aus den Blutgefäßen Flüssigkeit in die Lunge, und es kommt zum Ödem.

Bis vor einigen Jahren nahmen die Wissenschaftler noch an, daß die Grenze des Tieftauchens ausschließlich von der Kompressibilität des Brustkorbes abhinge, und diese sich berechnen ließe. Danach läge die größte, erreichbare Tiefe für einen geübten Apnoetaucher bei maximal 50 Meter, wobei es schon ab etwa 30 Meter Tiefe zu einem relativen Unterdruck im Brustraum kommt. Inzwischen ist diese Theorie, nach der sich die unterste Grenze für das Tieftauchen theoretisch berechnen läßt, nicht mehr haltbar, denn dafür wurden bereits weitaus größere Tiefen erreicht. Es ist jedoch sicher, daß die großen Tiefen der Rekordtaucher das Ergebnis eines jahrelangen Trainings und einer entsprechenden Konstitution sind, wobei durch eine allmähliche Anpassung die Fähigkeit erworben wurde, den Unterdruck im Brustkorb durch eine weitere Volumenverkleinerung und durch Blutverschiebungen auszugleichen. Außerdem spielt Meditation und Konzentration eine entscheidende Rolle.

Auf Höchstleistung trainierte Männer erreichen heute, an senkrecht gespannten Seilen durch Gewichte schnell abwärts gezogen, wesentlich größere Tiefen als 50 Meter. Seit etwa Mitte unseres Jahrhunderts gibt es eine regelrechte Jagd auf solche Tiefenrekorde, die weltweit von einer Handvoll Anhängern als eine Extremsportart betrieben wird. Das Apnoetauchen hat sich damit zu einem eigenständigen Sport entwickelt, dessen Ausübung und Rekordversuche in ihren Anfängen von dem Welttauchverband CMAS (Confédération mondiale des activités subaquatiques) verwaltet wurde.

Bei diesem Rekordtauchen unterscheidet man zwischen verschiedenen Wettbewerbsarten: Bei der ersten Art taucht der Apnoetaucher aus eigener Kraft nur mit Hilfe seiner Flossen in die Tiefe und wieder auf. Derzeitiger Rekordhalter in dieser Disziplin ist zur Zeit der Italiener Umberto Pelizzari mit 70 Meter Tiefe, die er 1990 erreichte. Bei einer anderen Version wird der Apnoetaucher von einem etwa 30 Kilogramm schweren Gewichtsschlitten in die Tiefe gezogen. Für den Aufstieg gibt es zwei Möglichkeiten: Entweder schwimmt der Taucher mit Hilfe seiner Flossen nach oben, nachdem er das Ballasteisen losgelassen hat (derzeitiger Weltrekord 107 Meter von Umberto Pelizzari), oder aber er wird von einem Ballon nach oben gezogen. Der Wettlauf in die Tiefe und die Jagd nach Rekorden scheint bis heute vor allem bei der letztgenannten Variante ungebremst: Der Kubaner Francesco Ferreras tauchte am 10. März 1994 vor Capo San Lucas (Mexiko) in der Ohne-Limit-Klasse ohne Atemgerät mit einem Gewichtsschlitten 130 Meter tief. Er brauchte dafür 1 Minute und 18 Sekunden und trainierte zuvor sechs Wochen lang intensiv für diesen Weltrekordversuch.

Ähnlich wie mit dem Tieftauchen verhält es sich auch beim Strecken- und Zeittauchen. Die entscheidenste Frage bei Zeittauchen ist wohl, wie lange ein Mensch den Atem anhalten kann. Auch hier sind erstaunliche Dauertauchrekorde bekannt: Der Deutsche Örtel erreichte 1900 5 Minuten 6 Sekunden, der Australier Evans 1908 5 Minuten 18 Sekunden und der Franzose Pouliquen stellte 1912 mit 6 Minuten 30 Sekunden einen neuen Weltrekord auf. Dieser Rekord wird allerdings in den Schilderungen zumeist mit „Ertrinkungsrekord" bezeichnet, denn ohne Hilfe wäre der Franzose nicht mehr lebend an die Oberfläche gekommen.

Heute hält Umberto Pelizzari neben dem Weltrekord im freien Tieftauchen auch den offiziellen Weltrekord im Zeittauchen mit 7 Minuten 20 Sekunden. Die absolut längste Atemanhaltezeit unter Wasser erreichte 1959 der amerikanische Arzt Keats mit 13 Minuten, 35 Sekunden und sein Schüler Robert Forster mit 13 Minuten, 42,5 Sekunden[19]. Sie hatten sich allerdings vorher 30 Minuten lang mit reinem Sauerstoff beatmen lassen, 2 Stunden ausgestreckt in völliger Ruhe verbracht und ohne Kraftanstrengung durch Bleigewichte im warmen Hallenbadwasser absinken lassen.

Die ersten Hilfsmittel zur Verbesserung der menschlichen Tauchleistung waren mehr als primitiv: die Schwammfischer beobachteten beispielsweise zunächst vor einem Tauchgang den Meeresboden durch ein katoptrisches Seerohr - ein einfacher Blecheimer mit Glasboden -, während das Boot sich langsam über das Gebiet bewegte. Diese Tonne verbesserte die Sicht und warf durch Reflexion etwas Licht auf den Meeresboden.[20] Der Taucher suchte sich eine geeignete Stelle aus, bevor er sprang. Weiterhin verwendete er statt des früher üblichen Bleigewichtes einen kegelförmigen Stein, den er nur in einem bestimmten Winkel zu halten brauchte, um an das gewünschte Ziel zu gelangen. Durch dieses Steuern ging fast keine Sekunde der so kostbaren Tauchzeit verloren. Unten angelangt, ließ er die Rettungsleine mit dem Stein fallen, und wenn der

Sammelkorb mit wenigen, schnellen Bewegungen gefüllt war, zog man den Taucher, der sich auf den „Steuerstein" gestellt hatte, am Seil wieder hinauf.

Der Fortschritt der Technik verlangte aber immer häufiger den Einsatz von Tauchern zu Arbeiten, die grundsätzlich nicht mehr von Apnoetauchern geleistet werden konnten. Dazu gehören zum Beispiel schwere Unterwasserbauarbeiten wie der Ausbau von Hafenanlagen. Auch der Seeverkehr wuchs stetig an. Da sich jedoch die nautischen Kenntnisse kaum weiterentwickelten, forderten Stürme, Riffe und andere Gefahrenquellen von der Seefahrt ihren Tribut. Unzählige Handelsschiffe wurden von Piraten und Kriegsflotten auf den Grund geschickt. Auf diese Weise entstand ein weites Arbeitsfeld für Taucher: Sie mussten unterseeische Befestigungen bauen und untergegangene Schätze und Kunstwerke bergen. All dies konnte aber nicht mehr von Apnoetauchern durchgeführt werden; man benötigte für den verlängerten Aufenthalt in der Tiefe spezielle technische Hilfsmittel.

Die Tauchermaske

Die Perlentaucher und Unterwasserjäger der Südsee legten bereits vor Jahrhunderten den Grundstein für ein sehr wichtiges Teil unserer modernen Schwimmtauchausrüstung: Für die Tauchermaske. Erst durch sie erschließt sich die Unterwasserwelt vollständig dem Auge des Menschen. Ohne sie kann er dort nur verschwommene Umrisse erkennen, denn das menschliche Auge hat sich im Lauf der Evolution an die Sichtverhältnisse auf der Erdoberfläche angepaßt. Das optisch dichtere Wasser führt deshalb dazu, daß hier Gegenstände nur undeutlich wahrgenommen werden können. Durch die Geometrie des menschlichen Auges kann kein scharfes Bild mehr auf die Netzhaut projiziert werden. Abhilfe bringt erst das Tragen einer Gesichtsmaske, die zwischen Auge und Sichtglas eine Luftschicht enthält. Bedingt durch den Unterschied der Lichtbrechung im Wasser und in der Luft sehen wir jedoch unter Wasser die Gegenstände durch die Maske etwa ein Drittel größer und ein Viertel näher.

Wir unterscheiden drei Arten von Sehhilfen: Zum einen die *Taucherbrillen,* die nur die Augen abdecken, und zum anderen die *Tauchermasken*, die Augen und Nase miteinbeziehen. Sind nicht nur Augen und Nase sondern auch noch der Mund miteinbezogen, handelt es sich um die *Vollgesichtsmasken.* Masken ermöglichen oftmals eine Maskenatmung, einerlei ob durch eingebauten Schnorchel oder durch Atemluftversorgung (Ohgushi, Le Prieur).

Unsere heutigen Tauchermasken entwickelten sich in vier Baustufen, jedoch ist nicht mehr eindeutig zu bestimmen, wann oder wo sie erstmals aufkam. Die allerersten Wegbereiter unserer modernen Tauchermaske waren sehr wahrscheinlich die eingeborenen Perlentaucher und Unterwasserjäger des Pazifischen Ozeans. Sie benutzten anfänglich *einfache Zweiglas-Schutzbrillen*, wie sie auch heute noch von Schwimmern verwandt werden. Solche Brillen sind altbekannt und wurden bereits eingesetzt, als die Küsten- und Inselvölker das Glas noch nicht kannten. Eine Keramikvase aus dem 2. oder 3. Jahrhundert, die in Peru gefunden wurde, und heute im Museum of National History in New York zu sehen ist, zeigt einen Taucher, der eine solche einfache Brille trägt und zwei Fische in seinen Händen hält.

Der marokkanische Reisende Ibn-Batoutah berichtete bereits 1331 von der Benutzung einfacher Taucherbrillen bei den Perlentauchern am Persischen Golf: „Vor dem Tauchen setzt der Taucher eine Brille aus Schildkrötenpanzer auf und verschließt die Nase durch eine Klammer. Er schneidet sich das Objekt ebenfalls aus Schildkrötenpanzer zurecht, die Vorrichtung sieht ähnlich wie eine Schere aus und klemmt die Nasenflügel zusammen“.[21]

Der Panzer der Meeresschildkröte läßt sich fast bis zur Durchsichtigkeit polieren. Auch die polynesischen Taucher benutzten wahrscheinlich schon früh solche Brillen aus Schildplatt, ehe sie durch europäische Seefahrer Glas kennenlernten. Man darf allerdings bezweifeln, daß diese ersten Taucherbrillen aus dünnpoliertem, immer noch leicht gewölbtem Schildplatt befriedigende Ergebnisse lieferten.

Es ist deshalb sehr wahrscheinlich, daß bereits in früherer Zeit neben Schildplatt auch schon Glas für solche Zwecke eingesetzt wurde. Es gelang bereits den Phöniziern und etwas später den Japanern die Herstellung von klarem Glas. Von den Tauchern im Persischen Golf ist bekannt, daß sie manchmal auch eine mit Glasscherben eingelegte, hölzerne Brille verwandten, die so geschnitzt war, daß sie um die Augen eng anlag. Leonardo da Vinci skizzierte und beschrieb bereits um 1490 solche Taucherbrillen: „Der Taucher hat Vergrößerungsgläser vor den Augen, wie eine Schneebrille". Auf einem französischen Druck aus dem 16. Jahrhundert sind ebenfalls Korallentaucher mit Schutzbrillen abgebildet (siehe S. 37). Ferner sind auf Wandgemälden in Arnhemland in Nordaustralien urtümliche Speerjäger mit einfachen Brillen zu sehen. Hermann Stelzner schreibt 1943, daß die Perlentaucher früher Brillen mit Gläsern besaßen, die muschelartig in Horn gefaßt waren. Durch den Wasserdruck wurde der Hornrand der Augenumrandung scharf angepreßt, so daß die Luftschicht vor dem Auge blieb. In Japan wurden sie damals aus Zelluloid, Holz oder Bambusrohr hergestellt.

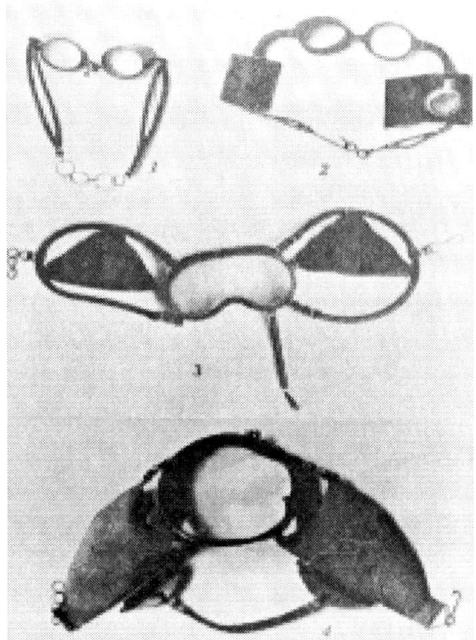

Vier japanische Brillen bzw. Masken: einfache Taucherbrille ohne Druckausgleich (1), Taucherbrille mit Kompressionsblasen (2), Taucherbrille mit einen Sichtglas und Kompressionsblasen sowie Luftschlauch zum Mund (3), Tauchermasken mit Kompressionsblasen (4) (Fotos aus Rahn, Hermann (Hrsg.): Physiology of Breath-Hold Diving and the Ama of Japan. Washington, 1965).

Der primitive Augenschutz durch eine einfache Zweiglas-Brille war also schon vor vielen Jahrhunderten sowohl in Polynesien und Japan als auch bei den Tauchern in Europa bekannt. Wer die erste Taucherbrille letztendlich wirklich zuerst erfand, wie sie aussah - aus Schildplatt oder Glas -, oder wo sie zum allerersten Mal eingesetzt wurde, läßt sich leider nicht mehr feststellen. Allerdings ist sicher, daß die Apnoetaucher die Brillen nie

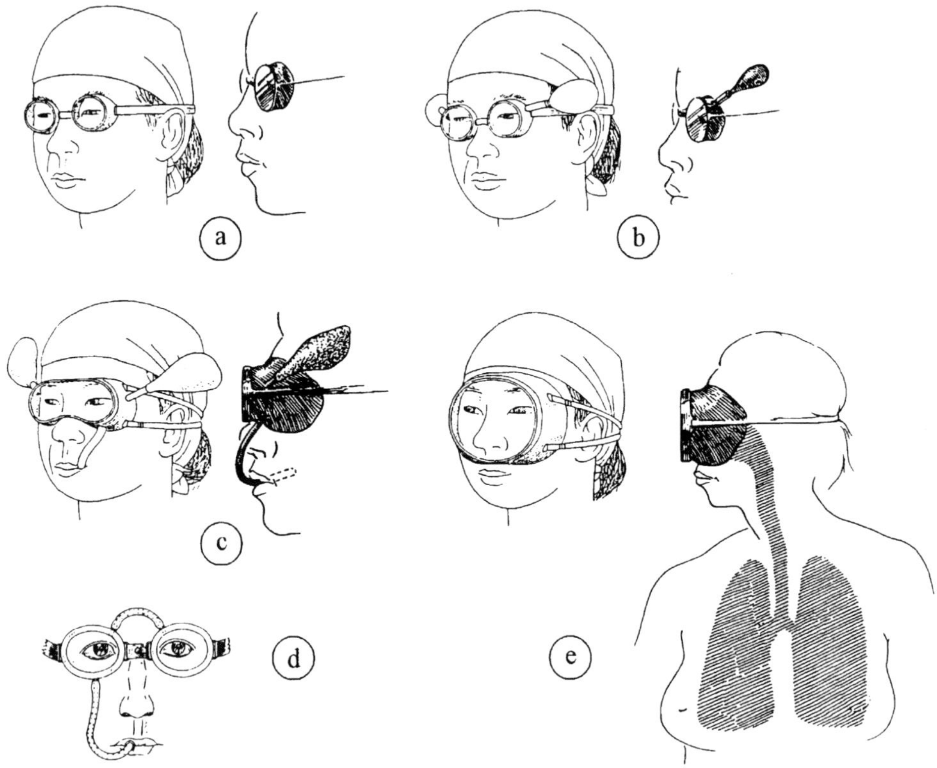

Die vier Evolutionsstufen der Tauchermaske resultieren vor allem aus der Problematik des mit der Tiefe zunehmenden Wasserdruckes. Die frühesten Taucherbrillen (a) waren ohne Druckausgleichsmöglichkeit. Dieses Problem wurde zunächst daurch gelöst, indem man Kompressionsblasen an den Brillenkörpern anbrachte (b). Ein wichtiger Fortschritt brachte die Erkenntnis, daß man auch die Lunge zum Druckausgleich einsetzen kann. Eine einzige Sichtscheibe (c) brachte gegenüber zwei getrennten Brillengläsern (d) erhebliche optische Vorteile. Am optimalsten waren jedoch Tauchermasken (e), die Augen und Nase mit einschlossen und so alle Vorteile vereinten (Zeichnungen: Seitenansichten und Schnittzeichnungen von a,b,c und e: Rahn, Hermann (Hrsg.): Physiology of Breath-Hold Diving and the Ama of Japan. Washington, 1965. Vollansicht der Gesichter von a,b,c und e: Hong, Suk Ki und Rahn, Hermann: The Diving Woman of Korea and Japan. Scientific American, Mai 1967. Copyright by Scientific American Inc. All reights reserved. Zeichnung d: Stelzner, Hermann: Tauchertechnik. Lübeck, 1943).

für Tauchgänge in größere Tiefen verwendet haben: Durch den zunehmenden Druck werden die Brillengläser stark in die Augenhöhlen gedrückt, und es kann durch den relativen Unterdruck in dem Augenraum zu einem Barotrauma der Augen kommen. Wird tiefer als etwa 3 Meter getaucht, können Blutungen der Bindehaut entstehen. Problematisch ist manchmal auch das verzerrte Bild das entsteht, wenn die beiden Gläser nicht genau planparallel in einer Ebene stehen. Es entsteht hierbei der sogenannte Doppelbild-Effekt. Für Tauchgänge in geringen Wassertiefen sind sie jedoch allemal geeignet, und es gab seit ihrer Erfindung immer wieder sinnvolle Anwendungsfelder für sie.

Wegen den Nachteilen der Zweiglas-Brille entwickelte sich schon relativ schnell eine neuere Bauart, welche die zweite Entwicklungsstufe auf dem Weg zu unserer heutigen Tauchermaske darstellt. Diese Zwischenstufe sind *Zweiglas-Brillen mit Druckausgleichsvorrichtung*. Es handelt sich hierbei um kleine Gummiballons oder Tierblasen, die an den beiden Brillenteilen angebracht sind. Mit zunehmender Tiefe pressen sich diese Kompressionsblasen zusammen, und Luft strömt in den Brilleninnenraum. Dadurch kommt es dort solange zu einem Druckausgleich, bis die Blasen vollkommen zusammengepreßt sind. Bereits seit dem zweiten Jahrhundert soll dieses Prinzip der Kompressionsblasen bei den Ama bekannt sein. Durch diese Methode kann die Tauchtiefe bis zur Kompressionsgrenze der Blasen gesteigert werden, allerdings war der störende Doppelbild-Effekt noch nicht beseitigt.

Dieses Problem behob erst die dritte Entwicklungsstufe: Die *Eingläser ohne Nasenaufnahme*. Die Einglas-Brille hatte gegenüber der Zweiglas-Brille den Vorteil, daß hier die Sehbehinderungen und Verzerrungen durch das Schiefstehen der beiden Brillengläser wegfällt. Die große, aus einem Stück bestehende Glasscheibe erlaubt es dem Taucher, im Wasser, abgesehen von den veränderten Größenverhältnissen, einwandfreie Beobachtungen zu machen. Es handelte sich zunächst um Brillen, die *nur* die Augen durch eine einzige Sichtscheibe einschlossen, ein Druckausgleich im Maskenkörper wurde auch hier durch Kompressionsblasen bis zu einer gewissen Grenze erzielt. Es gab aber auch eine andere Bauart mit zusätzlichen Schläuchen, die vom Brilleninnenraum zum Munde führten, wodurch beim Abtauchen manuell etwas Luft in den Brillenkörper geblasen werden konnte. Diese Methode war vorteilhafter als die Kompressionsblasen, denn durch die Schlauchbelüftung konnte die Tiefengrenze noch weiter hinausgeschoben werden.

Die wichtige Erfindung der Maske, welche schließlich *Nase und Augen gemeinsam* einschließt, scheint in den ersten Jahrzehnten unseres Jahrhunderts an mehreren Stellen der Erde fast zeitgleich und unabhängig voneinander gemacht worden zu sein. Bereits um 1920 sollen jedoch die japanischen Ama als erste solche Masken getragen haben.[22] Ihr Vorteil: Sie ermöglichen nicht nur unverzerrte Sicht, sondern erlauben auch den Druckausgleich im Maskeninnenraum durch die Lunge über die Nase, was eine wesentliche Erleichterung und Verbesserung darstellte. Eine solche Maske hat bereits das Tauchgerät von Ohgushi von 1918. Es ist sehr wahrscheinlich, daß dieses Gerät der Ursprung der modernen Tauchermaske war.

Japan und die Südseeinseln liegt weit von Europa entfernt, und wie so manches, was in Japan erfunden wurde, blieb auch

In den Anfangsjahren waren der langeSpeer und die Taucherbrille die einzige Ausrüstung des Unterwasserjägers, ab 1938 kamen dann auch noch Flossen hinzu (Foto: Hans Hass, Wien).

die Erfindung der Tauchermaske in Europa lange Zeit unbekannt. Kaum ein Reisender beobachtete dort den naheliegenden Einfall, Augen *und* Nase in die Maske miteinzubeziehen. Waren es im asiatischen und pazifischen Raum also die Ama, welche die heutige Tauchermaske entwickelten, so waren in der westlichen Hemisphäre die Unterwasserjäger Südfrankreichs für diese Entwicklung verantwortlich. Schon seit den 20er Jahren existierte an der französischen Riviera zwischen Saint Tropez und Monaco eine kleine Gruppe dieser Enthusiasten. Sie verwandten anfangs auf ihren Tauchgängen einfache Zweiglas-Taucherbrillen mit Nasenklammern, tauchten mit langen Handspeeren fußwärts ab und gingen mit angehaltenem Atem auf die Suche nach Fischen, um sie als neue Sportart nach dem Vorbild der Südseeinsulaner zu speeren.

Einer der ersten dieser Unterwasserjäger war der Amerikaner Guy Gilpatric (1896-1950), ein ehemaliger Flieger und Schriftsteller, der sich in den 20er Jahren an der Cote d'Azur als Korrespondent der kalifornischen Zeitschrift *Saturday Evening Post* niedergelassen hatte. Er war in New York geboren und hatte bereits in jungen Jahren einen Höhenrekord mit einem Flugzeug aufgestellt. Er war auch bekannt durch seine „Inchcliffe Castle"-Geschichten, die er an der französischen Riviera schrieb. Gilpatric hatte von einem Freund, den Major W.G. Farrell, von der Technik der Unterwasserjagd in der Südsee erfahren. Dies interessierte ihn sehr, und er beschloß, die Jagd auf Fische in den Gewässern vor seinem Haus zu erproben. Er baute sich einen langen Holzspeer mit einer Spitze, die sich beim Stich des Fisches ablöste und durch eine Leine mit dem Schaft verbunden war. Eine solche Harpune wurde erstmals 1923 von Frederic Albert Mitchell-Hedges benutzt. Gilpatric gebrauchte ab 1929 zur Unterwasserjagd seine alte Fliegerbrille, die er mit Kitt abdichtete und übermalte.

Schon nach kurzer Zeit fand Gilpatrics Betätigung weitere Anhänger, und die Schar der Unterwasserjäger an der Küste Südfrankreichs begann stetig zu wachsen. Aber nicht nur am Mittelmeer sondern auch in Kalifornien, wo Gilpatrics regelmäßige Berichte von seinen Unterwasserabenteuern in der *Saturday Evening Post* erschienen, gingen immer mehr Leute mit Brille und Handspeer auf die Jagd unter dem Meeresspiegel. Als Gilpatric 1938 sein unterhaltsames Buch *The Compleat Goggler* veröffentlichte, hatte er damit etwas geschaffen, das vielen nachfolgenden Unterwasserjägern als Grundlage diente: Es wurde *die* Bibel für alle Unterwasserjäger der damaligen Zeit. Kurze Zeit später, 1945, beschrieb auch Marie Felix Raymond Pulvenis in seinem Buch *La Chasse aux poissons* jeden Aspekt dieses neuen Sportes.

Ab 1938 setzte eine echte Expansion der Unterwasserjagd ein, und immer mehr Menschen begeisterten sich durch diesen Unterwassersport für die Welt unter Wasser. Guy Gilpatric und Yves Le Prieur, ein bedeutender Tauchpionier über den wir später mehr hören werden, waren zu dieser Zeit an der südfranzösischen Küste die Meister und Vorbilder aller Unterwasserjäger sowie Wegbereiter und treibende Kraft auf dem Kurs hin zum modernen Schwimmtauchen. Le Prieur fuhr oft stundenlang an der Küste entlang mit seinem *Pédalo Nautilus*, einem selbstgebauten Wasserfahrrad mit gläsernem Boden, und hielt Ausschau nach geeigneten Revieren für die Unterwasserjagd. Viele andere Protagonisten wie Hans Hass, Philippe Tailliez, Frederic Dumas oder Jacques-Yves Cousteau kamen durch Gilpatric in Kontakt mit der Unterwasserwelt und entdeckten ihre Freude am Tauchen und ihre Liebe zum Meer. Bereits kurze Zeit später schon überboten sie ihren Lehrer in Können und Technik.

Gilpatric und die anderen Jäger fingen ihre Beute anfänglich nur mit Taucherbrille und einfachen, fast drei Meter langen Handspeeren und ohne irgendwelche sonstigen Hilfsmittel wie Flossen oder Tauchgerät. Dies war durchaus fair, denn der Fisch hatte alle Vorteile auf seiner Seite. Aber schon bald degenerierte der Sport zum mechanischen Abschießen: Die erste, federbetriebene Harpune wurde bereits 1905 von Lacave patentiert und konnte auch über Wasser eingesetzt werden. In den 30er Jahren gab es dann eine Vielzahl weiterer Patente zu mechanischen Harpunen, wie etwa im April 1937 von Alexandre Kramarenko und dann 1938 von Maxime Forjot. Im August 1937 erschien in der *Voila* eine Beschreibung von einer gummibetriebenen Harpune von Jean Kisling, dem Sohn des bekannten Malers. Einen Monat später erschien in der gleichen Wochenzeitung ein Artikel über die Erfindungen von Kramarenko. Eine in Marseilles von Georges Beuchart gegründete Gruppe von Jägern verwendete ausschließlich mechanische Harpunen mit starken Gummibändern und verschoß damit scharfe Stahlpfeile.

Die Unterwasserjagd hat ihre eigene, unrühmliche Geschichte. Ursprünglich als sportive Betätigung gedacht degenerierte sie mit zunehmender Popularität und Technisierung recht bald zu einem ungezügelten Töten der Fische. Im Laufe der Jahre wurden weltweit Riffe regelrecht leergeschossen, und die Begründer dieser Sportart - namentlich Hans Hass und Philippe Diole[23] - wandten sich recht bald gegen das Ausufern der von ihnen mitausgelösten Bewegung. In den sechziger und siebziger Jahren gab es bereits weltweite Bewegungen zum Verbot der Unterwasserjagd, die allerdings heute leider immer noch mancherorts sehr populär ist. Ihr Begründer Guy Gilpatric erlebte diese Glaubenswende nicht mehr. Er nahm sich im Juli 1950 in Santa Barbara bei Los Angeles gemeinsam mit seiner Frau Louise das Leben, als feststand, daß sie unheilbar an Krebs erkrankt war.

In den Jahren zwischen 1927 und 1943 wurden von den Unterwasserjägern an der Küste Südfrankreichs eine Vielzahl von wichtigen, bahnbrechenden Erfindungen für das Schwimmtauchen gemacht. Es wurde dabei aber auch vieles Wiedererfunden, was in anderen Teilen der Erde schon seit mehreren Jahrzehnten eingesetzt wurde. Hierzu gehört zweifellos die Tauchermaske. Von den Unterwasserjägern wurden in den 30er Jahren so viele verschiedene Varianten von Taucherbrillen und -masken hergestellt, daß es schwer ist, sie chronologisch genau einzuordnen. Ihre Entwicklung ging in Südfrankreich allerdings den gleichen Weg wie in Japan.

Bereits 1912 hatte der Franzose Maurice Fernez aus Altfortville an der Seine für sein Tauchgerät einfache Zweiglas-Brillen ohne Druckausgleichsvorrichtung entwickelt, industriell gefertigt und vertrieben. Seine Vorbilder waren die Unterseeboot-Austauchgeräte und ältere Konstruktionen für Grubenschutzgeräte. Diese einfachen Brillen wurden in den ersten Jahren von den Anhängern Gilpatrics benutzt. Es gab eine Version aus Aluminium, die sich allerdings im Salzwasser sehr schnell zersetzte, und eine aus verchromtem Blech.

Wie Gilbert Doukan schreibt, konnte man aber bereits 1927, und von dann an jeden Sommer von 1927 bis 1930, in der Bucht von La Croix-Valmer den Unterwasserjäger Jacques O'Marchal auf der Pirsch beobachten. Er soll dabei die erste Gesichtsmaske und den ersten Schnorchel getragen und beides sogar 1931 bei der Internationalen Nautischen Ausstellung gezeigt haben.[24] Er blieb allerdings unbeachtet, denn es sollte noch Jahre dauern, bis man an der Riviera dahinterkam, daß es günstiger ist, eine durchgehende Sichtscheibe zu verwenden und auch die Nase mit in den Maskenkörper einzubeziehen. Erst dadurch kann man auf bequeme Weise durch Einblasen von Atemluft auf dem Wege über die Nase den Druckausgleich unter der Maske steuern. Erst Ende der dreißiger Jahre, also rund zwei Jahrzehnte nach ihrem ersten Einsatz in Japan, wurde die moderne Tauchermaske in Europa erfunden.[25]

Auf dem Weg zur Tauchermaske gab es auch in Südfrankreich mehrere Bauarten. Die Entwicklung begann 1932 in Nizza mit den Versuchen von dem Exil-Russen Alexandre Kramarenko, der in den dreißiger Jahren einer der Hauptmatadoren der Unterwasserjagd an der Riviera war. Er hatte um 1917 nach der bolschewistischen Revolution Russland verlassen, drei Jahre lang in Japan gelebt

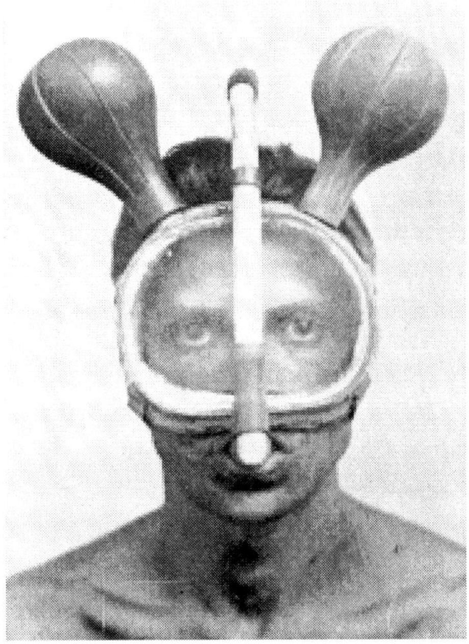

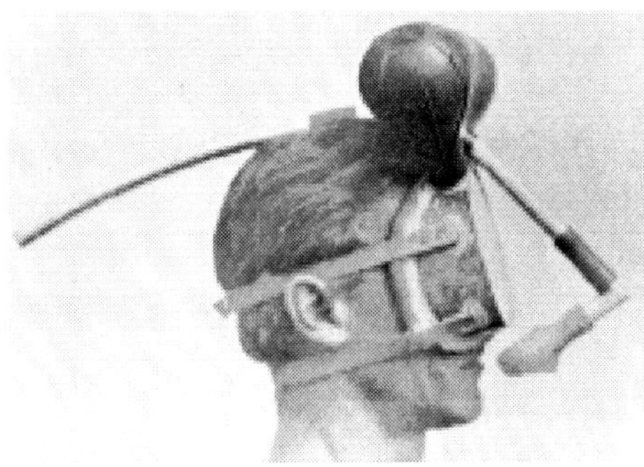

Oben links:
Alec Kramarenko mit seiner ersten Brille ohne Nasenaufnahme und einem durchgehenden Glas, ca. 1936.

Oben rechts und Mitte:
Die selbstgebaute Maske von Raymond Pulvenis mit Nasenaufnahme und zwei Kompressionsblasen sowie einem selbstgebauten Schnorchel, ca. 1939.

Rechts unten:
Die ersten serienmäßig hergestellen Tauchermasken waren kreisrund und wurden mit Nasenklammer benutzt, so wie diese von Hans Hass, 1940. Er kaufte sie in Kalifornien.

(Fotos: oben links aus Gilpatric, The Compleat Goggler, New York, 1938; oben rechts und Mitte aus Pulvenis, Raymond, La chasse aux poissons, Paris, 1945; rechts unten: Hans Hass, Wien).

und dort auch die Perlentaucherinnen gesehen. Kramarenko ging in der Bucht von Angres zunächst mit einer einfachen Fernez-Brille auf die Unterwasserjagd, baute aber ab 1932 einige Weiterentwicklungen. Die erste bestand aus einer einzigen Glasscheibe, die ähnlich wie bei den japanischen Perlentauchern in einem Holzrahmen gefaßt war, die Nase aber noch freiließ.

Er ersetzte im nächsten Schritt den Holzrahmen durch Metall und verwandte Zahnzement zum Abdichten. Ein weiterer Schritt war der Einsatz von Kunststoff für den Brillenkörper. Sie befriedigte ihn jedoch nicht denn sie war sehr brüchig, und so verwandte er schließlich Kautschuk und Fensterkitt. Die praktische Versuche zeigten, daß der Wasserdruck bereits in geringer Tiefe die Brille schmerzhaft gegen die Stirn drückt. Kramarenko erinnerte sich daran, daß er in Japan gesehen hatte, wie sich dort die Taucher behelfen, und brachte eine einfache Kompressionsblase an dem Maskenkörper an. Dieses Prinzip wurde in Frankreich schon Ende des 19. Jahrhunderts auch von Louis Boutan verwandt,

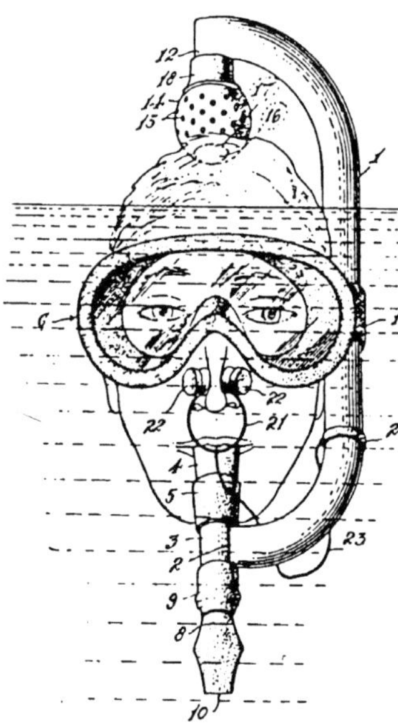

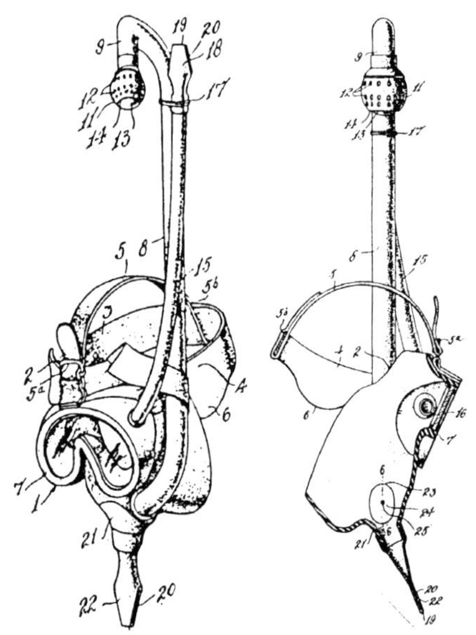

Links:
Bei der Erfindung des Amerikaners Charles H. Wilen und des Franzosen Alexandre Kramarenko, die am 29. März 1940 patentiert wurde (Frankreich 326.684, USA 2.317.236) trägt der Schwimmer eine Taucherbille (USA 2.182.104 vom 5. Dezember 1939) sowie einen Schnorchel. Die Taucherbrille lässt die Nase noch frei. Sie wird mit einer Klammer verschlossen. Der Schnorchel besitzt oben einen Schwimmer, der die Öffnung verschließt, sobald der Schwimmer abtaucht.
Rechts:
Charles H. Wilen patentierte 1943 diese Vollgesichtsmaske, die das ganze Gesicht abdeckt und auch einen integrierten Schnorchel besitzt (USA 2.317.237). Wie er schreibt, war es ihm lästig, immer den Schnorchel zwischen den Zähnen haben zu müssen. Er sah einen separaten Schnorchel zum Ein- und Ausatmen vor.

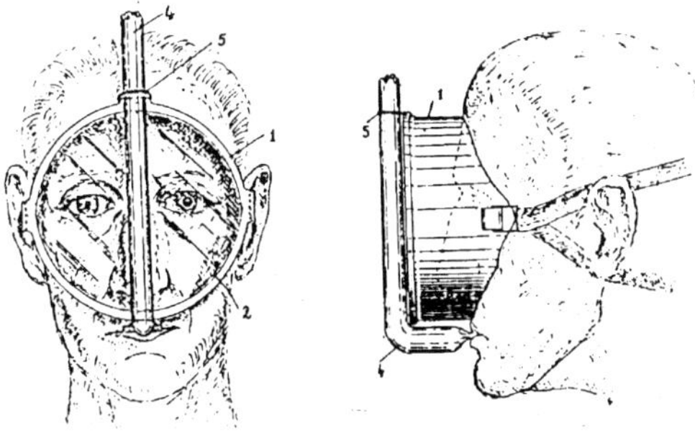

Die von den beiden Franzosen Maxime Forjot und Albert Mejean am 21. Dezember 1938 patentierte Tauchermaske (Frankreich 847.848) wurde schon bald zu einem festen Bestandteil der Schwimmtaucherausrüstung.

der mit Hilfe der äußerlich angebrachten Kompressionsblase für den Druckausgleich in seiner Unterwasserkamera sorgte. Im September 1937 patentierte Kramarenko diese Brille und begann mit ihrem Verkauf.

Die Jäger an der Riviera brauchten lange, bis sie endlich merkten, daß die menschliche Nase sich ausgezeichnet dazu eignet, die Funktion der Kompressionsblase zu übernehmen. Die Maske mußte nur so gebaut werden, daß sie auch die Nase bedeckte, damit nach Bedarf Luft in den Maskenraum hineingeblasen werden konnte. Außerdem ergab sich der große Vorteil, daß eingedrungenes Wasser mit der Nase hinausgeblasen werden konnte. Die letztendliche Lösung - Augen und Nase *gemeinsam* im Maskenkörper mit einer durchgehenden Glasscheibe - wurde 1938 von dem Franzosen Maxime Forjot aus Nizza patentiert. Auch er arbeitete bereits über 3 Jahren an ihrer Entwicklung.

Etwa zeitgleich mit den französischen Unterwasserjägern arbeitete in Kalifornien Jack Prodanovich an der Erfindung der modernen Tauchermaske. Allerdings kann kein Europäer oder Amerikaner den Ruhm in Anspruch nehmen, die Einglas-Maske mit Nasenaufnahme wirklich erfunden zu haben. Sie wurde zwar von Forjot patentiert, wie bereits berichtet war dieses Prinzip schon Jahre zuvor bei den Japanern in Gebrauch.

Die ersten solchen Masken hatten einen sehr großen Innenraum und waren fast kreisrund, die Nasenklammer mußte nach wie vor verwandt werden. Erst in den 50er Jahren kamen Tauchermasken mit Nasenerker auf dem Markt. Dadurch wurde das Tragen von Nasenklammern nicht mehr erforderlich, der Druckausgleich konnte man nun bedarfsweise durchführen.

Das Vertriebsnetz der Händler war in den 40er Jahren jedoch noch lange nicht so dicht wie es heute ist, und so ist es kein Wunder, daß es damals viele Taucher und Unterwasserjäger gab, die sich ihre Tauchermaske selbst bauten. Was lag dabei näher, als eine handelsübliche Gasmaske - die ja zu dieser Zeit millionenfach produziert wurden - umzubauen? Dabei entstanden die abenteuerlichsten Konstruktionen.

Mit der Ausbreitung des Untersports nahm auch das Angebot an Tauchermasken ungeahnte Dimensionen an. Die italienische Firma Cressi hatte Mitte der 50er Jahre allein 47 verschiedene Konstruktionen in einige mit gro-

tesk geformten Nasenerkern, andere waren mit eingebauten Atemrohren versehen. Wiederum andere hatten Schwimmer, die unter Wasser automatisch als Verschluß für das Atemrohr dienen sollten.
Seither wurden die Masken nur noch hinsichtlich der verwendeten Werkstoffe und der Verkleinerung des Innenraumes weiterentwickelt, an der grundsätzlichen Konstruktion änderte sich kaum noch etwas. Neuere Masken mit seitlichen Fenstern sollen den Tunneleffekt vermindern. Durch neue, verbesserte Fertigungstechniken ist es inzwischen möglich geworden, im gleichen Maskenrahmen auch zwei getrennte Scheiben parallel in einer Ebene einzusetzen. Solche Masken haben besondere Bedeutung für Brillenträger, die auf ihre Sichtstärke abgestimmte, oft auch unterschiedlich starke optische Gläser einsetzen lassen, um wirklich „ungetrübten" Genuß in der Unterwasserwelt zu haben.

Erst in den 30er Jahren fanden die Tauchermasken in Europa und Amerika Verbreitung, und die industrielle Herstellung von ihnen setzte langsam ein. Aber noch lange nicht waren sie für jeden frei im Geschäft erhältlich. Viele Taucher mussten sich deshalb selbst eine Maske bauen. Was lag dabei näher, als auf eine Gasmaske zurückzugreifen, und sie zur Tauchermaske umzubauen? So entstand eine Vollgesichtsmaske, die allerdings viele Nachteile und Gefahren hatte. Das Ausatemventil mußte zugeklebt werden, da es nicht wasserdicht war. Die Ausatemluft entwich an dem Maskenrand. Neben dem eingeschränkten Sichtfeld durch die kleinen Augenöffnungen waren vor allem die Gläser besonders problematisch, die unter dem Druck des Wassers brechen konnten. Hauptgefahr aber war bei den meisten das Fehlen eine Rückschlagventils im Luftzuführungsschlauch. Bei einem Fehler in der Luftzuführung konnte ein gefährlicher Unterdruck im Maskenkörper entstehen. Es gibt einen bezeugten Fall, bei dem einem englischer Taucher mit einer solchen aus einer Gasmaske selbstgebauten Tauchermaske bei einem Defekt in 15 Meter Tiefe beide Augen aus ihren Höhlen hinausgesaugt wurden.
Oben links: Umgebaute englische Gasmaske, ca. 1940 ohne Rückschlagventil; oben rechts: Umgebaute amerikanische Gasmaske, ca.1940 mit Rückschlagventil; unten lins: Die Vollgesichtsmaske englischer Kampftaucher im Zweiten Weltkrieg; unten rechts: Umgebaute englische Gasmaske mit 30 cm langem Schnorchelrohr, 1939.
(Fotos aus Martin, Robert C., The deep-sea diver. Cambridge, 1978 und aus Stelzner, Hermann: Tauchertechnik, Lübeck, 1943 [unten rechts]).

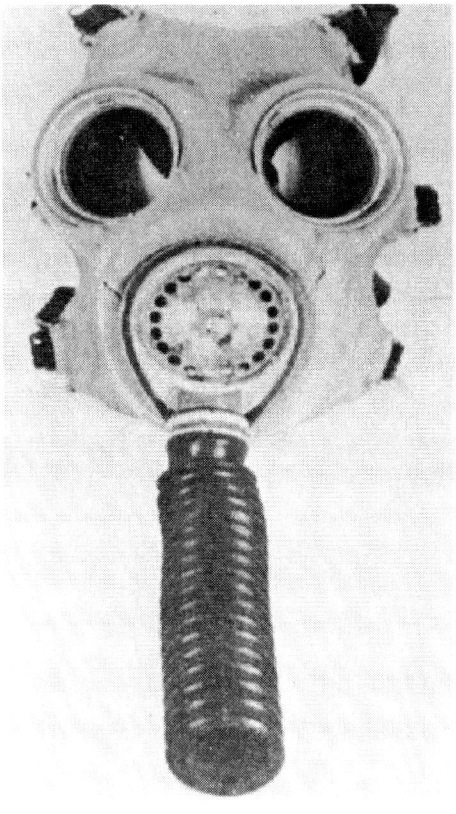

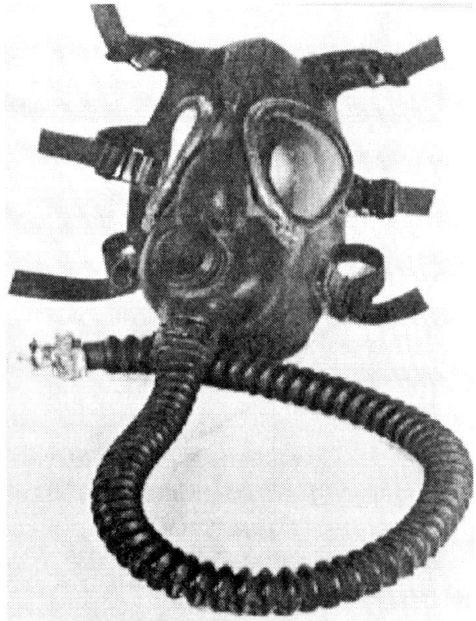

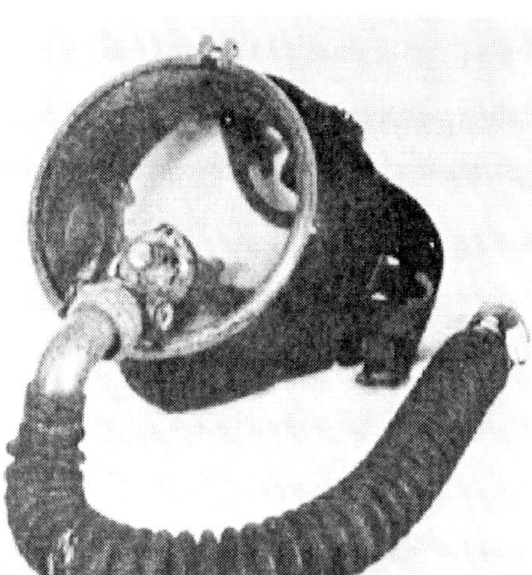

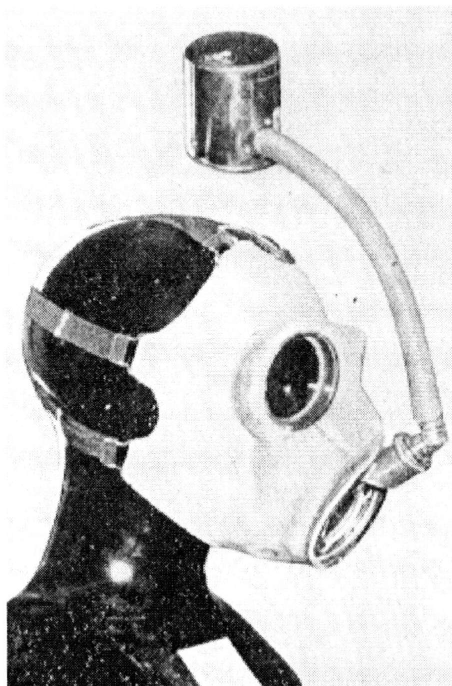

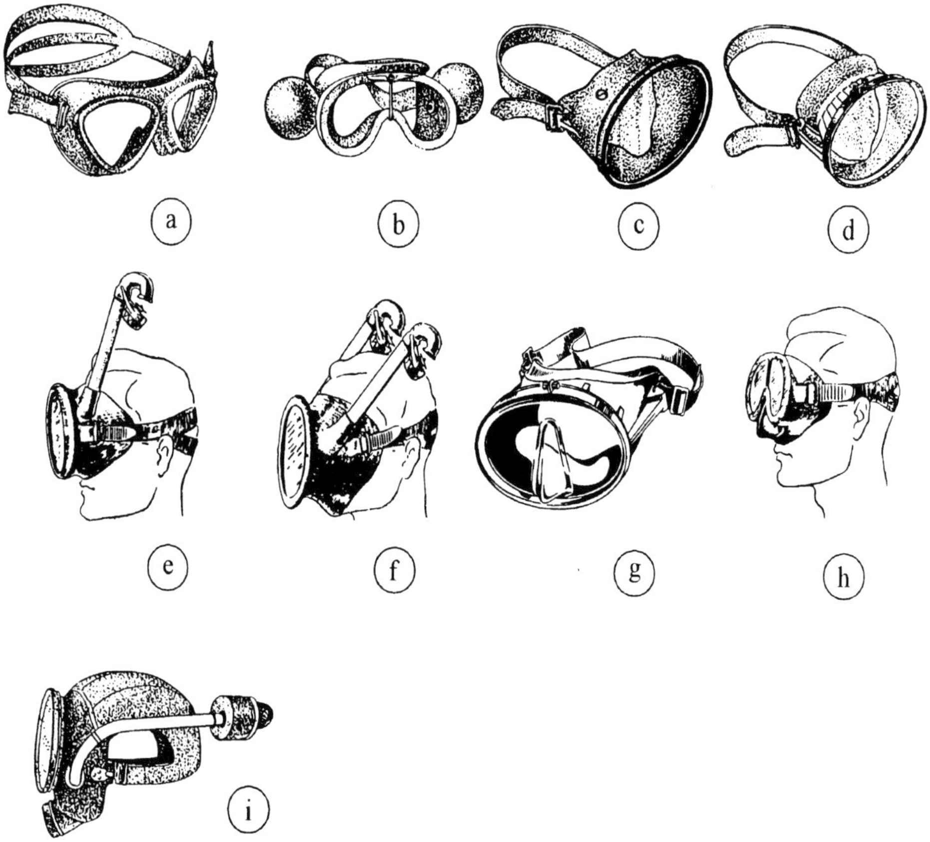

Einige Maskentypen der 50er Jahre:
a) Schwimmbrille „Marjorca" von Salvas. Italien, 1956.
b) Taucherbrille „Lusso" mit Kompressionsblasen von Francia. Frankreich,1956.
c) Maske "Hans Hass" von Semperit. Österreich, 1949.
d) Maske , "Alec Kramarenko" von Francia. Frankreich, 1956.
Einige Maskentypen hatten im Maskenkörper integrierte Schnorchel, teilweise mit Ventil zur Vermeidung von Wassereinbruch. Diese Typen hatten mehrere Nachteile, z.B. konnte man eingedrungenes Wasser nicht ausblasen. Sie konnten sich nicht durchsetzen und verschwanden wieder vom Markt.
e) Maske „Ostrica" von Cressi. Italien, 1956.
f) Maske „Medusa" von Cressi. Italien, 1956.
g) Maske „Kreta" mit im Glas vorgewölbtem Nasenerker von Barakuda. Deutschland, 1958.
h) Die Maske ‚Pinocchio" von Cressi entspricht weitestgehend unseren heutigen, modemen Tauchermasken mit Nasenerker zum Druckausgleich. Italien, 1956.
i) Die kuriose Vollgesichtsmaske „Oceanina" von Pirelli hatte neben einem Schnorchel auch einen Anschluß für ein Kreislaufgeät, das bedarfsweise adaptiert werden konnte. Italien, 1956.
(Zeichnungen aus Kerll, Karl-Heinz, Sports Commitee Manuel, Stuttgart 1988)

Die Schwimmhilfen

So kann man sich wohl den Beginn der Meeresforschung vorstellen: Ein Mensch ritt auf einen im Wasser schwimmenden Baumstamm und setzte ihn mit den Händen paddelnd in Bewegung. Vielleicht lenkte er ihn, indem er mal den einen, mal den anderen Fuß durchs Wasser schleifen ließ, in die gewünschte Richtung. So gelangte er mit der Auftriebshilfe ans andere Ufer eines Flusses, drang in ein auf dem Landweg nur schwer zugängliches Gebiet ein oder erreichte eine Insel, die in Sichtweite vor der Küste zu einem Besuch verlockte. Vielleicht war der Ritt auf dem Baumstamm auch nur ein Spiel - auf jeden Fall war er wohl der erste Schritt zur Erkundung der Meere.[26]

„Der Mensch", schrieb einmal Thor Heyerdahl, „setzte Segel, bevor er ein Pferd sattelte. Er stakte und paddelte die Flüsse entlang und fuhr auf der offenen See, bevor er auf Rädern über eine Straße fuhr. Wasserfahrzeuge waren die ersten Fahrzeuge überhaupt. Mit ihnen begann die Steinzeitwelt zu schrumpfen. Indem er Segel setzte oder sein Boot einfach der Strömung anvertraute, war der frühe Mensch imstande, Inseln zu besiedeln. Wasserfahrzeuge waren für den Menschen die ersten wichtigen Werkzeuge für die Eroberung der Welt."

Ein im Britischen Museum in London befindliches assyrisches Alabasterrelief, das aus den Jahren 886-860 v.Chr. vom Palast des Königs Assur-Nazir-Pal in

Phönizier treiben auf Luftsäcken durch den Tigris. (Zeichnung: Hass, Hans: Welt unter Wasser, 1973)

Nimrud bei Ninive stammt, stiftete bereits einiges an Verwirrung. Auf diesem sind, wohl als erste derartige Darstellung, Menschen zu sehen, die mit luftgefüllten Tierbälgen unter den Armen und Schläuchen im Mund einen Fluß überqueren. Es handelt sich dabei um phönizische Gefangene, die vor den assyrischen Pfeilen in die Gewässer des Tigris flüchten.

Deutlich kann man den vor die Brust gebundenen Luftsack erkennen, der mit einem Riemen um die Hüfte befestigt ist. Oben hat er einen Schlauchansatz, den der Krieger in den Mund nimmt. So kann er sich, abhängig davon, wie stark er das Schwimmkissen aufbläst, etwas über das Wasser emporheben, um auszuspähen, oder sich möglichst tief in das Wasser sinken lassen, um sich zu verstecken.

Oft wurde angenommen, diese Darstellung zeige die ersten Taucher, die sich Atemhilfen bedienten. Dies stimmt nicht: Es handelt sich bei diesen Luftsäcken nicht um Atemluftreserven sondern um Luftpolster und Auftriebsmittel, auf denen die Menschen schwimmend Flüsse überquerten. Schon seit langen Vorzeiten konnten Menschen Wasserläufe überqueren, indem sie sich von Schläuchen, Schwimmblasen oder Schilfmatten tragen ließen. Der Schlauch, der von der Blase zum Mund führt, diente nicht dazu, aus dem Balg zu atmen, sondern um ihn immer wieder erneut aufzublasen, da er sicher undicht war und schnell Luft verlor. Daß dieser Sachverhalt stimmt wird jedem schnell klar, wenn man sich vorstellt, wieviel Gewichtsstücke der vermeintliche Taucher bei dieser Methode hätte mit unter Wasser nehmen müssen.

Ein assyrischer Krieger in vollständiger Ausrüstung auf einem Kellek *schwimmend.* Kelleks *hießen auch in Persien die auf dem Euphrat und Tigris von aufgeblasenen Schläuchen getragenen Flösse.*
(Zeichnung: Demmin, August: Die Kriegswaffen in ihren geschichtlichen Entwicklungen. Wiesbaden, 1895)

Viele frühzeitliche Völker kannten aufgeblasene Häute oder Tierblasen zum Schwimmen. Ein Bote schwamm beispielsweise mit Hilfe aufgeblasener lederner Schläuche 74 v.Chr. zum belagerten Kyzikos. Kunz von Rosen schwamm 1488 mit einem Schwimmgurt über den Graben der Burg zu Brügge, um König Maximilian, für den er einen zweiten Schwimmgurt mitgenommen hatte, aus der Gefangenschaft zu retten. Das Vorhaben mißlang nur, weil aufgescheuchte Schwäne die Wache aufmerksam machten. Zum Durchschwimmen von Euphrat und Tigris banden sich auch die dortigen Eingeborenen schon sehr früh einen luftgefüllten Ziegenbalg, *burdjuk* genannt, unter.[27] Man nimmt an, daß diese Methode schon vor der Zeit der Assyrier bereits von den Sumeriern und Akkadiern eingesetzt wurde.

In den technischen Bilderhandschriften des Mittelalters finden sich die Schwimmgeräte ständig abgebildet. Zuerst sind sie wohl in der Handschrift von Konrad Kyeser von 1405 abgebildet. Dort wird ein Gürtel dargestellt, den man sich vor die Brust schnallt. Auf einer anderen Zeichnung stellt Kyeser einen Gurt dar, der sich ringförmig um die Hüften legt. Ähnliche Darstellungen finden sich in fast allen von Kyeser abhängigen Handschriften. Valturio zeichnete in seiner Dresdner Handschrift große Stiefel mit doppelten Wandungen, so daß man sie mittels Schläuchen aufblasen konnte. Man sollte in diesen Stiefeln im Wasser gehen können. Die Darstellungen ging aus Valturios Handschriften in seine Druckausgabe von 1472 und von dort in den Atlas zum Vegetius, Ausgabe 1476, über.

Um 1500 bildete auch Leonardo da Vinci Schwimmer mit Gurt ab. Im *Codex*

Einige Skizzen von Leonardo zeigen Schwimmgurte (oben) sowie Schwimmschilde (links unten) und einen Wasserläufer (rechts unten). In der Mitte eine Handflosse.
(Zeichnungen: Feldhaus, Franz Maria: Leonardo. Jena, 1922)

atlanticus skizzierte er einen Menschen, der „über das Wasser geht“. Er hat unter den Füßen und unter zwei Stöcken, auf die er sich stützt, große runde Gegenstände, entweder mit Luft aufgeblasen oder mit Kork gefüllt. Auf einem anderen Blatt skizzierte Leonardo hohe Blechschilde, in die ein Mensch hineinsteigen konnte, um auf dem Wasser zu schwimmen. Ob die Beine des Menschen unten herauskamen, ist leider nicht zu erkennen. Zu einer Skizze seines Schwimmgurtes macht Leonardo erklärende Zusätze: „Art und Weise, sich aus einem Unglück oder einem Schiffbruch auf dem Meer zu retten. Man muß ein Gewand aus Leder haben, welches die Ränder an der Brust doppelt habe im Abstande von einem Finger, und ebenso sei dasselbe doppelt vom Gurt an bis zum Knie. Und es sei aus Leder, das sicher ist vor dem Ausatmen (das heißt undurchlässig). Und wenn es nötig ist, in das Meer zu springen, so blase durch die Ränder der Brust die Zipfel deines Gewandes auseinander und springe in das Meer und laß dich von Wellen führen, wenn du nicht das Ufer nahe siehst, noch Kenntnis habest des Meeres, und halte immer im Munde das Luftrohr, das in das Gewand geht, und wenn einmal oder das andere du nötig hättest, gewöhnliche Luft zu nehmen, und der Schaum dich hinderte, so ziehe durch den Mund von jener des Gewandes ein.“

Vom Ende des 15. Jahrhunderts ab werden die Darstellungen luftgefüllter Schwimmgurte besonders häufig. Um 1595 beschreibt beispielsweise Veranzio einen Schwimmgurt mit daran angebrachten Stiefeln, ebenso Kessler 1616. J. J. Becher erwähnte 1683 „Schwimmgürtel aus Blech“, die ein Klempner in England erfunden hatte. Neben den luftgefüllten sind Schwimmgurte aus Kork ebenfalls schon sehr lange bekannt. Ein Bote, den Marcus Furius Camillus zum Kapitol schickte, durchschwamm 390 v.Chr. den Tiber auf Kork,[28] und auch Horatius Flaccus spricht 25 v.Chr. vom Schwimmgurt aus Kork.[29] Man scheint den Schwimmgurt aus Kork allerdings jahrhundertelang nur wenig genutzt zu haben, obwohl man an den Taucheranzügen mit Luftschläuchen (Rohratemgeräte) Korkschwimmer anbrachte, um die Mündung der Schläuche über dem Wasser zu halten.

Im submarinen Sprachgebrauch gibt es ein Wort, das die Jahrhunderte überstand, obwohl es ursprünglich für etwas ganz anderes gedacht war: den *Scaphandrier*. Dieses Wort griechischen Ursprungs setzt sich aus „skafe“ (Barke, Hohlkörper) und „andros“ (männliches Wesen) zusammen. Erfunden im Jahre 1769 vom Abbé de la Chapelle,[30] bezeichnet es eine Erfindung von ihm, die nicht etwa ein Tauchgerät war - was man heute vor allem in Frankreich unter Scaphander verstehen mag -, sondern eine Weste aus grobem Leinen, mit Korkplatten besetzt, die den Zweck hatte, den, der sie trug, auf dem Wasser schwimmend zu halten. Es war also mit „Scaphander“ genau das Gegenteil eines Tauchgerätes, nämlich ein Schwimmgürtel gemeint. In dem heutigen Sinn als Tauchgerät, in dem es überdauerte, wurde das Wort zuerst um 1800 von Boiste und 1856 von Cabirol gebraucht.

Die Beschreibung des Abbé de la Chapelle von seinem Scaphander ist recht kurios. Mit Badekleidern versehen sollte man zunächst die Korkweste anziehen, die man mit Schleifen an der Hose festbinden konnte. In einem sehr hohen, unter dem Kinn gebundenen Hut konnte man Nahrung und Munition verstauen. „Eine Hose mit Bügeln, um in tiefstem Wasser gehen zu können, recht einfache Handflossen, um die Fortbewegung zu unterstützen, machen aus dem Scaphander einen vollwertigen Apparat“. Besonders auch für Frauen sei dieses Gerät empfehlenswert: „Man sinkt mit dem Scaphander nur bis zum Busen ins Wasser und hält sich aufrecht, als ob man auf festem Boden stehen oder gehen würde; deshalb, wenn sie in der Öffentlichkeit zur Körperertüchtigung des Schwimmens gehen oder von dort kommen, kann der Kopf der Frauen genauso schön geschmückt bleiben, als ob sie gerade mit ihrer Toilette fertig wären.“ Der Scaphander ist überall einsetzbar: zum Spazierengehen auf dem Wasser, um einen Fluß hinunterzufahren, bei der Jagd in den Sümpfen, bei der Rettung im Meer...

Unter Schwimmhilfen versteht man allerdings nicht nur *Auftriebs-* sondern auch *Vortriebs*hilfen wie die Fußflossen. Die Entwicklung der Flossen ging unabhängig von den Auftriebshilfen ihren eigenen Weg. Schwimmflossen sind ein große Hilfe beim Schwimmen unter Wasser, da sie die Kraft der Vorwärtsbewegung um bis zu 40% erhöhen und dem Taucher ermöglichen, auf Schwimmbewegungen mit Armen und Händen zu verzichten - sie bleiben für andere Tätigkeiten frei. Mit solchen Flossen vergrößern wir die Oberfläche der Füße; die Schwimmbewegungen werden so effizienter. Bei jedem Flossenschlag erzeugen wir abwechselnd einen Überdruck und einen Unterdruck, wobei Wasser angesaugt beziehungsweise verdrängt wird. Dadurch kommt der Vortrieb zustande.

Man sollte annehmen, daß ein so naheliegender Gedanke, der erst das Schwimmtauchen ermöglichte, uralt ist, aber er kam tatsächlich erst Anfang unseres Jahrhunderts auf. Er geht vor allem auf einen einzelnen Erfinder, den Franzosen Louis Marie de Corlieu, zurück. Primitive Vorläufer von Fußflossen finden sich allerdings auch in früheren Zeiten. Interessante Hinweise auf die ersten Vortriebshilfen finden wir beispielsweise in einer Handschrift aus dem Kloster Rheinau, die aus dem 15. Jahrhundert stammt und sich in der Zentralbibliothek in Zürich befindet. Auf seitenfüllenden, colorierten Zeichnungen auf Pergament werden zwei Schwimmer mit flossenartigen Schwimmstiefeln dargestellt. Die

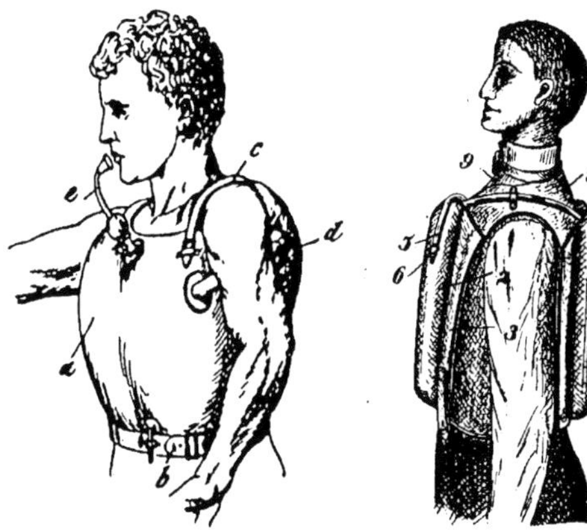

Zwei Vorläufer von Auftriebshilfen, die zu unseren heutigen Rettungs- und Tarierhilfen für Schwimmtaucher führten.
Links: Der deutsche Ingenieur Ernst Hannemann patentierte 1895 diese aufblasbare „Schwimm- und Lebensrettungsjacke" (England 221).
Rechts: Eine Konstruktionszeichung für ein ebensolches Gerät von dem Amerikaner George C. Bunsen von 1901 (USA 680.452).

se Vorgänger der Flossen wurden wahrscheinlich benutzt, um einen Bach oder Fluß zu überqueren. Der Autor dieser Zeichnungen ist leider nicht bekannt.

Leonardo da Vincis Skizzenbücher enthalten Zeichnungen von Schwimmern mit Handflossen: „Stoffhandschuhe in Form einer gespreizten Hand, um im Meer zu schwimmen". Ob der Schwimmer auch Fußflossen trägt, ist nur schwer zu erkennen, allerdings scheint etwas in dieser Art angedeutet zu sein. Alfonso Borelli, ein Italiener, entwarf 1679 einen Taucheranzug, zu dem klauenartiges Schuhwerk gehörte, das aber für einen Taucher gedacht war, der sich auf dem Meeresboden gehend fortbewegte. An eine dreidimensionale Fortbewegung im freien Wasser dachte man damals noch nicht.

Zwei Darstellungen von Vortriebshilfen aus dem 15. Jahrhundert. Es handelt sich dabei um Schwimmstiefel mit nach vorne ausklappbaren und arretierbaren Sohlen zur Überquerung von Flüssen. Es sind Vorläufer unserer heutigen Schwimmflossen. (Alte Handschrift aus der Zentralbibliothek Zürich; Fotos: Heberlein, Hermann: Unterwasserwelt. Zürich, 1958.)

Der Universalerfinder Benjamin Franklin (1706-1790) war einer der ersten Menschen, der der Idee unserer heutigen Schwimmflossen sehr nahe kam und dies auch dokumentierte. Er baute sich als Junge in Boston künstliche Flossen, die er später in seiner Autobiographie folgendermaßen beschrieb: „Als Junge fertigte ich mir zwei ovale Paletten an, jede etwa 25 Zentimeter lang und 15 Zentimeter breit, mit einem Loch für den Daumen, um sie besser festhalten zu können. Sie hatten große Ähnlichkeit mit einer Malerpalette. Beim Schwimmen stieß ich sie mit den Rändern voraus nach vorn und drehte sie dann so, daß ich sie beim seitlichen Ausholen und Zurückziehen der Arme mit der Breitseite durchs Wasser zog. Ich erinnere mich, daß ich mit diesen Paletten schneller schwimmen konnte, aber im Handgelenk rasch ermüdete. Ich band mir auch eine Art Sandale an die Füße; aber sie befriedigten mich nicht, weil ich entdeckte, daß die entscheidenden Schwimmbewegungen teilweise durch die Innenseiten der Füße und die Knöchel erfolgen und nicht allein durch die Fußsohlen".[31]

Es hat im Laufe der Jahrhunderte vielerlei, teilweise kuriose Erfindungen gegeben, um dem Menschen mehr Vortriebskraft im Wasser zu geben. Eines der ersten, wirklich praktisch anwendbaren Patente datiert aus dem Jahre 1868. Bereits am 25. Februar 1868 erhielt Halvor Olsen aus San Fransisco das erste Patent[32] für Schwimmsandalen und Schwimmhandschuhe. Die Tauchpioniere am Mittelmeer gingen allerdings noch solange mit nackten Füßen auf Unterwasserjagd, bis um 1927 die ersten, behelfsmäßigen Prototypen vom französischen Kapitän Louis Marie de Corlieu aus Saint Mande aufkamen. Mit ihnen sollten sich auf offener See abgestürzte Flieger und Schiffbrüchige schneller ans Ufer retten können.

De Corlieu verwendete zunächst palettenartige Brettchen an Händen und Füßen. Nachdem er zwischen 1927 und 1932 verschiedene Bauformen aus Metall- und Holzplatten sowie Gummi erprobt hatte, blieb er letztendlich bei Gummi als Werkstoff. Er erschien ihm am zweckmäßigsten. Seine ersten Flossen hatten nur ein einfaches Fersenband, später dann auch ein geschlossenes Fußteil. Am 6. April 1933 bekam de Corlieu in

Die Erfindung des Amerikaners Halvor Olsen, die er am 25. Februar 1868 patentierte (USA 74.931), kam unseren heutigen Schwimmflossen schon recht nahe. Sie bestand zunächst aus einem aufblasbaren Schwimmkissen, das der Schwimmer auf dem Bauch und dem Rücken befestigte, sowie einem Paar Hand- und Fussflossen. An den Sandalen und an den Fingern wurden Rippen aus biegsamem Holz oder flexible Stahlstreifen befestigt, über die Tierhaut oder Stoff gespannt wurde. Wie der Erfinder ausführt, kann man mit seiner Konstruktion „nicht nur auf dem Bauch sondern auch auf dem Rücken vorzüglich schwimmen".

Frankreich sein erstes Patent für seine Flossen, und am 23. November 1937 dann auch in Amerika.[33] 1937 zeigte de Corlieu seine Flossen auf der Weltausstellung in Paris und brachte sie danach auf den Markt.

Seine Flossen waren die ersten, die vollständig aus Gummi bzw. Kautschuk bestanden. Obwohl das Vulkanisieren von Gummi schon seit einem halben Jahrhundert bekannt war, verfiel vor de Corlieu niemand auf die Idee, diesen Werkstoff als Material für Flossen zu verwenden. De Corlieu war von seiner Erfindung so hingerissen, daß er für einige Jahre Urlaub von der Marine nahm und die Schwimmflossen selbst herstellte.

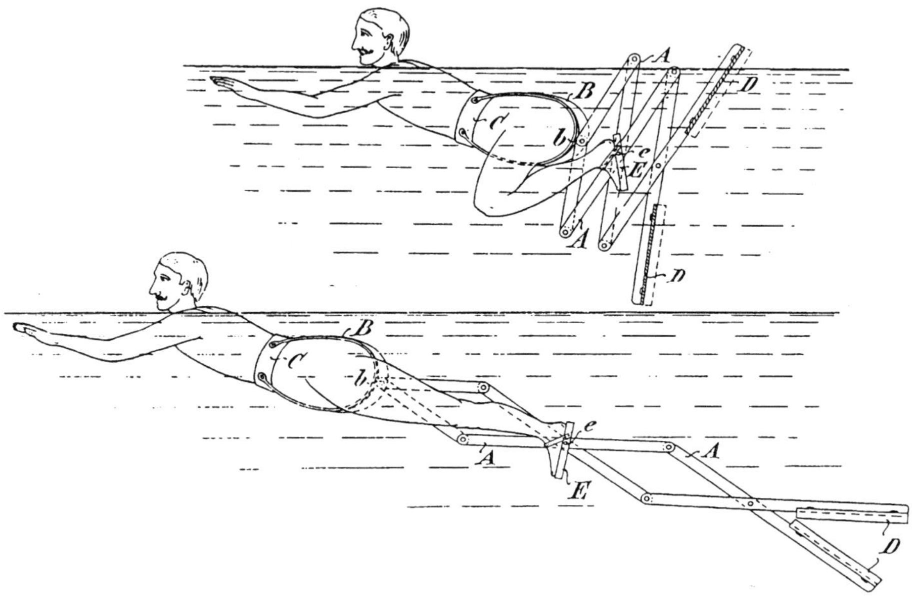

Der Deutsche Paul Schröder erfand 1909 diesen „Schwimmapparat mit vergrösserter Bewegung der Schwimmplatten" (Deutschland 215.240). Er wollte sich den Rückstoss, der durch das Zusammenklappen der beiden Platten entsteht, als Vortrieb nutzbar machen. Der Apparat kann allerdings nicht funktioniert haben, denn der Erfinder übersah, dass beim Zusammenklappen der Platten zwar einen gewissen Vortriebseffekt entsteht, dieser allerdings grösstenteils wieder neutralisiert wird, wenn die Platten in die Ausgangsposition zurückschwingen. Der Schwimmer wird sich also trotz angestrengter Bemühungen kaum von der Stelle bewegt haben.

Frederic Dumas schreibt dazu: „Wie ein Schuster in seiner Bude werkelte er auf dem Dachboden in der Rue de Rivoli, wo ich ihn noch häufig besuchte: Ein Speicher, angefüllt mit Rauch, der aus dem Ofen quoll, auf dem die nach Leim und Fisch riechende Masse kochte. Drei merkwürdige alte Leutchen, zwei von ihnen buckelig, gingen ihm zur Hand und schlugen die Rohgummiplatten mit aller Kraft auf Ambossen zurecht. Wahrhaftig - die Taucher sollten Louis de Corlieu Kränze winden; denn ohne sein königliches Geschenk müßten sie unter der Meeresoberfläche noch immer zu Fuß gehen. In Toulon hatten wir die Herstellung unserer Handflossen nach seinem Verfahren aufgenommen: Ein Sägeblatt wurde zwischen zwei Kautschukscheiben gelegt und kunstvoll geleimt. Kautschuk - das war das Wundermaterial dieser Tage, aus dem man alles machen konnte, je nach Belieben: Sehnen für Harpunen, Flossen, Taucheranzüge, Masken und Schnorchel."

Obwohl de Corlieus Erfindung revolutionär war und einige Jahre später neben dem autonomen Tauchgerät die Grundlage für das moderne Schwimmtauchen bilden sollte, verstand zunächstkaum jemand die Tragweite dieser Inno-

Zwei mechanische Fortbewegungsmittel, die von der Jahrhundertwende stammen.
***Oben:** Die Konstruktion von Joseph Pino, Italien 1905, wurde nie verwirklicht.*
***Rechts:** Der Apparat des französische Ingenieurs Pimoule von 1905 wurde tatsächlich gebaut und in der Seine erprobt. Er besteht zunächst aus einem auf dem Rücken getragenen und mit Luft gefällten Kissen, um das Untersinken zu verhindern. Die Vorwärtsbewegung wird durch den auf die Brust geschnallten Teil des Apparates bewirkt. Dieser besteht zunächst aus einem vor dem Kopf angebrachten Schild, das den Zweck hat, Nase und Mund vor Wellen zu schützen. An diesem sowie an einem zweiten auf die Brust geschnallten Schild befindet sich der Hauptteil, eine kleine Schraube, die auf einem Schraubengang auf- und niedergleitet. Während sie sich nach unten bewegt, wird sie hierdurch in rasche Umdrehung versetzt und treibt den Körper vorwärts. Der Schraubengang ist so eingerichtet, daß bei Aufwärtsbewegung der Schraube keine Drehung von ihr stattfindet, da sie ja sonst im entgegengesetzten Sinne sich drehen müsste, wodurch der Körper um ebensoviel zurückbefördert würde, als er zuerst vorwärts gekommen ist. Um nun die Schraube in Bewegung zu setzen, ist eine Hebeleinrichtung vorgesehen, die mit beiden Händen bewegt wird.*
(Aus: Poseidon, 1977).

vation - Corlieu verkaufte in den Jahren vor dem Zweiten Weltkrieg nur wenige Flossen eigener Produktion. Er hatte seine Fußflossen bereits am 12. Juni 1933 in der Reede von Saint Jean de Luz einigen offiziellen Beobachtern der französischen Marine vorgeführt. De Corlieu schwamm dort 6 Stunden lang in 12°C kaltem Wasser und legte dabei 8 Kilomeer zurück. Trotz dieser eindrucksvollen Demonstration sah die Marine darin keinen Nutzen und lehnte es ab, die „Antriebselemente zum Schwimmen und Retten", wie sie de Corlieu bezeichnete, zu übernehmen.

Ähnlich wie bei der Tauchermaske scheint man aber auch auf der anderen Seite der Erde Fußflossen schon länger zu kennen und einzusetzen. Es ist interessant, daß die Einwohner mancher Südseeinseln schon lange einfache Flossen bauten. Die Entdeckung dieser Tatsache begann damit, daß der Amerikaner Owen Churchill 1938 auf Tahiti eine kleine Gummiplantage pachtete. Dort beobachtet er Eingeborene, die bei der Unterwasserjagd primitive Flossen aus zusammengeflochtenen Palmenblättern an den Füßen trugen und dadurch bedeutend schneller schwimmen konnten. Er kaufte ihnen ein Paar ab, probierte sie und zeigte sie auch seinem Freund Henri Lombard, der jahrelang mit seinem Segelschiff in der Südsee gekreuzt war. Lombard meinte daraufhin, er habe auf den Marquesas-Inseln Einheimische gesehen, die nicht nur Flossen aus Palmwedeln oder geflochtenen Pandanusblättern benutzten sondern auch solchen aus Gummi. Daraufhin besorgte sich Churchill ein Paar dieser Kreppgummiflossen, und nachdem er 1939 nach Kalifornien zurückgekehrt war, verbrachte er acht Monate mit der Verbesserung ihrer Grundkonstruktion. Zwischendurch ließ er sie immer wieder von Meisterschwimmern wie etwa Johnny Weißmüller ausprobieren.

Noch 1939 reichte Churchill in Amerika ein Patentgesuch ein. Daraufhin mußte er aber enttäuscht feststellen, daß ihm bereits de Corlieu um zwei Jahre zuvorgekommen war und auch für den amerikanischen Raum einen Patentschutz besaß. Um sie industriell herstellen zu dürfen, mußte Churchill also eine Lizenz von de Corlieu erwerben. Obwohl bereits in Europa Krieg herrschte, suchte Churchill intensiv nach dem Erfinder und fand ihn schließlich in Algier, wo er als Marineflieger-Offizier in der französischen Marine diente. Churchill erwarb von de Corlieu die Lizenz und konnte damit in Amerika ab 1940 mit der Produktion von Gummiflossen beginnen. Churchill ließ weitere, eigene Konstruktionsverbesserungen patentieren. Eine der wichtigsten Verbesserungen an den Flossen waren zwei Schienen an den Rändern, die das Blatt versteiften und mehr Vortrieb erzeugten.

Das Interesse an den Flossen blieb zunächst gering: 1940 verkaufte Churchill 946 Paar Flossen, die vor allem von Rettungsschwimmern an den Stränden Kaliforniens und einigen Sportschwimmern benutzt wurden. Churchill konnte sich aber keine bessere Werbung wünschen, denn dadurch wurden die Flossen oft von der Öffentlichkeit im Einsatz gesehen. Schon bald wuchs die Nachfrage, und seine kleine Fabrik mußte erweitert werden. 1943 wurde die West America Rubber Company mit der Produktion beauftragt, und bedingt durch den Zweiten Weltkrieg stieg der Bedarf nun sprunghaft an.

Die Italiener waren die ersten, die Flossen bei Kampfhandlungen benutzten[34] - es waren von der italienischen Firma Pirelli ohne Lizenz hergestellte Nachahmungen von de Corlieus *palmes*. Owen Churchills Nachforschungen ergaben, daß die Italiener keine eigene Konstruktion vor de Corlieu herausgebracht hatten.

Während des Zweiten Weltkrieges waren in den USA zwei Organisationen am entstehen, und zwar das Office of

Strategic Services OSS und das berühmte Underwater Demolition Team UDT, aus dem später die amerikanischen Kampftaucher hervorgingen. Interessanterweise war es zunächst das OSS, das Schwimmflossen einführte; die UDT's folgten im Winter 1943. Die US-Armee bestellte 50.000 Paar bei Churchill. Durch die aufsehenerregenden Aktionen der beiden Organisationen wurden die Flossen noch mehr in der amerikanischen Öffentlichkeit bekannt.

Während der Planungen für die Operationen der englischen Kampftaucher erinnerte sich Bruce Wright, ein kanadischer Seeoffizier, an die Erfahrungen, die er vor dem Kriege an der Cote d'Azur im Speerfischen gemacht hatte und erkannte, daß auch die englischen Kampftaucher diese Flossen haben mußten. In England ließ sich jedoch kein einziges Paar auftreiben. Es war natürlich nicht realistisch, genügend italienische Schwimmer mit der richtigen Fußgröße gefangenzunehmen. Der Chef der Planungsgruppe, W.O. Shelford, entdeckte zufällig in einem Filmmagazin ein Foto von einer Hollywood-Schönheit neben einem Schwimmbecken mit Flossen an den Füßen und fand heraus, daß sie von Churchill stammten. Diese Entdeckung führte dazu, daß Owen Churchill einen großen Auftrag aus England erhielt.

Während des Krieges lieferte Churchill den Alliierten in Europa rund 25.000 Paar Flossen. Das Schiff, das die erste Flossensendung von Amerika nach England bringen sollte, wurde torpediert und im At-

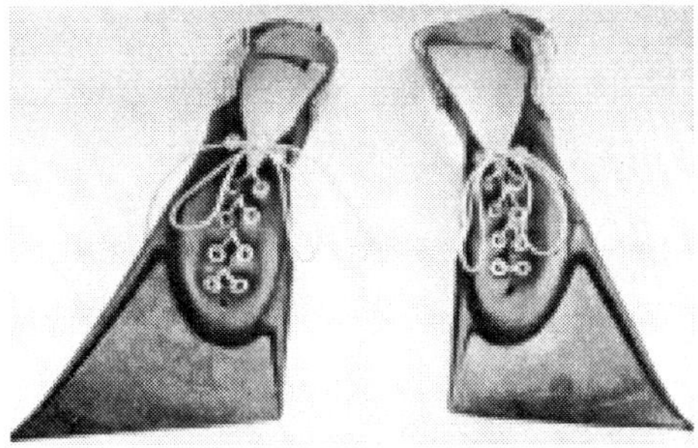

Italienische Schwimmflossen mit Fersenband und Schnürriemen, etwa 1938.
(Foto: Sir Robert H. Davis: Deep Diving und Submarine Operations. London, 1955. Copyright: Siebe Gorman & Co. Ltd.)

lantik versenkt - erst die zweite Sendung gelangte an ihren Bestimmungsort. Als englische und amerikanische Unterwasserzerstörungstrupps 1944 an der Küste der Normandie den Weg für die Invasion ebneten, kehrte die französische Erfindung in ihr Heimatland zurück. Wir werden über den Einsatz dieser Schwimmtaucher im Zweiten Weltkrieg später mehr berichten.

Am Ende des Krieges gründete Churchill eine weitere Fabrik „The Churchill Manufacturing Company" zur Herstellung von Flossen. Später wurde sie an die Voit Rubber Company verkauft. Nach Schätzung von Churchill wurden in den USA bis 1954, als das Schwimmtauchen dort groß in Mode kam, etwa 2 Millionen Paar Flossen verkauft. Bis dahin hatte Churchill etwa eine Viertel Million Dollar an de Corlieu als Lizenzgebühr gezahlt.

Nach dem ersten Patent von de Corlieu setzte eine stetige Evolution der Flossen ein, und weltweit kamen innerhalb kur-

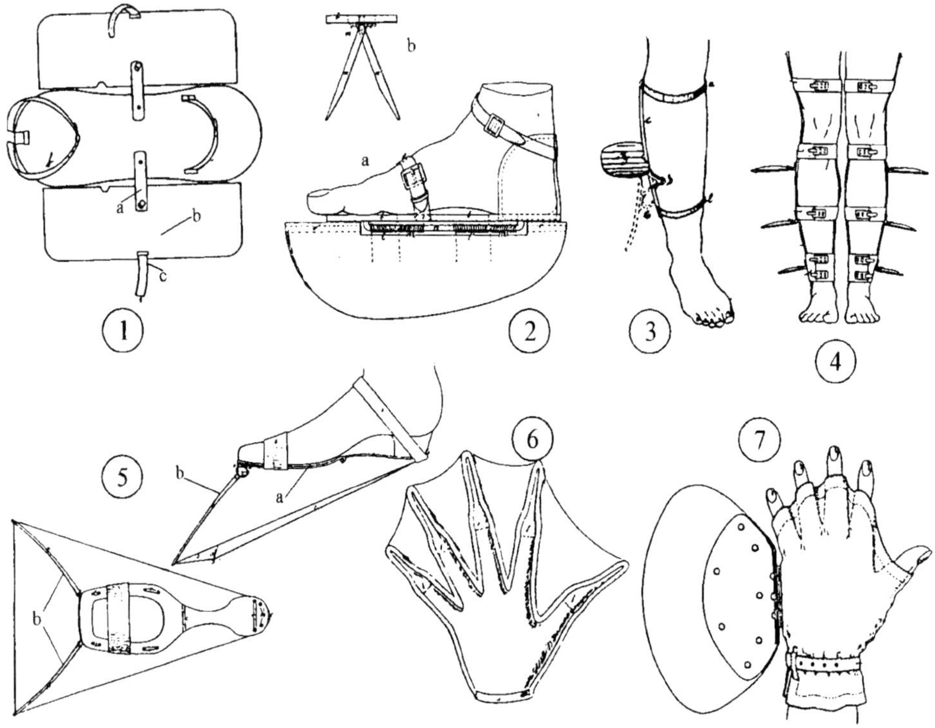

Verschiedene Versionen und Bauarten von Vortriebshilfen:
(1) *Ernst Thies, Hannover (Deutschland 6.910 vom 25.03.1879). Bei dem ältesten deutschen Patent für einen Schwimmapparat handelt es sich um eine Sandale, bestehend aus einer Sohle, an der mittels Scharnieren zwei Ruderklappen befestigt sind. Um bequemer gehen zu können werden „die beiden Riegel (a) zurückgeschoben, um die beiden Ruderklappen (b) in die Höhe richten zu können, und die beiden Riemchen (c) werden oben eingehakt." Zum Schwimmen bzw. Wassertreten „hakt man nur die Riemchen los, die Ruderklappen liegen nach unten, und die Riegel werden quer über die Ruderklappen geschoben. Diese geben beim Aufziehen des Beines im Wasser nach, leisten aber beim Austreten gegen das Wasser einen Widerstand, der so stark ist, daß es wenig Kraft erfordert, um sich (selbst im Anzuge mit Gepäck) solange im Wasser sicher bewegen zu können, als überhaupt der menschliche Körper den Aufenthalt im Wasser ertragen kann."*
(2) *Albert Paul Passet (Deutschland 7.383 vom 24.04.1879). (a)=Ansicht von der Seite, (b)=Schnitt quer zur Längsachse. Bei diesem Schwimmapparat sind die Ruderklappen in der Mittel längs des Sohlenteiles scharnierartig miteinander verbunden.*
(3) *C. Biele, Berlin-Spandau (Deutschland 8.758 vom 27.07.1879). Hierbei wird eine klappenartige Flosse scharnierartig an einer Schiene befestigt, die mittels Riemen an der Außenseite des Unterschenkels angeschnallt wird.*
(4) *Georg Gustav Emil Schmitt, Berlin (Deutschland 553.599 vom 29.10.1929). Übereinander angeordnete Klappengruppen am Unterschenkel sollen die Schwimmgeschwindigkeit erhöhen.*
(5) *Gustav Sprotte, Berlin (Deutschland 8.760 vom 7.08.1879). An der Messingsohle (a) sind zwei Rippen (b) gelenkartig befestigt, die beim Ausstoßen der Beine nach vorne klappen und eine an der Sohle und den Rippen befestigte Leinwand aufspannen. Beim Anziehen der Beine klappen die Rippen zur Sohle hin, wobei die Leinwand zusammenfällt und dem Wasser einen geringen Widerstand bietet.*
(6) *Franz Cambensy (Deutschland 32.929 vom 11.11.1884). Bei dem Schwimmhandschuh soll durch fingerhutähnliche Metalleinlagen die Schwimmhaut versteift und die wirksame Handfläche vergrößert werden.*
(7) *Georg Gustav Emil Schmitt, Berlin (Deutschland 535.711 vom 24.04.1931). Er befestigte klappenartige Flächen an den Außenseiten der Schwimmhandschuhe, um die wirksame Fläche zu vergrößern. Die Fingerkuppen bleiben frei.*

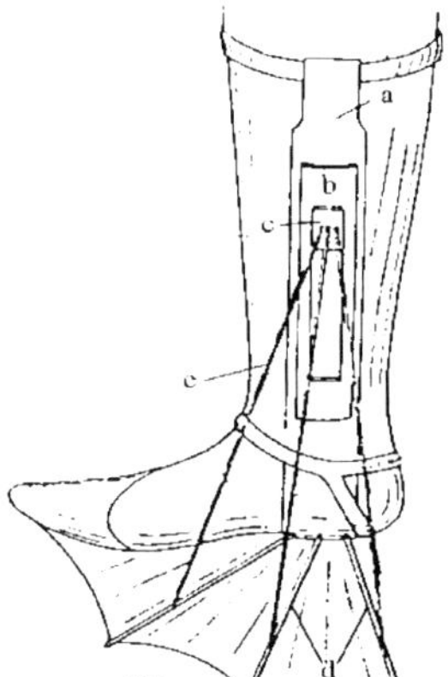

(8)

(9)

(10)

(13)

(11)

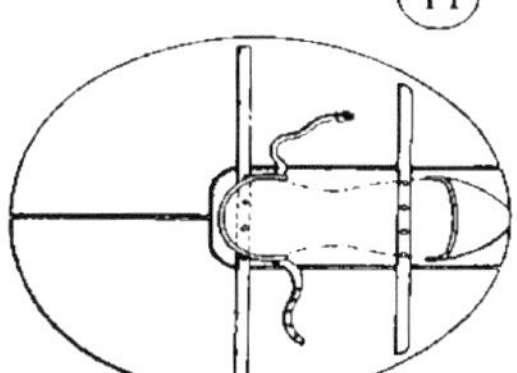

(12)

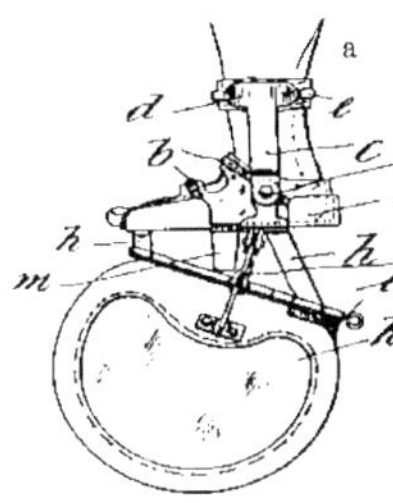

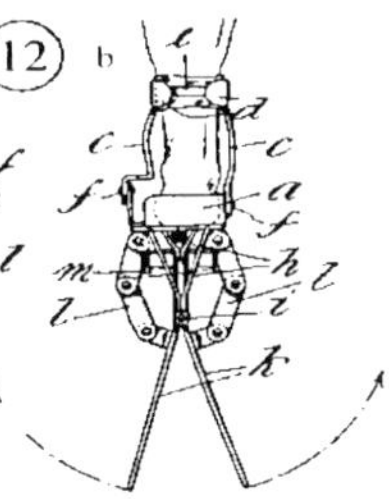

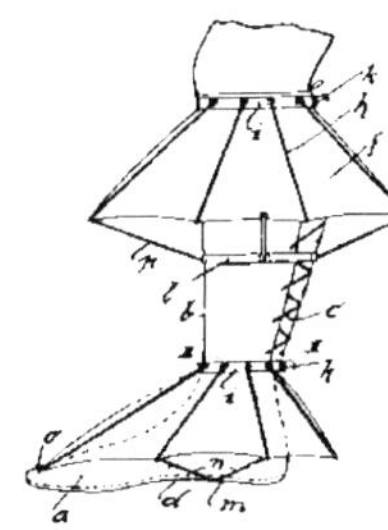

(8) *Josef Haberstroh, Forchheim (Deutschland 78.337 vom 26.11.1893). Die mit einem Fußeinschlupf, Fersen- und Wadenriemen am Unterschenkel befestigte Metallschiene (a) wurde mit einem Führungsrahmen (b) versehen, in welchem sich ein Schlitten (c) in Längsrichtung leicht bewegen kann. Während die an der Sohle schwingbar gelagerten Versteifungsstäbe (d) durch Streben (e) mit dem Schlitten verbunden sind, verbindet die an der Sohle befestigte Gummihaut die Stäbe untereinander.*

(9) *Adolf Dette, Sondershausen (Deutschland 103.776 vom 28.08.1898). Die Gürtelflossen sollen „das Schwimmen erleichtern, größere Schnelligkeit und Sicherheit ermöglichen und wesentlich beim Tauchen helfen. Auch gestattet diese Schwimmeinrichtung, was für Jäger oder Soldaten beim Durchschwimmen von Flüssen wichtig ist, das Emporheben der Arme über Wasser, um das Gewehr zu schützen." Die aus Seide- oder Kautschukteilen zusammengesetzten und mit Rippen verstärkten Flossen sind gelenkartig mit einem Hüftgürtel verbunden. An den Flossenspitzen angebrachte Schnüre sind mit Bambusstangen verbunden, deren untere Enden mittels Ringen an Kniegurten befestigt werden. Beim Ausstoßen der Beine (a) werden die Schnüre angezogen und nehmen die schirmartigen Flossen mit. Der Wasserwiderstand verursacht ein Aufspannen und unter dieser Spannung übt das an der Innenseite befindliche Wasser einen Druck aus, der zur Fortbewegung des Körpers dient. Die an den Fußgelenken nach gleichem Prinzip angebrachten Flossen sollen die Wirkung vergrößern. (b) zeigt die Lage beim Anziehen der Beine.*

(10) *Franz Cambensy aus New York (Deutschland 34.410 vom 11.11.1884) patentierte diese „Schwimmsandalen mit Vergrößerung der wirksamen Fläche durch eine breite Gummisohle".*

(11) *Adolf Popp (Deutschland 266.074 vom 12.10.1912). Seine Erkenntnis, daß „die größte Stoßkraft des Fußes im Absatz liegt" führte dazu, die Lage des Fußes zur Klappenfläche so anzuordnen, daß „die Ferse in die Mitte der Gesamtfläche zu liegen kommt."*

(12) *Max Hengelhaupt, Thüringen (Deutschland 275.483 vom 18.04.1913). (a) Seitenansicht, (b) Ansicht von rechts. „Das Neue besteht im wesentlichen darin, daß die Drehachse der Klappen schräg zur Fußsohlenebene steht, um bei Ausführung der Schwimmbewegung einen mechanischen Auftrieb der Beine zu bewirken. Die Klappen werden dabei durch bekannte Gelenkschienen in ihren Arbeitsstellungen gehalten."*

(13) *Friedrich Ahrens, Rüstringen (Deutschland 369.164 vom 06.02.1921). Es handelt sich dabei um regenschirmartige Schwimmstoßflächen.*

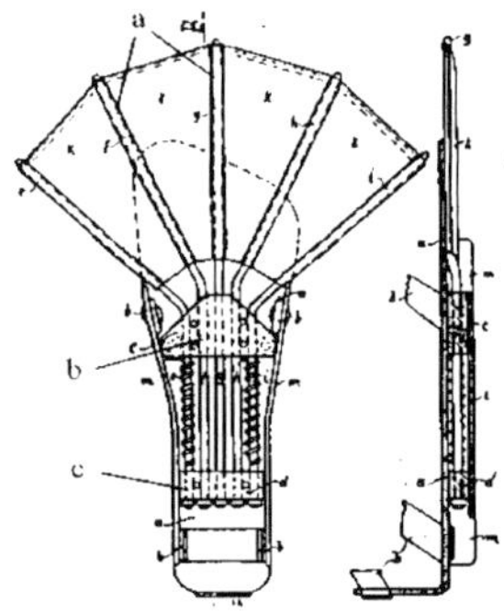

(14)

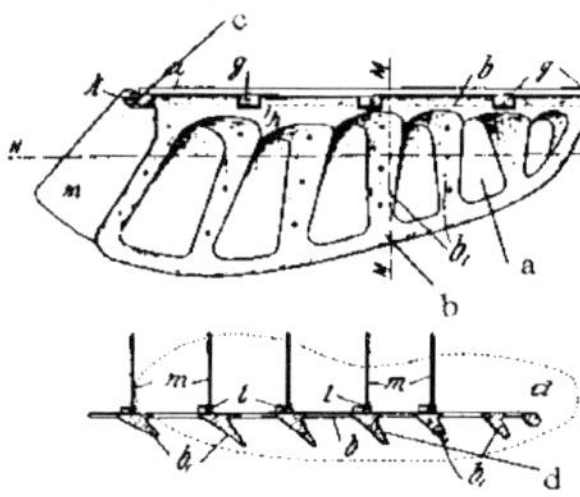

(15)

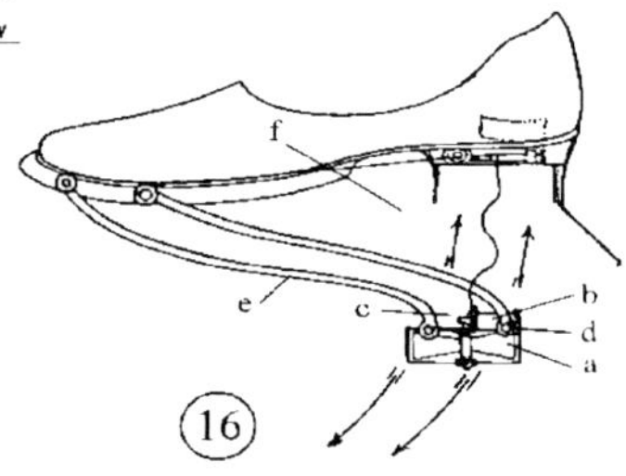

(16)

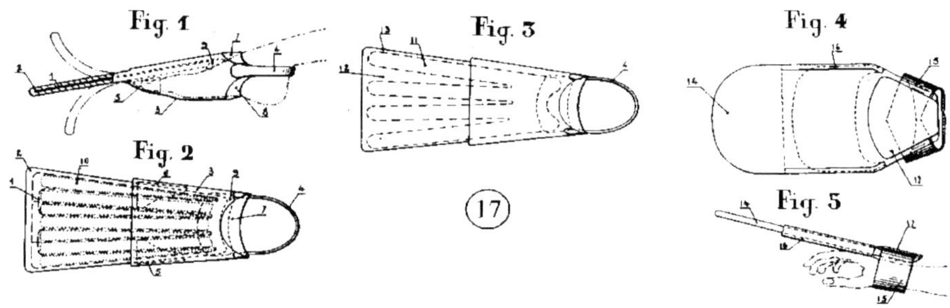

(17)

(14) *Erich Schulze, Frankenhausen (Deutschland 369.616 vom 28.07.1921). Die „Schwimmsohle mit beweglichen, Spreizen (a) ist dadurch gekennzeichnet, daß von den in ungerader Anzahl angeordneten zehenartigen Spreizen die innere gerade ist und fest steht, während die übrigen winklig abgebogen sind und derart um die Achsen ihrer in Lagern (b und c) der Sohle gelagerten Teile schwenkbar sind, daß sie beim Anziehen des Schwimmfußes nach der Sohle hin zusammenklappen, einen Keil bilden und mit der Scheitellinie des mittleren Stabes beim Ausstoßen die Schwimmhaut straffend auseinanderschwenken".*

(15) *Waldemar Völker, Leipzig (Deutschland 432.410 vom 26.06.1924). Der Erfinder erkannte, daß „zur Erzielung der besten Leistung fast für jeden Schwimmer die Stellung und Neigung der Flügel eine andere sein müßte, da die Kraft, die Körpergestalt und die Art der Schwimmbewegung bei jedem Schwimmer anders ist." Deshalb soll der Flügel (a) an der Grundplatte (b) verstellbar angeordnet werden, so daß seine Neigung je nach den persönlichen Verhältnissen eingestellt und mittels der Scharnierstifte (c) festgestellt werden kann. Eine Verbesserung der strömungstechnischen Eigenschaften sollten die an den Flügeln vorgesehenen Klappen (d) hervorrufen, die sich durch den Wasserdruck beim Anziehen der Beine öffnen und ein besseres Anströmen des Wassers gewährleisten, während sie sich beim Abstoßen schließen und die gesamte Flügelfläche den Vortrieb gibt.*

(16) *Karl Ringwald, Freiburg (Deutschland 473.384 vom 01.05.1927). Der „Schwimmschuh mit Triebvorrichtung" wird dadurch gekennzeichnet, daß an den Fuß oder der Fußbekleidung eine Spannungsladung in Form eines gespannten, federartig wirkenden Mittels, z.B. einer gespannten Feder (Gummiband, Druckluft), eine Triebvorrichtung (z.B. Wasserschraube) in Tätigkeit (z.B. Rotation) versetzt, wodurch ein Druck nach vorn erzeugt wird, und daß Mittel vorgesehen sind, durch welche bei der Stoßbewegung der Beine diese Spannung immer wieder erzeugt wird." Wie die Darstellung zeigt, wird die als Treibmechanismus benutzte Wasserschraube (a) durch eine Aufzugsfeder (b) über ein Getriebe (c) bewegt. Die Feder sollte bei jedem Schwimmstoß durch die Stange (d) und durch das Spannen einer Schwimmhaut (f) gespannt werden, während die Parallelführungsstange (e) die Lage der Triebvorrichtung zur Schwimmrichtung fixiert.*

(17) *Louis Marie de Corlieu, Frankreich (Deutschland 658.872 vom 11.08.1933). Seine Erfindung ist gekennzeichnet „durch eine auf dem Spann des Fußes angebrachte, über die Zehen hinausreichende ebene Platte, die mit dem Fußrücken fest verbunden und in ihrem über die Zehen hinausragenden Teil nach der Art eines Fischschwanzes federnd biegsam ist." Wie die Darstellung zeigt, wurde die mit einem Fußeinschlupf unterhalb des Flossenblattes versehene Schwimmflosse durch eine Fersenband am Fuß befestigt. Eine dünne Stahleinlage ermöglichte die federnde Biegsamkeit des Flossenblattes und konnte als Platte zur Versteifung des Flossenblattes oder als Draht in den Verstärkungsrippen vorgesehen werden. Das französische Patent beinhaltet auch Handflossen.*

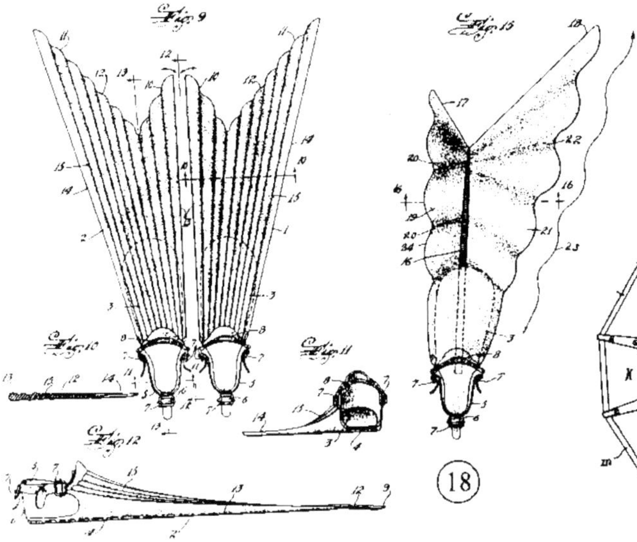

(18)

(19)

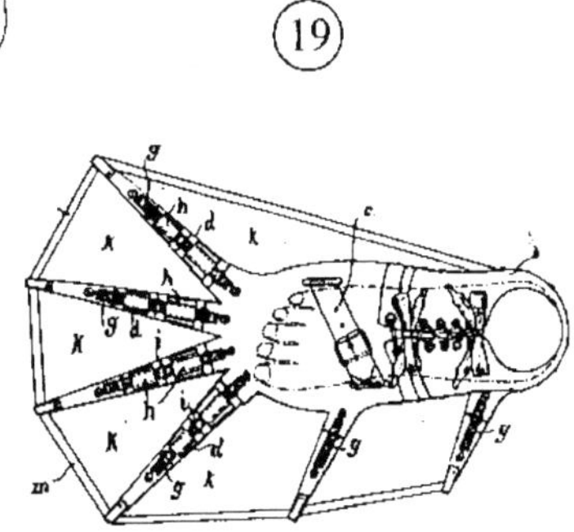

(20)

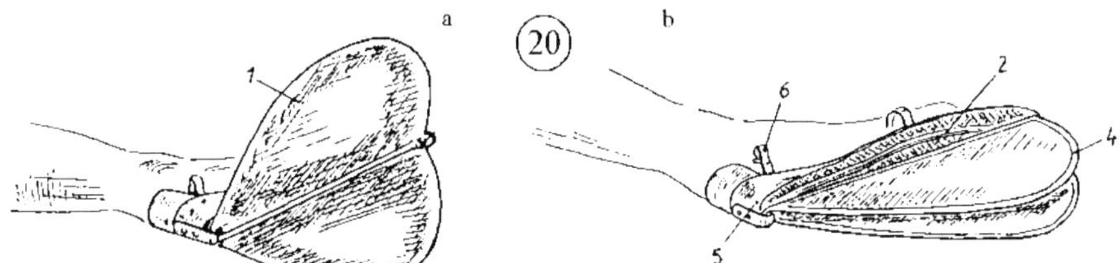

(18) *Schwimmflossen von Charles H. Wilen (USA 2.423.571 vom 08.07.1947). Sie waren denjenigen von Fischen sehr stark nachgeahmt und wurden in großer Stückzahl in den USA produziert und vertrieben.*
(19) *Paul Hahn, Bremen (Deutschland 347.669 vom 20.04.1920). Seine Erfindung war ein „Schwimmschuh mit einem an einer Sohlenplatte angeordneten gelenkigen und durch eine Schwimmhaut miteinander verbundenen Zehenkörper. Die Glieder stützen sich in der Strecklage gegenseitig ab und durch einen gemeinsam längsseits verlaufenden, biegsamen Streifen miteinander verbunden."*
(20) *Josef Engelen, Minden (Deutschland 817.711 vom 28.12.1949). Seine Schwimmschuhe „bezwecken den Vorteil, infolge der günstigen Form der Schwimmflächen (flügelartig und gelenkig spreizbar) bei möglichst geringem Kraftaufwand einen höheren Wirkungsgrad zu erreichen, so daß diese Neuerung als Hilfsmittel besonders für das Rettungsschwimmen von hohem Wert und besonderer Bedeutung ist. Die Schwimmflächen werden durch den Schwimmenden beim Rückstoß auseinander gespreizt (a), beim Vorziehen der Beine werden infolge des jetzt entgegengesetzten Wasserwiderstandes die Schwimmflächen infolge des sie verbindenden Gelenkbandes selbsttätig zusammengelegt (b)."*

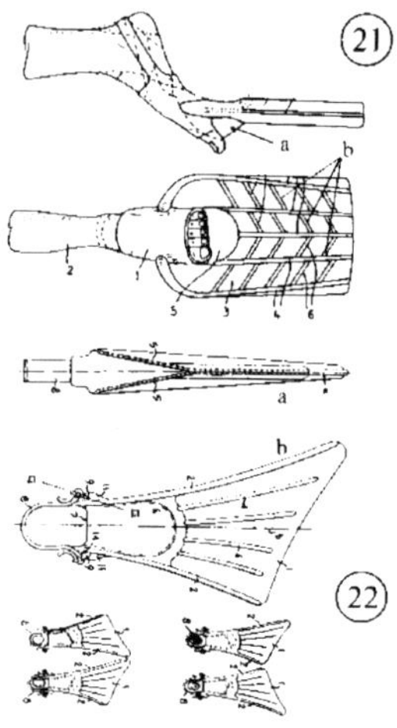

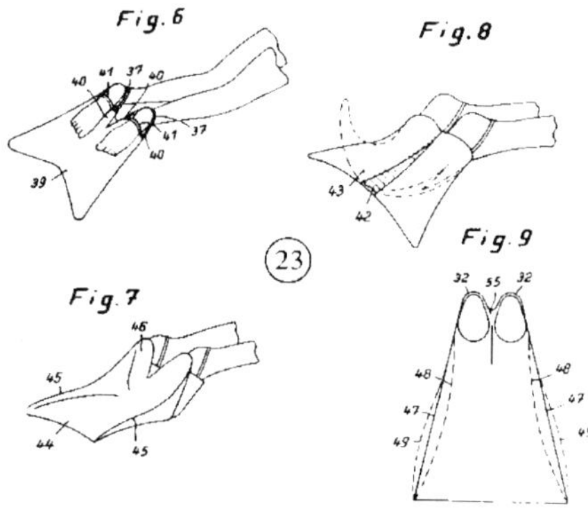

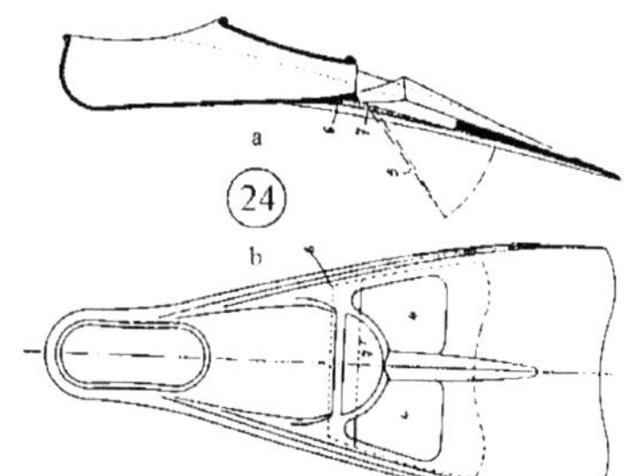

(21) *Walter Schmitz, Rheydt (Deutschland 1.031.694 vom 28.02.1958). Der Erfinder erkannte die Vorteile der Schrägstellung des Flossenblattes zur Sohlenebene - von de Corlieu ungewollt hervorgerufen und nicht patentiert! - und ließ sich das Abwinkeln des Flossenblattes nach unten um etwa 30 bis 50 Grad zur Fußsohlenebene in dem deutschen Patent 969.680 vom 23.08.1951 schützen. Dabei verläuft das Flossenblatt bei natürlicher Fußhaltung annähernd parallel zum Schienbein, wobei „das Flossenblatt unterhalb des Fußes im Bereich des Fußballens, zwischen Zehen und Fußmitte, aus dem Flossenschuh austritt". Seine Patentansprüche beinhalten aber auch, „daß bei frei aus dem Flossenschuh heraustretenden Zehen diese auf einer zwischen dem Flossenschuh und dem Flossenblatt angeordneten Zehenstütze (a) aufliegen. In dem Zusatzpatent (Deutschland 1.031.694) sicherte sich Schmitz die Idee, daß „die auf der Ober- und der Unterseite des Flossenblattes angeordneten Längsstege (b) gegen das freie Ende hin zueinander laufen", daß diese Längsstege „gegen die Längsmitte des Flossenblattes hin an Stärke und Höhe abnehmen und zwischen den Längsstegen quer- beziehungsweise schräglaufende Zwischenrippen vorgesehen sind."*

(22) *David Jayet (Deutschland 968.018 vom 21.06.1955). (a)= Längsschnitt, (b)= Draufsicht. Während das Flossenblatt in der Draufsicht asymetrisch gestaltet war, war der Fußeinschlupf symetrisch und Flossenober- und -unterseite gleich. Damit konnte die linke Flosse gewendet auf dem rechten Fuß getragen werden und umgekehrt. Im Gegensatz zu allen anderen asymetrischen Flossen, bei denen die lange Flossenseite auf der Fußaußenseite wirkt und beim Gebrauch den Fuß nach außen verdreht, ist es mit diesen Flossen möglich, durch Flossenwechsel die Hauptbeanspruchung auf die Fußinnenseite zu verlagern, was schwimmtechnisch günstiger erscheint.*

(23) *Firma Ristau und Bergann, Hamburg (Deutschland 1.085.798 vom 19.09.1955). Entsprechend dem Delphin-Schwimmstil wird bei dieser Spezialflosse der Vortrieb nicht nur durch Arme und Beine, sondern durch gleichmäßige Wellenbewegung des gesamten Körpers erzielt. Die gleichläufige Bewegung der Beine soll dadurch gewährleitet sein, daß die symetrische, fischschwanzähnliche Flosse mit nur einem Fußeinschlupf für beide Füße versehen ist.*

(24) *Antonio Cressi und Luigio Ferraro (Deutschland 1.180.286 vom 20.04.1959). Im Patent wird Ernst Langhans als Erfinder genannt. Sein Gedanke - einseitig wirkende Klappen im Flossenblatt, die sich beim Abwärtsschlag durch den Wasserdruck öffnen und den Wasserwiderstand herabsetzen, fand bei der Entwicklung der „Super-Rondine" Anwendung und half, die strömungstechnischen Eigenschaften der Flosse zu verbessern. (a)= Längsschnitt, (b)= Draufsicht.*

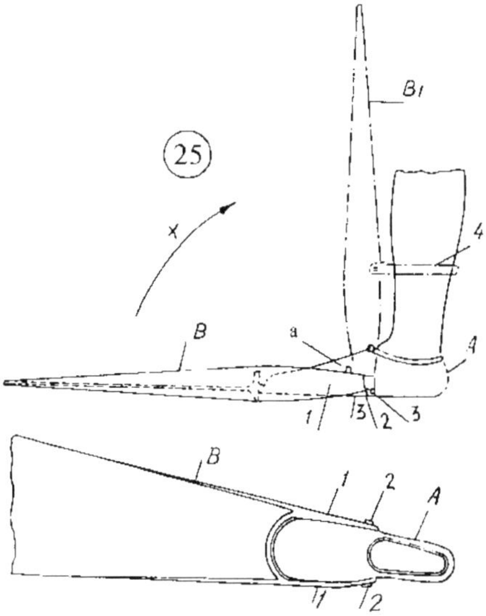
(25)

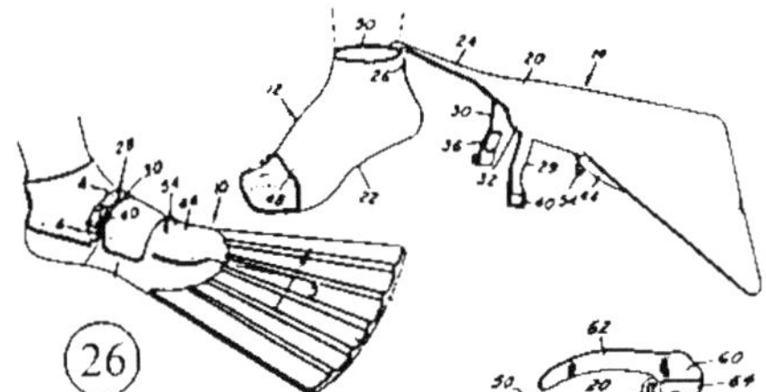
(26)

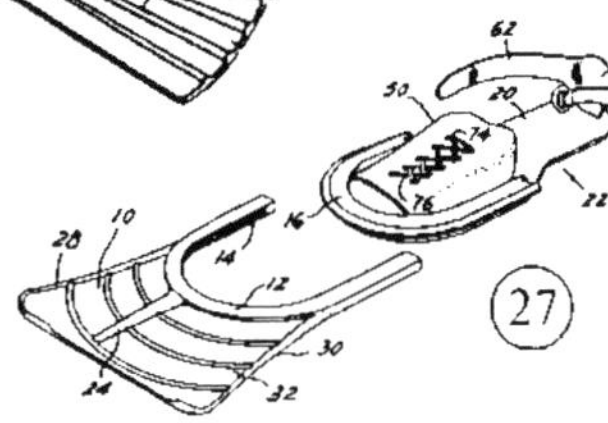
(27)

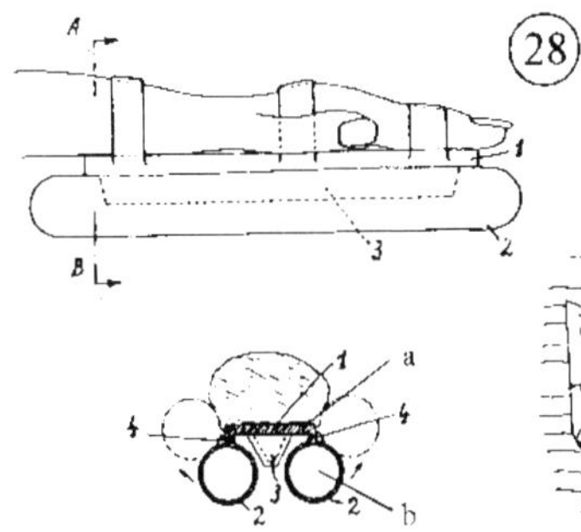
(28)

(29)

(30)

(25) *Guido Cattaneo, Milano (Italien 533.240 vom 17.05.1955). Das Patent beinhaltet eine interesante Idee: eine Schwimmflosse mit einem vom Schuhteil (a) hochklappbares Flossenblatt. Das Flossenblatt kann hochgeklappt und am Unterschenkel arretiert werden. Der Taucher kann so an Land ungehindert marschieren und die Flosse auch leichter verstauen.*

(26) *John L. Wozencraft (USA 2.903.719 vom 06.10.1955). Bei dieser Schwimmflosse mit abnehmbaren Flossenblatt wird das Blatt mit Sohle an der Ferse des Schuhteils angeknöpft und über dem Fußrücken mittels Riemchen befestigt. Einen besonderen Halt bekommt das Flossenblatt durch die Zehenkappe.*

(27) *Jack K. La Trell, Kalifornien (USA 3.178.738 vom 16.11.1961). Hierbei war vor allem an die Befestigung von Flossenblättern aus Kunststoff gedacht. Die Befestigung des Flossenblattes am Flossenschuh erfolgte durch eine federartig wirkende Schwalbenschwanzverbindung.*

(28) *Handschwimmflosse von Gustav Müller, Berlin (Deutschland 1.085.445 vom 29.11.1956). „Am Fuß oder der Hand zu befestigender Schwimmschuh zur Verbesserung des Vortriebes. Dabei sind zwei luftgefüllte Schlauchbehälter (b) aus elastischem Werkstoff unter einer Grundplatte (a) gelenkig angeordnet", um beim Vorstoßen der Arme ein Einschwenken unterhalb des Armes bzw. der Hand zu ermöglichen. Beim Anziehen der Arme schwenken die schlauchförmigen Behälter zur Verbreiterung der Flossenflächen in Pfeilrichtung nach außen.*

(29) *Die dänische Schwimmflosse „Nauti-Scope" wurde mit Schnürriemen um den Fuß befestigt.*

(30) *Armschwimmflossen von Charles La Bihan, Paris (Deutschland 965.556, vom 13.06.1957). Es handelt sich um „einen tropfenförmigen Ärmel aus biegsamem Werkstoff, der, um ein Verdrehen zu verhindern, in der Nähe des vorderen Endes ein seitliches Loch zum Durchstecken des Daumens aufweist."*

(31)

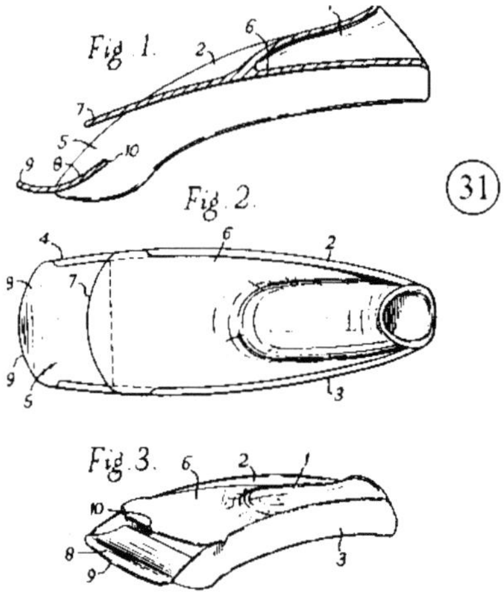

(32)

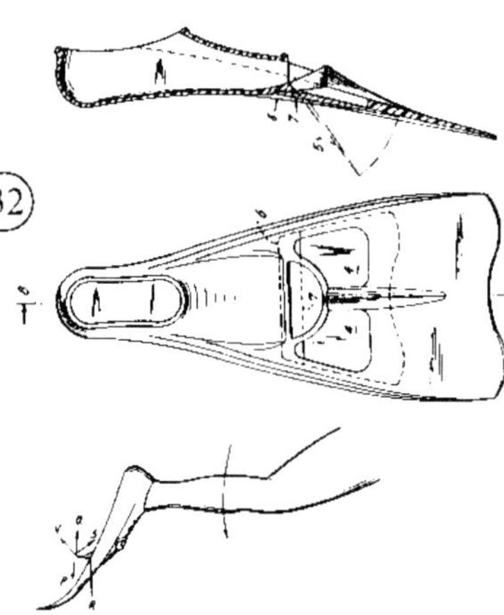

(33)

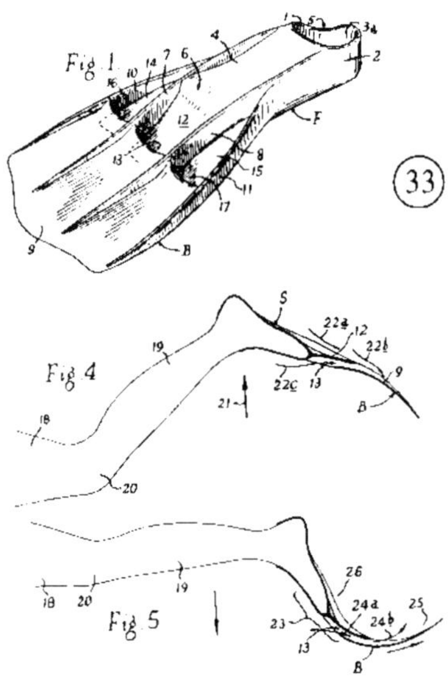

(34)

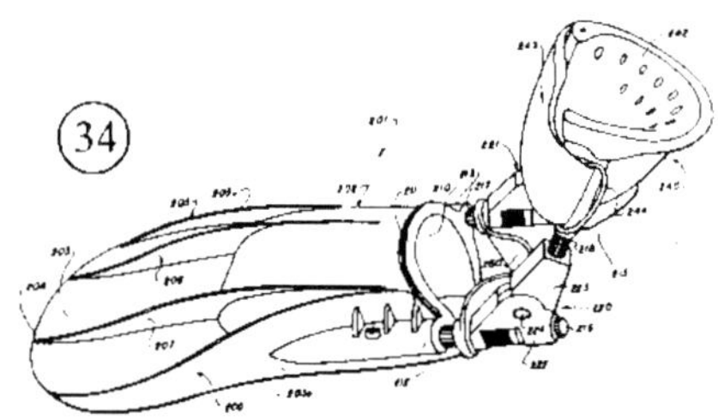

(35)

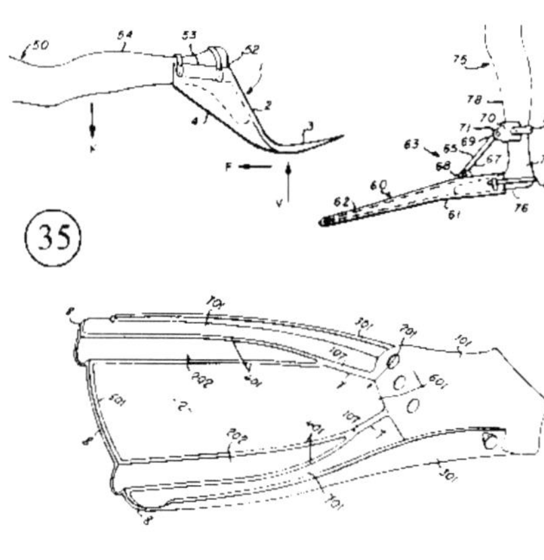

***(31)** Schwimmflosse von Nicolas Mazella (Deutschland 1.202.693 vom 07.10.1965).*
***(32)** Antonio Cressi und Luigi Ferraro (USA 3.055.025 vom 25.11.1962). Siehe auch (24).*
***(33)** Schwimmflosse „Jet Fin“ von Georges Beuchart (USA 3.183.529 vom 18.05.1965).*
***(34)** Schwimmflosse von Ralph B. Shamilian (USA 4.017.925 vom 19.04.1977).*
***(35)** Schwimmflosse von Giovanni Garofalo (USA 4.738.645 vom 19.04.1988).*

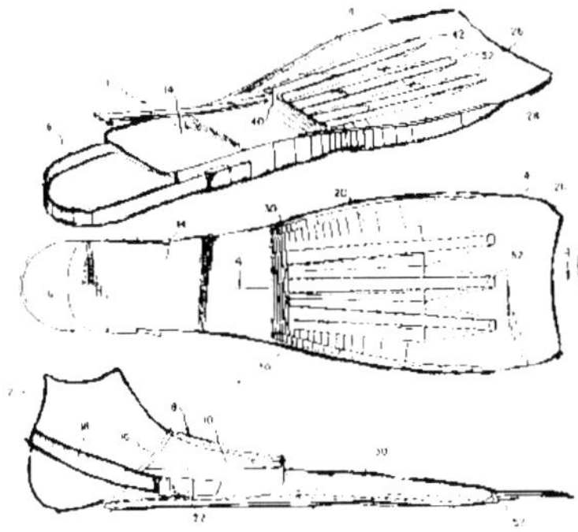

(36)

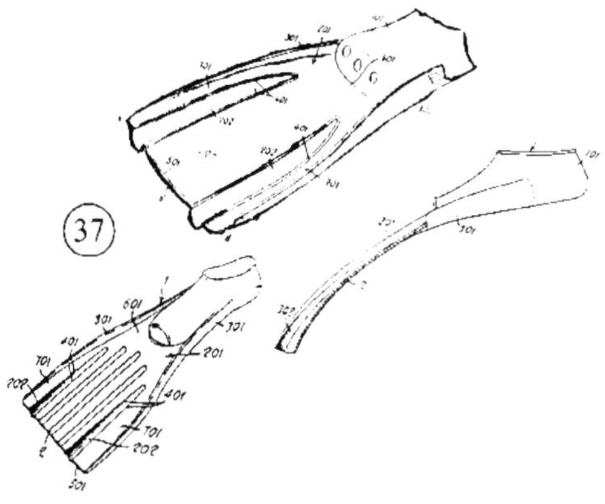

(37)

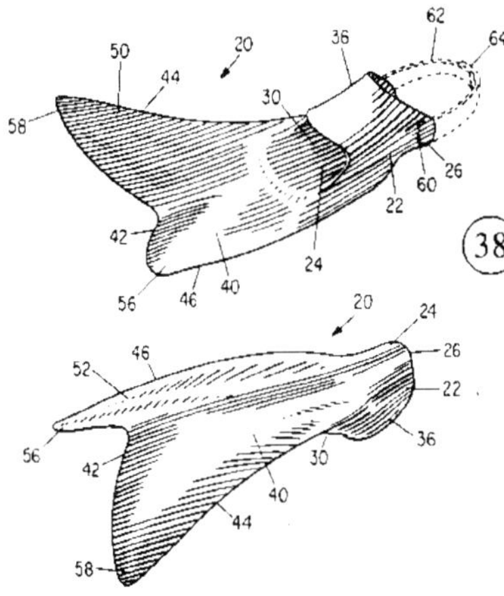

(38)

(36) *Flossen von Herbert D. Van de Pol (USA 4.820.218 vom 11.04.1989).*
(37) *„Force Fin" von Robert B. Evans (USA 4.857.024 vom 15.08.1989).*
(38) *Schwimmflosse von Giovanni Garofalo (USA 4.887.985 vom 19.12.1989).*

(Beschreibung und Auswahl in Anlehnung an: Kerll, Karl-Heinz: Comité Sportif Manuel - Sports Committee Manual. *Stuttgart, 2. Auflage 1988. Miller, Samuel: A Short History of Fins. In:* Historical Diver, *Heft 3/1994, S. 25-26; Heft 4/1995, S. 12-13; Heft 5/1995, S. 18-19. Mönke, Franz: In Patentschriften geblättert. In:* Poseidon, *Berlin-Ost, Heft 1/1967, S. 34-37 und Heft 3/ 1967, S. 132-137.)*

zer Zeit eine Vielzahl weiterer Patente zu den Schwimmflossen auf.[35] Wenn auch die Kennzeichen der Erfindung von de Corlieu bei fast allen nachfolgenden Flossentypen zu finden sind, so versuchte man durch geschickte Formgebung und teilweise spielerisch anmutende Konstruktionen, doch ohne Patentverletzung die Entwicklung weiterzutreiben.

Schwimmflossen unterscheiden sich nicht nur hinsichtlich des Schuhteils - geschlossener Schuhteil oder Fußeinschlupf mit Riemchen -, sondern beispielsweise auch nach der Gestaltung des Flossenblattes. Noch heute finden sowohl symetrische als auch asymetrische Flossenformen aus Kunststoff oder Gummi Anwendung. Während die symetrischen sowohl am rechten als auch linken Fuß getragen werden können, gibt es bei den asymetrischen Typen mit der Fischschwanzform immer eine rechte und eine linke Flosse, da die Sohlenseite anders gestaltet ist als die Fußrückseite. Somit sind auch zwei Preßwerkzeuge für die Herstellung erforderlich.

Im wesentlichen ging man davon ab, das Flossenblatt in der Verlängerung des Fußrückens am Flossenschuh anzubringen, sondern setzte es an der Sohle des Schuhs an. Die Stahleinlagen wurden durch Verstärkungsrippen und geeignete Gummimischungen ersetzt; der Fußeinschlupf entwickelte sich zum Flossenschuh. Die Vorteile der Schrägstellung des Flossenblattes zur Sohlenebene - von de Corlieu ungewollt hervorgerufen und nicht patentiert - erkannte Walter Schmitz aus Rheydt, der sich das Abwinkeln des Flossenblattes durch ein Patent schützen ließ.

Auch der österreichische Tauchpionier Hans Hass experimentierte bereits in den Vorkriegsjahren mit Schwimmflossen. Er sah die Flossen von de Corlieu 1937 auf der Weltausstellung in Paris, kaufte sich ein Paar und nahm sie bereits 1938 mit auf seine Expedition nach Dalmatien. Nach seinen Vorschlägen verbesserte die Gummifabrik Semperit in Wien diese Flossen und brachte sie ab 1939, wenn auch zunächst nur in kleiner Stückzahl, unter dem Namen „Hans-Hass-Flossen“ auf den Markt.

Hass wollte 1939 während seiner Expedition in die Karibik diese Flossen weiterentwickeln und experimentierte mit auswechselbaren Einlagen aus hochelastischen Orgelstahlbändern. Durch den Kriegsausbruch wurde sein Vorhaben unterbrochen und er mußte seinen Aufenthaltsort vorzeitig verlassen. Dadurch blieb einiges auf der Insel Klein Bonaire, wo er zu dieser Zeit campierte, zurück. Amüsanterweise fand der Tauchpionier bei einem Besuch 40 Jahre später noch am gleichen Ort seine damals zurückgelassenen Flossenteile wieder: Ein deutliches Zeichen für die Abgeschiedenheit dieser Insel!

Bis 1942 verwandte Hass die Flossen ausschließlich bei Apnoetauchgängen. Sie brachten ihm den großen Vorteil, daß er dadurch die Hände für die Unterwasserkamera frei hatte und er so die ersten, freischwimmend aufgenommenen Fotos und

Filme drehen konnte. Ab Juli 1942 verwandte Hass Flossen in Verbindung mit einem autonomen Tauchgerät und wurde damit zum Schwimmtaucher.

1945 produzierte dann L.P. Romano zwei Flossenarten, die ähnlich wie die von de Corlieu aussahen, und „Frog Feet" und „Super Frog Feet" hießen. Das Neue an ihnen waren die verstellbaren Fersenbänder. Der Amerikaner Charles H. Wilen aus New York bekam am 8. Juli 1947 ein Patent[36] für Flossen, die später in den USA von DESCO produziert wurden. Sie waren den Flossen von Fischen sehr stark nachgeahmt. Besonders bemerkenswert war an ihnen, daß sie wie Sandalen mit verstellbaren Bändern am Fuß befestigt wurden.

Nach Kriegsende begann der Siegeszug der Flossen auch im zivilen Bereich. Leider hatte jedoch der Vater der Flossen kaum Nutzen daran, denn die Schutzvorschrift war kurz vor dem Ablaufen und viele Hersteller ignorierten die Patentrechte. In Deutschland lag durch die Kontrollratsgesetze der alliierten Besatzungstruppen die Rechtsprechung anders, und der deutsche Tauchartikelhersteller Barakuda mußte offiziell eine Lizenz von de Corlieu erwerben. Ab 1952 wurde dann auch in Deutschland Flossen hergestellt.

1955 kam eine ganz neue Variante der Schwimmflossen auf den Markt: Die Monoflosse. Bei ihr sind beide Füße in einem gemeinsamen Fußteil an einem einzigen Flossenblatt untergebracht. Die Bewegung des Schwimmers gleicht mit ihnen dem Auf und Ab von Delphinflossen. Der Umgang mit ihnen erfordert einige Übung und einen höheren Kraftaufwand, allerdings ist auch der Vortrieb und damit die erreichbare Geschwindigkeit größer. Das Patent auf diese Monoflosse erhielten die beiden Deutschen Kurt Ristau und Hans Joachim Bergann am 19. September 1955.[37]

Der nächste Entwicklungsschritt bestand in Flossen, die wie Entenfüße geformt waren. Sie wurden von Arthur H. Brown in Laguna Beach hergestellt und waren sehr steif. Ein Patent[38] der beiden Italiener Luigi Ferraro und Antonio (Egidio) Cressi aus Genua vom 25. September 1962 war eine Modifikation der Cressi „Rondini"-Flossen. Sie hatten unterhalb der Zehen im Flossenblatt einige offene Fenster, die auf der einen Seite ein dünner Gummistreifen bedeckte. Dadurch wurde ein unterschiedlich starker Widerstand des Flossenblattes beim Auf- bzw. Abwärtsschlag erreicht. Der Franzose Nicolas Mazzella aus Marseille ging mit seinem Patent[39] vom 8. Mai 1962 einen ganz anderen Weg. Er hatte dicke Gummiflossen mit breiten Verstärkungen entwickelt, die zwei verschiedene, untereinander gestaffelte und versetzte Flossenblätter besaßen. Die obere war flach, die untere etwas gewölbt und damit strömungsgünstiger.

Besonders populär wurden die „Jet Fin" genannten Flossen von Georges Beuchat aus Marseille, die er am 18. Mai 1965 patentierte.[40] Sie waren aus schwerem, schwarzem Gummi und besaßen im Flossenblatt drei große Strömungskanäle.

Mit ihnen sollte ein Düseneffekt erzeugt werden. Diese Flossen wurden weltweit vertreiben und sind bis in unsere Tage hinein in Gebrauch. Die ersten Flossen, die nicht durchgängig aus Gummi bestanden waren die amerikanischen „Caravell"-Flossen. Sie hatten ein Kunststoffblatt und ein Gummifußteil und waren ihrer Zeit weit voraus.

Ein besonders kurioses Patent[41] wurde am 19. April 1977 von Ralph B. Shamlian aus San Francisco eingereicht, der Schwimmflossen mit einer Schenkelhalterung wie bei Skistiefeln kombinierte, um die Knöchel beim Schwimmen zu schützen. Die ganze Vortriebskraft sollte aus der Oberschenkelmuskulatur kommen. Sie wurden kaum verkauft, nicht nur weil sie sehr unpraktisch waren sondern weil ihr Preis auch mehr als doppelt so hoch war wie der herkömmlicher Flossen.

Lange Zeit wurden die Flossenblätter ausschließlich aus Hartgummi hergestellt. Sie waren zwar sehr flexibel und haltbar, allerdings auch sehr schwer und erforderten relativ große Beinarbeit. Die Mehrheit der modernen Flossen besitzt heute leichte Blätter aus Thermoplastik. Sie sind sehr elastisch und können in verschiedenen Härtegraden hergestellt werden. Bei einigen Flossen sind Graphitfasern in das Thermoplastik eingearbeitet, wodurch eine größere Elastizität erreicht wird. Durch den Einsatz von Kunststoff für die Flossenblätter wurde es auch möglich, eine wesentlich größere Farbpalette anzubieten.

Ein besonderer Meilenstein stellte deshalb das Patent[42] des Italieners Roberto Semeia aus Rapallo vom 2. Dezember 1975 dar, der bei seine „Plana"-Flossen zwei verschiedene Werkstoffe benutzte. Der Fußteil bestand aus Gummi, das Flossenblatt aus durchsichtigem, besonders elastischem Kunststoff. Beide Werkstoffe wurden durch ein spezielles Verfahren miteinander verbunden. Sie wurden ab 1978 von der italienischen Firma Mares weltweit mit großem Erfolg vertrieben. In zwei Patenten[43] von dem Italiener Giovanni Garofalo vom 19. April 1988 bzw. 19. Dezember 1989, wurden in dem Kunststoff-Flossenblatt zwei spezielle, aus weichem Gummimaterial gefertigte Phasen eingezogen. Diese Gummiphasen bewirkten einen Kanaleffekt, verliehen größere Stabilität und besseren Vortrieb. Die Flossen wurden von Mares unter dem Namen „Plana Avantis" vertrieben. Ihr Design mit den im Kunststoffblatt eingesetzten Gummiphasen war so erfolgreich, daß sie innerhalb kurzer Zeit die Standardflossen, die seit rund fünfzig Jahren den Markt beherrschen und nur aus Gummi bestanden, weitestgehend verdrängten.

Dann kamen die unter dem Begriff „Force Fin" bekannten Flossen in den USA auf. Sie wurden am 15. August 1989 von Robert B. Evans aus Santa Barbara, Kalifornien, patentiert[44] und sind die ersten professionellen Flossen, die komplett aus Kunststoff bestehen. Sie sind wohl die bisher hochwertigsten Flossen, die auf dem Markt erhältlich sind.

Die beiden Fotos illustrieren den Fortschritt von sechs Jahrzehnten: Links ein französischer Wettkampfschwimmer von 1937 ausgerüstet mit den Fuß- und Handflossen von Luis Marie de Corlieu. Rechts ein Wettkampfschwimmer von 1997. Dank verbesserter Technologien können wesentlich effizientere Hilfsmittel hergestellt werden. Der Schwimmer trägt Monoflosse, Mittenschnorchel und kleinvolumige Tauchermaske. (Foto links: Sir Robert H. Davis: Deep Diving und Submarine Operations. London, 1955. Copyright: Siebe Gorman & Co. Ltd.)

Die Force Fin besteht aus Polyurethan und hat ein sehr kurzes, gegabeltes Flossenblatt. Ihre Form ist der Natur entnommen: Die Schwanzflossen von schnellen Fischen wie etwa Makrelen sind im Verhältnis zum Körper relativ klein, halbmondartig bzw. V-förmig und hoch oder breit, aber in jedem Fall nicht lang.

Dieses Modell mit seinen zwei nach oben gebogenen Spitzen erzeugt nur beim Abwärtsschlag Widerstand, beim Aufwärtsschlag beugt sich das Blatt widerstandsarm. Während der Taucher die Flossen nach unten drückt, entfaltete das Flossenblatt seine größte Oberfläche. Die Muskelkraft wird nun unmittelbar in Schubkraft umgesetzt. Gegen Ende der Abwärtsbewegung des Flossenschlages kehrt das elastische Flossenblatt wieder in seine ursprüngliche Form zurück, was nochmals für Vorschub sorgt und gleich zeitig die Gegenbewegung des Beines erleichternd unterstützt. Während der Erholungsphase falten sich die Spitzen des Flossenblattes zusammen und bringen damit eine gewisse Führung in die Bewegung. Gleichzeitig erleichtert dieses Verhalten dem Taucher, seine Beine in die Ausgangslage für den nächsten Flossenschlag zu bringen. Neben ihrem großem Komfort bestechen die Force Fin auch durch geringes Gewicht und besondere Manövrierfähigkeit.

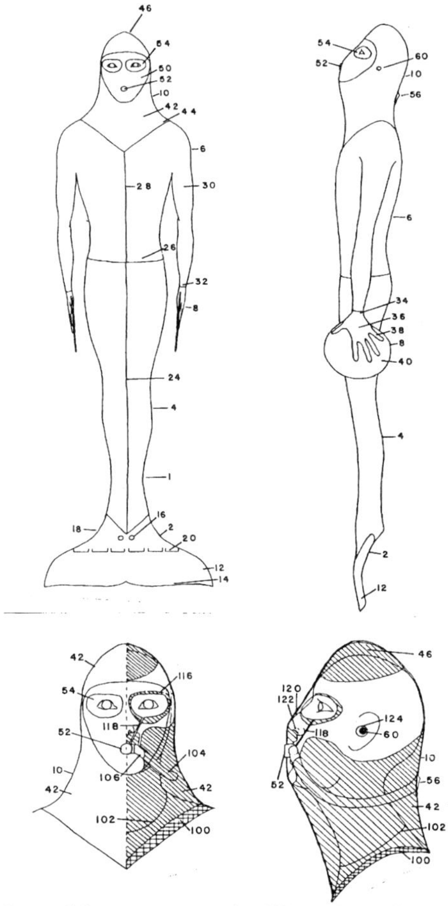

Dieser Schwimmanzug wurde 1974 von Kenneth W. Le Vasseur aus Hawaii patentiert (USA 3.934.290). Er besteht aus einem enganliegenden Schwimmanzug mit Monoflosse und zwei Handflossen. Das besonder an ihm aber ist die Gesichtshaube, die den ganzen Kopf bedeckt und vorne zwei Gläser für die Augen freilässt. Der Schwimmer hat zwischen seinen Zähnen einen schlauchartigen Schnorchel, der innerhalb des Schwimmanzuges verläuft und um den Hals herum im Nacken endet, wo er eine Öffnung besitzt (Nummer 56 im Bild rechts unten). Diese Konstruktion ist dem Körperbau eines Delphins nachempfunden.

Die Zukunft der Schwimmflossen wird wohl bestimmt sein von dem Einsatz von solchem Hartplastik, denn er hat neben dem geringen Gewicht und der längeren Haltbarkeit weitere Vorteile. Der Einsatz von Hartplastik für die gesamte Flosse bedeutete nach der Kombination von Gummi und Thermokunststoff einen weiteren technologischen Durchbruch: Die Schwimmflossen werden leichter, kleiner und effizienter.

Ein neues Patent[45] über Fußflossen stammt von Herbert D. Van de Pol, Florida, vom 11. April 1989, und betrifft die „Wenoka Reflex“-Flossen. Sie besitzen einige Fugen, in die je nach gewünschter Härte verschieden starke Leisten eingesetzt werden können. Damit kann die Flossenhärte noch mehr auf den individuellen Trainingsstand angepaßt werden. Weichere Panele im Flossenblatt, die beim Flossenschlag stärker nachgeben als das Blatt selbst haben die Funktion, das Wasser beim Flossenschlag in die richtige Richtung zu kanalisieren und seitliche Strömungen zu verhindern. Mit diesem Patent schließt sich in gewissem Sinn wieder der Kreis, denn genau 50 Jahre zuvor hatte Hass bereits mit solchen austauschbaren Schienen für seine Semperit-Flossen experimentiert.

Es ist leicht vorauszusehen, daß es eine Weiterentwicklung der Flossen gibt, denn noch ist die strömungsgünstigste Form und der beste Werkstoff nicht gefunden. Je nach Größe, Form und Werkstoff ändert sich ihr Wirkungsgrad erheblich. Inzwischen gibt es aber ein solch großes Angebot auf dem Markt, daß fast jeder Taucher abhängig von seinem Trainingsstand und vom Flossenschlagstil das für ihn passende Modell findet.

Die Saugrohratemgeräte

Im Altertum wuchs der Wunsch, der die Menschheit schon immer beschäftigte: sich längere Zeit ohne Atemnot und bequem unter der Wasseroberfläche aufhalten zu können. Luftmangel und Druckanstieg, aber vor allem auch die niedrigen Wassertemperaturen sowie die veränderten Sichtverhältnisse haben schon früh dazu geführt, daß der Mensch Hilfsmittel zum Tauchen erdacht und mit den unterschiedlichsten Resultaten praktisch erprobte. Zu Beginn der Tauchtechnik stand der nackte Mensch - aber seine Intelligenz verhalf ihm schon bald zu besseren Wegen als dem Apnoetauchen. Bereits in seinen *Problemata* von 350 v.Chr. behandelt Aristoteles die Frage, durch welche Methoden der Mensch länger unter Wasser bleiben kann. Da man aber die Auswirkungen des zunehmenden Druckes unter Wasser noch nicht kannte, wurden die Taucher oft mit primitiven, utopischen Vorrichtungen versehen, deren Funktion mehr als fraglich ist. Zu dieser Kategorie gehören die meisten Rohratemgeräte.

Die ersten Ideen, die man nämlich hatte, um Menschen unter Wasser mit Atemluft zu versorgen, waren neben Taucherglocken Schnorchel aus langen Lederschläuchen sowie hohle Rohre aus Holz oder Bambus. Die Natur hatte es dem Menschen längst vorgemacht: Man vermutet, daß die damaligen Erfinder diese Technik von den Elefanten übertragen haben, die tief im Wasser eingesunken durch ihren nach oben gestreckten Rüssel atmen können. Wie alle Säugetiere können auch Elefanten schwimmen. Sie sind sogar sehr ausdauernde Schwimmer und können große Strecken im Wasser zurücklegen. Der Körper befindet sich dabei fast vollständig unter Wasser, während der Rüssel als Schnorchel dient. Aristoteles berichtete darüber in seiner Schrift: „Ebenso wie die Taucher manchmal ein Gerät besitzen, mit dem sie die Luft der Wasseroberfläche einatmen, was ihnen einen längeren Aufenthalt unter Wasser ermöglicht, schenkt die Natur den Elefanten eine lange Nase - wenn er das Wasser durchquert, streckt er diese empor und vermag zu atmen.“

Es gibt eine Vielzahl von Berichten und Aufzeichnungen aus den letzten Jahrhunderten, in denen Rohratemgeräte dargestellt werden. Ein frühes ägyptisches Wandgemälde zeigt Entenjäger, die durch ein Flußbett gehen und dabei - wie durch einen Schnorchel - mit Hilfe eines Rohres, das oben die Wasseroberfläche durchstößt, atmen. Diese Malerei ist mindestens 4.000 Jahre alt. Interessant ist ebenfalls ein Bericht, den Plinius der Ältere in seiner *Historia Naturalis* im Jahre 77 n.Chr. gibt. Hierin ist von einem Atemschlauch die Rede, den Kampftaucher benutzen. Der hohle Schlauch wird von ihnen an dem einen Ende im Mund gehalten, und das andere Ende mündet an der Wasser-

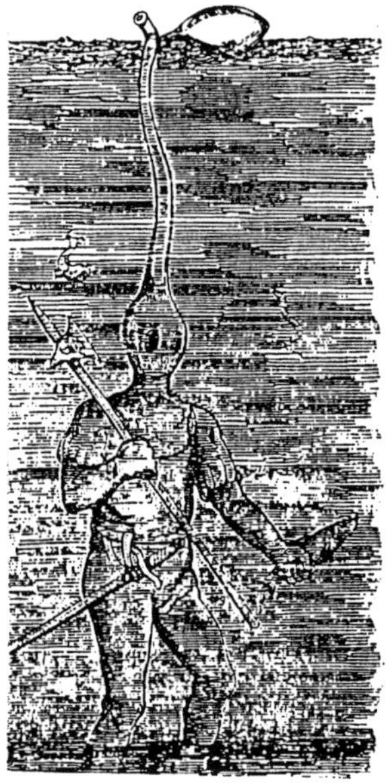

Das Saugrohratemgerät von Vegetius aus der Ausgabe seines Werkes von 1511.

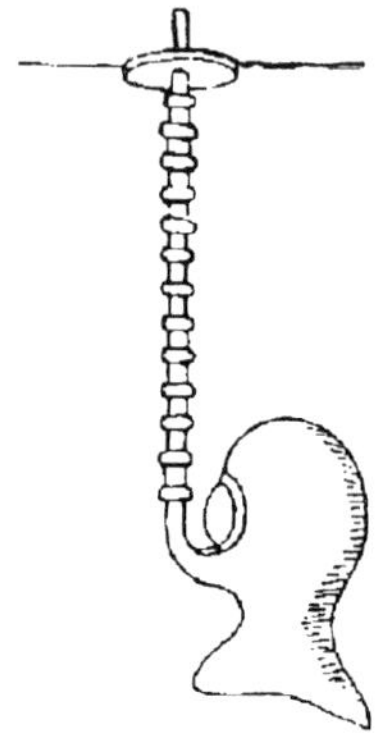

Der versteifte Luftschlauch von Vallo, 1524.

Möglicherweise von Vegetius inspiriert zeichnete 1613 der Hauptmann der spanischen Artillerie Diego de Ufano eine untaugliche Tauchausrüstung mit Saugrohratemgerät zur Bergung von Kanonen und Wracks. Sein Anzug bestand aus einer Ziegenfelljacke und einer Kapuze mit Schlauch, der bis zur Oberfläche reichte. Das obere Ende wurde durch einen Auftriebskörper über dem Wasser gehalten; der Taucher sollte durch den Schlauch atmen.

oberfläche, wo es ein Schwimmkörper hält.

Im 4. Jahrhundert n.Chr. hatte Flavius Renatus Vegetius, ein lateinischer Fachschriftsteller aus Konstantinopel, das aus vier Bänden bestehende militärische Lehrbuch *Epitoma instituionum rei militaris* geschrieben, welches die Ausbildung der römischen Truppe fördern sollte. Das Buch erschien im 16. Jahrhundert, als die Buchdruckerkunst erfunden war, in einer neuen Ausgabe, und es enthält ebenfalls Abbildungen eines Tauchers mit Rohratemgerät. Er ist versehen mit einem Kuttengewand und einer festanliegenden Kapuze, von der aus eine aus Leder gefertigte Luftröhre nach oben führt. Etwas später erschienen verschiedene, bebilderte Neuauflagen des berühmten Buches von Vegetius. Darin sind mehrere, ganzseitige Holzschnitte enthalten, die sich mit der Tauchkunst befassen, allerdings hauptsächlich im Zusammenhang mit Kriegshandlungen.

Ein Jahrhundert später beschrieb Diego Ufano die gleiche Einrichtung und nannte dabei folgende Einzelheiten: „Damit dieser leichter unter dem Wasser zu arbeiten vermöge, haben die Alten eine außerordentlich zweckmäßige Kapuze erfunden, hergestellt aus geölter Kuhhaut. An der Stelle der Augen sind sehr dünne und helle Hornscheiben eingefügt, so daß die Sicht durch nichts beeinträchtigt wird. Auf der Höhe des Kopfes ist eine lange Röhre angebracht“. Der Taucher hängt auch „genügend Gewicht an seine Füße“, damit er nicht hochtreibt.[46]

Auch Johann Alfons Borelli schreibt 1679 von Rohratemgeräten: „Die Vorrichtung wird folgendermaßen gebraucht: Man macht aus Ziegenhaut eine gerade Röhre und zieht sie über einen spiralig gewundenen Eisendraht, der sie auseinanderhält. In die untere Öffnung ragt der Kopf des Tauchers hinein; an seinem Nacken und seiner Brust werden Kleiderfransen so befestigt, daß sie das Eindringen von Luft durch die Zwischenräume und Nähte verhindern. Die zweite Öffnung diese Luftkanals ragt über die Wasseroberfläche empor, so daß der Mensch atmen kann. Natürlich ist diese Vorrichtung sehr unbequem, da man sie nicht ohne fremde Hilfe im Wasser bewegen kann“.[47]

Ein altes, deutsches Gedicht beschreibt ebenfalls eine solche schnorchelartige Vorrichtung an einer Art Unterseeboot. In dem etwa 1190 entstandenen derben Spielmannsgedicht „Salman und Morolf“ lebt die Erinnerung an den weisen König Salomon fort. Morolf ist ein vielseitiger Possenreißer, unermüdlich in Täuschungen und Schwänken.

Wie die Geschichte erzählt, herrschte einst in Jerusalem König Salman, seine Gattin war die schöne Salme. König Fore vom Wendelsee, der jenseits des Meeres herrschte, soll sie mit ihrem Einverständnis durch List entführt haben. König Salman hatte aber einen klugen Ratgeber namens Morolf, der sich verkleidet auf den Weg machte, um Salme zu suchen. Als er an Fores Hof kam, entdeckte er die Königin, wurde aber erkannt und gefangen genommen. Der Tod war ihm gewiß, zumal Salme seine Weisheit fürchtete. Obwohl Morolf alles daransetzte, sich zu retten, mißlangen seine ersten beiden Fluchtversuche.

Der dritte seiner Fluchtversuche hingegen gelang: Mit einem Schlaftrunk setzte er seine Bewacher in tiefe Bewußtlosigkeit, verkleidete sich und verließ dann die Burg. Am Strande des Meeres hatte er ein „kleines Schifflein“ vorbereitet, auf dem er hinaus auf die See fuhr. Der wütende Fore sandte Morolf 24 Kriegsschiffe nach, die ihn auch bald eingeholt hatten. Dennoch gelang es ihnen nicht, ihn zu fangen, denn das Schifflein war von besonderer Art: Vor allen Augen ließ sich Morolf mit ihm bis auf den Meeresgrund hinab und war so vor den Feinden sicher. Das Tauchboot hatte einen ledernen Luftschlauch: „Eyn rore in daz schiffelin ging, da mit Morolf den atem ving“. Der verfolgte Morolf rettete sich darin, indem er „volleclichen vierzehnen tage“ untertauchte, vor der Feindesflotte.[48]

Die technischen Einzelheiten gehen aus den weiteren Erzählungen recht gut hervor: Das Schiff war aus Leder gefertigt, in den Nähten mit Pech gedichtet und durch Fenster beleuchtet. Manche Notwendigkeit der Konstruktion übersieht der Dichter, hauptsächlich die, das sackförmige Lederschiff und auch den Schlauch zum Atemholen von innen her zu versteifen, damit das Wasser das Ganze nicht zusammendrückt. Leider ist in der in

Stuttgart aufbewahrten Originalhandschrift dieses Gedichts das Blatt herausgerissen, auf dem dieser seltsam phantastische Tauchversuch gemalt war.

Die Grundidee eines Schnorchels taucht im Laufe der Jahrhunderte bei den verschiedensten Entwürfen immer wieder auf. Besonders charakteristisch ist dafür die Schrift von Kyeser zu Anfang des 15. Jahrhunderts, die heute sehr interessant zu lesen ist. Am 28. August 1405 vollendete der fränkische Edelmann Konrad Kyeser von Eichstädt ein Prachtwerk, in dem er alles zusammentrug, was zur technischen Kriegsführung seiner Zeit geeignet war. Über drei Jahre lang wurde an der kostbaren, auf Pergament geschriebenen und mit mehreren hundert Malereien verzierten Schrift gearbeitet. Diese, für Kaiser Rupprecht von der Pfalz bestimmt, wird heute in der Universitätsbibliothek in Göttingen aufbewahrt. Sie umfaßt 140 Blatt Pergament mit 243 beschriebenen Seiten. Kyeser gibt seinem Werk den lateinischen Titel *Bellifortis*, also „Der Kampfstarke“, womit er andeutet, daß der Besitzer dieses Buches zum Krieg besonders gestärkt sei. Als Kyeser sein Monumentalwerk niederschrieb, lebte er als Verbannter in den böhmischen Wäldern. Weshalb er verbannt war, was er sich im Wechsel des Krieges hatte zuschulden kommen lassen, ist nicht bekannt. Nachdem er sein Buch vollendet hatte, gilt er als verschollen.

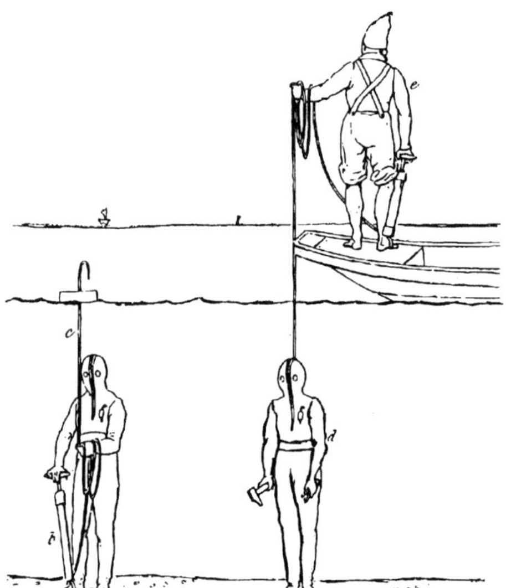

Mit diesem Patent von 1828 (Frankreich 2.062) war Jean-Jeremie Pouilliot den meisten Erfindern seiner Zeit voraus. Er erkannte, dass Saugrohratemgeräte in Tiefen über einem Meter nur dann funktionieren können, wenn der Taucher mit Druckluft versorgt wird. Links ein Taucher, der sich selbst Luft hinabpumpt, rechts eine Taucher mit Helfer auf einem Boot.

Kyeser ist am 25. August 1366 zu Eichstädt geboren. Sein Buch ist das älteste bekannte kriegstechnische Werk Deutschlands. Es hat lange Geltung gehabt; denn es ist auch heute noch in einer Reihe von Abschriften erhalten. Es wurde auch erweitert, und man kann viele Einzelheiten aus ihm bis etwa 1540 in technischen Bilderhandschriften nachweisen. Das insgesamt 10 Bände umfassende Werk enthält in Band 3 neben zerlegbaren Brücken für den Krieg, Wasserleitungen, einem Schaufelradschiff und Schwimmgurte auch Taucheranzüge.

Die Taucheranzüge aus Leder reichten bis unter den Gürtel hinab, werden fest umgürtet und an einen ringsum geschlossenen Taucherhelm befestigt, an dem gewölbte Augengläser sitzen. Innerhalb des Helmes und des Lederwamses sind große Schwämme angebracht, „um die Luft zu halten". Auch kennt Kyeser einen Taucheranzug, der statt des metallenen Helmes eine lederne Kappe am Wams trägt. Vor dem Mund hat der Taucher eine Röhre, die zu einer großen Blase führt, in der die Luft enthalten ist. Kyeser sagt am Ende seiner Beschreibungen, der Taucher solle sich mit Bleigewichten beschweren und anseilen.

In Italien entstanden Handschriften, die auf Jacopo Mariano, den 1381 geborenen Sohn eines Winzers aus Siena, zurückgehen. Sein Ruf als Techniker stieg so hoch, daß man ihm den Beinamen „Archimedes" gab; auch hieß er „Taccola", das heißt der Schweigsame. Seine älteste Bilderhandschrift von 1438 besitzt die Münchner Staatsbibliothek. Die Taucher im Werk von Mariano tragen wasserdichte Lederkleidung mit Augengläsern im Helm und mit Bleisohlen unter den Füßen.

Um das Jahr 1425-1430 verfaßte ein ungenannter deutscher Kriegstechniker eine eigenartige und reiche Bilderhandschrift, die ebenfalls in der Münchner Staatsbibliothek aufbewahrt wird. Sie ist von Konrad Kyeser vollkommen unabhängig. Der Deutsche, der, wie seine Notizen erkennen lassen, die Hussitenkriege mitmachte, hat hier das aufgezeichnet, was er auf Kriegszügen gesehen und gehört hatte. Man nennt ihn deshalb „den Anonymus der Hussitenkriege". An der Zeichnung einer Taucherausrüstung in

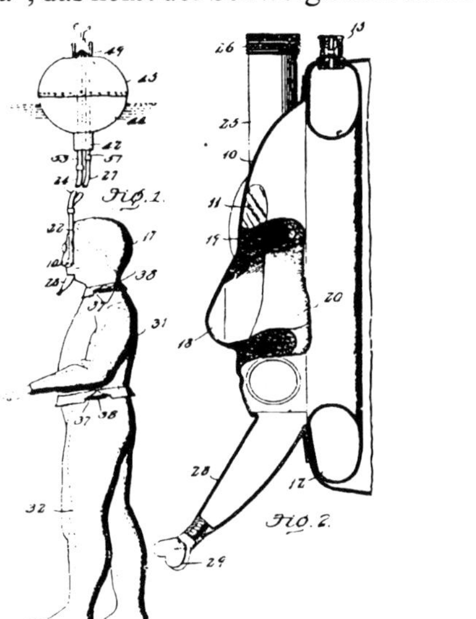

Ein amerikanisches Patent von T. Iwanami, 1906, beschreibt ein Gerät bestehend aus Maske im weichen Helm und einem am Gürtel schließbaren, wasserdichten Anzug. Auch hier ist der Schwimmkörper für das Atemrohr als Filter ausgebildet. (USA 835.950)

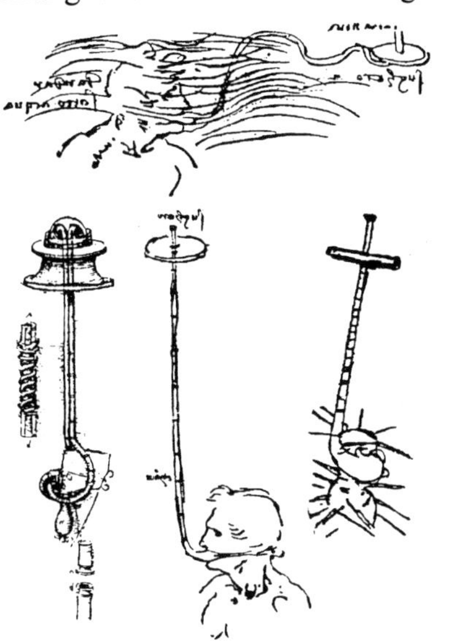

Die Entwürfe von Leonardo da Vinci, um 1500, zu Saugrohratemgeräten.
(Zeichnung: Feldhaus, Franz Maria: Leonardo. Jena 1922)

dieser Handschrift erkennen wir die untergeschnallten Bleischuhe, den wasserdichten Lederanzug, den Taucherhelm mit Glasfenstern und den ledernen Luftschlauch; die Schlauchmündung wird von zwei Korkkugeln über Wasser gehalten.

Das Universalgenie Leonardo da Vinci skizzierte gegen Ende des 15. Jahrhunderts einige Rohratemgeräte sowie einen Luftschlauch für Taucher, der an einer Art Maske sitzt. Er schreibt: „Man benutzt dieses Instrument im Indischen Meer, um die Perlen herauszuziehen, und macht es aus Leder (und das Rohr innen) mit vielen Ringen, damit das Meer es nicht schließt. Oben hält sich der Begleiter mit der Barke auf, (den Taucher) zu erwarten. Der andere zieht die Perlen und Korallen heraus: er hat Augengläser wie eine Schneebrille und einen Brustharnisch; strotzend von großen Spitzen." Diese Spitzen des Stachelanzuges sollten zur Abwehr großer Fische dienen. Zu beachten ist hier der im Inneren versteifte Schlauch, der von äußerem Druck nicht zusammengepreßt werden kann.

Neben dem Anonymus der Hussitenkriege und Leonardo da Vinci sieht man beispielsweise um 1500 Taucheranzüge mit Luftschlauch auch in der Erlanger Handschrift des Ludwig von Eybe zum Hartenstein. Im Jahr 1524 findet man den durch Eisenringe versteiften Luftschlauch mit lederner Taucherhaube und Augengläsern in dem Buch von Vallo über Fortifikation. 1617 veröffentlichte Robert Fludd in der *Geschichte der Physik und Technik* ein Tauchgerät, das ebenfalls aus einem langen, zur Wasseroberfläche führenden Luftschlauch bestand und dort in einem auf einem Korkschwimmer befestigten Ansaugtrichter mündet. Hassang wollte gar um 1685 eine ganze unterseeische Stadt durch Röhren atmen lassen.

Die allermeisten dieser Tauchversuche nach den Ideen der vergangenen Jahrhunderte sind allerdings von vornherein zum Scheitern verurteilt, wenn der Brustkorb des Tauchers einem größeren Umgebungsdruck als an der Wasseroberfläche ausgesetzt ist: Die Muskeln, die unsere Lunge zur Atmung dehnen und zusammenpressen, sind ab einer bestimmten Tiefe zu schwach, um den Umgebungsdruck überwinden zu können. Selbst in nur 50 Zentimeter Tiefe würde der Mensch sehr schnell ermüden, die Brust dann nicht heben und nicht mehr einatmen können. Dies wußte bereits der französische Priester Jean de Hautefeuille - er hat unter anderem auch die Schwungfeder für Uhren erfunden -, der 1681 in seiner Schrift *The Art of Breathing Underwater* schrieb: „Es ist für einen Menschen nicht möglich, Luft unter Umgebungsdruck zu atmen, wenn er sich unter Wasser befindet." Er bezog diese Erkenntnis vor allem aus den Arbeiten von M. Pascal.

Durch praktische Versuche[49] wies der österreichische Wissenschaftler Robert Stigler bereits 1914 nach, daß die Röhrenatmung unter Wasser in 1 Meter Tiefe nur 30 Sekunden und in 1,50 Meter Tiefe höchstens 6 Sekunden lang möglich ist. Ein Selbstversuch Stiglers in 2 Meter

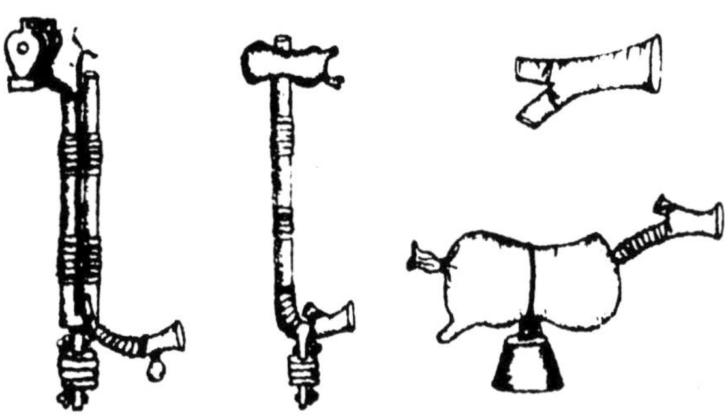

A B C1

C2

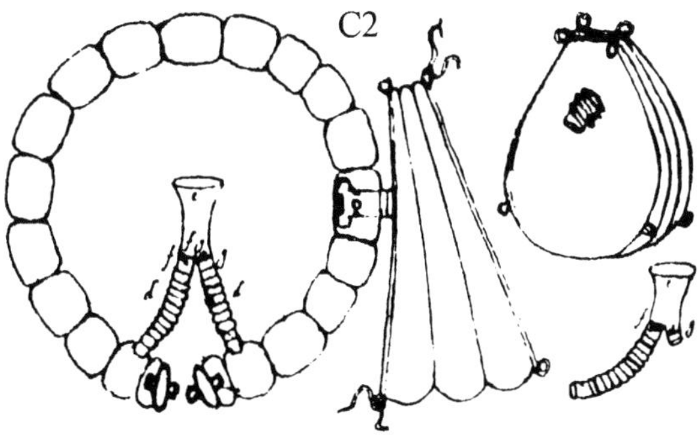

Die drei Entwürfe von Florencio Valagren, 1631:
A) Atemrohr mit Auslassventil unterhalb der Biegung
B) Atemrohr mit oben angebrachtem Blasebalg
C1) Luftsack mit Mundstück zur Verankerung auf dem Meeresgrund
C2) Die Atemluftreserve kann wie ein Gürtel auch umgeschnallt werden. Rechts ist der Blasebalg zu sehen, mit dem bei C1 und C2 die Vorratsbehälter aufgeblasen werden.
(Zeichnung: Marx, Robert F.: The History of Underwater Exploration. New York, 1990)

Entwurf vom Anonymus der Hussitenkriege, um 1420.

Valentini, 1714, aus Musei Museorum.

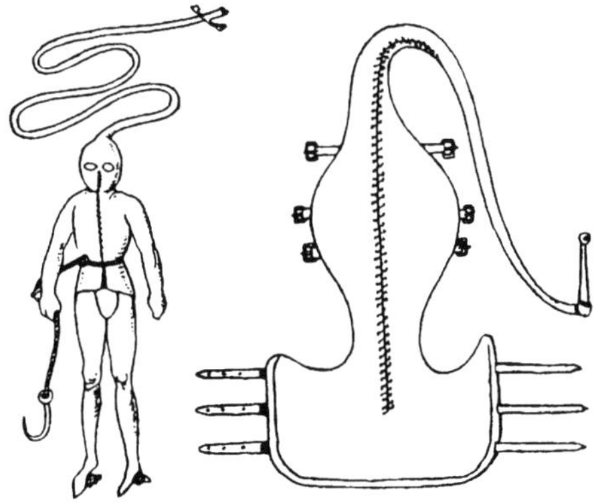

Atemgeräte nach dem um 1500 durch Ludwig von Eybe verfassten Kriegsbuch.

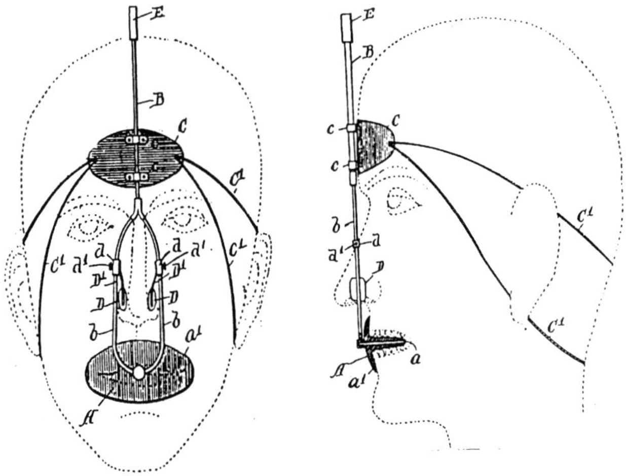

Die Konstruktion, die dem Amerikaner Harry Pratt 1902 patentiert wurde(USA 690.663) kam unserem heutigen Schnorchel schon nahe. Pratts Schnorchel gabelte sich an der Nase und vereinigte sich in Stirnhöhe wieder zu einem einzigen Rohr mit geringem Durchmesser. An den beiden Schnorchelrohren sind auf Nasenhöhe zwei verstellbare Klemmen befestigt, welche die Nasenflügel zusammenklemmen sollen, damit kein Wasser eindringt. Eine Sehhilfe hatte Pratt nicht vorgesehen.

Tiefe endete innerhalb weniger Sekunden mit einer gefährlichen Herzdehnung, an deren Folgen er 3 Monate lang krank war. Es wurde durch diese Versuche eine maximale Rohrlänge von 30 bis 40 cm ermittelt, durch die man ohne gesundheitliches Risiko atmen kann.

Aber das ist nicht der einzige Grund, die allermeisten Rohratemideen der letzten Jahrhunderte nicht zu verwirklichen: Bei einem zu großen Volumen des Schnorchels kann es zur Pendelatmung kommen, also dazu, daß die ausgeatmete Luft nicht schnell genug entweichen kann und beim erneuten Atmen wieder eingeatmet wird. Dadurch kann es durch den ansteigenden Kohlendioxidgehalt der Atemluft mit der Zeit zu einer Vergiftung und Bewußtlosigkeit kommen. Aus den genannten Gründen gilt heute die Faustregel, daß der Schnorchel nicht länger als 35 cm und dicker als 23 mm sein sollte. Außerdem muß er aus steifen Material bestehen, damit er nicht durch den Wasserdruck zusammengedrückt wird.

Die Schnorchel unserer heutigen Bauart wurden 1938 von Maxime Forjot gemeinsam mit seiner Tauchermaske patentiert, waren aber schon einige Jahre vorher an der Cote d'Azur in Gebrauch. Guy Gilpatric erwähnt in seinem Buch *The Compleat Goggler*, daß schon in den 30er Jahren der Engländer Steve Butler sich einen Schnorchel selber gebaut hatte und vor Antibes mehrere Stunden lang schnorchelte, ohne auch nur einmal seinen Kopf zu heben. 1933 baute Le Prieur eine Vollgesichtsmaske mit integriertem Schnorchel. Philippe Tailliez gehört ebenfalls zu den ersten, er hatte sich im Sommer 1938 einen kurzen Schnorchel aus einem widerstandsfähigen Stück Gartenschlauch gebaut. Er trug neben seiner *tuba* auch eine Tauchermaske und Gummiflossen. Im Dezember 1939 meldete Alexandre Kramarenko, Mitglied einer Gruppe russischer Adliger, ein Patent für einen Schnorchel mit einem Ventil an, das den Eintritt des Wassers verhindern sollte.

Aus den angesprochenen Gründen ist der Schnorchel also kein „Tauchgerät“ zur Versorgung mit Luft unter Wasser, sondern ein „Atemgerät“, um zur gleichen Zeit die Augen *unter* Wasser und die Atemöffnung *über* dem Wasserspiegel zu halten. Durch ihn wird unsere Atemöffnung an den Hinterkopf verlegt; wir können wie Wale und Delphine atmen. Wir können also, ohne für die Atmung den Kopf ständig aus dem Wasser heben zu müssen, von der Oberfläche die Unterwasserwelt im Auge behalten und ohne zu ermüden lange Zeit schnorcheln.

Die physikalischen Zusammenhänge unter Wasser sind Jahrhunderte hindurch von den zahlreichen Erfindern nicht begriffen worden, und daraus erklärt sich auch die Unbrauchbarkeit ihrer Apparate wie dieser Rohratemgeräte. Die antiken Taucher wußten wohl um die Gefahren und Grenzen des Tauchens, aber eine wissenschaftliche Untersuchung der Auswirkungen veränderter Druckverhältnisse auf den Menschen erfolgte erst Ende des 19. Jahrhunderts, als sich Paul Bert für die Atmungsschwierigkeiten der Ballonfahrer zu interessieren begann und durch seine eingehenden Studien der physiologischen Bedingungen in großen Höhen von selbst auf die Erforschung der Druckverhältnisse unter Wasser gerichtet wurde. Um 1880 wurde durch seine Forschungen auch bekannt, daß der Stickstoff in der Atemluft eine der größten Feinde des Tauchers ist. Die Gefahr liegt im physikalischen Verhalten des Stickstoffes gegenüber den Körperflüssig-

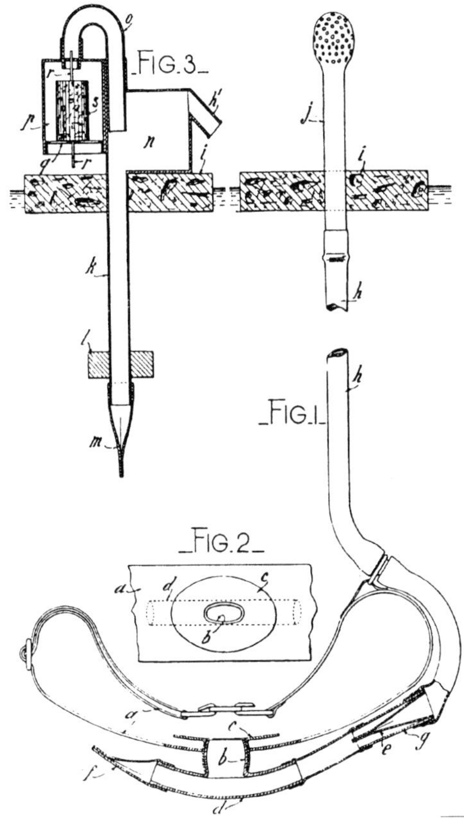

Dieses sehr wichtige Patent markiert die Trennlinie in der Entwicklung der Atem- bzw. Tauchgeräte. Es handelt sich um die Konstruktion eines Rohratemgerätes von Maurice Fernez aus dem Jahre 1912 (Frankreich 443.802). Es war der direkte Vorläufer zu dessen Tauchgerät. Fernez bemerkte bei der praktischen Erprobung dieser Schnorchelkonstruktion, dass der Mensch aus physikalischen Gründen nicht in der Lage ist, in grösserer Wassertiefe Luft durch einen Schnorchel zu atmen. Deshalb ersetzte er das auf einem Korkschwimmer ruhende Einatemventil durch eine einfache Kolbenpumpe, durch die von einem Helfer an der Oberfläche Luft zum Taucher hinabgepumpt wurde und ergänzte einen Pufferbeutel. So wurde aus dem Rohratemgerät das Fernez-Tauchgerät. Interessant sind ebenfalls die beiden Entenschnabelventile am Mundstück.

keiten. Stickstoff löst sich bei erhöhtem Druck in Flüssigkeiten und den Geweben des Körpers. Bei zu raschem Druckab-

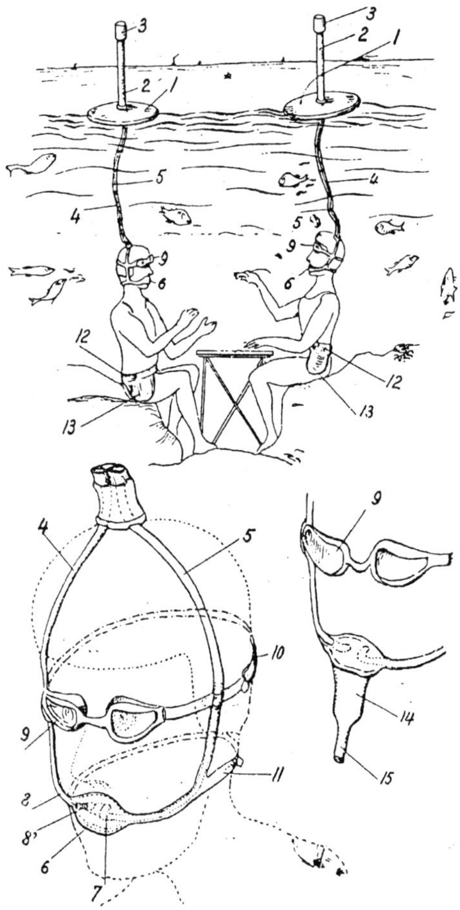

Dieser „Apparat für den Aufenthalt unter Wasser“ ist eine ernstgemeinte Erfindung von dem Franzosen Elie Leon Lebar, die er 1934 patentierte (Frankreich 780.018). Es ist aber sehr zweifelhaft, ob die Anwender seines Saugrohratemgerätes wirklich wie beabsichtigt grosse Freude bei seinem Gebrauch verspürten, und lange genug unter Wasser bleiben konnten, um Karten zu spielen...

fall kann der gelöste Stickstoff aus den Körperflüssigkeiten und -geweben ausperlen.

Jahrhunderte hindurch wurden immer wieder Tauchgeräte erfunden, die nie oder nur unter großer Gefahr funktionieren konnten. Nur die Taucherglocke erfüllte lange Zeit die erforderlichen Bedingungen für das Atmen unter Wasser, da ihr offener Boden das Eindringen von Wasser soweit erlaubt, bis Wasserdruck und Luftdruck ausgeglichen sind. Einer der wenigen, wirklich interessanten Entwürfe für ein brauchbares Rohratemgerät stammt aus dem Jahr 1631 und ist gleichzeitig eine der ersten Darstellungen von unserem heutigen Schnorchel. Sie wurde in spanischen Archiven gefunden. In Spanien, das fast 300 Jahre lang das am meisten kriegsführende Land war, waren die Erfinder besonders eifrig. Die dortigen Archive sind voll mit Tauchgeräteideen, von denen manche recht interessant, andere hingegen vollkommen unmöglich und albern sind.

Als im frühen 17. Jahrhundert die Spanier durch die häufigen Attacken der Holländer auf ihre Silber- und Goldflotten aus der Neuen Welt allzugroße Verluste hinnehmen mußten, setzte der verzweifelte König Philip IV. eine Belohnung von 10.000 Dukaten für denjenigen aus, der ein brauchbares Tauchgerät baut. Spione hatten ihm nämlich erzählt, daß in den Häfen von Amsterdam und Rotterdam manchmal bis zu 500 Schiffe der Holländer liegen. Philip hatte vor, während eines Sturmes Taucher in beide Häfen zu schicken, um dort die Ankerseile zerschneiden und so die holländischen Boote durch den Sturm kollidieren zu lassen. Die Schiffe waren allerdings durch Posten stark bewacht, und deshalb konnten nur Taucher eingesetzt werden, die sich

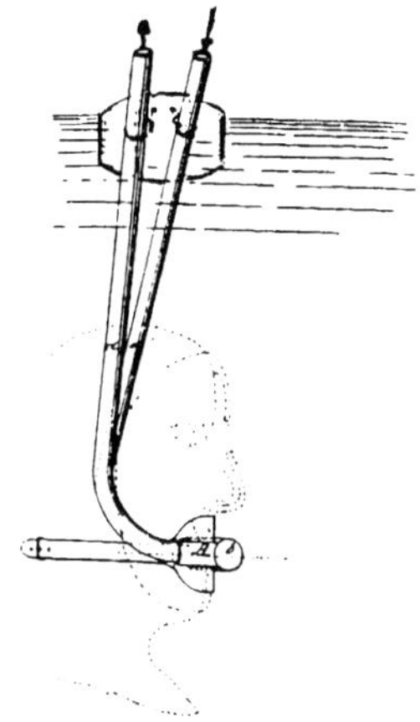

Ein Rohratempatent von J. Hawkins von 1865 (46.902). Vom Mundstück führen zwei Schläuche, einer für die Ein-, der andere für die Ausatmung, zur Boje an der Wasseroberfläche.

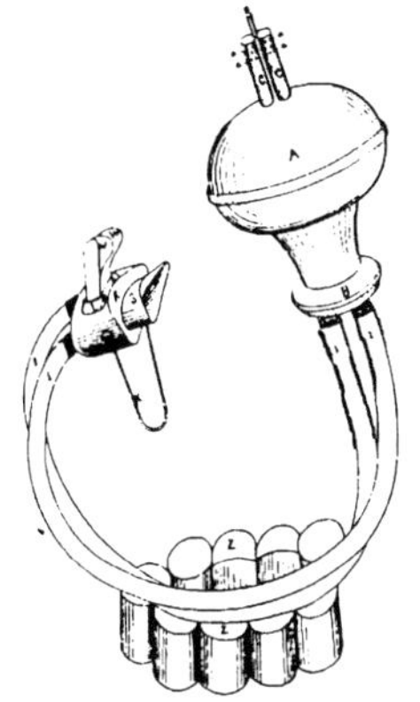

Eine Konstruktion von dem Amerikaner J.P. Schmitz von 1874 mit einem Gürtel mit auswechselbaren Gewichten (USA 156.599).

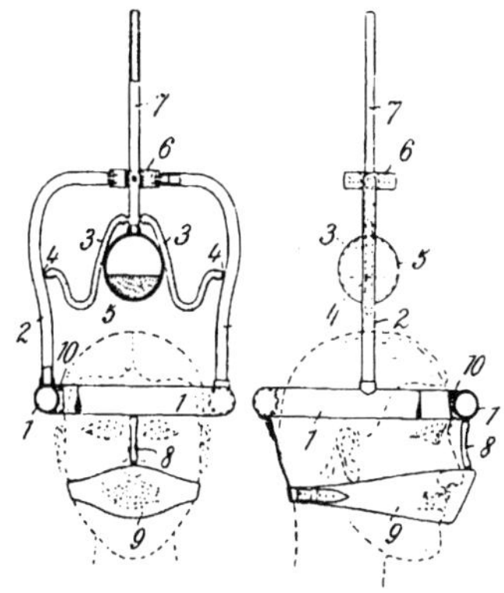

Ein patentierter Schnorchel von Juda Halberstädter aus Palästina vom 21. Juni 1923 (Deutschland 395.888). Die „Vorrichtung zur Atemluftzuführung beim Schwimmen und Tauchen" besteht aus einer am Kopf des Schwimmers zu befestigenden Haltevorrichtung, an welcher ein Luftzuführungsrohr gelagert ist. Das Rohr ist kardanisch an der Haltevorrichtung aufgehängt, so dass dessen freies Ende bei jeder Lage des Schwimmers über dem Wasserspiegel liegt, hervorgerufen durch die mit Blei oder Wasser gefüllte Kugel..." wobei die Luft „durch eine Leitung mit dem Atmungsorgan in Verbindung steht."

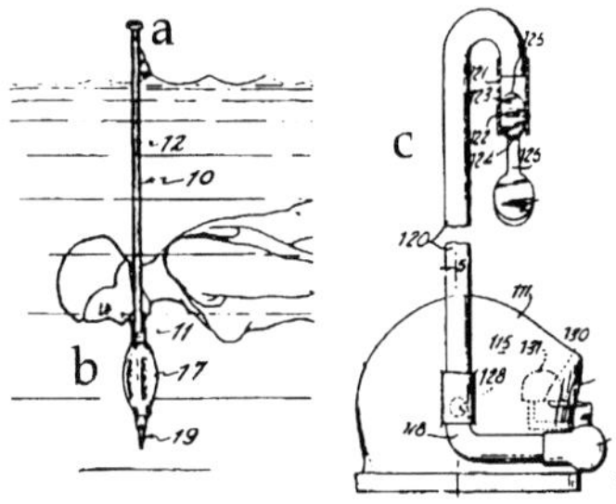

Ein „Atmungsgerät für Schwimmende mit wenigstens einem aufrecht stehenden Rohr", patentiert von Barney B. Girden am 9. November 1957 (Deutschland 1.140.116). Funktion: (a) ein aufrechtstehendes Rohr, dessen unteres Ende in ein Mundstück mit einer ausdehnbaren Kammer als Puffersack (b) zur Ausatmung bei geschlossener Ventilstellung oder in einer Maske (c) mit Mundstück ausläuft.

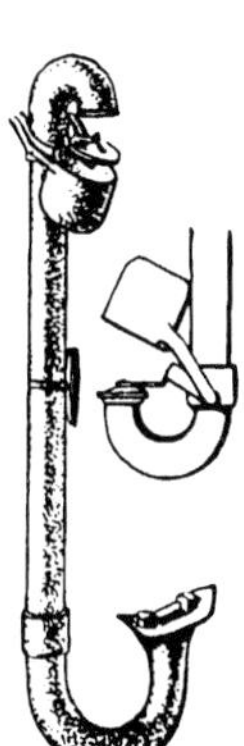

***Links:** Modell „Caraibi" von Cressi, Italien, 1956. Ein oben angebrachter Schwimmer soll das Eindringen von Wasser in den Schnorchel verhindern.*

***Rechts:** Randulf Storm aus Oslo, 14. April 1960, vereint Maske und Schnorchel. Der obere Schnorchelschlauch (a) ist mit einem Mundstück (b) durch eine um die Sichtscheibe verlaufenden Kanal (c) verbunden. Der Kanal ist so ausgebildet, dass er keine ungünstigen Verengungen aufweist (Deutschland 1.120.954).*

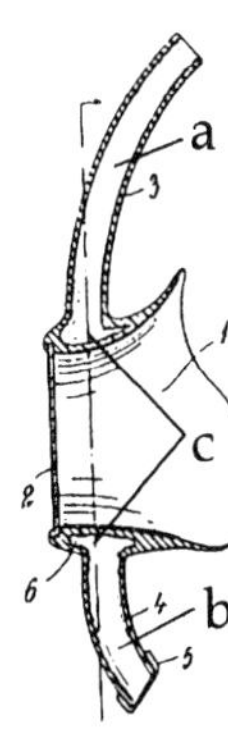

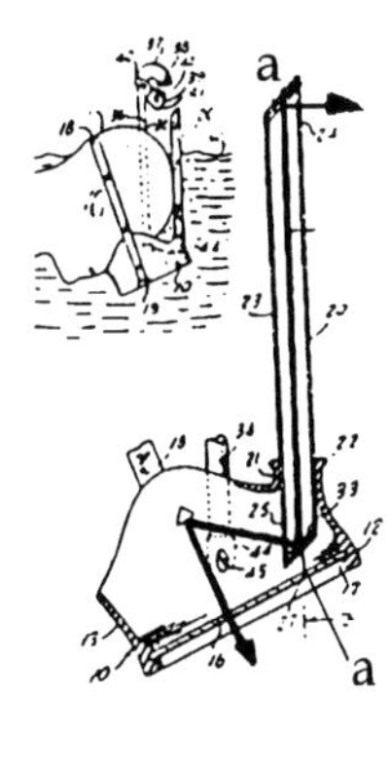

In seinem Patent vom 9. November 1957 stellt Barney B. Girden aus New York auch eine Maske vor, deren über die Wasseroberfläche ragendes Periskop über zwei Spiegel (a) Beobachtungen auch nach oben ermöglichen soll (Deutschland 1.099.919)

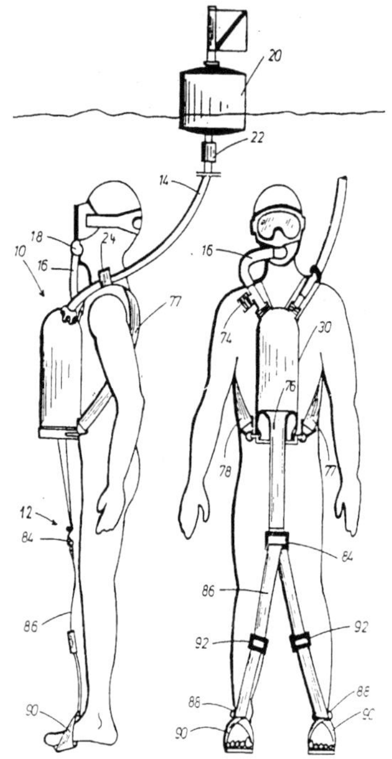

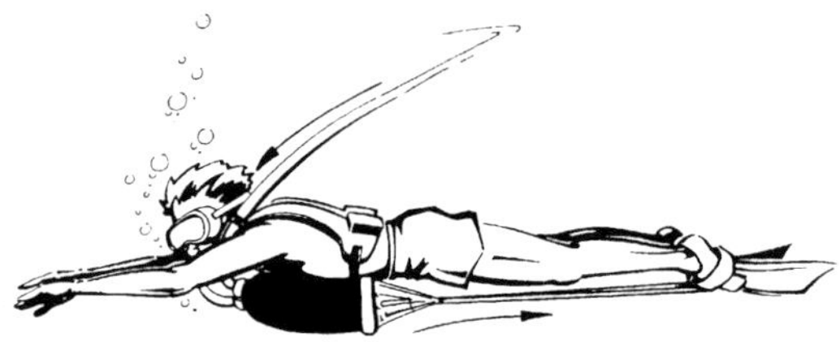

Beine strecken. Frische Luft wird von der Wasseroberfläche angesaugt. Verbrauchte Luft wird gleichzeitig über ein Ventil ins Wasser ausgeatmet.

Beinanziehen. Frische Luft kann mühelos aus der Flasche eingeatmet werden.

Der „DIVEMAN" von Jörg Tragatschnig aus Zell am See ist eine einfache Konstruktion und stellt eines der wenigen funktionsfähigen Rohratemgeräte für Wassertiefen bis zu 6 Metern dar. Es wurde 1992 patentiert (Deutschland 3.721.429, USA 5.092.327).
Der Apparat weist eine mit dem Körper des Tauchers verbundene, durch Muskelkraft zu betätigende Luftpumpe auf, mit deren Hilfe die Luft von der Atmosphäre über ein Rückschlagventil angesaugt, verdichtet und über ein weiteres Rückschlagventil einem Mundstück zugeführt wird. Das Ausatmen erfolgt über ein gesondertes Ausatemventil.
Der Schlauch wird mit einer Boje an der Oberfläche gehalten. Durch Schwimmbewegungen des Tauchers wird ein Unterdruck erzeugt, und Luft von der Oberfläche durch den 6 Meter langen Schlauch in den vor der Brust des Tauchers getragenen Tank gesaugt. Dort befindet sich eine flexible Membranpumpe, die durch Gurte mit den Flossen des Tauchers verbunden ist. Beim Anziehen der Beine werden werden die Gurte entlastet und der Wasserdruck kann auf die Membrane wirken. Sofort wird die Luft dem Umgebungsdruck angeglichen. Ein Ventil öffnet sich und leitet die komprimierte Luft über einen Atemschlauch zum Mundstück des Tauchers. (Mit freundlicher Genehmigung der Fa. Klaus Bachmann, Köln)

wirklich vollkommen unter der Wasseroberfläche verbergen konnten. Ein spezielles Komitee wurde gebildet, das die verschiedensten Entwürfe für Tauchgeräte, die nun aus allen Ecken des spanischen Imperiums eingesandt wurden, sammelte und sichtete. Alle Ideen wurden genauestens geprüft, keine war verrückt genug, um als nicht durchführbar gehalten zu werden.

Einige der eingereichten Erfindungen waren allerdings tatsächlich nicht uninteressant, darunter vor allem die drei Entwürfe des Flamen Florencio Valangren. Einer seiner originellen Entwürfe bestand aus einem Atemrohr, das an dem unteren Punkt der Biegung ein Ausatemventil für die verbrauchte Luft hatte. Der zweite Entwurf hatte ebenfalls ein Rohr, an dessen oberen Ende über der Wasseroberfläche ein Blasebalg angebracht war. Diese Darstellung zeigt die erste bekannte Vorrichtung, um Luft von oben zum Taucher hinunterzupumpen, und zwar noch 60 Jahre vor Denis Papin, der allgemein als eigentlicher Begründer dieser Idee angesehen wird. Die Konstruktion von Valangren kann durchaus in seichtem Wasser funktioniert haben, größere Tiefen bewältigte der primitive Blasebalg wohl kaum. Aus dem Schreiben von Valangren geht hervor, daß solche Vorrichtungen in Flandern und Holland in Gebrauch wären, und zwar vor allem für Reparaturen an Schiffsböden.

Der dritte Entwurf von Valangren stellt schließlich schon eher ein, wenn auch sehr simples, Tauchgerät dar. Es besteht aus einer großen Hülle aus Tierhaut, die mit Blasebälgen aufgepumpt und an Gewichten auf den Meeresgrund abgesenkt wurde. In einer zweiten Version konnte der Taucher diese Hülle wie einen Gürtel rund um seinen Körper befestigen. An der Hülle war ein Rohr mit Mundstück angebracht, das der Taucher durch ein Ventil öffnen konnte, wenn er unter Wasser schwamm und Luft aus der Hülle schöpfen wollte. Valangren berichtet, daß solche Vorrichtungen ebenfalls bereits in Gebrauch waren, und es gibt eigentlich keinen Grund, ihm nicht zu glauben. Die Luft in der Hülle steht unter Umgebungsdruck und konnte vom Taucher geatmet werden. Ein entsprechend trainierter Taucher konnten mit großen Luftbälgen durchaus einige Minuten unter der Wasseroberfläche bleiben. Dieser letztgenannte Entwurf stellt einen echten Vorläufer zu unseren heutigen autonomen Tauchgeräten mit offenem Kreislauf dar, eine Idee, die erst wieder viele Jahrzehnte später aufgegriffen werden sollte.

Aus den Rohratemgeräten entstand unser heutiger Schnorchel, der gemeinsam mit Masken und Flossen die Grundausrüstung der Schwimmtaucher bildet.[50] Nun ging es darum, autonom vom Luftsauerstoff der Oberfläche zu werden - und dies war auch kein einfacher Weg.

Die Taucherglocke

Bereits in der Antike hatten sich Gelehrte in starkem Maße der Natur zugewandt. Sie machten eigene Beobachtungen und Experimente, erhielten dadurch wichtige Einblicke in das Naturgeschehen und leiteten Erkenntnisse daraus für die Lösung ihrer Probleme ab. Besonders ihr größter Denker Aristoteles (384-322 v.Chr.) hat sich um die Entwicklung der Naturwissenschaften große Verdienste erworben. Er gilt mit Recht als Begründer der Zoologie, denn er sammelte nicht nur zum ersten Mal die damals bekannten biologischen Tatsachen, sondern erweiterte sie durch eigene Beobachtungen zu einem wissenschaftlichen System.

Das in seinen zoologischen Schriften enthaltene umfangreiche Beobachtungsmaterial, vor allem die daraus abgeleiteten Schlüsse, können uns teilweise heute noch in Erstaunen versetzen. Aristoteles beschrieb so genau das Verhalten einzelner Fischarten, daß man glaubt, er wäre selbst ein Taucher gewesen. Er erkannte auch als erster, daß Schwämme keine Pflanzen, sondern Tiere sind - ein Fakt, der von Zoologen noch im 18. Jahrhundert angezweifelt wurde. Aristoteles gilt auch als Verfasser der *Mechanischen Probleme* bzw. *Problemata.* Dieses Werk bildet gleichzeitig den ältesten Beleg über die Verwendung von Tauchgeräten.

Als Aristoteles um 350 v.Chr. dieses Werk schrieb, das im Mittelalter große Bedeutung besaß, war er mit Sicherheit auf die Hilfe von Tauchern angewiesen. Alexander der Große, dessen Lehrer Aristoteles war, ließ sie Pflanzen und Tiere vom Meeresgrund heraufholen, und Aristoteles untersuchte und beschrieb sie. Er sollte für Alexander ein umfassendes Buch über die Tierwelt schreiben. Ebenso wie bei Aristoteles bildete die Arbeit der Taucher die Grundlage für die Kenntnisse, die Theophrast über die Meerespflanzen sammelte.

Aristoteles spricht in einer schwer übersetzbaren Stelle im Buch 32 seiner *Mechanischen Probleme* von dem *lebeta*, dem Kessel, den der Taucher mitnimmt: „Um jene, welche Schwämme fischen, mit Luft zu versorgen, läßt man Gefäße ins Wasser hinab, deren Öffnung nach unten gerichtet ist, so daß die Luft nicht entweichen kann. Sie sinken langsam auf den Grund, man achtet dabei, daß sie senkrecht bleiben. Bei der geringsten Schwankung dringt Wasser hinein, und sie stürzen um".

Es ist nicht bekannt, welcher Mensch als erster die Idee hatte, einen Topf mit der Öffnung nach unten ins Wasser zu drücken, um dann überrascht festzustellen, daß die Luft im Topf etwas zusammengepreßt wurde und kaum Wasser in die Öffnung eindrang. Taucht man ihn tiefer ein, so füllt sich durch den zunehmenden Wasserdruck ein immer größerer Teil mit Wasser - die Luft wird komprimiert. Erst 1630 fand der Franzose René Descartes (1596-1650) die physikalische Gesetzmäßigkeit, nach der die in unten geöffneten Hohlkörpern eingeschlossene Luft als hochelastisches Medium im direkten Verhältnis zur Absenktiefe unter Wasser komprimiert wird.

Ein Vorbild für diesen frühen Vorläufer der Taucherglocke scheinen ihre Erfinder bei den Beobachtungen der luftgefüllten Netze der Wasserspinne *Argyroneta aquatica* gefunden zu haben. Unter Wasser schafft sie sich einen Luftvorrat, indem sie zwischen den Wasserpflanzen ein dichtes Gewebe spinnt, das unten offen ist. Diesen glockenähnlichen Hohlraum füllt sie mit Luft und besitzt nun ein Wohn- und Schlafzimmer, das sie auch zur Eiablage benutzt. Die Natur hat manches vorweggenommen, was der Mensch erst mühsam ausfindig machen mußte. Neben dem Schnorchel als Atemgerät (wie Elefanten) oder der Taucherglocke gibt es diesbezüglich noch eine ganze Reihe weiterer Beispiele.

Der von Aristoteles beschriebene Kessel war ebenfalls unten offen, und der Taucher mußte dafür sorgen, daß er nicht mit dem Kesselrand in eine schiefe Lage kam, weil sonst die Luft entwich. Der Taucher mußte diesen Kessel mit Seilen oder Ketten an einen Stein binden, so daß er in Manneshöhe über dem Meeresboden schwebte. Ein unter Zug stehendes Seil, das den Kessel mit der Oberfläche verband, sorgte dafür, daß er immer senkrecht stand und nicht auf den Meeresboden sank. So konnte der Taucher im Bedarfsfalle aus dem Kessel neue Luft schöpfen, im übrigen arbeitete er frei auf dem Meeresboden. Diese Prozedur konnte nun so oft wiederholt werden, bis die Luft in der Glocke verbraucht war. Durch das Seil wurde dann der Apparat samt des Steins während der Arbeit des Tauchers über Wasser gezogen, oben mit frischer Luft gefüllt und wieder abgesenkt.

Es kann sich bei dieser einfachen Taucherglocke, die Aristoteles beschreibt, allerdings nicht um eine Holzkonstruktion, sondern nur um eines der damals benutzten riesigen Tongefäße für Getreide und Flüssigkeiten gehandelt haben. So war auch das berühmte Faß des Diogenes nicht aus Holz sondern aus Ton. Diese Tongefäße hießen *Pithoi* oder *Dolium*, waren bis zu 2 Meter hoch und 1 Meter weit und dienten häufig auch als Särge. Ein solches Tongefäß konnte durchaus einen Taucher beherbergen. Das aus einzelnen Brettern zusammengefügte und von Stahlreifen zusammengehaltene Holzfaß war den Griechen vollkommen unbekannt. Es ist eine Erfindung, die die Römer von den Kelten um 77 n.Chr. kennenlernten.

Taucherglocken entwickelten sich also aus einfachen Tauchertonnen aus Ton - größere Weingefäße, bei denen man den ehemals nur für den Oberkörper des Tauchers berechneten Kessel so vergrößerte, daß ein oder mehrere Taucher unter die Glocke gehen konnten.

Wie sehr man sich damals bereits mit dem Leben unter Wasser beschäftigte, beweist eine Geschichte, die Aristoteles von Alexander dem Großen (356-323 v.Chr.) berichtet. Die Alexandersage, vermutlich aus orientalischen Quellen am Ausgang des 3. Jahrhunderts entstanden, stellt das Leben Alexanders des Großen sehr frei dar und schmückt es bunt und heldisch aus. Wie die Sage erzählt, beschloß er um 325 v.Chr. zu erkunden, wie die Tiefen der Meere beschaffen seien. Alexander ließ sich eine entsprechende Vorrichtung bauen - Heraklit tauft das Gefährt *skapheandros* (Boot-Mensch) -, fuhr mit einem Schiff aufs Meer hinaus und ließ sich in der Ägäis hinabsenken. Als Alexander auf dem Meeresgrund verweilte, soll er wunderbare Dinge gesehen haben, die ihn tief beeindruckten. Im Mittelalter finden sich diese Tauchfahrten des Königs in Wort, Relief und Bild häufig wieder, teilweise auch mit widersprüchlichen Angaben.

Der Tauchversuch des Königs ist oft angezweifelt worden, und natürlich wurde vieles hinzugedichtet und stark übertrieben. Es handelte sich bei seinem Tauchapparat wahrscheinlich nicht um eine Taucherglocke als vielmehr um eine allseits geschlossene Tauchkammer.[51] Sie zählt nicht zu den Taucherglocken, da der Mensch in ihr unter atmosphärischem Druck arbeitet. Aus der Tauchkammer entwickelte sich in späteren Jahren die Ein-Mann-Beobachtungskammer, in einem weiteren Schritt Tiefseetauchkugel, Panzertauchergerät und das Unterseeboot.

Im Altertum hat es nachweislich nicht an Versuchen gefehlt, mit technischen Hilfsmitteln den Meeresboden zu erreichen, und dabei ist besonders mit Taucherglocken Beachtliches geleistet worden. Philon aus Byzanz berichtet beispielsweise, daß man im Jahre 210 v.Chr. den Silberschatz eines gesunkenen Schiffes aus 32 Meter Tiefe mit Hilfe einer Taucherglocke heraufgeholt habe. Plutarch, Herodot, Lucanus und Livius beschreiben ähnliche Unternehmungen. Aus dem Bericht des Titus Livius geht hervor, daß zur Zeit, als Perseus König von Makedonien war (169 v.Chr.), Taucher zahlreiche Schätze aus dem Meer fischten. Die Bewohner der Insel Rhodos erließen ein Gesetz, um festzulegen, welcher Prozentsatz des Gesamtwertes der Schätze dem Taucher zustand. Je tiefer sich die kostbaren Gegenstände befanden, desto höher war dieser Anteil: Bei Bergung aus 1 Meter Tiefe behielten sie ein Zehntel der Güter, bei 4 Meter ein Drittel und bei 8 Meter Tiefe die Hälfte. Nach dem Untergang des Römischen Reiches wurden aber derartige Zeugnisse nach und nach seltener.

Von der Erfindung der Taucherglocke an stand die Tauchtechnik bis zum 14. Jahrhundert weitestgehend still. In dieser Zeit begann der Schiffsbau große Fortschritte zu machen. Zwischen 1100 und 1300 verbesserten technische Neuerungen die Kunst des Seefahrens enorm. So erlaubten zum Beispiel die Erfindung des Steuerrades und der Bau von neuen Segelschiffen Matrosen des Mittelmeeres, fast bei 45 Grad gegen den Wind zu segeln. Die Kogge wurde eingeführt, in großer Zahl gebaut, und revolutionierte den Seeverkehr. Diese Errungenschaften führten auch dazu, daß in diesen beiden Jahrhunderten der Handel einen Aufschwung erlebte und zu Wasser nicht nur in der warmen Jahreszeit, sondern das ganze Jahr über möglich war. Die Eroberung der Meerenge von Gibraltar durch das christliche Heer im Jahr 1291, die sich bis dahin in arabischer Hand befand, war ein Meilenstein und ermöglichte die Seefahrt über den Ozean und damit auch den Austausch mit dem Norden Europas über das Meer.

Mit dieser Taucherglocke von Guglielmo de Lorena soll Francesco de Marchi 1535 eine Tiefe von über 20 Metern erreicht haben. Die Glocke von Lorena markiert eine wichtige Vorstufe zum offenen Taucherhelm, denn erstmals wurde hier die normalerweise stationäre Glokke etwas mobiler. (Zeichnung: Malfatti, V.: Le navi romane del Lago die Nemi.Rom, 1905)

Damit stieg aber auch sprunghaft die Quote der Schiffsverluste, und die Bergung erforderte häufig Taucheinsätze. Diese Taucher brauchten natürlich für ihre schwere Arbeit Hilfsmittel und Geräte, und so kam die Entwicklung auf dem Gebiet der Tauchtechnik wieder in Gang. Die Taucherglocke erlebte eine Wiederauferstehung und wurden weiterentwikkelt.

1535 ließ Francesco de Marchi mittels einer 1531 von Guglielmo di Lorena konstruierten Taucherglocke nach den im Jahr 39 n.Chr. versunkenen römischen Schiffen des Kaisers Caligula in 22 Meter Tiefe im Nemisee bei Rom tauchen,[52] die Schätze an Bord gehabt haben sollten. De Marchi berichtet über diese Taucheinsätze in seinem 1599 veröffentlichten Buch *Architectura militare*. Die Abbildung gibt diese Taucherglocke[53] wieder. Die anscheinend hölzerne, mit Eisenreifen umgebene und unten wohl mit einem dicken Bleikranz versehene Taucherglocke hing an Ketten. In ihrem Dekkel waren zwei Eisenstangen angebracht, die unten große Schlaufen hatten, so daß sich der Taucher hineinhängen konnte. Die Glocke reichte ihm dann bis über den Gürtel, damit die Hände zum Arbeiten und die Füße zum Gehen frei waren. Vor dem Gesicht hatte der Taucher in der Glockenwandung ein Fenster. Die angegebene Tauchdauer von einer Stunde war sicher nicht richtig, dafür ist das Volumen in der Glocke zu klein.

Die kleine, tragbare Taucherglocke von Lorena hat in ihrem Grundprinzip bereits sehr viele Gemeinsamkeiten mit dem rund 200 Jahre später von Edmund Halley erfundenen offenen Taucherhelm. Sie ist ein direkter Vorläufer von diesem Helm, hatte allerdings noch keine Frischluftzufuhr und ermöglichte deshalb nur eine eng begrenzte Einsatzdauer. Die später entwickelten offenen Helme wurden ebenfalls auf der Schulter getragen und mit Gewichten oder Riemen fixiert.

Seit dem 16. Jahrhundert verbreitete sich das Wissen um die Nützlichkeit der Taucherglocke über ganz Europa. In England beschrieb Sir Francis Bacon (1561-1616) ihre Funktion so: „Wenn es darauf ankommt, Menschen auf den Grund eines Flusses, eines Sees oder dem Meeres zu senken, ohne daß sie das Wasser berühren, und umgeben von Luft, dann leistet die Taucherglocke, ein Gefährt das manchmal für Arbeiten an Schiffswracks eingesetzt wird, gute Dienste."

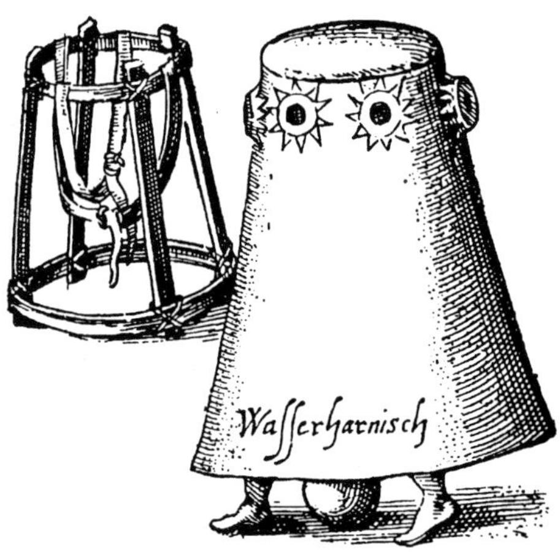

Der Wetzlaer Maler Franz Keßler erbaute 1616 diese als „Wasserharnisch" bezeichnete, tragbare Taucherglocke. Es handelte sich dabei um ein mit Leder überzogenes, hölzernes Grundgerüst, an dem unten als Pendel eine schwere Bleikugel hing, um die Glocke immer in der Senkrechten zu halten. Durch die Kugel wird die Fortbewegung nicht einfach gewesen sein. (Zeichnung: Kessler, Franz: Geheime Künste. Oppenheim, 1616)

Auch in Deutschland verbreitete sich dieses Prinzip: Der Wetzlarer Maler Franz Keßler beschrieb 1616 den bemerkenswerten „Wasserharnisch" für einen Mann.[54] Auf der Abbildung sieht man, daß die Glocke aus einem hölzernen Gestell besteht, das mit Leder überzogen wird. An dem Gestell hängt ein Riemenwerk, das dem Taucher zwischen den Beinen hindurchgeht. Oben trägt die Glocke ringsum Beobachtungsfenster. Unten hängt an dem Riemenwerk ein schweres, kugelförmiges Gewicht zum Ausgleich des Auftriebs. Der Wasserharnisch von Keßler kann man ebenfalls als Vorläufer unserer heutigen Helmtaucheranzüge ansehen, denn es war eine Zwischenstufe. Allerdings ist anders als bei de Marchi nicht bekannt, ob der Anzug wirklich einmal eingesetzt wurde. Eine Vorwärtsbewegung auf dem Meeresgrund wird durch die Kugel sehr mühsam gewesen sein, wenn überhaupt unmöglich. Die Taucherglocken von Gaspard Schott[55] sind Nachahmungen der Glocke von Keßler.

Ab dem 17. Jahrhundert gibt es eine Vielzahl Einsätze von Taucherglocken, vor allem, um Wracks oder anderes versunkene Gut zu heben. Der schwedische Oberst Hans Albrecht von Treileben und der deutsche Bergungsexperte Peckell bedienten sich 1663 beispielsweise vielerlei Hebezeug und einer Taucherglokke, um dem im Stockholmer Hafen in 32 Meter liegenden Wrack der *Vasa,* des schwedischen Flaggschiffs Gustav II. Adolf, zu Leibe zu rücken. Nach überlieferten Zeitdokumenten verkauften sie rund 50 der geborgenen Kanonen an das Ausland. Der italienische Priester Francesco Negri berichtet im Jahre 1700 ausführlich von diesen Bergungsarbeiten. Ebenfalls recht erfolgreich wird die Taucherglocke im Jahr 1665 zur Hebung von Geschützen der im Jahr 1588 gesunkenen spanischen Armada bei Mull (Schottland) angewandt.

Trotz aller Erfolge mit ihr hatte die Taucherglocke bis dahin aber noch unübersehbare Nachteile: Sie war schwer und unhandlich, war ortsgebunden und ließ außerdem dem Taucher nur einen sehr begrenzten Aktionsradius, weil er bestenfalls mit Werkzeugen hantieren konnte, die an langen Stangen befestigt waren. Außerdem war die Luftblase in der Glokke, abhängig von ihrer Größe und der Zahl ihrer Insassen, schon bald nicht mehr atembar. Der Sauerstoff war verbraucht und die Luft mit Kohlendioxid angereichert, wodurch viele Taucher das Bewußtsein verloren, erstickten oder ertranken. Vor dem 18. Jahrhundert aber waren die Ursachen nicht bekannt. Man wußte zwar, das „Luft schlecht werden kann“, aber die wahren Verhältnisse blieben verborgen.

So war es nur folgerichtig, daß schon gegen Ende des 17. Jahrhunderts Versuche gemacht wurden, die Luft in der Taucherglocke frisch zu halten. 1685 baute der Deutsche Johann Christoph Sturm aus Nürnberg eine Taucherglocke aus Holz. An ihr waren großen Flaschen oder Fässer angebracht, die Luft enthielten und durch einen Schlauch mit der Glocke in Verbindung standen. Es konnte frische Luft eingelassen werden, die sich mit der verbrauchten Luft vermischte, so daß der Taucher bis zu zwei Stunden unter der Glocke verweilen konnte.

1689 schlug der französische Arzt und Naturforscher Denis Papin (1647-1712), der auch als erster die Nutzbarmachung der Dampfkraft durch eine Maschine mit Kolben und Zylinder anregte, in einem kleinen Werk mit dem Titel *Methode, die Flamme unter Wasser zu erhalten, erfunden von Herrn Denis Papin, Mathematiklehrer in Marburg* eine bedeutende Verbesserung vor. Man müßte mit großen Lederblasebälgen und einem Schlauch Druckluft von der Wasseroberfläche aus in die Glocke blasen: „Falls die Lederblasebälge nicht stark genug sind, um den Apparat so zu drücken, wie es bei großer Tiefe notwendig wäre könnte man diese Schwierigkeit beheben, indem man Pumpen benutzt, um die Luft zu pressen.“ So würde die Luft ständig erneuert, das Wasserniveau würde sinken und die Arbeiter könnten lange arbeiten, ohne wie früher dauernd im Wasser zu stehen, was sie besser vor der Kälte schützen würde.

Als Kalvinist führte Denis Papin in England, Italien und Deutschland ein Leben im Exil. In London führte ihn Robert Boyle in die Royal Society ein und sie arbeiteten gemeinsam an Experimenten über die Beschaffenheit der Luft. Zu diesem Zweck informierte sich Papin natürlich auch über die Versuche mit Tauchbooten von Cornelius Drebbel. 1687 bot der Landgraf Karl von Hessen Papin einen Lehrstuhl für Mathematik in Marburg an, und dort beschäftigte er sich sehr eingehend mit Tauchmaschinen. In Hessen wurde der äußert vielseitige, aber unruhig veranlagte Mann nicht heimisch. 1707 trieb es ihn wieder nach London. Es ging ihm mit seiner Familie bald recht schlecht, völlig verarmt starb er 1712.

Denis Papin soll, wenn man einigen Berichten Glauben schenkt, zwar 1692 in einem mit einem Luftschlauch versehenen Apparat mehrere Male unter den Spiegel der Fulda getaucht sein, wobei er zum schnelleren Wechsel der Luft eine mechanische Pumpe verwendete, allerdings konnte er seine Idee mit der Luftzufuhr zunächst nicht verbreiten. Mit seiner Idee erreichte er aber nicht nur eine grundlegende Verbesserung der Taucherglocke selbst; sein Prinzip ermöglichte vielmehr auch die Schaffung und Verwendung aller von der Taucherglocke abhängigen Tauchgeräte. Mit der Erkenntnis, der Taucherglocke die Luft unter Druck von der Wasseroberfläche her zuzuführen, begann ein neues Zeitalter in der Tauchtechnik, denn bis zur Entwicklung des Helmtauchergerätes war es jetzt nur noch ein kleiner Schritt, der auch bald folgen sollte.

Papins Gerät war bereits gut durchdacht und bildete die Ausgangsbasis für die Luftzufuhr von Taucherglocken und später der Helmtauchergeräte. Den Grundstein dazu hatte der deutsche Physiker Otto von Guerike gelegt, der 1645 die erste brauchbare Luftpumpe baute. Erstaunlicherweise wurde erst wieder rund 100 Jahre später von Charles Augustin Coulomb sowie von John Smeaton diese Idee der direkten Luftzufuhr aufgegriffen.

Edmund Halley, ein Zeitgenosse von Denis Papin, suchte ebenfalls nach einer Lösung der Luftauffrischung in Taucherglocken und löste das Problem auf einem indirekten Weg. Halley, englischer Professor der Geometrie in Oxford, seit 1721 königlicher Astronom und Direktor des Observatoriums in Greenwich, hatte mit seiner Taucherglocke, neben seinen vielen anderen Forschungen, auch in Bezug auf die Tauchtechnik einen großen Erfolg errungen. Er kritisierte die aktuellen Konstruktionen und schlug vor, den Hauptnachteil zu beseitigen, nämlich den durch die schnell verbrauchte Luft. Halley meldete am 7. Oktober 1691 ein Patent auf eine Taucherglocke an, die mit zwei luftgefüllten Fässern verbunden war. Sie wurden zusammen mit der Glocke hinuntergelassen. Durch ein verschließbares Loch strömte Wasser in die Fässer und drückte die Luft durch die Schläuche in das Innere der Taucherglocke. Die Taucher in ihr konnten also die Luft bei Bedarf durch einfaches Drehen an einem Verschlußventil einströmen lassen. Dadurch wurde frische Luft zugeführt und gleichzeitig das Luftvolumen in der Glokke vergrößert. Die Glocke war durch mehrere Seile mit einer Plattform verbunden, welche sie aufrecht hielt.

Das Prinzip der Lufterneuerung war genial einfach; Halley benutzte hier die Methode der kommunizieren Röhren. An einem Flaschenzug waren zwei Holzfässer befestigt, die oben geschlossen, unten aber offen waren. Ein Luftschlauch führte von den Fässern in das Innere der Taucherglocke. In der Glocke saß ein Mann, der die Ventile der beiden Schläuche in der Hand hielt und sie regulierte. Senkte man das Faß in die Tiefe, wurde die Luft in im komprimiert. Befand sich das Faß schließlich etwas tiefer als die Glocke, wurde an dem Schlauchende, das ja in die Glocke führte, ein Ventil geöffnet, und die unter höherem Druck stehende Luft aus dem Holzfass strömte in die Glocke. Während das „leere" Faß wieder an die Oberfläche gezogen wurde, ging gleichzeitig ein frisches Faß hinunter auf den Meeresgrund. Dadurch konnte ein nahezu kontinuierlicher Frischluftzustrom hergestellt werden.

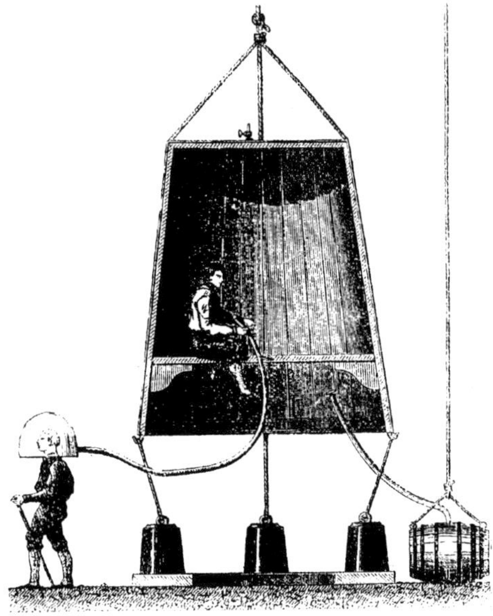

Die Glocke von Edmund Halley, 1716. Halley hatte eine Taucherglocke gebaut, aus der heraus mittels Luftschlauch und offenem Taucherhelm getaucht werden konnte; die Glocke war dabei die Operationsbasis. Auf dieser Darstellung aus dem Buch „Les Merveilles de la science" von Louis Figuier, Paris 1870, ist der Taucher mit einer kleinen Glasglocke dargestellt. Tatsächlich handelte es sich aber um einen Bleihelm mit Glasscheibe.

1716 ließ sich Halley zusammen mit drei anderen Personen in einer solchen Glocke 15 Meter tief auf den Grund der Themse absenken. Außerdem testete er seine Neuentwicklung im Meer und blieb mit fünf weiteren Personen mit ihr über eineinhalb Stunden in 18 Meter Tiefe auf dem Grund, ohne irgendwelche nachteiligen Folgen für sich und seine Leute festzustellen. Halley schreibt in seinem Artikel *The art of living under water*: „Ich bin selbst eine der fünf Personen gewesen, die bis zu 18 Meter getaucht sind; wir sind eineinhalb Stunden unten geblieben, ohne unpäßlich zu sein. Ich hätte auch länger bleiben können; die Glocke war so gut vom Wasser abgeschirmt, daß ich vollständig angezogen auf einer Bank im unteren Teil saß. Mittels der wiederkehrenden Fässer schickte ich oft Anweisungen hinauf, die ich mit einer eisernen Feder auf Bleiplättchen schrieb; ich gab an, wie wir uns gegebenenfalls von Ort zu Ort bewegen sollten."

Vor allem diese Unbeweglichkeit störte ihn noch bei seinen ersten Versuchen. Man saß in der Glocke fest, hatte ein sehr kleines Blickfeld und wenig Licht. Auch dies wollte Halley noch ändern. Um ein Arbeiten auch einige Meter außerhalb der

Glocke auf dem Meeresboden zu ermöglichen, konstruierte er eine kleinere, bewegliche Helmglocke, deren Schlauch in den größeren Tauchglockenbehälter hineinragte und dort von einem Gefährten gehalten wurde. Der Helm hatte Sichtfenster und der zur Hauptglocke führende Schlauch versorgte den Taucher mit Frischluft. Der Luftduck in der größeren Glocke sollte so nach dem gleichen Prinzip wie mit den Fässern auch das Atmen unter dem Helm ermöglichen.

Dieser offene Taucherhelm war allerdings nicht sehr praktikabel: Das Problem bestand darin, den Kopf absolut gerade und oberhalb des Glockenwasserspiegels zu halten, man mußte also auf einen vollkommen flachen Boden ohne Senken tauchen. Auf diese Weise konnte aber der Taucher zumindest in einem begrenzten Radius auf dem Meeresgrund herumwandern. Dies war eine Sternstunde in der Geschichte der menschlichen Tauchtechnik: Der erste, brauchbare Taucheranzug war praktisch erprobt worden. Gleichzeitig war dies der Beginn der oberflächenversorgten Tauchtechnik, denn die tragbare Glocke war eine Vorstufe für die Helmtaucher.

Martin Triewald, Architekt des schwedischen Königs, entwickelte 1728, kurze Zeit nach Halley, eine weitere erwähnenswerte Taucherglocke, die allerdings wesentlich kleiner war. Sie bestand aus verzinntem Kupfer und war für einen einzigen Taucher konstruiert. Am Glockenrand hingen Gewichte, die den Apparat bei Seegang und Strömung stabilisieren sollten. Die ringförmige Plattform, auf welcher der Taucher stehen konnte, war an drei Ketten aufgehängt. Weil sich aber in dem oberen Teil der Kugel, also um seinen Kopf, warme, „verbrauchte“ Atemluft ansammelte, befestigte Triewald an der Seitenwand ein spiralförmiges Rohr, das zu den tiefer gelegenen, „unverbrauchten“ Luftschichten führte. An diesem Rohr war ein beweglicher Lederschlauch mit einem Elfenbeinmundstück angebracht, aus dem der Taucher seine Luft saugen konnte. Gleichzeitig sollte die Atemluft durch das Rohr, das nahe der Wandung verlief, gekühlt werden. Unnötig zu erwähnen, daß diese Art der Regeneration nicht funktionieren konnte!

Von der Erfindung Papins bis zum ständigen Einsatz von Druckluftpumpen war es dann nur noch ein kleiner Schritt. Um die Mitte des 18. Jahrhunderts wurden zum ersten Mal mechanische Druckpumpen in Verbindung mit Taucherglokken eingesetzt. Erstmalig verwendete anscheinend 1779 der französische Physiker Charles Augustin Coulomb (1736-1806) bei Taucherarbeiten in der Seine mit seinem „bateau d'air“ Kolben-Luftpumpen. Erfinder eines verbesserten Systems war der englische Leuchtturmingenieur John Smeaton, der 1788 erstmals beim Bau der Hexhambrücke in London durch eine Luftpumpe dauernd frische Luft in die Taucherglocke pumpte, und damit auch zum Vorläufer der Caissons - so wurden die späteren Taucherschächte genannt - wurde. Ein Zwischenbehälter fing die Unregelmäßigkei-

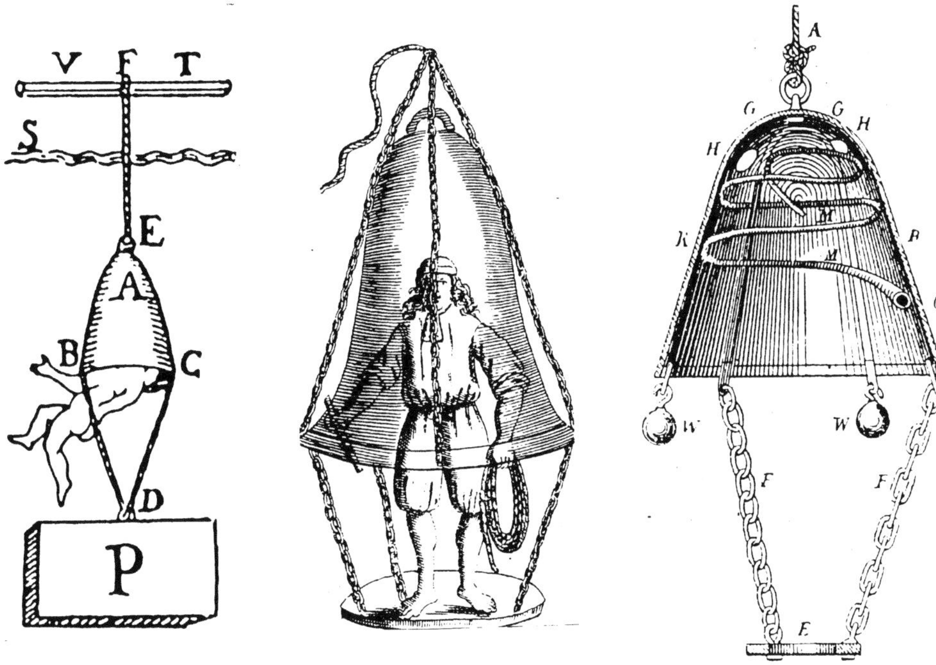

*Zunächst war eine Taucherglocke nichts anderes als ein umgestülptes, einfaches Gefäss (**Links**: Darstellung von Alphonse Borelli, 1679). Doch schon recht bald wurde sie vergrössert, und ein Taucher konnte stehend in ihr arbeiten. (**Mitte:** Glocke von Sturmuis, 1678). **Rechts:** Die Triewald-Taucherglocke mit Kühlschlage von 1728. (Zeichnungen: Stelzner, Hermann: Tauchertechnik. Lübeck, 1943)*

ten der Pumpe auf, ein Klappenventil verhinderte den Austritt der Luft aus der Glocke durch den Schlauch. Die Luft zirkulierte also ununterbrochen von der Oberfläche in die Glocke und entwich unten an den Rändern.

Damit schuf Smeaton den Prototyp der modernen Taucherglocke, die fortan ein unentbehrliches Arbeitsinstrument für Arbeiten unter Wasser wurde. Smeatons gußeiserne Glocke hatte, wie ihre modernen Nachkommen, keine Glockenform mehr; sie war rechteckig und hatte gerade Wände, was die Herstellungskosten wesentlich verringerte. Die Taucherglokke war damit auf dem besten Weg, eine geräumige Unterwasserwerkstatt für eine größere Anzahl von Arbeitern zu werden.

Die noch heute gebräuchliche, offene Taucherglocke wurde von B. Maillefert am 30. März 1858 patentiert und hat mit einer Einsatztiefe von bis zu 20 Metern ihren Entwicklungsendpunkt erreicht. Größere Tiefen zu erreichen würde zu weitergehenden Sicherheitsmaßnahmen an den Taucherglocken zwingen, die diese Geräte dann aber zu groß und unzweckmäßig machen würden. Die weitere Entwicklung führte deshalb in eine andere Richtung: Aus der großen, nur in vertikaler Richtung beweglichen Glocke wurden die Taucherschächte oder Senkkästen aus Stahl oder Stahlbeton, in denen unter Zufuhr von Druckluft mehrere Menschen auf dem Meeresgrund arbeiten konnten. Sie waren nach oben offen bzw. mit Schleusen versehen, damit die Arbeiter ein- und aussteigen konnten, ohne daß der Taucherschacht dafür hochgezogen werden mußte.

Der hydropneumatische Senkkasten, auch *Caisson* („Der Kasten") genannt, ist ein oftmals riesiger Stahlschacht, so groß, daß mehrere Arbeiter gleichzeitig darin arbeiten können. Er steht auf dem Grund, wo die Arbeiten stattfinden müssen, und es wird dauernd Luft hineingepumpt, um das Wasser herauszupressen, das immer wieder hineinsickern will. Die Benutzer arbeiten also im Trockenen. Diese Erfindung verdankt man dem französischen Ingenieur M. Triger, der sie ab 1841 in einem Kohlebergwerk unter dem Wasserspiegel der Loire testete und anschließend beim Bau der Brückenpfeiler über die Loire bei Chalonnes einsetzte. Ein derartiger Taucherschacht kam auch um 1850 durch die Franzosen Cavé und Mougel beim Bau eines Stauwehrs im Nil zur Anwendung. Sie geht auf eine Erfindung von John Williams zurück. Der nahm bereits am 24. März 1692 das englische Patent Nr. 308 auf einen Taucherschacht, „um 15 Faden oder mehr unter die Meeresfläche zu gelangen und dort 12 Stunden zu arbeiten", geriet allerdings in Vergessenheit.

Die heute benutzten Taucherschächte unterscheiden sich von ihren Vorläufern, den Taucherglocken, in erster Linie dadurch, daß sie durch Luftschleusen von der Wasseroberfläche her zugänglich sind. Sie können also jederzeit betreten oder verlassen werden, ohne daß man sie dazu hochzuwinden braucht, eine Vervollkommnung, die ihre ausgiebige Verwendung sehr erleichtert, weil dadurch ein ununterbrochener Arbeitsbetrieb mit wechselnder Mannschaft möglich wird.

Die Vorteile des Caissons gegenüber der Glocke sind klar: Die Arbeit wird unter den selben Bedingungen wie an der Oberfläche erledigt; es gibt keine aufwendigen Transporte mit der Glocke und anscheinend auch keinen zeitlichen Zwang mehr. Allerdings häufen sich bald die Unfälle mit ihm: 1862 starben in Lorient wenige Stunden nach Verlassen des Caisson zwei Arbeiter, ein Ingenieur blieb gelähmt. Auch an anderen Orten geschahen mehr oder minder ernsthafte Unfälle. Der Zusammenhang schien offensichtlich: es handelt sich um eine neue, durch diese Art von Arbeit verursachte Druckkrankheit. Man nannte sie „die Kastenkrankheit" bzw. Caissonkrankheit.

Der Erfinder des Caisson, Triger, ahnte bereits 1867 ihre Ursache. Er vermutete eine zu schnelle Druckentlastung der Arbeiter, und forderte eine siebenminütige Pause bei dem Ausstieg einzuhalten. Die wissenschaftliche Erklärung dieses Phänomens sollte aber erst zehn Jahre später durch die Arbeiten von Paul Bert über die Löslichkeit von Gasen im Blut gefunden werden.

Heute verwendet man die Taucherglokke für die verschiedensten Einsatzzwecke: Sie dient zum einen als Lift, um Taucher ohne Gefährdung durch Wellenschlag oder Oberflächenströmung gefahrlos an den Arbeitsplatz unter Wasser zu bringen, und zum anderen übernimmt sie eine Schutzfunktion am Meeresgrund: Bei unvorhergesehenen Ereignissen am Arbeitsort oder bei Ausfall der Versorgung zieht sich der Taucher umgehend in die Glocke zurück und wird anschließend zur Oberfläche geholt.Aus der Taucherglokke entwickelten sich später die Unterwasserhäuser.

Die Taucherglocke blieb 2.200 Jahre lang, vom 4. Jahrhundert v.Chr. bis zum Beginn des 19. Jahrhundert, das einzige, funktionsfähige Tauchgerät. Sie stellt den Ursprung dar, aus dem heraus sich alle weiteren Entwicklungen auf dem Gebiet der Tauchtechnik ableiteten. Aus ihnen entwickelten sich die Helmtauchergeräte ebenso wie Unterseeboote und Schwimmtauchausrüstungen. Die Taucherglocke schrumpfte zusammen, bis sie nur noch über den Kopf paßte - diese Entwicklungsstufe markiert der offene Taucherhelm. Der offene Taucherhelm wurde schließlich geschlossen, indem man dem Taucher einen elastischen Anzug anlegte: Dies war der Beginn unserer heutigen Helmtauchertechnik. Um den Helmtaucher autonom zu machen, verwandte man Hochdruckzylinder - und diese bildeten wiederum den Grundstein für das Schwimmtauchen.

In der Antike wurde einiges Elementarwissen und wichtige Grundlagen für unsere heutige Tauchtechnik geschaffen. Nach diesen durchaus beachtenswerten Errungenschaften geriet aber in den folgenden Jahrhunderten vieles von diesen Kenntnissen und Erfahrungen in Vergessenheit. Jahrhunderte hindurch hören wir kaum noch etwas über Taucher oder Versuche, den Meeresgrund zu erreichen. Dies hat seine Ursache vor allem darin, daß das naturwissenschaftliche Denken während des Mittelalters vollkommen in den Hintergrund trat - die Theologie war allgegenwärtig. Kultur und die Wissenschaft hatten ein einziges Zentrum, und das lag hinter den dicken Klostermauern. Und den Mönchen dort lag es weltfern, irgendwelche profane Forschungsarbeit zu leisten oder sich gar mit technischen Problemen abzugeben.

Im Laufe der Jahrhunderte geriet also sehr viel von dem in der Antike errungenen Wissensgut in Vergessenheit. Es folgte eine lange Phase der Stagnation, die bis ins späte Mittelalter hinein anhielt. Das Mittelalter selbst hat kaum nennenswerte Beiträge zum Wissen um die Tauchtechnik und der Unterwasserwelt geliefert. Die kluge Köpfe, welche es ganz sicher auch in dieser Zeit gab, behielten ihre Erkenntnisse und Gedanken für sich, um sich nicht der Gefahr auszusetzen, als Gotteslästerer oder Magier eingekerkert und auf dem Scheiterhaufen verbrannt zu werden.

Unabhängig von der großen Macht der Kirche, die sie in den düsteren Zeiten des Mittelalters über die Menschen hatte, tat sich aber auch aus einem anderen Grund nicht viel in Sachen Tauchtechnik: Eine tiefe Abneigung und Furcht vor dem nassen Element beherrschte den damaligen Menschen. Über die Lebewesen des Meeres wußte man nur sehr wenig. Lockend, geheimnisvoll und trotzdem zugleich abschreckend war der Meeresgrund. Gerade das Meer war für viele etwas zutiefst Geheimnisvolles. Von Fabelwesen aus dem Meer wird deshalb auch in fast jedem größeren Werk jener Zeit berichtet. Sie haben einen rein mythischen Ursprung, sind einfach erdichtet und Ausdruck des antiken Weltbildes.[56]

Viele Jahrhunderte bewahrte der Meeresboden seine Geheimnisse, und dem Menschen gelangen keine Fortschritte bei seiner Erforschung. Fernao de Magellan führte um 1520 zwar einige Versuche durch, um den Meeresboden zu sondieren, doch kein Mensch wagte sich damals in die Tiefen vor. Große Furcht als Folge von Unwissenheit verhinderte lange den Fortschritt: Wie mochte es in den Tiefen der Weltmeere aussehen? Sicher waren sie von riesigen Ungeheuern und seltsamen Lebewesen bevölkert. Abscheuliche, menschenfressende Ungeheuer, todbringende Strudel und verführerische Meernixen sollten Verdammnis über den Menschen bringen, der sich ihnen arglos ausliefert. Gewaltige Seeschlangen von über hundert MeterLänge und gigantische Tintenfische wollte man gesehen haben, die Handelsschiffe angriffen und mit in die Tiefe rissen. Holzschnitte wurden über diese „erschröcklichen Begebenheiten“ auf den Märkten verkauft, und die Menschen auf dem Festland waren froh, nicht diesen Gefahren ausgesetzt zu sein. Den modernen Menschen muten heute diese Ammenmärchen amüsant an.

Der schwedische Geograph und Bischof Olaus Magnus (1490-1557) gab 1555 in seiner *Historia de gentibus septentrionalibus*, erschienen in Rom, als einer der Ersten eine ausführliche Schilderung der gefürchteten Seeschlange. Neben diesen fürchterlichen Giganten sollten aber noch andere unheimliche Wesen in den geheimnisvollen Tiefen der Meere hausen. In einem Augsburger Naturbuch von 1580 werden einige aufgezählt. Sie werden als Meermänner, Seejungfrauen, Seewölfe und Drachenhunde bezeichnet. Einige davon hatten einen menschlichen Kopf und, falls es sich um weibliche Wesen handelte, den Oberkörper einer Frau. Bei vielen bestanden die unteren Extremitäten in einem einfachen oder doppelten Fischschwanz.

Allen unheimlichen Meeresbewohnern war den Berichten nach eines gemeinsam: sie lockten die Seeleute ins Wasser, um sie dann kläglich ertrinken zu lassen, sie verwirrten die Schiffer mit ihrem Aussehen und Gesang, um ihr Schiff dann auf einem Riff scheitern zu lassen. Die Menschen auf dem Lande wußten mit all dem nur wenig anzufangen, und selbst ein vielseitig gebildeter Mann wie Friedrich von Schiller läßt noch vor vergleichsweise wenigen Jahren seinen Taucher über das Meer sagen: „Darunter aber ist es gar fürchterlich und der Mensch versuche die Götter nicht!“

Daß es sich bei den sogenannten Meeresungeheuern um ein psychologisches und gesellschaftliches Phänomen handelte, steht außer Zweifel. Diese Fabelwesen entstanden gemeinsam mit den mythologischen Vorstellungen unserer Vorfahren, entfalteten ihre Blüte im abergläubischen Mittelalter und spukten sogar bis zum Beginn unseres Jahrhunderts in den Köpfen der Menschen. Noch 1892 hatte der Holländer Quademan in einem 592 Seiten umfassenden Buch mit viel Fleiß zahlreiche Beobachtungen von Meeresungeheuern zusammengetragen. Da er fest an die Existenz einer großen Seeschlange glaubte, wurden die Beobachtungen von ihm sehr einseitig gedeutet. Nach seiner Ansicht war die große Seeschlange „ein riesiger Flossenfüßler mit langen Nacken und langem Schwanz“. Er nannte die von ihm „entdeckte“ Seeschlange *Megophias megophias (Rafinesque)*. Diese Seeschlange wäre „neugeboren 6 Meter und erwachsen bis 80 Meter lang“. Die Paarung fände zwischen März und April, die Geburt im Juli und August statt. Die männliche Seeschlange trüge eine kräftige Mähne. Die Fortbewegung geschähe durch vertikale, wellenförmige Schwimmbewegungen...

Geradezu sensationell war eine Darstellung, die der berühmte französische Dichter Victor Hugo noch Mitte des 19. Jahrhunderts von einem „Seeungeheuer" gab - einem Kraken. Er schilderte, wie ein Riesenkrake „einen Menschen verspeist: Man dringt buchstäblich in das Tier ein; der Mensch verschmilzt mit der Hydra zu einer Einheit. Man wird eine Hydra. Der Tiger kann nur auffressen, der Teufelsfisch aber saugt einen buchstäblich ein. Er zieht dich zu sich, in sich hinein. Und gebunden und hilflos fühlt man sich in diesem fürchterlichen Sack aus Gallert, der das Ungeheuer selbst ist. Lebend verspeist zu werden, ist mehr als fürchterlich, aber lebend *getrunken* zu werden, ist unaussprechlich und unvorstellbar..." Wie wenig wußte man noch bis in die Neuzeit hinein von den Realitäten des Meeres! Die Tiefsee ist tatsächlich recht abenteuerlich - aber doch in einer ganz anderen Hinsicht, als die Dichter sie beschrieben haben.

Es waren also nicht nur technische Hürden, welche dem Menschen über die Jahrhunderte hinweg den Zutritt zum Meer verwehrten, sondern vor allem auch psychologische. Mit dem weiteren Fortschreiten der Erforschung der Meere verschwinden die phantastischen Fabelwesen allmählich aus der Vorstellungswelt der Menschen. Der Ozean bleibt jedoch reich an noch zu Entdeckendem; auch ohne Fabelwesen bleibt das Wunderbare des Meeres erhalten.

Das finstere, fortschrittsfeindliche Mittelalter mit seinen Religionsfanatikern, Kriegen, Hungersnöten und Pestepedemien verhinderte, daß größere Erfindungen auf dem Gebiet der Tauchtechnik stattfanden. Die wenigen Erfinder hatten Angst, ihre Ideen zu veröffentlichen, da man allzuschnell in den Verruf eines Hexers geriet - was sehr gefährliche Folgen haben konnte. Im Mittelalter zerbrachen sich deshalb die Erfinder in Europa viel lieber den Kopf darüber, wie sie die Ritterburgen des Umkreises eroberten, als darüber, wie sie Poseidons Reich öffnen konnten.

Im 15. Jahrhundert, in der Zeit der Renaissance, ereigneten sich zahlreiche politische, religiöse und wissenschaftliche Umwälzungen. Die Gelehrten waren wieder frei, alte Texte nachzuschlagen oder zu übersetzen, ohne falsche Vorwände vorschieben zu müssen. Die wissenschaftliche Beobachtungen machte Fortschritte, die Grenzen der bekannten Welt weiteten sich. In der Renaissance stürzte gleich eine ganze Lawine von Erfindungen und Neuheiten über die Menschheit. Dabei beschäftigten sich die Erfinder auch wieder intensiver mit dem Tauchen. Die Verlockung eines längeren Aufenthaltes unter Wasser faszinierte wieder Wissenschaftler, Ingenieure und auch zahlreiche Dilettanten, die mit phantasievollen, aber meist unbrauchbaren Konstruktionen aufwarteten. Viele ihrer Ideen waren zu phantastisch und unpraktisch, um verwirklicht zu werden. Auch waren die verfügbaren Werkstoffe und die Herstellungsmethoden dieser Zeit völlig unzulänglich für die praktische Durchführung. Vereinzelt stößt man jedoch auch auf gute Gedanken.

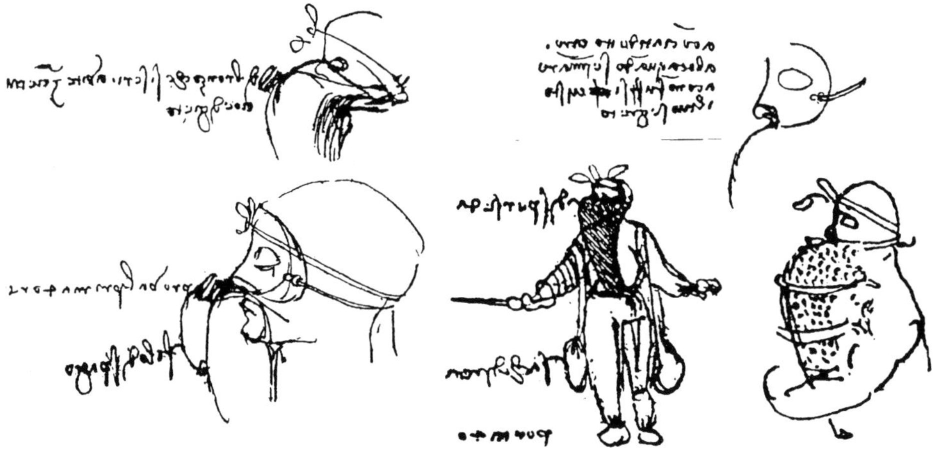

Wie die Skizzen von Leonardo da Vinci zeigen, versuchte er sich auch an der Konstruktion eines Tauchgerätes. Der Taucher hat dabei einen Atemsack vor der Brust geschnallt und atmet aus ihm. Leonardo verriet uns die genaue Funktion leider nicht. Aber wahrscheinlich handelte es sich um die Darstellung eines sogenannten Luftpuffersackes zum Angleichen des Luftdruckes an den Umgebungsdruck. Diese „Taucherweste" umschliesst gleich einem Panzer die Brust, reicht aber so hoch, daß auch der Mund innerhalb der Weste steckt. Leonardo schreibt dazu: „Dieser Balg, der den Alito (= die Atemluft) enthält, hat Ringe von Eisen, die ihn von der Brust getrennt halten". Man erkennt auf der Skizze, dass die geheimnisvolle Weste vor der Brust und oben um den Hals festgeschnürt ist. Deutlich sind ebenfalls die über die Schultern hängenden Seile mit zwei Kiessäcken zu sehen, die den Taucher zum Grund hinabziehen. Die vielen Versuche, eine genaue Detailskizze vom Anschluss des Atemsackes an den Mund und die Nase (Nase innerhalb des Sackes oder ausserhalb?) zeugen von der Schwierigkeit der Problematik. Denkbar ist es, dass der Taucher mit dem Mund aus dem Sack einatmete, und durch die Nase ins freie Wasser ausatmete.
(Zeichnungen: Feldhaus, Franz Maria: Leonardo. Jena, 1922)

An der Grenze zwischen Renaissance und Neuzeit hebt sich ein Universalgenie deutlich von allen anderen Zeitgenossen ab: Leonardo da Vinci, der große Maler und Bildhauer, war einer der bedeutendsten Techniker und Erfinder dieses Jahrtausends und mit seinen Konstruktionen von Geräten und Maschinen seiner Zeit weit voraus.[57] Geboren ist er 1452 als unehelicher Sohn des Bauernmädchens Caterina aus Anchiano bei Vinci am Monte Albano, gestorben am 2. Mai 1519 zu Amboise (Frankreich). Sein Vater, Piero da Vinci, war ein Jurist aus einer Familie, die fünf Generationen hindurch in Florenz als Notare ansässig waren. Der Großvater des Leonardo trieb in Vinci Weinbau und Landwirtschaft. Leonardo wurde vom Vater dem Großvater zur Erziehung übergeben, und so wuchs das Kind in ländlicher Umgebung auf. Da er bereits in früherer Jugend schon ein starkes zeichnerisches Talent zeigte, kam er zu einem Künstler in die Lehre, wo er Zeichnen, Malen, Modellieren, Erzgießen, Mosaikarbeit und Edelschmieden erlernte.

Leonardo hat neben Michelangelo, Raffael und Tizian die italienische Hochrenaissance begründet, und er ist als Künstler und Wissenschaftler selbst die Verkörperung der Universalität des Renaissancemenschen. Die Forderung nach der Einheit von Natur und Geist ist das schöpferische Grundgesetz seines gesamten Werkes. Tausende Blätter, mit unzähligen Malereien, Zeichnungen, Skizzen, Entwürfen, Abhandlungen, Berechnungen oder Notizen bedeckt, sind noch heute von ihm erhalten. Aber eine Vielzahl seiner Werke ging auch leider verloren, denn zu Lebzeiten ließ Leonardo von all seinen vielen Arbeiten nichts im Druck erscheinen. Seine Aufzeichnungen machte er entweder in kleine Notizbücher, in kladdenförmige Schreibhefte, oder auf einzelne Notizblätter ganz verschiedenen Formats. Zwischendurch finden sich Entwürfe zu Briefen, häusliche Notizen wie Einkaufslisten, Rätsel, Berechnungen oder naturwissenschaftliche Betrachtungen.

Seine schriftlichen Aufzeichnungen bergen große Schwierigkeiten. Daß er, wohl mit der linken Hand, aus Geheimhaltungsgründen in Spiegelschrift von rechts nach links gehend schrieb, stört dabei am wenigsten. Unüberbrückbar sind hingegen oft die Schwierigkeiten, die aus seiner willkürlichen Abkürzung, aus anscheinend regelloser Zusammenziehung mehrerer Wörter, aus beliebigem Auseinanderreißen einzelner Silben oder gar aus umgedrehten Wörtern sowie dem altitalienischen Dialekt entstehen. Vieles muß deshalb oft mehr erraten als entziffert werden. Dabei sind natürlich Interpretationsfehler unvermeidbar.

Leonardo beschäftigte sich mit nahezu allen seinerzeit bekannten Gebieten von Kunst, Wissenschaft und Technik und entwarf in seinem *Codex Atlanticus* Vorstudien für die Werkzeuge des modernen Tauchers: Flossen, Schnorchel und Auftriebshilfen sind darin ebenso zu finden wie Entwürfe von Tauchfahrzeugen, die dazu bestimmt waren, Schiffe unbemerkt anzugreifen, sowie Bohrwerkzeuge für Taucher. Wenn man seine Zeichnungen genau studiert, ist man erstaunt, wie weit Leonardo seiner Zeit voraus war und technische Dinge entwarf, die modernen Konstruktionen kaum nachstehen.

Der Codex enthält auch einige sehr interessante Skizzen einer „Taucherweste", die es dem Taucher ermöglichen soll, einige Stunden unbeobachtet unter Wasser verweilen zu können. „Dieses umschließt gleich einem Panzer den Rumpf, reicht aber so hoch, daß auch der Mund innerhalb der Weste steckt." Kernstück der Ausrüstung ist ein sogenannter „Alito" (italiensch „alito" = Atem). Über die Atmung seines Tauchers, der mit einem ledernen Taucheranzug ausgerüstet war, schrieb Leonardo: „Dieser Balg, der den Alito enthält, hat Ringe von Eisen, die ihn an der Brust getrennt halten." Man erkennt aus der Skizze, daß die Weste oben um den Hals festgeschnürt ist. Leonardo bemerkt weiter: „Mache dir besagten Balg am Munde zurecht, wenn du bereits auf dem Meer bist, damit dein Geheimnis nicht gesehen wird." Und an einer anderen Stelle heißt es: „Nicht zeigen, und du wirst allein ausgezeichnet sein! Nimm einen simplen Gehilfen und lasse die Weste im Hause nähen. Wenn du ein doppeltes undurchlässiges Gewand haben wirst, so wirst du, wenn du dies entleerst, bis auf den Grund des Meeres gehen, abwärts gezogen von Kiessäcken. Und wenn du dies Gewand aufblasen wirst, so wirst du nach oben auf das Wasser zurückkehren."

Zu erkennen ist auf seiner Skizze deutlich die Weste vor der Brust und dem Mund des in einem Taucheranzug steckenden Mannes. Erkennbar ist auch das über die Schulter hängende Seil mit zwei Sandsäcken. Da Leonardo ausdrücklich sagt, man soll die Taucherweste von Luft entleeren, ehe man in das Meer hinabsteigt, muß sie auf eine von ihm geheimgehaltene Weise unter dem Wasserspiegel mit Luft gefüllt worden sein. Auf der Zeichnung sieht man, daß der Taucher in der einen Hand ein Seil oder einen Schlauch hält. Ob der Taucher hierdurch von oben mit Druckluft versorgt wurde? Wir wissen es nicht. Auf verschiedenen Blättern des *Codex* sieht man einige Köpfe von Tauchern, die solche Atmungswesten tragen. Leonardo bemerkt dazu, man soll diesen Tauchapparat zunächst einmal für vier Stunden ausprobieren.

Die Funktion seines Tauchapparates verrät uns Leonardo nicht, weil er die kriegerische Natur des Menschen kennt. In *Framenti filosofici* schrieb er: „Wie, und wie nicht man unter dem Wasser bleiben kann, außer man vermag den Atem zurückzuhalten; wie viele vermittels eines Instrumentes unter dem Wasser bleiben; wie und warum ich hier meine eigene Methode, ebenso lange unter Wasser zu bleiben als nicht zu essen, nicht beschreibe; dieses veröffentliche ich nicht und mache es auch nicht bekannt, wegen der bösartigen Natur des Menschen, die dann auf dem Meeresgrund morden würden, indem sie die Schiffe von unten aufbrechen und sie zusammen mit den darin befindlichen Menschen untergehen ließen. Doch lehre ich gleichwohl andere Methoden, die völlig gefahrlos sind, denn an der Oberfläche des Wassers erscheint die Öffnung der Röhre, durch die sie atmen, und die auf Schläuche oder Schwimmkorken aufgelegt ist." Leonardo meinte hiermit den Schnorchel.

Ein anderes sehr interessantes System, das allerdings nie in der Praxis angewendet werden konnte, war der Tauchapparat des italienischen Arztes und Mathematikers Giovanni Alphonso Borelli (1608-1679). Im Jahre 1678 beschrieb er in seinem in Rom verfaßten Werk *De motu animalium* (Über die Bewegung der Tiere) diesen Apparat, dessen Hauptteil ein fester Helm für atmosphärische Luft sein sollte. Eine Handpumpe in Form eines Zylinders konnte Luft komprimieren, jedoch nicht zum Atmen, sondern zur Erhöhung des spezifischen Gewichtes des Tauchers, damit dieser beliebig aufsteigen und untersinken könne. Die Füße sind bereits mit einer Art Sandalen-Flossen versehen, welche direkte Vorläufer unserer heutigen Flossen darstellen. Es sollte

Bei der Konstruktion von Borelli ist der Taucher mit dem Anzug bekleidet, der aus Ziegenleder sorgfältig auf den Körper passend gearbeitet wurde. Seinen Kopf schützt ein Metallhelm mit Sichtfenster. Diese Konstruktion wird nicht funktioniert haben, sehr bemerkenswert sind aber die klauenähnlichen Fußflossen, die Borelli von den Fröschen abgeschaut hat.
(Zeichnung: Borelli, Alphonse: Die Bewegung der Tiere. Leipzig, 1927)

ein unabhängiges Tauchgerät sein, konnte jedoch ebensowenig seinen Zweck erfüllen wie die allermeisten anderen Tauchgeräte dieser Zeit. Dazu waren die nötigen physikalischen Kenntnisse noch nicht gegeben. Interessanterweise begegnet man auch in der Schrift von Johannes Salzmann[58] genau dem gleichen Tauchertyp.

Borelli beschreibt seine „Vorrichtung, welche dem Menschen stundenlanges Tauchen ermöglicht“, so: „Die Blase sei aus Kupfer oder Zinn hergestellt und 2 Fuß im Durchmesser groß. Der Kopf eines Mannes muß hineinpassen wie in einen Helm. Befestigt wird sie mit ihrer Mündung an den Schulterblättern, am Nacken und an der oberen Brust, und zwar durch einen eisernen Halsring, der dicht und fest mit Stricken umwunden wird, und der den Hals der Blase mit dem eng am Körper anliegenden Anzug verbindet. Dieser Anzug muß aus Ziegenhaut bestehen und wasserundurchlässig sein. Wenn der Mensch dann aufrecht im Wasser steht, kann er frei die in der Blase befindliche Luft atmen und stundenlang leben, wenn die Luft nach der im folgenden beschriebenen Methode erneuert wird: Mit Rücksicht auf die nun noch vorhandenen Schwierigkeiten muß man eine kupferne, gebogene Röhre herstellen und in ihrem herunterhängenden Mittelteil einen aus Leder gefertigten Beutel anbringen. Die beiden Enden der Röhre müssen in das Innere der Blase münden, das eine hinten am Rücken, das andere vorne, aber so, daß man die Luft hineinblasen kann. Diese Anordnung hat zwei Vorteile: Erstens wird die Luft, die in die Röhre hineingeblasen wird, auf dem langen Wege von dem außen befindlichen Wasser gekühlt. Zweitens wird sie auch getrocknet und gereinigt, wenn man sie nicht durch die Nase ausatmet, sondern durch den Mund in das Rohr hineinbläst; denn die Feuchtigkeit bleibt auf dem langen und gekrümmten Weg durch das Rohr in kleinen Tröpfchen an den Wandungen hängen und fließt dann in dem Beutel zusammen. Beim Einatmen wird dann durch Nase und Mund nicht die gerade ausgeatmete, warme und feuchte, sondern frische, abgekühlte und gereinigte Luft aufgenommen. Und dadurch kann die Atmung auf das bequemste wohl eine halbe Stunde lang ohne Todesgefahr fortgesetzt werden. Die Menge der im Laufe von 24 Stunden ausgeatmeten Feuchtigkeit beträgt nach den Feststellungen von Santonius nicht mehr als ein Pfund. Und diese Menge kann der Beutel bequem aufnehmen. Auch die aus den Poren von Kopf und Gesicht austretenden Dünste brauchen uns nicht zu beunruhigen; da sie einen mit bedecktem Gesicht schlafenden Knaben nicht ersticken, werden sie auch einem Taucher nicht schaden, der auf die angegebene Weise ausgerüstet ist. Weil aber der Mensch nicht leben kann, wenn die eingeschlossene Luft nicht doch von Zeit zu Zeit erneuert wird, muß man oben an dem Luftbehälter zwei Metallröhren befestigen, welche mit Hähnen verschließbar sind. Man braucht dann nur, wenn es notwendig ist, bis zur Wasseroberfläche emporzusteigen, bis die beiden Öffnungen aus dem Wasser herausragen. Wenn man dann die Hähne öffnet, kann die verbrauchte Luft durch die eine Röhre ins Freie strömen, während durch das andere Rohr neue Luft aufgenommen wird. Und dann taucht man, sobald man die Ventile wieder geschlossen hat, sofort wieder unter. Im übrigen muß nur noch der Anzug aus Ziegenhaut eine Form haben, die sich dem menschlichen Körper und seinen Gliedern so eng wie möglich anschmiegt, damit man sich bequem und leicht bewegen kann. Außerdem muß in das den Kopf umgebende Metallgefäß vorne ein Glas eingesetzt und mit einem Gemisch aus pulverisiertem, ungelöschtem Kalk und Eiweiß festgeleimt werden, damit man sehen kann, was auf dem Boden und im Wasser vor sich geht. Leicht kann man es auch so einrichten, daß das Gewicht des Ganzen, einschließlich des Menschen, des Behälters und der Luft dem Gewicht des verdrängten Wassers sehr nahe kommt, wenn man durch Bleigewichte die Masse der eingeschlossenen Luft vergrößert. Jedenfalls ist nun ganz klar, daß der Mensch in einem solchen Apparat lange Zeit unter Wasser atmen und leben kann."

Über die „Bewegungsmöglichkeit bei Benützung der geschilderten Einrichtung" schreibt Borelli weiter: „Kein vernünftiger Mensch wird leugnen, daß die Werke der Natur äußerst einfach, daß sie notwendig und, soweit möglich, sparsam sind. Also werden auch die Kunstwerke, welche sich die Menschen ausdenken, ohne Zweifel dann am besten gelingen, wenn sie sich an die Schöpfung der Natur anlehnen und ihnen nachgebildet werden, so weit es möglich ist. Wenn wir also wie ein Fisch im Wasser ruhen oder uns bewegen wollen, so wird uns dies gelingen, wenn wir dieselben Kunstgriffe anwenden, welche die Natur bei den Fischen benützt. Zu diesem Zweck brauchen wir nur eine große Pumpe mitzunehmen und sie wie ein Schwert mit einem Gürtel an uns anzubinden. Die Luftmenge, die sie enthält, soll ungefähr einen Kubikfuß betragen. Die kleine Öffnung muß verschlossen und verkittet sein, und der Kolben des zylinderförmigen Teiles muß seitlich dicht schließen. Da man ihn durch den Handgriff herausziehen oder in das Pumpenrohr hineintreiben kann, ist es möglich, die eingeschlossene Luft beträchtlich zu verdichten oder zu verdünnen, was ja durchaus der Natur der Luft entspricht. Desweiteren wollen wir annehmen, daß der Mann mit seiner Kleidung, dem Gürtel und der Kopfbedeckung, mit der Pumpe und der eingeschlossenen Luft spezifisch leichter sei als das Wasser, und daß der obere Teil des Helmes etwas über die Wasseroberfläche herausschaut. Wenn man dann ein paar Bleistücke daranhängt, wird die gesamte Masse des schwimmenden Menschen vergrößert, und er wird fast gleich schwer wie das Wasser, so daß schließlich nur noch ein ganz kleiner Teil vom Helm herausragt. Nun drückt man den Kolben hinein, so daß die Luft in der Pumpe zusammengedrückt wird; und bald wird der vordere Raum, der zuvor von der Luft aufgefüllt war, vom Wasser eingenommen sein. Infolgedessen ist der vom Menschen und seiner Pumpe ausgefüllte Raum kleiner als vorher, das spezifische Gewicht wird größer und schließlich gleich dem spezifischen Gewicht des Wassers. Und dann ist der Mensch in der Lage, überall im Wasser in Ruhe zu bleiben. Wenn nun aber der Kolben die Luft in der Pumpe noch weiter zusammendrückt und noch mehr Wasser in sie eindringt, dann wird das spezifische Gewicht noch größer, und der Mensch fällt von ganz allein langsam zu Boden. Wenn man andererseits den Kolben andersherum bewegt, dehnt sich die Luft infolge ihrer Elastizität aus, das Wasser wird aus dem Hohlraum verdrängt, der Mensch wird leichter als das Wasser und er steigt wieder, bis ein Teil seines Helmes über das Wasser herausschaut. Es ist nun nicht mehr nötig, weiter zu erklären, wie der Mensch auf dem Boden nach Art der Krebse gehen kann, und wie er durch Rudern mit Händen und Füßen wie ein Frosch im Wasser schwimmen kann."

So unbrauchbar und naiv das Gerät auch war, enthielt es doch den Keim des Gedankens, der das gesamte neuzeitliche Tauchen möglich machte: Das Wegschaffen der eingeschlossenen Luft und der Ersatz durch frische. Der Erfinder sah Röhren und Sperrhahn vor, um die alte Luft hineinzulassen und frische einzuführen, und glaubte fälschlicherweise wie andere Erfinder vor und nach ihm, daß die Luft infolge ihres Umlaufs in der Röhre wieder frisch und atembar zurückkommen würde, weil das Wasser außen sie abgekühlt hätte. Es sollte noch viel Jahrzehnte dauern, bis sich endlich die Erkenntnis durchsetzte, daß dies der falsche Weg zur Lufterneuerung ist. Das Prinzip der Tauchhilfe, mit der Ballastwasser hinein- oder hinausgepumpt werden konnte, war theoretisch - im Gegensatz zu den „Frischluftröhren" - durchaus funktionstüchtig.

Ein anderer Tauchpionier aus diesen Jahren, in denen neue Wege zur Eroberung der Unterwasserwelt gesucht wurden, ist der Franzose Fréminet. Er erfand

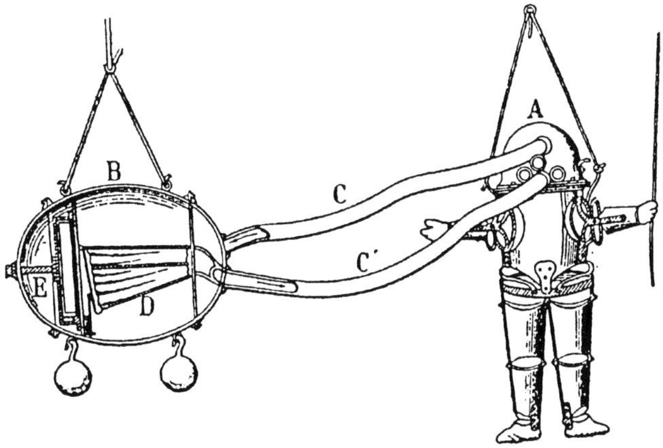

Freminet entwickelte 1771/72 dieses Tauchgerät. Er schloss sich in einen festen Taucheranzug (A) ein, der aus einem eiförmigen Behälter (B) Luft erhält, in dem ein Blasebalg von einer Feder (E-D) betätigt wird, welche die Luftzirkulation aufrechterhält. Anfangs trug Freminet den Behälter unter dem Arm, später befestigte er ihn auf dem Rücken. Mit dieser Ausrüstung soll er 32 Minuten in Paris beim Pont Marie unter dem Wasser der Seine, und in Le Havre eine Stunde in 16 Meter Tiefe getaucht sein - was allerdings sehr fragwürdig ist.
(Zeichnung: Pesce, G.L.: La navigation sous-marine. Paris, 1906)

um 1772 ein originelles Gerät, das aus einem versteiften, mit Talk eingeschmierten Lederanzug, einem mit einem Bullauge ausgerüsteten Kupferhelm und einem Drucklufttank bestand, den der Taucher selbst bewegen konnte. Zwei Schläuche verbanden den Tank mit dem Helm. Einer brachte Druckluft durch einen Balg, der mit Hilfe einer aufgezogenen Feder funktionierte, die sich in etwa einer Stunde entspannte. Der andere Schlauch erlaubte die Rückführung der ausgeatmeten Luft in den Tank, wobei sich theoretisch „die Kälte des Wassers" positiv auswirken müßte. Mit dieser Luftzirkulation wollte Fréminet die Atemluft regenerieren, er nahm hierbei das unbrauchbare Prinzip der gekühlten Luft von Borelli und der Triewaldschen Taucherglocke wieder auf.

Diese sogenannte „hydrostatergatische Tauchmaschine" oder „Unterwasserschwebemaschine" soll tatsächlich kurzzeitig funktioniert haben: Fréminet tauchte zum ersten Mal in Paris in der Seine in 5 Meter Tiefe. Er setzte seine Versuche und Arbeiten in Le Havre und Brest fort und soll dort 32 Minuten lang bis in eine Tiefe von 16 Metern getaucht sein; eine Angabe, die allerdings skeptisch zu betrachten ist. 1776 änderte Fréminet seine Maschine: Bei diesem Gerät war der Taucher beweglicher und der Tank, immer noch mit demselben Prinzip der Feder, wurde auf dem Rücken des Tauchers festgemacht. Da ein Schlauch den Tank mit der Oberfläche verband, konnte ohne Unterbrechung neue Luft angesaugt werden.[59]

Zum Ende des 18. Jahrhunderts griff der talentierte Mechaniker Karl-Heinrich Klingert aus Breslau die Idee, den Taucher durch entsprechende Panzerung vor dem umgebenden Wasserdruck zu schützen, und ihm trotzdem eine freie Bewegung unter Wasser zu ermöglichen, wieder auf. Mit seinem „in allen Flüssen brauchbaren Tauchmaschine" schuf Klingert nicht nur den Prototyp des Helmtauchergerätes, sondern auch den des

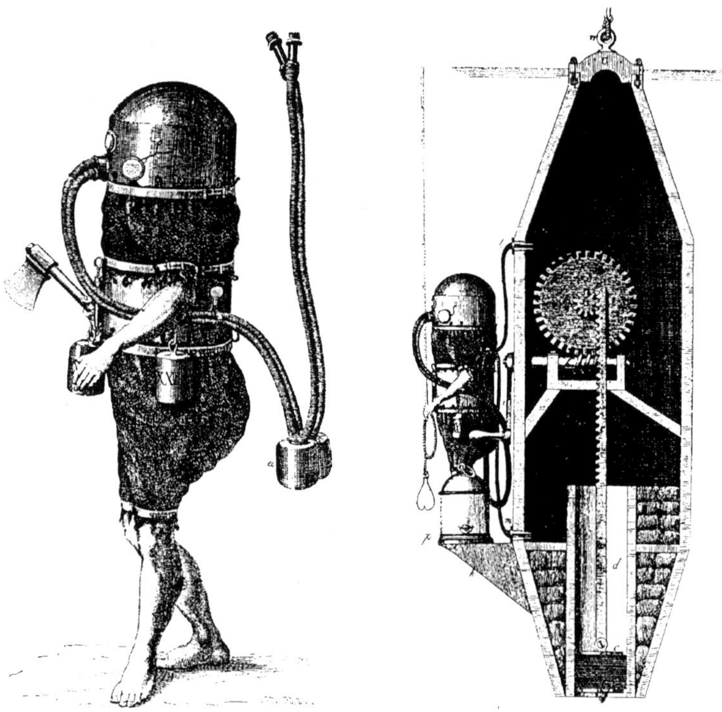

Das Tauchgerät von Karl Heinrich Klingert, 1797, war ein sehr wichtiger Vorläufer der autonomen Geräte, und einer der ersten Tauchapparate überhaupt, die wirklich funktionierten. Es wurde in der Oder und später in der Ostsee praktisch eingesetzt. Klingert erfand auch einen autonomen, offenen Taucherhelm, sowie eine Unterwasserlaterne.
(Zeichnungen: Klingert, Karl Heinrich: Tauchermaschine. Breslau, 1797)

parallel zum Helmtauchergerät entwickelten Panzertauchergerätes.

Eine genaue Funktionsbeschreibung seines Tauchgerätes findet man in seiner Schrift von 1797. Klingerts zweiteiliger Taucherpanzer, das Oberteil aus Zinnplatten und das Unterteil aus Lederlappen gefertigt, schützte die druckempfindlichen Hohlräume in Brustkorb und Kopf, ließ aber den Armen und Beinen ihre volle Bewegungsfreiheit. Zwei biegsame Röhren gestatteten das Ein- und Auslassen der Luft. Die Schläuche bestanden aus einer Kupferspirale, die mit Leder umkleidet war. Dichtigkeit wurde durch Werg,[60] Wachs und Fett erzielt. Klingerts Rezeptur dazu lautete: „Man benutze 6 Teelöffel Wasser, 2 Teelöffel venezianischen Terpentin, 2 Teelöffel Pech und 2 Teelöffel zerlassenen Schweineschmalz“. Abwerfbare Gewichte am Gürtel dienten zum Tarieren. Dieses Tauchgerät wurde von Friedrich Wilhelm Joachim am 24. Juni 1797 in der Oder nahe Breslau vor einer großen Menschenmenge demonstriert. In einer Tiefe von etwa 3 Metern und bei starker Strömung sägte der Taucher dabei einen Baumstamm durch.

Bei der Demonstration endeten die beiden Schläuche an der Oberfläche in der freien Luft, die Steuerung geschah über Klappenventile im Mundstück. Klingert schlug aber auch vor, einen grossen, an beiden Enden konischen Tank als Druckluftvorrat zu verwenden. Er besass eine Mechanik, durch die der Taucher das Volumen des Tanks variieren und damit den Auftrieb steuern konnte. Die Analogie zu dem Tauchgerät von Alphonse Borelli ist nicht zu übersehen.

Leider besass Klingert kein Geld zum Bau der gesamten Apparatur, so daß er sich mit der Bitte um Unterstützung an die Regierung wandte. Er erwähnte in seinem Bittschreiben, daß er ausserdem noch ein anderes autonomes Tauchgerät erfunden habe, hielt aber dessen genaue Konstruktion geheim. Bedauerlicherweise hatte Klingert kein Erfolg mit seinem Gesuch, und nachdem er 25 Jahre lang ergebnislos gewartet hatte, veröffentlichte er 1822 in einem bis vor kurzem für verloren geglaubten Nachtrag ausführlicher die Entstehungsgeschichte seiner Erfindung sowie die Konstruktion seines zweiten, geheimen Tauchgerätes. Es handelte sich dabei um einen autonomen, offen Taucherhelm mit Druckluftflasche. Es ist heute auch bekannt, dass Klingert das zweite Gerät selbst baute und Tests mit Hunden in einem Wasserbecken durchführte, allerdings ist nicht sicher, ob damit auch Menschen tauchten.

Hier soll noch ein weiterer, interessanter Vorläufer der Helmtauchergeräte erwähnt werden: Der Taucheranzug von Peter Kreeft.[61] Kreeft war ein Kapitän und wohlhabender Reeder, der um 1800 in Barth an der Ostseeküste lebte. Er baute in 1800 ein „Blasebalg-Frischluft-Tauchergerät mit Sprachrohrverbindung". Dabei handelte es sich um das erste geschlossene Helmtauchergerät mit Frischluftversorgung von oben, das nachweisbar eingesetzt wurde.

Der Taucher trägt eine Lederjacke mit Handschuhen, die bis zur Hüfte reicht und oben mit dem Helm durchgehend verbunden ist, sowie Lederhose und -stiefel mit Bleisohle. Bei dem Helm handelt es sich um eine Lederhaube mit ovalem, vergitterten Sichtfenster, die durch dünne Eisenstäbe versteift ist. Die Helmjacke wird ebenso wie die Stiefel mit der Hose durch eine Ringverbindung wasserdicht zusammengeschnürt. Durch einen Schlauch wird dem Taucher mittels Blasebalg von der Oberfläche Frischluft zugepumpt. Ein zweiter Schlauch, durch den die Ausatemluft entweichen soll, dient gleichzeitig als Sprechverbindung nach oben. Neben einigen anderen Details ist gerade diese Sprechverbindung interessant, denn solche Sprachrohre wurden nach bisherigem Wissensstand erst um 1877 von Ludwig von Bremen erfunden.

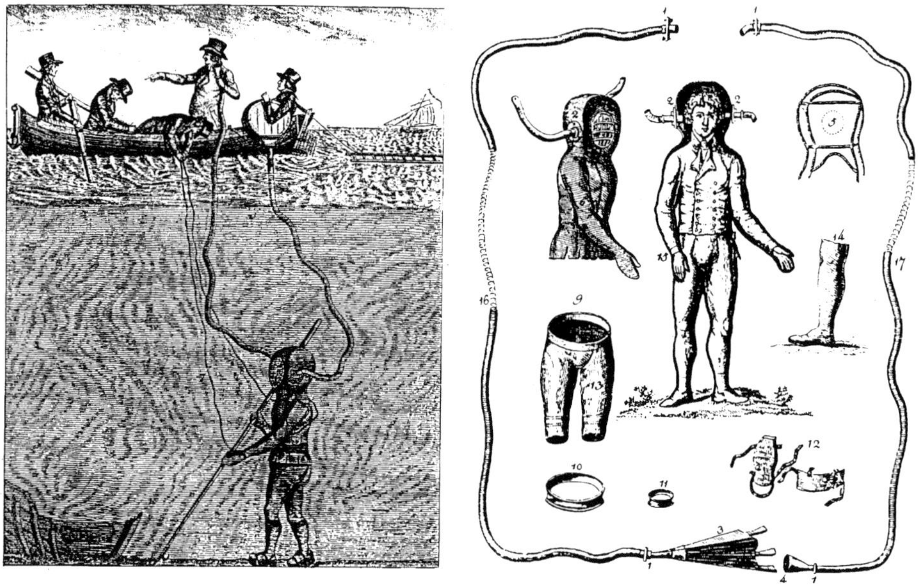

Die Darstellung des Taucheranzuges von Peter Kreeft,mit dem er 1800 mehrmals erfolgreich tauchte. (Zeichnungen: Stadtarchiv Stralsund)

Ein Schwachpunkt war, daß die Luft in den Anzug durch einen Blasebalg hineingepumpt wurde - einem ähnlichen Gerät, wie es zum Anfachen eines Herdfeuers diente. Seine Abmessungen waren zwar wesentlich größer, der Anzug aber trotzdem nur für sehr geringe Tiefen geeignet. Kreeft tauchte mehrere Mal bis zu 6 Meter tief in der Ostsee, barg die Kupferladung eines gesunkenen Schiffes und führte seinen Anzug auch im Juli 1800 in Stralsund dem schwedischen König Gustav IV. Adolf vor. Von dem Erfinder selbst ist leider kaum etwas bekannt, jedoch wissen wir heute, daß sowohl sein Sohn als auch sein Enkel in London als hohe Konsularbeamte tätig waren. Es gibt deshalb Vermutungen, daß über diesen Weg die Erfindung des Peter Kreeft bereits wenige Jahre später maßgebenden Leuten in London bekannt wurde und so die weitere Entwicklung des Helmtaucheranzuges dort mitbeeinflusste.[62] Leider ist nicht bekannt, ob der Kreeft'sche Anzug ein spezielles Auslaß- bzw. Druckhalteventil besaß oder wie es gestaltet war. Erst ein solches Ventil würde die Konstruktion zu einem vollwertigen Helmtaucheranzug machen.

Ein weiterer Erfinder war Johann Friedrich von Drieberg, ein preußischer Landjunker, der sich auf vielen Gebieten, von der Komposition über die Untersuchung griechischer Musik bis zur Tauchtechnik, beschäftigte. Seine Tauchmaschine von 1809 mit dem Namen „Triton“ sollte folgende Eigenschaften aufweisen: „Vermittels dieser neuen Tauchmaschine kann der

Taucher sich so tief ins Wasser lassen und so lange drin bleiben, als er will; er hat den freien Gebrauch seiner Hände, läuft durchaus keine Gefahr, ist in der Maschine nicht eingeschlossen; kann daher selbst in enge Öffnungen dringen, und, wenn das Meer trübe ist, sich zur Erleuchtung der Wassergrotten etc. einer Laterne bedienen. Das Wesentliche der Erfindung besteht in den künstlichen Lungen, die einen freien und unbehinderten Atemzug gestatten."

Diese Lungen, zwei Tierbälge, die in einem auf dem Rücken getragenen Behälter untergebracht waren, sollten die verbrauchte Luft weg und neue von der Wasseroberfläche nachpumpen. Die verbrauchte Luft sollte durch die Laterne geleitet werden und dort noch die Flamme am Leben erhalten. In Bewegung gehalten wurden die Blasebälge durch Kopfbewegungen - „unentwegtes Kopfnicken" - des Tauchers, die über den kronenartigen Stirnreif und einen Hebelmechanismus übertragen wurden, was allerdings praktisch nie funktionieren konnte. In seinem Buch *Mémoire sur une nouvelle Machine à plonger, appelée Triton* von 1812 schildert Drieberg, daß er ein funktionierendes Modell seiner Maschine konstruierte. Als Stoff für die Fertigung der Bälge und Rohre wollte er speziell bearbeitetes und gefettetes Leder verwendet haben, während die Krone aus Kupfer getrieben sein sollte. Das Mundstück sollte aus Elfenbein gefertigt werden.

Etwa gleichzeitig mit Drieberg patentierte der Franzose C. Antoine Brize-Fra-

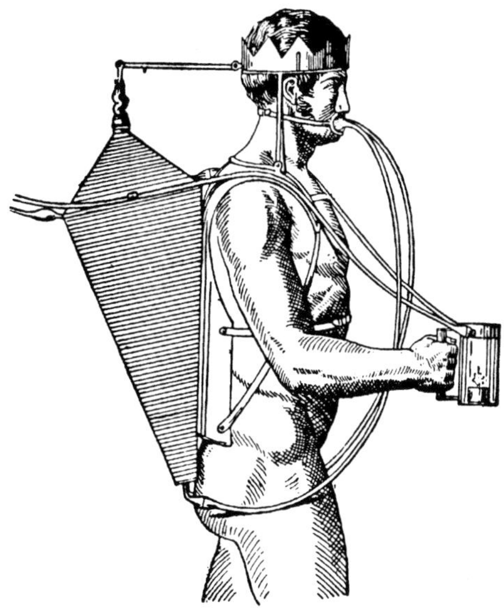

Bei dem Unterwasser-Apparat von Frederic Drieberg von 1809 - „Triton" genannt - sollte der Taucher durch ständige Nickbewegungen seines Kopfes den kronförmigen Stirnreif und damit einen Stangenmechanismus in Gang setzen, um so aus dem Vorratsbehälter bzw. von der Oberfläche Luft zu pumpen.
(Zeichnung: Pesce, G.L.: La navigation sous-marine. Paris, 1906)

din 1808 einen anderen Entwurf - einen kompletten Anzug mit Helm. Der Taucher trug einen Kanister auf dem Rükken, ein Schlauch führte von diesem Kanister Luft in seinen Helm. Ob dies praktisch funktionierte, ist leider nicht bekannt. In diesem Zusammenhang ist auch das 1836 erschienene Buch des französischen Arztes D. Mulh[63] interessant. Es enthält, neben allgemeinen Abhandlungen und Beschreibungen von Arbeiten, die der Mensch unter Wasser durchführen kann, Skizzen zum Bau eines Atemgerätes.

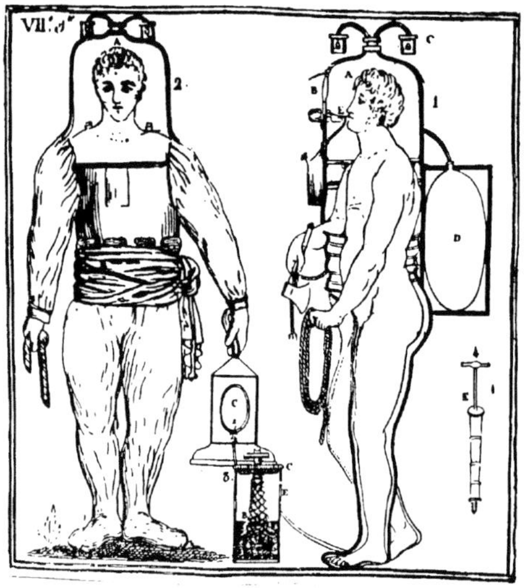

Der Apparat von Brize-Fradin, 1808: Dieses Tauchgerät kann als einer der Vorläufer des autonomen Atmungsgeräts bezeichnet werden. Der Taucher war im Anzug eingeschlossen; in einem Behälter auf dem Rücken trug er seinen Luftvorrat. Der Erfinder veröffentlichte diese Konstruktion in seinem Werk „Chimie pneumatique appliquée aux travaux sous l'eau", Paris, 1808.

Aber nicht nur in Europa, sondern auch in China gab es in diesen Jahrhunderten Überlegungen über neuartige Tauchmaschinen: Bereits im Jahr 1637 erschien dort ein illustriertes Buch über Arbeiten des Land- und Bergbaues (*T'ien-kung-kai-wu*), das neben allerlei mechanischem Gerät auch interessante Beschreibungen über Taucheranzüge enthält. Viele Erfinder in der ganzen Welt versuchten also vom 16. bis zum Beginn des 19. Jahrhunderts, einen brauchbaren Taucheranzug zu entwickeln; eine Reihe von ihnen kam einer praktischen Lösung des Problems schon recht nahe. Der eine Erfinder fügte in diesen Jahrhunderten diese, der andere jene Neuerung hinzu. Ein entscheidender Fortschritt aber, der endlich dazu führte, daß Menschen in der Tiefe wirklich frei tauchen konnten, wurde bis zum Beginn des 20. Jahrhunderts nicht erzielt, er blieb der neueren Zeit vorbehalten.

Bis zum 19. Jahrhundert hat es den Tauchgeräten neben der technologischen Fähigkeit auch an einer wissenschaftlichen Grundlage gefehlt. Archimedes war fast der einzig Richtunggebende. Mit Halley (1656-1747) haben Torricelli (1608-1647), Pascal (1623-1662) und Denis Papin (1647-1714) die Aufgabe der Lösung einen Schritt nähergebracht. Die Technik war noch zu sehr in den Anfängen. Seit Jahrhunderten arbeiteten die Forscher mit Glocken, die sich im Wasser überschlugen, mit Fässern, die zersprangen, mit ledernen Röhren, die mit Bienenwachs bestrichen und damit zwar luftundurchlässig waren, aber vom Wasserdruck zusammengedrückt wurden. Um dieses unzweckmäßige Material ersetzen zu können, mußte man noch warten, bis die Industrie Kupfer, Stahl und vor allem Kautschuk lieferte. Aber zunächst sollte in England ein Durchbruch in der Tauchtechnik einzielt werden.

Das oberflächenversorgte Helmtauchergerät

Bis zum Beginn des 19. Jahrhunderts wurden in erster Linie Taucherglocken oder Caissons für Arbeiten unter der Wasseroberfläche eingesetzt. Ihre Anwendung ist auf schwere Arbeiten wie die Gründung von Kaimauern, Brückenpfeilern, Docks, Leuchtturmfundamenten, die Beseitigung unterseeischer Felsen und dergleichen beschränkt. Sie wurden überall dort verwendet, wo an einer bestimmten Stelle größere Bau- und Räumungsarbeiten auszuführen waren. Die Aufstellung dieser riesigen Apparate lohnt sich nicht für Arbeiten, die kurzfristig ablaufen sollen oder schnelle Ortsveränderungen voraussetzen. Insbesondere kommt die Taucherglocke nicht in Frage zur effizienten Bergung der Ladung untergegangener Schiffe, zur Ausführung von Reparaturen an Schiffskörpern sowie für den Tunnel- und Brunnenbau. Es gab deshalb im Laufe der Jahrhunderte immer wieder Versuche, den Taucher beweglicher und unabhängig von Taucherglocke und Oberflächenluft zu machen.

Der Weg zu diesem Fortschritt war zunächst von Denis Papin und dann auch durch Edmund Halley gewiesen worden, als er vorschlug, die Insassen der Taucherglocken mit helmartigen, durch Luftschläuche mit dem Glockeninneren in Verbindung stehenden Kappen und wasserdichten Anzügen auszurüsten und ihnen so ein Verlassen des Arbeitsraumes auf kurze Distanz zu ermöglichen.

Dies war richtungsweisend. Diese Idee wurde bereits 1797 von Klingert aufgegriffen, der nach diesem Prinzip einen aus Helm und Rüstung bestehenden Taucheranzug baute. Damit wurde zum erstenmal - im Vergleich zur Taucherglocke - ein gewisses „Freitauchen" möglich.

Taucheranzüge dieser Art begannen die schwerfällige Arbeit mit der Glocke langsam zu verdrängen: Einesteils durch die größere Beweglichkeit und Unabhängigkeit des Unterwasserarbeiters, dann aber auch Dank der Möglichkeit, größere Tiefen zu erreichen. Erst die Umkonstruktion durch Triger, der 1841 eine Taucherglokke mit Schacht und Luftschleuse verwendete, brachte die Taucherglocke wieder zu Ehren. Ihre Benützung beschränkte sich jedoch fortan auf ein ganz bestimmtes Arbeitsgebiet, während die eigentliche Taucherei dem beweglichen Taucher verblieb.

Aus Klingerts Grundkonstruktion entstand im Laufe der Jahre die moderne Helmtaucherausrüstung. Die Entwicklung der ersten, wirklich funktionsfähigen und somit für zum Teil schwierige Unterwasserarbeiten brauchbaren Tauchgeräte begann etwa um 1800, in dem man die mit Druckluft versorgte Taucherglokke einfach verkleinerte, und sich als Helm auf den Kopf setzte. Der erste Schritt waren die offenen Taucherhelme, die lose, mit leichten Gewichten oder mit Gurten gehalten, mit einem geformten Schulter-

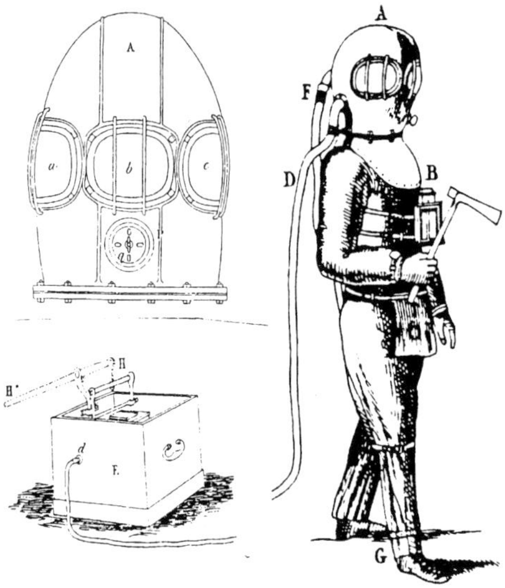

Der von Charles Anthony Deane patentierte Rauchschutzanzug (England 4.869) für den Einsatz in gas- und rauchkontaminierten Räumen. Aus ihm entstanden die Helmtauchergeräte. Die Pumpe arbeitete nach dem Blasebalg-Prinzip.

stück auf den Schultern des Tauchers ruhte. Das Funktionsprinzip war bei ihnen das gleiche wie bei den oberflächenversorgten Taucherglocken. Die dem Helm zugeführte Druckluft verdrängte das Wasser aus dem Helm bis zum unteren Rand des Schulterstückes. Hier entweicht dann die überschüssige Luft ins freie Wasser. Die Tauchtiefe war theoretisch nur von der Leistungsfähigkeit der Luftpumpe abhängig. Der Taucher war in seinen Bewegungen und Arbeitsmöglichkeiten aber noch erheblich eingeschränkt, er konnte unter Wasser nur aufrecht stehend oder sitzend Arbeiten verrichten, da der Helm in einer anderen Position sofort voll Wasser laufen oder von der Schulter fallen konnte.

Zu welcher Zeit genau die allerersten offenen Taucherhelme, aus denen die geschlossenen Helmtaucheranzüge hervorgingen, entwickelt und eingesetzt wurden, läßt sich nicht mehr mit letzter Genauigkeit feststellen. Es gab einige frühe Entwicklungen wie von de Marchi, 1535, und Zwischenstufen wie Edmund Halley, 1716. Wichtige Stationen waren ebenfalls Joseph August Schultes (1792) und Karl Heinrich Klingert (1797), die beide autonome, offene Taucherhelme erfanden, mit ihnen allerdings - nach unserem heutigen Wissenstand - nicht praktisch tauchten. Besonders hat sich der Engländer John Bevan um die Erforschung dieses wichtigen Kapitels der Geschichte der Tauchertechnik verdient gemacht.[64] Heute gilt Charles Anthony Deane aus Deptford (1796-1848) als der Vater des offenen Taucherhelmes. Am 4. November 1823 hatte er ein Gerät patentieren[65] lassen, das „Personen tragen sollen, die rauchgefüllte Räume betreten müssen." Es handelte sich um einen luftdichten Helm, der zu dicker Schutzkleidung getragen und mittels Schlauch und Blasebalg mit Luft versorgt wurde. Die Idee zu diesem Apparat kam seinem jüngeren Bruder John Deane (1800-1884) um 1820 beim Anblick einer alten Ritterrüstung, die er im Haus eines brennenden Farmerhofes sah. Er stülpte sich kurzerhand den Ritterhelm über, steckte das Schlauchende einer defekten Löschpumpe in den Helm und ließ sich mit der Pumpe von einem Helfer Luft in den Helm pumpen. Es soll ihm mit dieser primitiven Methode tatsächlich gelungen sein, einige Pferde aus dem brennenden und mit Rauch erfüllten Stall zu retten.[66]

Als es Charles Deane nicht gelang, die Feuerversicherungs-Gesellschaften für seine neue Erfindung zu interessieren, beschlossen er und sein Bruder John das Gerät für den Gebrauch unter Wasser umzurüsten. Zu dieser Zeit trafen die Gebrüder Deane auf George Hall, einen erfahrenen Glocken-Taucher. Er schlug vor, eine stärkere Pumpe an den Taucherhelm anzuschließen, ähnlich den Pumpen, die auch bei den Taucherglocken verwendet wurden. So sollte es möglich werden, auch in größerer Tiefe zu arbeiten.

Charles Deane und sein Bruder unternahmen eine Reihe von Tests, um zu sehen, ob sich ein modifizierter Rauchschutzhelm auch zum Tauchen nutzen ließe. Diese Tests fanden im Croydon Kanal statt und brachten den Helm zu voller Perfektion im Jahre 1828. Bereits im folgenden Jahr engagierte Lloyds die beiden Brüder, um die Ladung des Ostindienfahrers *Carn Brea Castle* zu heben, der vor der Isle of Wight untergegangen war. Das taten sie mit Erfolg, indem sie ein ledernes Kopfstück benutzten, dem die Luft mit einem Paar Blasebälge zugeführt wurde. 1828 wurde erstmals ein Schlosser von den Deanes beauftragt, die nächste Generation ihrer Tauchergeräte herzustellen. Sein Name war Augustus Siebe. 1830 war das erste Jahr, daß ein neuer offener Taucherhelm aus Metall von Siebe für die Deanes hergestellt wurde; bis 1837 stellte er davon insgesamt 20 Stück her.

Christian Augustus Siebe (1788-1872) war in Sachsen geboren und ging in Berlin zur Schule. Er kam zu einem Gießer in die Lehre und erwarb sich große Geschicklichkeit im Modellieren, Ziselieren, im Instrumentenbau und in der Uhrmacherkunst. In den Befreiungskriegen kämpfte Siebe bei der Artillerie, und zwar in der Völkerschlacht bei Leipzig, wo er verwundet wurde, und zwei Jahre später als Offizier bei Waterloo.

In Deutschland fand der technisch begabte Siebe wenig Möglichkeiten zum Vorwärtskommen. 1816, ein Jahr nach Ende der napoleonischen Kriege, wanderte er nach London aus, wo er als Uhrmacher, Büchsenmacher und Feinmechaniker arbeitete. 1819 gründete er seine eigene kleine Schlosserwerkstatt und begann, sich mit der Ausführung einiger Ideen zu befassen: einer hydraulischen Pumpe, einer Papiermaschine, eines Hinterladers, einer elektrischen Bogenlampe, einer Maschine zur Aufzeichnung von Gewicht und Größe eines Menschen,[67] einer neuen Schweißmethode und eines neuen Schraubenziehers, für den er auch eine Auszeichnung der englischen *Society of Arts* erhielt.

Augustus Siebe entwickelte zwischen 1828 und 1830 nach genauen Angaben der Deanes einen ersten Prototyp des offenen Helms. Außerdem wurde ein Taucheranzug aus wasserdichtem, gummibeschichteten Segeltuch, entwickelt von Charles Macintosh, angefertigt. Diese Jacke reichte bis zur Hüfte[68] und wurde mit Nieten an dem Taucherhelm befestigt.

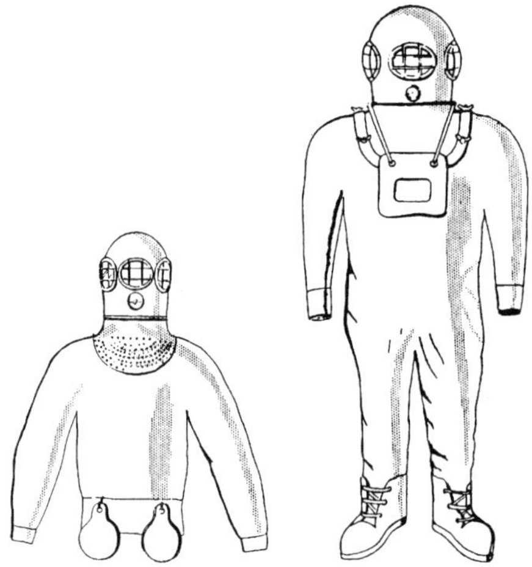

Links: Bei dem ersten Anzug, den Augustus Siebe nach Angaben von Charles Deane 1828 fertigte, handelte es sich um einen offenen Taucherhelm mit angeschlossener, wasserdichter Jacke (halbgeschlossener Helmtaucheranzug). Rechts: Aus ihm entwickelte Siebe, unter Verwendung von Ideen anderer Erfinder, 1838 den oberflächenversorgten, geschlossenen Helmtaucheranzug. In dieser Konzeption findet er noch heute Verwendung. (Zeichnungen: De Latil, Pierre und Rivoire, Jean: Man and the underwater world. London, 1956)

Die Helmjacke hatte unten eine Öffnung und wurde mit Bleigewichten beschwert. Die Atemluft gelangte mittels einer auf dem Tauchboot installierten Pumpe in den Helm hinein und stand unter ausreichendem Druck, um das Wasser aus dem Helm und dem Oberkörper des Tauchers verdrängen zu können. Somit blieb nicht nur der Kopf, sondern auch der Oberkörper völlig trocken; der Taucher konnte sich längere Zeit unter Wasser aufhalten. Er durfte sich allerdings nicht allzu stark bücken, sonst drang Wasser in den Helm ein. Die verbrauchte Luft entwich unten aus der Öffnung der Jacke oder später aus einem speziellen Luftablaßventil am Helm. Das Tauchgerät funktionierte prinzipiell wie eine Taucherglocke mit Luftversorgung.

Die Gebrüder Deane wollten nun ihre Erfindung zur gewinnbringenden Bergung von Schiffswracks einsetzen. In diesen Jahren versuchten sie, ihre Entwicklung geheim zu halten, weshalb es heute recht schwierig ist, ihre Spuren genau zu verfolgen. Trotz der Geheimhaltung kamen schnell Anfragen von Leuten, welche die neue Tauchausrüstung gesehen oder von ihr gehört hatten und sie für ihre Zwecke verwenden wollten. Auch kam bereits die erste Konkurrenz auf, die den Taucherhelm ausspioniert hatten und ihn nun nachbauten, wie etwa 1835 John Bethell und John William Fraster oder 1836 William Bush, die sich nun in die wachsende Anzahl von Taucheranzug-Herstellern einreihten. Ihre Anzüge unterschieden sich allerdings sehr von dem Deanes, da sie völlig geschlossen waren, also Helm und Anzug zu einer wasserdichten Einheit verbanden.

In Russland näherte sich der Mechaniker Gausen mit seinem 1829 der Marine vorgeschlagenen Apparat ebenfalls sehr dicht dem Gerät der Deanes. Seine Konstruktion bestand aus einem Kupferhelm, in dem ein rundes Fenster ausgespart war; der Helm ruhte auf den Schultern und wurde durch Metallbänder festgehalten. Die Atemluft wurde über einen Schlauch durch eine Handpumpe von der Oberfläche aus zugeführt; ihr Druck entsprach der Einsatztiefe des Tauchers. Die überschüssige Luft entwich aus der unteren Öffnung des Helmes. Der Anzug bestand aus wasserundurchlässigem Gewebe. Gausens halboffener Taucherhelm soll bereits Tauchgänge von mehreren Stunden ermöglicht haben.

Um 1830 tauchten die Deane-Brüder zum ersten Mal mit ihrem offenen Helm, der speziell für sie von Siebe hergestellt worden war. In den folgenden Jahren wurde der offene Taucherhelm gemeinsam mit Siebe weiterentwickelt. Charles Deane bemühte sich bei den Behörden um die Erlaubnis, auch an gesunkenen Schiffen der Marine arbeiten zu dürfen. Dies gelang ihm, und so konnten 1832 die Bergungsarbeiten an der *Royal George* gestartet werden. Hier in Spithead wurde die erste Großtat der Helmtauchertechnik am Wrack dieses mit 108 Geschützen bestückten Kriegsschiffes vollbracht. Der Untergang der *Royal George* war einer der sensationellsten Schiffsunfälle des 18. Jahrhunderts: Am 29. August 1782 kenterte das Kriegsschiff im Solent, zwischen der Marinebasis von Portsmouth und der Ilse of Wight. An Bord befanden sich etwa 1.300 Personen, darunter rund 250 Frauen und Kinder als Gäste.

Charles Deane und seine Crew gingen 1832 mit ihren offenen Taucherhelmen an die Arbeit und bargen viele Kanonen, die zum Teil aus Bronze gefertigt waren und so den Einwirkungen des Seewassers recht gut widerstanden hatten. Die Arbeiten verliefen anfänglich sehr erfolgreich, und so gelangten die Heldentaten der Taucher vor Portsmouth auch recht schnell in die Schlagzeilen. Während der Arbeit auf der *Royal George* fand man in der Nähe zufällig ein weiteres Wrack, das sich als dasjenige der *Mary Rose* entpuppte. Das berühmte Schlachtschiff von Henry VIII. war 1545 gesunken und nun tief in den Meeresgrund eingesunken.

Bei diesem bedeutsamen Stück handelt es sehr wahrscheinlich um einen 1829 von Augustus Siebe nach Vorgaben der Deanes gebauten, halboffenen Taucherhelm. Am Schulterstück sind noch die Reihen von Nieten sichtbar, mit denen die wasserdichte Lederjacke befestigt war. Noch bis vor kurzem wurde angenommen, dass Siebe diesen Helm um 1819 in Eigenregie entwickelt habe. Dies ist aber inzwischen durch die Forschungen von Alexander McKee und John Bevan eindeutig widerlegt. (Foto: Sir Robert H. Davis: Deep Diving and submarine Operations. London, 1955. Copyright: Siebe Gorman & Co. Ltd.)

John Deane begann sofort mit der Bergung der Geschütze der *Mary Rose*, und während der folgenden drei Sommer entdeckten die Taucher viele interessante und historisch bedeutsame Stücke. Der genaue

Ort der *Mary Rose* und ihre Entdeckung durch die Deanes geriet später wieder in Vergessenheit. Erst Ende der 60er Jahre unseres Jahrhunderts spürte Alexander McKee das Wrack erneut auf und stieß damit auch auf die Geschichte der Deanes.[69]

1839 wurden die Bergungsarbeiten an der *Royal George* von Königlichen Pioniertruppen übernommen, da Charles Deane nicht mehr soviel Erfolg bei der Bergung der Güter hatte. Oberst Charles Pasley (1780-1861) vom Königlichen Pionier- und Minenleger-Korps wurde mit der Aufgabe betraut. Er war ein ausgezeichneter Ingenieur und befehligte eine Mannschaft, die für ihre Findigkeit und Geschicklichkeit bekannt war.

Pasley brachte 4 Offiziere, 23 Pioniere und 9 Minenleger mit nach Spithead, die aus dem Pionierkorps der Ostindischen Kompanie stammten. Sie waren zwar keine Seeleute, erlernten aber recht schnell alle technischen Einzelheiten des Tauchens. Da sich eine Taucherglocke für den gedachten Zweck als unbrauchbar erwies, griff man auf den Helmtaucheranzug zurück. Drei verschiedene Bauformen standen zur Debatte. Hierbei handelte es sich zunächst um das offene Tauchgerät von Charles Deane, dann der vollständig geschlossene, allerdings mit dem Helm fest verbundenen Taucheranzug von John Bethell (Trennstelle zwischen Jacke und Hose auf Höhe der Hüften) sowie einem weiteren geschlossenen Gerät, aber mit abschraubbaren Helm von Augustus Siebe.

Letzterer war sehr praktikabel und sollte sich in der Folgezeit bestens bewähren. Augustus Siebe hatte 1839 den offenen Helmtaucheranzug von Charles Deane zum geschlossenen umgebaut und diesen nun dadurch abgelöst. Inspiriert worden war er durch die Patente der Konkurrenten von Charles Deane, vor allem aber von George Edwards. Edwards (1804-1893) hatte 1837 von Siebe einen halboffenen Deane-Taucherhelm gekauft, den Anzug durch seine Idee zum geschlossenen weiterentwickelt und diese Erfindung am 1. Juni 1938 Siebe vorgeführt. Großzügig, und sehr naiv, gab er Siebe die Erlaubnis, seine Entwicklung zu übernehmen. Siebe bat ihn um Konstruktionszeichnungen, „um Kosten und Zeit für die Entwicklung einzusparen".

Siebes Anzug basiert so sehr auf dem von Edwards, daß Oberst Pasley in sein Tagebuch vom 13. August 1840 schrieb, Edwards müßte „Gerechtigkeit widerfahren". Später im gleichen Jahr schrieb er einen detaillierten Bericht, der die beiden Taucheranzüge von Edwards und Siebe erläuterte und verglich. Dabei schrieb er: „Die Details von dieser Konstruktion aus der Fabrik von Siebe sind nicht Siebes Erfindung, sondern er wurde von Mr. Edwards unterstützt, und weitere Teile sind wieder Kopien von anderen Taucheranzügen."

Bislang gelten Charles und John Deane als die ersten Anwender der offenen Helme und Anzüge, welche die Entwicklung zu trockenen und geschlossenen Taucheranzügen in England einleiteten. Siebes

Anzug, der sich später als der beste bewährte, war nicht wie häufig dargestellt der erste Entwurf zu einem geschlossenen Helmtaucheranzug, sondern eher die erfolgreichste und zweckmäßigste Variante einer Reihe nahezu gleicher Konstruktionen mit vielen Vorläufern. Siebes Beitrag war der des bedeutenden Herstellers, von ihm stammt jedoch keine der grundlegenden Ideen der Konstruktion.

Vom August 1839 bis 1845 waren die Männer um Oberst Pasley, ausgerüstet mit dem Anzug von Siebe, mit den Bergungsarbeiten an der *Royal George* beschäftigt. Sie sprengten, holten Kanonen ans Tageslicht, bauten das Wrack systematisch ab - alles unter großer Anteilnahme der Bevölkerung. Die damaligen Berichte der Reporter mußten imponierend gewesen sein, denn noch nie waren in solchem Umfang Unterwasserarbeiten durchgeführt worden, und die Bergung glich mehr einem sportlichen Abenteuer als ernster Arbeit. Hinzu kommt, daß während der gesamten Bergung die Königlichen Pioniere sich selbst zu Tauchern ausbildeten. Es entstand so vor Spithead die erste Tauchschule der englischen Marine.

Es war wie ein Wunder, daß diese Männer ihre sorglos-fröhliche Nichtbeachtung der Gefahren des Wasserdruckes nicht mit dem Leben bezahlten. In einem Zeitraum von 5 Jahren tauchten sie tausende Male, aber kein einziger kam dabei zu Tode, wenn auch einige von ihnen gesundheitlichen Schaden nahmen und das Tauchen aufgeben mußten. Nach den Arbeiten an der *Royal George*, um die sich noch heute die unglaublichsten Geschichten ranken, schlugen die Bergungstaucher in dem Austernfischerhafen Whitstable ihr Standquartier auf, der sich so im Laufe der Jahre zu einem Zentrum der englischen Berufstaucherei entwickelte und wo heute das Marinemuseum von John Bevan über all die historischen Begebenheiten berichtet.

Augustus Siebe nutzte die Gelegenheit der Bergungsarbeiten, um für seinen Taucheranzug kräftig zu werben. Er gab eine große farbige Lithografie heraus, die die Arbeiten über und unter Wasser illustrierte und in England zu Tausenden verkauft wurde. Der Anzug fand weite Verbreitung, vor allem auch, weil Siebe von der englischen Marine stark unterstützt wurde. Was die Lords der Admiralität am meisten an dem neuen geschlossenen Anzug beeindruckte war der Umstand, daß der Taucher, wenn er Lust hatte oder es seine Aufgabe erforderte, mit dem Kopf nach unten ins Wasser gehen konnte - „was Korporal Harris, der Anführer der Taucher versuchsweise mit gutem Erfolg tat“, wie der offizielle Bericht erklärt.

1855 stellte der Franzose Joseph-Martin Cabirol, von der soeben gemachten Entdeckung des Vulkanisierens begeistert, bei der Weltausstellung in Paris eine etwas verbesserte Version des Helmtauchergerätes von Siebe vor. Er führte Tauchvorstellungen in der Seine durch und erreichte später vor Toulon die beträchtliche Tiefe von 40 Metern. Den Anzug hatte er aus widerstandsfähigem, kautschukbeschichteten Baumwollstoff hergestellt. Den Helm, den Siebe mit drei Fenstern gebaut hatte, rüstete er mit einem vierten Fenster am Helmfirst aus, was eine wesentliche Verbesserung war und wegweisend für alle nachfolgenden Tauchgeräte auf dem europäischen Kontinent wurde. Ansonsten war das Helmtauchergerät ebenso aufgebaut wie das von Siebe. Um das neue Produkt auf den Markt zu bringen, benutzte er die Bezeichnung des Abbé de la Chapelle von 1775 und nannte seine Konstruktion „Skaphander Cabirol“ - womit sich der Begriff „Skaphander“ von nun an für Helmtauchergeräte, und später vor allem in Frankreich auch für andere Tauchgerättypen, einbürgerte. Dieses Tauchgerät interessierte die französische Marine und sie verwandte es statt dem von Siebe.

Verbittert und in Wut und Zorn darüber, daß andere die Früchte seiner Arbeit ernteten und sein Name hinter dem von Siebe verblaßte, nahm sich Charles Deane am 7. November 1848 das Leben. Er hatte inzwischen noch einige kleinere Erfindungen zur Verbesserung von Schiffen gemacht, die allerdings unbedeutend waren - getaucht ist er nach 1839 wohl nie mehr. Im Gegensatz zu seinem Bruder verstarb John, der lange Jahre als Berufstaucher gearbeitet hatte, viele Jahre später als erfolgreicher, vermögender Mann in der Gesellschaft und Fürsorge einer Familie. Ihre offenen bzw. halboffenen Taucherhelme, die allgemein nur in geringen Wassertiefen von bis zu 20 Metern eingesetzt wurden, errangen aber selbst noch nach der Entwicklung des geschlossenen Taucheranzuges in der professionellen Taucherei eine gewisse Bedeutung. Auch heute wird dieser „Flachwasserhelm“ immer noch von Tauchern benutzt, beispielsweise in großen Aquarien oder von Touristen bei Spaziergängen unter Wasser, wie etwa in Florida oder bei den Bahamas.

Augustus Siebe wurde alt genug, um den vollen Erfolg des geschlossenen Anzuges mitzuerleben; als er im Jahre 1872 im Alter von 84 Jahren starb, war der geschlossene, elastische Helmtaucheranzug bereits in aller Welt eingeführt. Die von seinem Sohn Henry Siebe (1834-1887) und seinem Schwiegersohn, dem Iren William Augustus Gorman (1834-1904), gegründete Firma Siebe und Gorman war viele Jahre Englands führendes Unternehmen für die Herstellung von Taucherausrüstungen sowie tauchtechnischem Zubehör der verschiedensten Art. Es hat sich erst in den letzten Jahren vollkommen von der Tauchtechnik zurückgezogen.

Aber nicht nur in England und Frankreich, sondern auch in fast allen anderen Ländern der Welt wurde das erfolgreiche geschlossene Helmtauchergerät mit oft nur geringfügigen Veränderungen, die lediglich die Bauweise der einzelnen Helme betrafen, kopiert. Die verschiedensten Helmtypen sind heute begehrte Stücke bei einem kleinen Kreis eingefleischter Sammler. Die weltweit größte Sammlung von Taucherhelmen der verschiedensten Baujahre und Herkunftsländer ist im Museum von Leon Lyons in St. Augustin, Florida, zu finden.[70]

In Deutschland wurden ebenfalls schon frühzeitig, teilweise bereits ab 1870, von verschiedenen Firmen die Produktion von geschlossenen Helmtauchergeräten aufgenommen. Bekannte Namen sind hier die Firmen Clouth in Köln-Nippes, Flohr in Kiel, Ludwig von Bremen in Kiel und ihr Nachfolger Neufeldt und Kuhnke, Weinmann in Hamburg, Medi in Leibzig und vor allem Dräger in Lübeck. Auf die Firma Dräger, die für weitere Entwicklungen einen wesentlichen Schrittmacherdienst leistete, werden wir ebenso wie auf Siebe und Gorman später nochmals zurückkommen.

Das wichtigste Stück des sogenannten geschlossenen, elastischen Helmtaucheranzuges ist der mit bis zu vier dicken Glasfenstern versehene Helm, eine dickwandige Kupferkugel, deren Größe so bemessen ist, daß der Taucher den Kopf darin frei bewegen kann. Der Helm wird wasserdicht mit einem metallenen Schulterring des früher aus geöltem Leder, heute aus luft- und wasserdichtem Gummistoff angefertigten Anzuges verschraubt. Er besteht aus einem einzigen Stück und weist nur Hals- und Handöffnungen auf. Nachdem 1843 Charles Goodyear in den USA das Vulkanisieren von Gummi erfand, bestand die Möglichkeit, Kleidung aus wasserdichtem und reißfestem Gummi oder gummiertem Leinen herzustellen. Durch das Vulkanisieren erhöht man die Lebensdauer von Gummi oder Latex und man kann ihn durch Hinzufügen von Schwefel härten.

Die Abdichtung der Handöffnungen erfolgt durch besondere Armbänder, welche die in Gummimanschetten endenden Ärmel luft- und wasserdicht um das Handgelenk zusammenschließen. An den Füßen trägt der Taucher mit dicken Blei- oder Eisensohlen versehene Schuhe von je etwa 12 Kilogramm Gewicht. Sie dienen zusammen mit ebenso schweren Schultergewichten, von denen das eine auf der Brust, das andere auf dem Rücken hängt, zum Ausgleich des starken Auftriebs, den der Taucher in dem mit Druckluft gefüllten Anzug hat, und bewirken auch das selbsttätige Untersinken beim Beginn der Tauchtätigkeit.

Zum bloßen Untersinken würde eine Belastung von etwa 10 Kilogramm genügen; der zusätzliche Ballast muß dem Taucher aber unter Wasser noch ein Übergewicht verleihen, da er sonst im Wasser eher schweben würde und am Grunde nicht richtig arbeiten könnte. Vor allem aber hätte er auf dem Meeresboden kein nennenswertes Gewicht und könnte sich nicht gehend fortbewegen. Der Ballast hat also die wichtigste Aufgabe, dem Taucher Arbeit und Bewegung im Wasser zu ermöglichen. „Wenn irgendwer, so kann der Taucher es erfahren, daß das Gehen nur in einem abwechselnden Stützen und Fallen besteht. Legt er das Brustgewicht ab, so ist es ihm unmöglich, vorwärts zu gehen. Das Rückengewicht bringt eine Neigung nach hinten hervor; beim Heben eines Fußes fällt der Körper zurück, und der Taucher ist gezwungen, zur Stützung den aufgehobenen Fuß nach hinten zu setzen: Er hat einen Schritt rückwärts gemacht. Auch fühlt er sehr bald, daß zum Gehen eine gewisse Schwere nötig ist. Würde der Mensch nicht der Schwerkraft unterliegen, so würde ihm das Gehen unmöglich sein. Läßt daher der Taucher, um dem Übelstand des Rückwärtsgehens zu entgehen, auch das Rückengewicht fort, so daß ihn nur die schweren Bleisohlen am Boden festhalten, so kann er wiederum nicht gehen",[71] weil der Untertrieb des vorgestreckten Beines zu gering ist, um die Tragfähigkeit der Ausrüstung schnell genug zu überwinden. Erst die verschiedenen Gewichte in ihrer eigentümlichen Verteilung ermöglichen es dem Helmtaucher, sich unter Wasser so fortzubewegen, wie der Mensch es auf dem Lande tut. Die hohe Belastung macht ihm - so paradox es klingt - das Gehen im Wasser leicht.

In dem Helmtaucheranzug steckt der Taucher wie in einem luft- und wasserdichten Behälter. Die Atemluft wird ihm von außen durch eine Luftpumpe zugeführt, die durch einen mit dem Helm verbundenen Schlauch frische Luft in den Anzug preßt, während die verbrauchte durch ein Ventil ins Wasser strömt. Der Druck der eingeführten Luft muß genau dem Wasserdruck entsprechen, bzw. etwas höher sein, da der Luftdruck ja dem Wasserdruck entgegenwirken soll. Wie hoch der Luftdruck jeweils zu bemessen ist, ergibt sich also aus der Wassertiefe, in der der Taucher arbeitet. Sie wurde früher durch eine mit Knoten versehene Meßleine festgestellt, die gewöhnlich gleichzeitig als Signalleine und oft auch zum Hochziehen des Tauchers nach beendeter Arbeit diente. Dem Taucher stand nach der Erfindung von Ludwig von Bremen von 1877 zur Kommunikation mit der Überwasserwelt noch ein Sprech- und Hörschlauch zur Verfügung, während er heute batteriebetriebene Telefon- oder Funkverbindungen benützt. Um sich freier bewegen zu können, mußte sich der Helmtaucher Hilfsmittel wie etwa dem Taucherschlitten bedienen, also einem von einem Motorboot gezogenen Gefährt, das in den 20er Jahren unseres Jahrhunderts aufkam.

Zur Luftversorgung diente dem Taucher vielerorts noch bis zu Beginn unseres Jahrhunderts zweizylindrige Hebelpumpen, die von bis zu vier Mann gehandhabt wurden; gelegentlich kamen auch ein- bis zweizylindrige doppelwirkende oder zwei- bis vierzylindrige einfachwirkende Schwungradpumpen zur Verwendung. Die Luft trat durch den Helm in den Anzug ein. Der Helm besaß hierzu an der Rückseite einen Schlauchanschluß, von dem im Innern mehrere flache Kanäle nach vorn führen, um die Fenster klar zu halten und die Luft möglichst direkt der Nase zuzuführen. Man spricht hierbei von freier Helmatmung. Schließlich tritt die Luft durch ein mit Federn regulierbares seitliches Auslaßventil ins Wasser. In dem hierdurch ständig gegebenen Luftstrom atmete der Taucher. Da von der ununterbrochenen Luftzufuhr für ihn alles abhängt, wird der Luftschlauch, der frei im Wasser hängt und sich auf keinen Fall verklemmen darf, stets durch einen besonderen Mann überwacht. Mit dem Taucher selbst waren also mit Signalmann, Pumpenmannschaft und Sprecher für jeden Tauchertrupp etwa 7 Mann erforderlich.

Das Helmtauchen birgt seine eigenen Gefahren: Bei der Bergung der *Royal George* wurde zum ersten Male ein medizinischer Bericht über den „diver's squeeze" (das Zusammenpressen des Tauchers) verfaßt. Dieser Unfall entsteht, wenn der Luftschlauch eines Tauchers reißt und der Druck im Taucheranzug durch den defekten Schlauch entweicht. Dabei kann es vorkommen, daß der Taucher buchstäblich in den Helm eingezwängt wird, was meistens zum Tode führt. Wurde der Luftschlauch vom Helm getrennt, fehlte der Gegendruck und die den Taucher umgebende Luft wurde vom Wasserdruck zusammengepreßt. Wäre der gesamte Taucheranzug, einschließlich des Helmes, elastisch, könnte diese Volumenänderung zur Angleichung des inneren Drucks an den Außendruck führen. Da der Helm aber ein starres Gebilde ist, wird sein Volumen nicht verringert. Die Luft strömt aus dem Helm ab, der Luftdruck sinkt, und es entsteht somit eine Unterdruck im Helm. Das hat zur Folge, daß einerseits der Taucher von dem Unterdruck in den Helm gesaugt und zum anderen von dem auf seinem Körper lastenden Wasserdruck hineingepreßt wird.

Die ersten Helmtaucher waren beständig dieser Gefahr ausgesetzt, wenn ihre Luftschläuche defekt wurden. Man konnte damals noch keine ausreichend widerstandsfähigen Luftschläuche herstellen. Sie bestanden zunächst aus Gurtbahn-Röhren, die mit einem wasserdichten Gemisch aus Pech, Bienenwachs und Talk bestrichen waren. Die ersten hergestellten Helme hatten im Anschlußstutzen auch noch kein Rückschlagventil, das ein Entweichen der Anzugluft beim Riß des Luftschlauches oder defekter Pumpe verhindern konnte. Das federbelastete, gegen den Luftstrom schließende Rückschlagventil wurde erst 1875 von C.E. Heinke, London, eingeführt. Es ist am Taucherhelm ein Bauelement von größter Wichtigkeit.

Eine andere Variante des diver's squeeze, welche die gleichen Symptome wie bei Abriß des Luftschlauches aufweist, ist der von allen Tauchern gefürchtete Taucher-sturz, auch „Blaukommen" genannt. Diese Situation tritt ein, wenn ein Taucher beispielsweise von der Wasseroberfläche 10 Meter tief auf den Grund stürzt und der notwendige Luftnachschub zum Druckausgleich ausbleibt. Man hat es hierbei mit einer Schröpfwirkung zu tun: Der Innendruck des Taucheranzuges fällt beständig ab und der Außendruck überwiegt. Die im Anzug vorhandene Luft wird während des Sturzes kontinuierlich in den starren Helm hineingetrieben. Der Kopf steht also während des Sturzes unter einem geringeren Druck als der Körper, wodurch alle Körperflüssigkeit wie

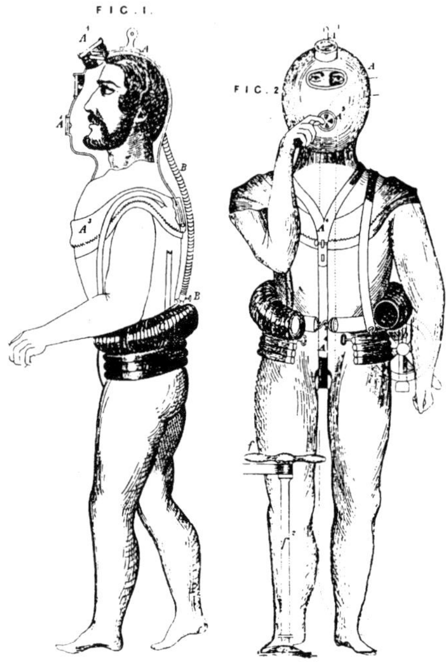

Zeichnung eines autonomen Helmtauchergerätes aus dem britischen Patent Nr. 590 von Wilhelm Bauer, 1860. Der Taucher sollte in einer speziellen Taucherkammer zum Meeresgrund transportiert werden, wo er aussteigen und kurzfristig frei arbeiten konnte. Sein Luftvorrat befand sich in einem Puffersack, der um seine Hüfte gewunden war.

in einer Mangel zum Kopf gepreßt wird. Durch das viele Blut nimmt der gesamte Bereich des Kopfes und der Schultern eine blauschwarze Färbung (daher „Blaukommen") an, was in den meisten Fällen zum Tod des Tauchers führt. Durch verschiedene, später entwickelte Vorrichtungen, wie etwa das als „Taucherautomat" bezeichnete, selbständig nachregulierende Ventil von Dräger, wurde auch dieses Risiko reduziert.

Trotz seiner Gefahren öffnete der Helmtaucheranzug dem Menschen das Tor zum Unterwasserraum nicht nur zum Bergen versunkener Güter, sondern vor allem auch für die Wissenschaft, die nun ein weiteres Stück in den großen Meeresraum mit seinen Geheimnissen eindringen konnte - auch wenn es sich zunächst noch auf die oberen Meeresregionen beschränkte.[72] Aber gerade hier ist das meiste Leben. Wo bisher Netze, Lote und Greifer für die Entnahme von Proben in der Tiefe tasteten, erscheint von jetzt an der Mensch selbst, um die Geheimnisse beobachtend und forschend zu entschleiern.

Der Schweizer Physiker Louis-Theodore Colladon war der erste Wissenschaftler, der selbst tauchte, wenn man Aristoteles mangels Beweis nicht mitzählt. Er tauchte am 8. September 1820 mit einer Taucherglocke 10 Meter tief auf den Grund des Meeres bei Howth bei Dublin in Irland und blieb dort eine Stunde lang.[73] Als einer der ersten Forscher, die mit dem Helmtauchergerät in die Tiefe stiegen, haben sich die der Pariser wissenschaftlichen Fakultät für Zoologie der Sorbonne hervorgetan. Der erste war bereits 1844 Professor Henri Milne-Edwards (1800-1885). In dem Buch *Zwanzigtausend Meilen unter dem Meer*, das 1869 erschien und damals als Fiktion galt, während es in Wirklichkeit Jule Vernes Dramatisierung tatsächlich existierender technischer Errungenschaften darstellt, sagt Professor Aronnax zu Kapitän Nemo, Milne-Edwards war „mein würdiger Lehrer". Milne-Edwards war der erste Wissenschaftler der Welt, der eine größere wissenschaftliche Tauchexpedition unternahm. Er beabsichtigte, „die Tiere des Meeres in ihren verborgensten Schlupfwinkeln aufzuspüren“ und wollte, anstatt aufs geradewohl von der Oberfläche aus mit Schleppnetzen zu arbeiten, selbst in die See hinabtauchen „in beglückender, völliger Handlungsfreiheit“.

Sein Vorhaben hoffte er mit Hilfe eines offenen Taucherhelmes mit Glasfenster und einer gefütterten Lederjacke durchführen zu können. Die beiden Ausrüstungsgegenstände sowie die Pumpe waren nach den Angaben Oberst Paulins, des Kommandanten der Pariser Feuerwehr, gearbeitet und für Feuerwehrleute in überschwemmten Kellern gedacht.

Das erste größere Tauchunternehmen in der Geschichte der Wissenschaft erfolgte in Sizilien im Hafen von Milazzo. Vier Mann bedienten die Luftpumpe, und der Professor begann in 4 Meter Tiefe die Hohltiere in der Unterwasserlandschaft zu studieren. Er war so hingerissen, daß er bei seinem ersten Tauchversuch gleich eine halbe Stunde unten blieb. Sein Kollege Armand de Quatrefages beobachtete ihn vom Boot aus und behielt ständig den Luftschlauch im Auge: „Nur Gott weiß“, schrieb er später, „mit welcher Besorgnis ich auf die geringste Bewegung der Leine achtete. Der kleinste Fehler hätte Milne-Edwards das Leben kosten können. Es bedarf sicherlich eines Studieneifers von unter den heutigen Naturforschern seltenem Ausmaß, um ein so gefährliches Wagnis zu unternehmen“. Später wagte sich Milne-Edwards bis in eine Tiefe von 8 Metern und blieb dort 45 Minuten, um Meeresschnecken zu sammeln.

Milne-Edwards war seinen Kollegen um 40 Jahre voraus, der nächste tauchende Biologe war Anton Dohrn, der Gründer der Zoologischen Station in Neapel. Er tauchte 1878 mit einem geschlossenen Taucheranzug zunächst im Kieler Hafen. Begeistert von den neuen Möglichkeiten des Gerätes nahm er einen Anzug mit nach Neapel und erforschte dort jahrelang die Bucht und ihre Umgebung gründlich unter Wasser.

An der französischen Küste setzte in den 90er Jahren des 19. Jahrhunderts eine Reihe von interessanten Taucheruntersuchungen ein. Hermann Fol begann seine 1890 veröffentlichten Beobachtungen im Taucheranzug etwa 1887 an der französischen Rivieraküste von seinem damaligen Laboratorium in Nizza bzw. von seiner Yacht aus. 1892 beschäftigte sich Louis Boutan in der Zoologischen Station Arago bei Banyuls an der französischen Pyrenäengrenze mit der Entwicklungsgeschichte eines Weichtieres. Da die künstliche Larvenaufzucht im Labor mißglückte, wollte er Larven lebend fangen und lernte tauchen. Dabei wurde er von der unvergleichlichen Schönheit der unterseeischen Landschaft so beeindruckt, daß er sich als erster auf ein vollkommen neues Gebiet begab, das ihm viel zu verdanken hat: der Fotografie unter Wasser. Er verfolgte diese Pläne ein Jahrzehnt mit großer Hartnäckigkeit, aus dem Gedanken heraus, daß es unmöglich ist, dem

Nichttaucher durch mündliche oder schriftliche Wiedergabe ein nur annähernd lebenswahres Bild jener Welt unter Wasser zu entwerfen. Boutan schloß seine Arbeiten 1900 mit einem Buch ab, für seine Zeit und die damalige Technik war er sehr weit gekommen.

In Florida wurde ebenfalls um die Jahrhundertwende die Taucherei bei Tarpon Springs durch die griechischen Schwammtaucher eingeführt, die wie im heimischen Mittelmeer bald nach ihrer Erfindung die Helmtaucherausrüstung benützten. 1906 wurde in Florida der Bahnkörper von Homestead nach Key West gebaut, um die Schiffsverbindung vom Festland nach Kuba zu verkürzen. Dazu wurden zahlreiche Taucher eingesetzt, die mit offenen Taucherhelmen in bis zu 18 Meter Tiefe arbeiteten.

Westlich von Key West liegt in der Gruppe der Dry Tortugas eine kleine Insel mit dem Fort Jefferson, in dem damals die Anstalt für Marine Biologie der Carnegie-Institution eingerichtet war. Ihr Direktor A.G. Mayer (später Mayor) führte 1915 den von W.S. Dunn in Miami konstruierten offenen Taucheranzug ein, die Miller-Dunn ab August 1916 baute und bis in unsere Tage vertrieb. Ihr erster Benutzer auf den Tortugas war der Zoologe William H. Longley, der vor dem Fort Jefferson unter Wasser fotografierte, und zwar zum ersten Male in Farbe. Er hatte beim Tauchen entdeckt, daß die Fische in der freien Natur sich anders verhielten und anders aussahen als im Aquarium, und kam zu der Ansicht, daß diese Taucherbeobachtungen durch Farbfotografien unter Wasser festgehalten werden müßten.

Ermutigt durch den großen Erfolg, den Wissenschaftler bei ihren Forschungen auf dem Meeresgrund mit dem Helmtaucheranzug hatten, fanden sich nun in rascher Folge immer mehr Anwender. 1923 fuhr beispielsweise William Beebe, der Direktor des Department of Tropical Research der New Yorker Zoologischen Gesellschaft, zu den Galapagos-Inseln, Haiti und den Bermudas. Zu seiner Ausrüstung gehörten einige offene Taucherhelme. Er stieg mit ihnen an den verschiedenen Plätzen bis zu 15 Meter tief hinab. Später wurde Beebe vor allem durch seine Vorstöße mit seiner Tiefseetauchkugel bekannt.

In den 60er und 70er Jahren des vorigen Jahrhunderts war die Entwicklung des Helmtauchergerätes so weit vorangeschritten, daß man am Grundprinzip des Gerätes nicht mehr viel verbessern konnte. Die Tauchtiefen lagen, gegeben durch entsprechend starke Handpumpen, bei etwa 45 Metern. Die Helmtauchergeräte verdrängten die schweren und unhandlichen Taucherglocken und teilweise auch die Caissons und wurden fortan für fast alle Anwendungsfälle eingesetzt. Man erreicht mit diesem Tauchgerät eine verhältnismäßig große Bewegungsfreiheit, konnte sich lange Zeit unter Wasser aufhalten und somit schwerste Arbeiten erfolgreich durchführen. Weltweit entstanden in den großen Häfen neue Unternehmen für Taucherarbeiten, die Helmtaucher beschäftigten. Überall ging man nun mit dieser verbesserten Ausrüstung daran, die wertvollen, mit bisherigen Mitteln nur schwer zugänglichen Wracks zu heben, und viele Schätze, die man für immer verloren glaubte, kamen wieder ans Tageslicht.

Mit der Erfindung des geschlossenen Helmtaucheranzuges begann nun auch die Zeit, in denen Taucher sagenhafte Heldentaten unter Wasser verbrachten - wenn auch oft nur in den Augen der auf dem Lande lebenden Bevölkerung, für die das tiefe Meer und seine unbekannten Lebewesen immer noch etwas Unheimliches und Bedrohendes darstellte. Wenn auch viele der heute überlieferten Berichte von Tauchern, die gefährliche Arbeiten unter Wasser durchführten, teilweise übertrieben erscheinen, so muß ihnen doch hohe Ehre gezollt werden: Sie drangen in ein unerforschtes Gebiet ein, mit unbekannten Gefahren, mit einer Ausrüstung die durch ihre schwachen Werkstoffe noch lange nicht ausgereift war, und in vollkommener Unkenntnis der großen Gefahren, die ein längeres Arbeiten unter Druckluft in größeren Tiefen mit sich brachte.

Sieht man von einigen Modernisierungen ab, hat sich das Prinzip des geschlossenen Helmtauchergerätes bis zum heutigen Tag nahezu unverändert erhalten. Alle nachfolgenden Tauchgeräte von anderen Herstellern bauen fast unverändert auf der Variante von Augustus Siebe auf. Man stellte aber nach seiner Erfindung fest, daß trotz all seiner Vorteile der lange Luftschlauch den Arbeitsbereich des Tauchers erheblich einschränkte und ihn bei vielen Arbeiten sogar stark behindert. Weiterhin mußte der Taucher, obwohl man den Luftdruck oben stets der Wassertiefe anzupassen versuchte, häufig durch Bedienung eines Ausgleichventils und Regelung der Helmventilfeder für die Regelung des Luftdruckes im Anzug sorgen.

Der oberflächenversorgte Helmtaucheranzug konnte also trotz all seiner Vorzüge und neuen Möglichkeiten den schon zu allen Zeiten geträumten Wunsch nach einem oberflächenunabhängigen, autonomen Tauchgerät nicht befriedigen. Erst Anfang unseres Jahrhunderts wurde der Bau von autonomen, also von der Oberflächenluft unabhängigen Helmtauchergeräten möglich. Zuvor waren aber eine Reihe neuer Erfindungen notwendig, die nicht nur die rein technischen sondern vor allem auch die physischen Aspekte des Tauchens betrafen.

Atemgas- und Druckforschung

Das Problem der Druckdifferenz zwischen Wasseroberfläche und Aufenthaltsort in der Tiefe ließ alle Tauchversuche früherer Jahrhunderte - vom Apnoetauchen abgesehen - scheitern, bis man auf den Gedanken kam, dem Taucher von oben her Druckluft nachzupumpen, und so den Luftdruck im Taucheranzug, also auch den Druck in den Lungen des Tauchers, dem Druck des Wassers auf die Körperoberfläche anzupassen. Dies führte nach einer Vielzahl von Versuchen mit den unterschiedlichsten Ansätzen schließlich im 19. Jahrhundert zu den Helmtauchergeräten.

Seit dieser Zeit ist ein reicher medizinischer Erfahrungsschatz - oft infolge unglücklicher Unfälle - darüber zustandegekommen, wie der menschliche Körper auf Belastungen unter Druckluft reagiert.[74] So wirkt der Stickstoff der geatmeten Druckluft ab gewissen Tiefen und somit Drücken narkotisierend, der Sauerstoff sogar toxisch, und sehr hoher Druck löst zentralnervöse Symptome aus.

Gegen Ende des 19. Jahrhunderts war die Welt von einem fieberhaften Drang nach großen Bauten besessen, darunter auch viele, die vom Wasser her gebaut wurden wie Quais, Brücken und Leuchttürme. Um diese von Wasser umspülten Fundamente herstellen zu können, richteten die Ingenieure Caissons ein, jene Kästen also, in denen Arbeiter unter komprimierter Luft auf dem Meeresboden arbeiteten. In Deutschland wurde erstmals 1859 ein solcher Caisson beim Bau der Pfeiler für die Rheinbrücke in Kehl eingesetzt.

Doch gerade, als der Mensch begann, sich eingehender mit der Unterwasserwelt zu beschäftigen, stoppte eine Reihe von unerklärlichen Unfällen den Fortschritt. Viele Taucher starben sogar plötzlich: sie waren Opfer einer damals noch unbekannten „Caisson“-Krankheit. Wie die Namen Caisson-, Dekompressions- oder Druckluftkrankheit andeuten, traten die Komplikationen auf, als nach Erfindung der Druckluftpumpe die zunächst simple Taucherglocke zum Caisson weiterentwickelt worden war. Die Männer arbeiteten in ihnen oft bis zu 10 oder 12 Stunden täglich unter schweren Bedingungen, und wesentlich länger, als Helmtaucher normalerweise ununterbrochen unten bleiben. In der Pionierzeit dieser Technik klagten viele, sobald sie wieder unter Normaldruck kamen, über Gelenkschmerzen; gelegentlich gab es ernstere Probleme wie Taubheitsgefühl, Muskelschwäche, Lähmungen sowie Verlust der Blasen- oder Darmkontrolle. Einige Betroffene starben sogar. Diese Symptome traten vereinzelt auch bei Helmtauchern auf, die tiefer als 20 Meter tauchten, dort längere Zeit verweilten und dann schnell austauchten. Überraschenderweise erholten sich viele Betroffene ohne Zutun; einige aber blieben für den Rest ihres Lebens behindert.

Lange Zeit konnte man hierfür keine Erklärung finden und man nahm diese Berufskrankheit einfach in Kauf. Die anglo-amerikanische Bezeichnung *bends* erhielt die Caisson-Krankheit beim Bau der stählernen Brücke von St. Louis über den Mississippi in den Jahren 1867 bis 1874. Wegen der Gelenkschmerzen liefen die Arbeiter manchmal mit leicht vorgebeugter, affektiert erscheinender Haltung, wie sie als „Grecian Bend" (wörtlich: griechische Biegung) bei der Damenwelt dieser Zeit Mode war. Von den insgesamt rund 600 Arbeitern, die dort in den Caissons tätig waren, bekamen allein 119 die ernsteren, neurologischen Störungen; 14 davon starben sogar.

Noch mehr Todesopfer - es waren fast zwei Dutzend - forderte die New Yorker Brooklyn-Brücke, bei deren Bau die Caissons auf bis zu 24 Meter Tiefe abgesenkt wurden. Die Ärzte suchten vergeblich nach den Ursachen dieser Krankheit, nannten als solche gewöhnlich Kälte und Feuchtigkeit und verordneten Whiskey oder Rum. Man machte aber auch die Erfahrung, daß sich manche Beschwerden wie Gelenk- und Muskelschmerzen nach Rückkehr in den Caisson häufig besserten.

Aus alten Büchern kann man entnehmen, daß man über die Eigenschaften der Luft vor zweihundert Jahren noch sehr geteilter Meinung war. Es wurde sogar bestritten, daß es dies lebenswichtige Gas überhaupt gibt. Wie wenig man von der Eigenschaft von Druckluft beim Tauchen noch Mitte des letzten Jahrhunderts wußte, verdeutlicht uns ein köstlich-naiver Leitartikel der New Yorker *Daily Times* vom 24. August 1854. Im Hinblick auf die kurz zuvor aufgekommenen Helmtaucheranzüge und ihre Versorgung mit Druckluft führt der Verfasser aus: „Die verdichtete Luft, die die Taucher zu atmen genötigt sind, liefert ihnen in einer gegebenen Zeit eine größere Menge Sauerstoff und erhöht ihre Körperkraft vorübergehend ganz gewaltig. Man weiß von einem Taucher, der bei Portsmouth in England in einer Tiefe von 27 Meter während seiner Arbeit eine Eisenstange fast ganz umbiegen konnte, die oben der Kraft von vier Männern trotzte. Am selben Ort, in fast 30 Meter Tiefe, begannen zwei Taucher bei der Arbeit zu streiten und wurden schließlich handgemein; einer von ihnen versetzte unter dem Einfluß seiner vermehrten Sauerstoffzufuhr und seiner Wut dem anderen so heftige Schläge mit der Faust auf seinen Metallhelm, daß er ihn eintrieb, und der Mann tot heraufgezogen wurde."

Der erste, der sich ernsthaft mit dem Problem der Druckkrankheit beschäftigte war Paul Bert (1833-1886), ein Physiologieprofessor aus Paris. Sein Hauptwerk *La Pression Barométrique* erschien 1878 und wurde viele Jahrzehnte hindurch als Lehrbuch für Taucher verwandt. Er stellte darin klar, daß die Caisson-Krankheit durch ein gefährliches Zusammenwirken von Tauchtiefe, Tauchzeit und Atemluft des Tauchers hervorgerufen wird.

Bert begann sich zunächst für die Atmungsschwierigkeiten der Ballonfahrer und Bergsteiger zu interessieren, die in der dünnen Luft großer Höhen auftreten. Dies führte ihn dann von selbst zum Studium der Druckverhältnisse in der Tiefe des Meeres, also unter den entgegengesetzten Verhältnissen. Er sammelte zunächst medizinische Berichte über Fälle von Taucherkrankheit, die in den Caissons bei Brückenbauten in Frankreich und Amerika aufgetreten waren. Bert stieß dabei auch auf die Untersuchungen von Robert Boyle (1627-1691), der viele Experimente mit Gas und seinen Eigenschaften durchgeführt hatte und 1670 unter anderem auch feststellte, daß sich Gase im Blut lösen und sich bei plötzlicher Druckabsenkung Gasblasen bilden. Auch der deutsche Physiologe Ernst Felix Hoppe-Seyler (1825-1895) hatte bereits wertvolle Vorarbeiten geleistet. 1857 hatte Hoppe-Seyler seine Theorie der Gasblasen-Embolie bei Dekompressionskrankheiten aufgestellt, und 1869 veröffentlichte auch Leroy de Mericourt einen medizinischen Bericht zu dem Thema.

Es waren aber besonders die Erfahrungen des jungen Alphonse Gal, des ersten Arztes, der 1866 zu medizinischen Forschungszwecken selbst tauchte, die Bert in Erstaunen versetzten. Gal begleitete 1866 eine französische Schwammtaucherexpedition ins Ägäische Meer, die die griechischen Schwammtaucher zum ersten Male mit Taucheranzügen bekannt machten. Es handelte sich dabei um das bemerkenswerte Regulatortauchgerät, eine bedeutende Konstruktion von Benoit Rouquayrol und Auguste Denayrouze, auf die wir noch später ausführlicher zurückkommen werden.

Gal brachte französische Taucher mit und warb griechische zusätzlich an, denen Rouquayrols Bedienungsvorschrift in griechischer Sprache geliefert wurde. Als die Tauchergruppe eine nahezu unglaubliche Schwammernte einbrachte, brachen unter den einheimischen Tauchern, die noch im alten Stil in Apnoe tauchten, Unruhen aus; sie zerschlugen eine Anzahl der neuartigen Tauchgeräte und verprügelten die Taucher, die sie benutzt hatten. Aber der Fortschritt läßt sich nicht bremsen, und so waren schon 10 Jahre später in Griechenland bereits 300 der Regulatorgeräte in Gebrauch.

Die Griechen blieben mit dem neuen Atmungsgerät stundenlang unter Wasser, zuweilen in Tiefen bis zu 40 Meter. Gal tauchte selbst über 24 Meter tief, um seine Empfindungen zu registrieren und die Taucher beim Schwämmesammeln zu beobachten. Er zählte anhand der beim Regulatorgerät deutlich erkennbaren Ausatmungen ihre Atemzüge pro Minute und bemerkte auch bei vielen mit dem Druckluftgerät tauchenden Griechen Blutungen aus Mund und Nase beim Auftauchen.

Bert las Gals Berichte über die Taucher, die zu Tode gekommen oder erkrankt waren und machte sich dann an die Aufgabe, die Ursachen zu erforschen. Er fand zum Beispiel heraus, daß das Einatmen von reinem Sauerstoff bei hohem Luftdruck tödlich wirkt. Für die Durchführung seiner sehr detaillierten Versuche erfand Bert zahlreiche Geräte und Apparate. Seine Untersuchungsergebnisse warfen alle vorhergehenden Theorien über die physiologischen Bedingungen beim Tauchen um. Seine wichtigste Entdeckung war aber die Auswirkung von unter Druck eingeatmeten Stickstoff, die gleichzeitig die Erklärung für die Entstehung der Caisson-Krankheit enthielt.

Die Atemluft ist ein Gasgemisch, das sich aus verschiedenen Gasen zusammensetzt, wobei Sauerstoff mit 21%, Stickstoff mit 78% und ein Edelgasrest, der mit 1% zunächst keine weitere Bedeutung hat, vertreten sind. Diese prozentuale Zusammensetzung unserer Oberflächenluft bleibt immer konstant. Wichtigstes Bestandteil ist der lebensnotwendige Sauerstoff zur Verbrennung und Energieerzeugung, um die Körperfunktionen aufrechtzuerhalten. Die Versorgung des menschlichen Organismus mit Sauerstoff beginnt mit der Atmung über die Lunge; die Lunge entzieht der Atemluft einen Teil des Sauerstoffs, der über das Blut den Körperzellen zugeführt wird und die Basis für die dann ablaufenden Stoffwechselprozesse ist. Als Abfallprodukt des Stoffwechsels fällt Kohlendioxid an, das wiederum über das Blut zur Lunge zurückgeführt und ausgeatmet wird. Der Gasaustauschprozeß in der Lunge besteht also aus einer Reduzierung des Sauerstoffgehalts der Einatemluft und auf dem Gegenweg in einer Kohlendioxidanreicherung der Ausatemluft. Der Stickstoff ist an diesem Gasaustausch nicht beteiligt.

Eine bestimmte Luftmenge ist ständig im Blut und im Gewebe gelöst; je mehr der Druck mit zunehmender Tiefe ansteigt, desto stärker reichern sie sich mit Gas an. Wird mit Druckluft in geringen Tiefen bis zu 10 Metern getaucht oder beträgt der Aufenthalt in größeren Tiefen nur wenige Minuten, so entsteht kaum ein Risiko, da sich das Gas wegen des geringen Druckes bzw. der zu kurzen Zeit nicht in schädlichen Mengen im Körper lösen kann. Er gibt auch bei längeren und tieferen Tauchgängen kein Dekompressionsproblem, solange der Druck nicht verringert wird. Läßt er jedoch schlagartig nach, zum Beispiel dann, wenn ein Taucher oder ein Caisson-Arbeiter zu schnell an die Oberfläche steigt und damit Druckentlastet wird, kann der Körper das überschüssige Gas nicht schnell genug über die Lunge abatmen. Das in Lösung befindliche Gas, in der Hauptsache Stickstoff, beginnt im Blut auszuperlen und Bläschen zu bilden.

Die Stickstoffbläschen behindern die Zirkulation des Blutes, wobei es zu einer gefährlichen Unterversorgung von Nervensystem und Gehirn kommen kann, was die Ursache der Caisson-Krankheit ist. „Je größer die Tiefe und je länger der Aufenthalt unter Wasser, um so mehr Gas löst sich im Blut auf", hatte 1860 auch schon der französische Forscher Leroy de Mericourt erklärt. „Vom physikalischen Gesichtspunkt aus betrachtete, ist der Taucher eine Flasche mit Sodawasser!". Diese Erkenntnisse waren aber zu dieser Zeit leider noch nicht weit verbreitet.

Neben den überwiegend leidvollen Erfahrungen wird aber auch eine besonders humorvolle Geschichte im Zusammenhang mit diesen physikalischen Gegebenheiten von dem großen englischen Tauchtechniker Robert Davis erzählt. Danach ging Mitte des letzten Jahrhunderts während eines Tunnelbaues unter einem Fluß eine Gesellschaft von Politikern hinab, um den Augenblick zu feiern, da die beiden Tunnelhälften zusammenstoßen würden. Dabei tranken sie Champagner und waren einigermaßen enttäuscht, wie lau und unlebendig er in den Gläsern war. Das kam natürlich vom erhöhten Umgebungsdruck, bei dem das Kohlendioxid im Champagner keine Blasen bildete, sondern gelöst blieb. Als die Stadtväter wieder an die Oberfläche gelangten, revoltierte der Wein in ihren Mägen, blähte sie auf und schäumte ihnen sozusagen aus Mund und Nase. Einer der Honoratioren mußte auf schnellstem Wege wieder in die Tiefe transportiert werden, um den Champagner wieder unter Druck zu bringen...

Bert sah zwei Möglichkeiten, der Taucherkrankheit zu begegnen: Zunächst, das Auftauchen so langsam vorzunehmen, daß der Körper des Tauchers sich unter Wasser „dekomprimieren", das heißt, den Stickstoff allmählich abbauen konnte. Zum anderen, wenn die Krankheit bereits eingetreten war, den Taucher in einer Druckkammer künstlich wieder dem unter Wasser herrschenden Druck auszusetzen, damit der Stickstoff sich wieder im Blut und in den Geweben löste. Hatte man ihn auf diese Weise rekomprimiert, konnte man ihn nun mit der gebotenen Vorsicht dekomprimieren, indem man für jedes bar Druckreduzierung eine Gewöhnungszeit von 20 Minuten ansetzte. Hat ein Taucher in 30 Meter Tiefe gearbeitet, also unter einem Druck von 4 bar gestanden, so benötigte er zum Auftauchen eine Stunde.

Diese Regeln von Bert waren wegweisend für alle nachfolgenden Forschungen. Leider konnte Bert sie selbst nicht mehr weiterführen, denn nach Veröffentlichung seines Werkes wurde er Unterrichtsminister und später, 1886, nach Indochina gesandt mit dem Auftrag, in Tongking eine neue Provinzialregierung aufzustellen. Er tat dies mit großem Schwung und Tatendrang, verstarb aber schon 5 Jahre später plötzlich im Alter von 53 Jahren an der Ruhr.

Es dauerte noch einige Zeit, bis Berts Forschungsergebnisse in vollem Umfang praktisch angewandt wurden, und zwar geschah dies vor allem durch John Scott Haldane (1860-1936). Er war Doktor der Medizin, Bergsteiger und einer der größten Physiologen seiner Zeit.[75] Ursprünglich hatte Haldane ebenso wie Bert nicht die Absicht, sich um den Gesundheitsschutz der Taucher zu kümmern. Er interessierte sich für die Auswirkungen der schlechten Luft auf den menschlichen Organismus in Elendsvierteln, Fabriken, Abwasserkanälen, Eisenbahntunnels und Bergwerken. Die heutigen modernen Sicherheitseinrichtungen in unseren Bergwerken gründen sich auf Haldanes Untersuchungen der Grubengase und der tödlichen, entzündlichen Schwaden aus Kohlenstaub und Luft, die nach einer Grubenexplosion durch die Stollen und Schächte ziehen.

Haldanes wesentlichster Beitrag zur Erforschung der menschlichen Atemtätigkeit war die Erkenntnis, daß die normale Atmung ausschließlich vom Druck des Kohlendioxids im Atemzentrum abhängt. Zusammen mit J.G. Priestley schrieb er 1905 einen Bericht über diese Entdeckung. Haldane erkannte, daß auch die Taucher unter den Auswirkungen unzulänglicher Theorien und gefährlicher Arbeitsverfahren zu leiden hatten. Er machte deshalb der Admiralität den Vorschlag, eine Studienkommission für die wissenschaftliche Erforschung des Tauchens einzusetzen. Im Jahre 1906 ernannte die Admiralität eine Kommission, bestehend aus Haldane, drei Kapitänen und A.E. Boykott vom Lister-Institut als Vertreter der Ärzteschaft. Anschließend mußten geeignete Taucher als Mitarbeiter gefunden werden. Haldane fand die Männer, die er brauchte, auf der *Excellent*, dem Schulschiff der Kriegsmarine für Taucher und Artilleristen. Der erste war der Leutnant Guybon C. Damant, der zweite der Maat Andrew Yule Catto.

Haldane nahm mit seiner kleinen Gruppe die Arbeit dort wieder auf, wo Paul Bert vor 28 Jahren aufgehört hatte. Er und sein Team wollten nun Berts Ergebnisse in praktische Handlungsempfehlungen umwandeln. Zunächst sammelten sie deshalb Erfahrungsberichte über die Erreichung von Tiefen jenseits der damals bei der Marine üblichen 30-Meter-Tauchgrenze. Am tiefsten war eine Gruppe schwedischer und griechischer Taucher 1904 in Griechenland auf der Höhe von Patras getaucht. Die Männer hatten das Wrack des Zerstörers *Chamois* in 57 Meter Tiefe untersucht und waren dabei jeweils 10 Minuten auf der Tiefe geblieben. Das war nahezu das Doppelte des Standards und klang vielversprechend, nur mußten Haldane und seine Leute einen Weg finden, solche Tiefen *gefahrlos* zu erreichen!

Haldane setzte zunächst Ziegen einem Druck aus, der 60 Meter Wassertiefe entsprach. Dabei bemerkte er, daß ein fetter Ziegenbock weniger anfällig für die Dekompressionskrankheit zu sein schien, als ein magerer. Später fuhr das Team von Haldane zu praktischen Tauchversuchen hinaus auf See. Die Tauchversuche wurden von Bord der *Spanker* aus durchgeführt, wo Haldane und seine Mitarbeiter von Tag zu Tag in größere Tiefen vorstieß. Den tiefsten Abstieg führte Damant in einer Tiefe von 63 Meter durch. Er überstand die außergewöhnliche Tauchleistung ohne Schaden, und erst 8 Jahre später wagte sich ein Taucher wieder so tief hinab.

Wie erreichten die Taucher diese große Tiefe, ohne an der schweren Dekompressionskrankheiten zu sterben? Haldane war zu denselben Schlüssen gelangt wie Paul Bert, und zur Verhinderung von Unfällen gebot er, auf eine allmähliche Verringerung des Druckes zu achten: Es galt, in verschiedenen Tiefen Pausen einzuschalten, ihre Dauer wurde genau berechnet. Haldane erarbeitete anhand eines empirischen, den Stoffwechsel im menschlichen Körper sehr stark vereinfachenden mathematischen Modells Dekompressionstabellen, aus denen abzulesen war, wie lange man sich in welcher Tiefe theoretisch ohne übermäßiges Risiko aufhalten konnte. Aus ihnen geht die jeweilige sogenannte Nullzeit hervor, innerhalb derer der sofortige ununterbrochene Aufstieg mit langsamer Geschwindigkeit noch möglich ist, und auch, in welche Etappen mit wie langen Pausen der Aufstieg bei längeren Tauchgängen einzuteilen ist. Im damals in England üblichen System der Längeneinheiten (Feet) wählte er die Dekompressionsstufen im Abstand von 10 Feet (3 Meter). Haldanes Bericht über diese Tauchversuche und die Austauchtabellen wurde 1907 in seinem Buch *Respiration* veröffentlicht. Seine Erkenntnisse verbreitete sich jedoch nach wie vor nur langsam, denn noch 1909 kam es bei Arbeiten am East-River-Tunnel in New York für die Pennsylvania Road zu 3.692 Fällen der Dekompressionskrankheit, von denen 20 tödlich endeten.

Durch Haldanes Berechnungsgrundlagen konnte man nun aber die Dekompressionsunfälle erfolgreich bekämpfen, indem der verunglückte Taucher sofort nach dem Austauchen in eine Dekompressionskammer gebracht wurde und mit Druckluft auf seine entsprechende Tauchtiefe gedrückt wurde. Dadurch bildeten sich die entstandenen Gasbläschen wieder zurück, und die Schmerzen ließen augenblicklich nach. Nun mußte man nur noch nach den Vorschriften der Dekompressionstabellen den Druck in der Kammer reduzieren und so den Taucher an Normalniveau zurückholen.

Mit der Zunahme taucherischer Aktivitäten und dem Aufleben der Bautätigkeit um die Jahrhundertwende bestand eine verstärkte Nachfrage nach verbesserten Auftauchtabellen, um größere Sicherheit bei tieferen Tauchgängen zu erhalten. Wichtige Fortschritte in Tauchtechnik und -medizin wurden dabei neben England und Frankreich auch in Deutschland gemacht. Bereits im Jahre 1889 erschien die erste medizinische Dissertation[76] zum Thema der Dekompressionskrankheiten („Luftdrucklähmung“) in deutscher Sprache. In Deutschland sind aber vor allem der Firma Dräger Fortschritte auf diesem Gebiet zu verdanken.

Die deutsche Firma Dräger und Gerling wurde 1889 in Lübeck gegründet und beschäftigte sich zunächst mit der Entwicklung und Herstellung von Armaturen und Kohlendioxid-Reduzierventilen für Bierdruckanlagen. Um die Jahrhundertwende war man mit der Konstruktion von Hochdruckpumpen und Druckluftflaschen aus Stahl soweit vorangekommen, daß man hochkomprimierte Gase wie Kohlendioxid und Sauerstoff in diese Druckflaschen füllen konnte. Der zu dieser Zeit erreichbare Druck lag bei etwa 150 bar.

Dräger erkannte die Möglichkeiten der gerade aufgekommenen Hochdrucktechnik und entwickelte neben den Reduzierventilen verschiedene medizinische Sauerstoffbeatmungs- und Wiederbelebungsgeräte. Von hier aus war es nur noch ein kleiner Schritt bis zu Atemgasforschung, und so kam Dräger Anfang unseres Jahrhunderts auch zur Tauchtechnik. Die Drägerwerke genießen auf dem Sektor der Tauchtechnik noch heute weltweit einen glänzenden Ruf. Neben den Gründern des Werkes aus der Familie Dräger war es vor allem der Oberingenieur und langjährige Direktor Hermann Stelzner (1884-1942), dem hier die entscheidenden Fortschritte zu verdanken sind.

Stelzner wurde am 2. August 1884 auf Gut Neuhof bei Ahrensbök in Holstein geboren. Nach dem Besuch der Realschule in Lübeck erlernte er das Schlosserhandwerk und war Maschinenbauvolontär in der Werkstatt der Lübeck-Büchener Eisenbahn-Gesellschaft. Von dort kam er als Schiffbaupraktikant zu einer Schiffswerft in Lübeck und besuchte dann die Höhere Maschinenbauschule in Hamburg. Nach Studienabschluß fuhr er als Ingenieurassistent der Reederei Podeus, Wismar, zur See.

Im Frühjahr 1906 begann er seine Tätigkeit im Drägerwerk und kam in ein enges Assistentenverhältnis zu Bernhard Dräger, der ihm den technischen Ausbau seiner Erfindungen für den Alkalipatronen- und für den Umfüllpumpenbau anvertraute. Schon 1908 wurde Stelzner in die beginnenden Versuche für Luftreinigung in Unterseebooten eingeschaltet, die er durch eigene physiologische Arbeiten fördern half. Nach dem Unfall des französischen Unterseebootes *Pluvoise* im Sommer 1910 - er kostete der Schiffsbesatzung das Leben - begab sich Stelzner auf das Gebiet des Tauchrettens. Mit dieser Ausweitung seines Arbeitsgebietes beschritt er nun einen Weg, der ihm ein Lebensziel bot. Denn vom einfachen Tauchretter, einem Austauchgerät zum Verlassen havarierter Unterseeboote, kam er zur allgemeinen Tauchtechnik.

Bei einer Weltreise im Jahre 1913 lernte Stelzner die verschiedensten Typen von Tauchgeräten und Tauchmethoden kennen. Er reiste mit schwerstem Tauch-

Der brillante Tauchtechniker Hermann Stelzner erfand viele Neuerungen und verstarb 1942 leider viel zu früh, so dass er den Siegeszug des Schwimmtauchens nicht mehr miterleben konnte.
(Foto: Drägerwerk AG, Lübeck)

Bereits vor dem Ersten Weltkrieg besaß die Firma Dräger in Lübeck einen grossen Druckkessel, in dem sie Versuche mit Tauchern durchführte. Siebe und Gorman in England besaß eine ähnliche Vorrichtung. (Foto: Drägerwerk AG, Lübeck)

gepäck um die Erde, um den Vorsprung der deutschen Tauchtechnik der ganzen Welt zu demonstrieren. Neben seinen Arbeiten im Bereich der Tauchtechnik widmete sich Stelzner aber auch den Lebensbedingungen in unatembarer Luft und großen Höhen - im Hochgebirge, in hohen Luftschichten, in der Stratosphäre - wobei er den schöpferischen Gedanken seines Seniorchefs Heinrich Dräger folgte. 1929 gewann ihn Auguste Piccard für den Einbau einer Luftregenerationsanlage in die Gondel seines Stratosphärenballons, mit dem Piccard am 27. Mai 1931 eine Höhe von 15.718 Meter erreichte. Eine ganze Reihe patentierter Werkserfindungen kennzeichneten diesen Teil von Stelzners Wirken. Manche seiner Erfindungen und Erkenntnisse erprobte er im Rahmen von teilweise sehr gefährlichen Selbstversuchen. Ein besonders prägnantes Beispiel für seinen schonungslosen Forschergeist bezeugt ein Selbstversuch im Juli 1914 auf 79 Meter Tiefe im Dräger Druckkessel. Es sollte ein neues Tieftauchgerät erprobt werden, das für ein österreichisches Forschungsunterseeboot bestimmt war und für eine Tauchtiefe von bis zu 80 Metern brauchbar sein sollte. Bei diesem Selbstversuch setzten sich erstmalig Menschen einem so hohen Druck aus. Wohl hatte John Scott Haldane bereits 1907 Experimentalversuche durchgeführt, jedoch nur bis zu einer Tiefe von 63 Metern. Darüber hinaus lagen bisher keinerlei Kenntnisse über notwendige Dekompressionszeiten für größere Wassertiefen vor.

Für Versuchszwecke und zur Erprobung neu entwickelter Tauchgeräte sowie für tauchphysiologische Untersuchungen besaß das Drägerwerk schon frühzeitig eine komplette Taucherversuchsstation. Ein 1913 gebauter Druckkessel gestattete Tauchversuche bis 200 Meter Tiefe infolge Druckgabe auf die Wasseroberfläche mittels Druckluft. Er diente der Erprobung von „Taucher- und Luftschiffer-Apparaturen“ und wurde erst Ende der 50er Jahre demontiert.

Im Verlauf der weiteren Jahre führte Stelzner noch mehrere Versuche und Experimente durch. Völlig überraschend verstarb er am 19. Oktober 1942 an seinem Schreibtisch, während er die letzten Korrekturen an seinem legendären Standardwerk *Tauchertechnik* durchführte. Es erschien 1943 bedingt durch den Krieg und den dadurch entstandenen Rohstoffengpass in sehr schlechter Papierqualität. Dessen ungeachtet zahlen heute Sammler Preise um 1.200 DM für ein Exemplar.

Auch in der amerikanischen Marine wurden Haldanes Versuchsergebnisse aufgegriffen, und man machte sich auch hier daran, die Tiefengrenze von 60 Meter, bis zu der seine Tabellen galten, weiter auszudehnen. Haldane und Damant hatten von der englischen Marineleitung den Auftrag, ihre Untersuchungen nur bis zu dieser Grenze auszudehnen, obwohl sie wußten, daß man ohne weiteres auch tiefer tauchen könnte. Bereits 1914 stellten amerikanische Taucher an Bord des Zerstörers *Walke* in der offenen See einen neuen Tauchrekord von 82 Meter auf. Ein Jahr später wurde sogar dieser Rekord noch gebrochen: Das amerikanische Unterseeboot *F-4* sank 1915 in der Amala-Bucht von Honolulu und legte sich in der erschreckenden Tiefe von etwas über 93 Meter auf Grund. Die Sage von seiner Bergung ist ein Klassiker in allen tauchhistorischen Schilderungen, da sie unzählige Tauchgänge mit normaler Druckluft in diese große Tiefe erforderte. Der Marinetaucher Frank Crilley tauchte mehrmals bis zu dem Wrack und stellte damit eine Leistung auf, die selten wieder von einem oberflächenversorgten Helmtaucher erreicht wurde. All diese Experimente führten zu einem besseren Verständnis der Wirkung der unter Druck stehenden Atemluft auf den menschlichen Organismus.

Eine Möglichkeit zum Verringern der Dekompressionszeiten, die ja unter dem Gesichtspunkt der Produktivität bei Berufstauchern verlorene Zeit ist, und die bei längeren bzw. tieferen Taucheinsätzen erheblich sein können, ist die Verwendung von reinem Sauerstoff anstelle von Druckluft bei den einzelnen Dekostops. Während der Dekompression mit Druckluft werden dem Taucher immerhin noch fast 80% Stickstoff zugeführt, wenn auch unter geringerem Umgebungsdruck. Die Sauerstoffdekompression bringt deutliche Einsparungen an Austauchzeiten gegenüber Druckluft bzw. führt zu deutlichen Verlängerungen der Tauchzeiten. Je nach Tauchzeit und -tiefe ergibt sich maximal eine Halbierung der Austauchzeit bzw. eine Verlängerung der Einsatzzeit unter Wasser um 50%. Dieses Verfahren wird heute in vielen Ländern durchgeführt, deutsche Vorschriften lassen allerdings keinen Einsatz von Sauerstoff für reguläre Dekompressionsverfahren zu.

Unter höherem Druck oder längere Zeit geatmet wirkt aber auch der Sauerstoff giftig. Die toxische Wirkung des Sauerstoffs hängt dabei von seinem Partialdruck ab. Dieser Teildruck leitet sich von dem herrschenden Gesamtdruck und den Mengenverhältnissen der Gasbestandteile her ab. Die zwischen beiden bestehenden physikalischen Zusammenhänge erkannte bereits der englische Chemiker John Dalton (1766-1844). Das von ihm formulierte Dalton'sche Gesetz besagt, daß der Gesamtdruck eines Gasgemisches sich aus der Summe der Partialdrücke (Teildrücke) der einzelnen, in der Atemluft vorhandenen Gase zusammensetzt und daß mit der Zunahme des Gesamtdruckes auch der Teildruck seiner einzelnen Bestandteile in dem gleichen Verhältnis zunimmt. Der atmosphärische Luftdruck (1 bar) ist also aus den Partialdrücken des Sauerstoffes zu 0,21 bar, des Stickstoffes zu 0,78 bar und des Edelgasrestes zu 0,01 bar zusammengesetzt.

Bei Normaldruck beträgt der Sauerstoffpartialdruck 0,21 bar, da der Volumenanteil des Sauerstoffs rund 21% ausmacht. In 10 Meter Tiefe, wo sich der Gesamtdruck verdoppelt, steigt der Sauerstoffpartialdruck auf 0,42 bar. Normale Luft mit 21% Sauerstoff, in 37,6 Meter Tiefe unter Umgebungsdruck eingeatmet (=4,76 bar) hat bereits die gleiche Wirkung wie das Einatmen reinen Sauerstoffs an der Oberfläche. In etwa 90 Meter Tiefe (=10 bar) ist Sauerstoff mit einem Volumenanteil von 21% genauso lebensgefährlich wie reiner Sauerstoff in 11 Meter Tiefe.

Es ist deshalb verständlich, daß das Tauchen mit Geräten, die reinen Sauerstoff verwenden, nur bis zu geringen Tiefen möglich ist, auch bei zeitlich nur kurzen Aufenthalten. In 10 Meter Tiefe beträgt der Druck reinen Sauerstoffs 2 bar, in 20 Meter Tiefe 3 bar. Heute werden von den meisten Fachautoren 1,6 bar als der kritische Sauerstoffdruck angesehen, über dem hinaus Vergiftungserscheinungen auftreten können.[77] Bei Tauchgeräten mit reinem Sauerstoff wird dieser Druck bereits in 6 Meter Wassertiefe erreicht. Auch beim Tauchen mit Druckluft spielt das Problem des Sauerstoffdruckes eine Rolle. Der kritische Druck von 1,6 bar wird bei der Verwendung von Druckluft in 66 Meter Tiefe erreicht. Da üblicherweise beim Tauchen in dieser Tiefe jedoch nie die kritische Zeit von 45 Minuten verbracht wird, kommt hier die Giftigkeit des Sauerstoffs nicht zur Auswirkung.

Neben der Dekompressionskrankheit und all ihren Gefahren und Nachteilen gibt es aber noch weitere Gefahrenquellen beim Tauchen mit Druckluft: Einige Taucher, die größere Tiefen aufsuchten, berichteten häufig nach dem Austauchen noch von einem anderen Symptom, dem sie unter Wasser ausgesetzt waren - sie litten unter Konzentrationsschwächen, Angst und/oder Euphoriegefühlen, eine Erscheinung, die man sich damals noch nicht erklären konnte.

Als die Helmtaucher im vorigen Jahrhundert immer tiefer vordrangen, gerieten sie in eine kritische Zone. 1865 wurde der Damfer *Columbian* durch Feuer zerstört, sein Wrack blieb in 70 Meter Tiefe liegen. „Der Taucher Deschamp wollte sich zu ihm hinablassen. Aber selbst seine kräftige Konstitution konnte nicht dem starken Druck widerstehen. Bei 60 Meter Tiefe wurde er nach unsäglichen Qualen von Halluzinationen erfaßt, er zitterte am ganzen Körper und wurde vollständig bewußtlos heraufgeholt. Von 40 Meter an sind die Störungen der Lebensfunktionen in der Regel von ernsterer Natur."[78]

Die bedrohlichen Reaktionen des Organismus sowohl in der Tiefe als auch beim Aufstieg veranlaßten im vorigen Jahrhundert die Helmtaucher, größere Tiefen als 20 Meter nur selten aufzusuchen. Als zum Beispiel 1880 der kleine Dampfer *Neptun* auf den Grund des 60 Meter tiefen Bieler Sees gesunken war, wandte sich die Schweizer Regierung ans Ausland, um die Hilfe berühmter Taucher in Anspruch zu nehmen, aber niemand fand sich bereit.

Es war der gefährliche und nicht zu unterschätzende Tiefenrausch, auch „Stickstoffnarkose" genannt, den die Taucher davon abhielt. Bei empfänglichen Tauchern kann sie schon von 30 Meter Tiefe an auftreten, und von 50 Meter an machen sich die rauschartigen Symptome praktisch bei allen Tauchern bemerkbar. Wie bei einer Alkoholeinwirkung kann es zu einer Euphorie sowie einem Gefühl von Selbstsicherheit und gesteigerter Leistungsfähigkeit, aber gepaart mit Störungen der Gedankenfolge, der Konzentrations- und Kritikfähigkeit kommen. Wegen des narkotischen Effekts des Stickstoffanteiles wird die maximal zulässige Tiefe mit Druckluft nach deutschen Vorschriften[79] auf 50 Meter begrenzt, in England und den USA auf 58 Meter und in Frankreich auf 60 Meter.

Die Vermutung, die Erscheinungen des Tiefenrausches würden durch den Stickstoff im Atemgas ausgelöst, fand zunächst viel Widerspruch, da Stickstoff als sogenanntes Inertgas normalerweise im Organismus keine Reaktionen eingeht. Als inert werden Gase bezeichnet, die keine biochemische Reaktionen eingehen, wie Helium, Neon, Wasserstoff, Argon, Krypton und Xenon sowie der Stickstoff. Erst als man Anfang dieses Jahrhunderts den Stickstoff durch andere Inertgase wie beispielsweise Helium ersetzen konnte, und die Symptome nicht mehr beobachtet wurden, war bewiesen, daß der Stickstoff für den Tiefenrausch ursächlich ist.

All diese „neutralen" Gase haben mehr oder weniger narkoseartige Wirkung, die von ihrem Partialdruck abhängen. Man spricht deshalb vom Tiefenrausch auch als von einer Inertgasnarkose. Die genauen physiologischen und chemischen Vorgänge, die sich im menschlichen Organismus abspielen und den Tiefenrausch hervorrufen, sind auch heute noch nicht restlos geklärt. Interessant ist die Tatsache, daß bereits eine geringe Abnahme der Wassertiefe und damit Reduzierung des Druckes auf den Taucher den Tiefenrausch genauso plötzlich wieder verschwinden läßt, wie er eingesetzt hat.

Die Dekompression bei Drucklufttauchgängen erfolgt auch heute noch nach zeit- und tiefenabhängigen Austauchtabellen, deren prinzipielle Berechnung auf das Modell von Haldane zurückgeht, inzwischen jedoch wesentlich erweitert und verbessert wurde. Sie wurden bis in unsere heutige Zeit hinein immer wieder überarbeitet, sind aber nicht weltweit einheitlich. Da das Drucklufttauchen weltweit das am häufigsten angewendete Tauchverfahren ist, sind auch die Dekompressionsprozeduren vielfach erprobt und weitgehend statistisch abgesichert. Dennoch bleibt die Caisson-Krankheit schon bei Tauchtiefen von etwa 12 Metern eine Gefahr.

Tauchcomputer, welche am Arm des Tauchers befestigt sind und laufend aktuelle Tiefe und Tauchdauer mitverfolgen, haben es seit Mitte der 80er Jahre dem Taucher zwar abgenommen, ständig selbst auf seine Instrumente achten und Tabellen durchsehen zu müssen. Trotzdem ist auch bei strikter Einhaltung der Vorgabewerte das Risiko für das Auftreten von Dekompressionskrankheiten nach wie vor nicht ganz auszuschließen. Dazu sind Menschen zu unterschiedlich, und die anfallenden Unterwasseraufgaben zu differenziert, als daß eine Dekompressionstabelle *alle* Eventualitäten abdecken könnte. Die Forschungen zum Tauchen unter Druckluft sind auch heute, fast ein Jahrhundert nach Haldane, noch nicht abgeschlossen. Sicher ist, daß es nie ein Null-Risiko geben wird, ähnlich wie beim Autofahren oder Skilaufen.

Die Sicherheitsgrenze für das Tauchen mit Druckluft wird heute nach großen Testserien für die Tiefenrauschwirkung mit 40 Meter angenommen. Zwar sind auch schon größere Tiefen mit Druckluft kurzfristig erreicht worden, die Gefahren potenzieren sich aber in einem Bereich über 40 Meter Tiefe in einem lebensgefährlichen Maße.

Jede Komponente in unserer Atemluft bringt spezifischen Probleme beim Tauchen. Bert, Haldane und ihre Nachfolger hatten in Bezug auf die Erforschung der Wirkung von Druckluft auf den Taucher ihr Werk erfolgreich vollbracht. Sollte der Mensch in noch größere Tiefen vordringen, war es Sache der Wissenschaft, zunächst neue Wege für die Atmung unter Wasser zu finden. Damit wurde auch bereits kurz nach dem Ersten Weltkrieg begonnen.

Das Sauerstoffkreislauf-Tauchgerät

Die Geschichteder Kreislauf-Tauchgeräte geht bis Mitte des 18. Jahrhunderts und teilweise noch weiter zurück. Die einzige, einigermaßen praktikable Möglichkeit, um Arbeiten unter Wasser zu verrichten, boten damals Taucherglocken. Aber sie hatten erhebliche Nachteile, die neben der geringen Mobilität vor allem darin lagen, daß die Atemluft in ihnen relativ schnell verbraucht war. Zwangsläufig beschäftigte also die Forscher auch die Frage, wie man verbrauchte Luft wieder atembar machen kann. Es gab dazu im Laufe der Jahrhunderte immer wieder recht kuriose Lösungen. Beispielsweise wollte so mancher Erfinder die ausgeatmete Luft wieder auffrischen, indem er sie in Rohre durch das Umgebungswasser führte. Diese Methode ist natürlich vollkommen untauglich. Es gibt nur zwei Lösungen: Eine Möglichkeit war, frische Luft nach unten zu pumpen und damit die alte zu ersetzen. Dieser Weg führte unter anderem zu den oberflächenversorgten Helmtauchergeräten. Der andere Weg bestand darin, die Atemluft zu regenerieren, und zwar auf chemischem Wege.

Die Problematik der Luftregeneration wurde besonders akut, als im 18. Jahrhundert die ersten Unterseeboote gebaut wurden. Druckluft zur Atmung der Besatzung konnte damals noch nicht hochkomprimiert mitgenommen werden, weil die Drucklufttechnik noch nicht so weit war. Die Menschen in den ersten Unterseebooten waren also ausschließlich auf die Luftreserven angewiesen, die sich in dem abgeschlossenen Raum befand. Oft scheint es uns heute mehr als verwunderlich, wie lange sie in diesen Booten aushielten - und doch gab es bereits damals lange geheimgehaltene Kniffe, um verbrauchte Atemluft zu regenerieren.

Der Engländer Robert Boyle beschrieb beispielsweise die Luftregeneration in einem Unterseeboot, das der böhmischen Physiker Cornelius Drebbel 1624 gebaut und in der Themse erprobt hat: „Ich teile Ihnen dies mit, weil ich mir bei den Nachkommen Drebbels, einem klugen Arzt, Auskunft geholt habe, wie es möglich war, daß Personen, die zudem nicht daran gewöhnt waren, so lange unter Wasser bleiben konnten, ohne zu ersticken und sogar, wie er berichtete, ohne daß ihr Befinden darunter litt. Man erklärte mir, Drebbel habe die Ansicht vertreten, daß nur ein Teil der Luft, die *quinta essentia*, wie die Chemiker sagen, zum Einatmen geeignet sei. Wenn sie verbraucht sei, könne der dicke Restbestand, der 'Leichnam der Luft', die Herzflamme nicht nähren. Infolgedessen hat er, soweit ich feststellen konnte, außer den mechanischen Vorrichtungen seines Bootes eine chemische Flüssigkeit benutzt. Sie war der Schlüssel zu den geheimnisvollen Unterwasserfahrten. Sobald Drebbel merkte, daß der reine Teil der Luft verbraucht, vom Atmen verdorben oder mit dem

Schweiß der Besatzung gesättigt war, führte er mit dieser Flüssigkeit der unreinen Atmosphäre eilends so viel lebenskräftige Luft zu, daß sie sich wieder für eine Zeitlang zum Einatmen eignete."

Drebbels System der Lufterneuerung, die Boyle erwähnt, war lange Zeit sehr umstritten, und er wurde auch von dem Franzosen Jean de Hautefeuille verspottet und kritisiert. Dieser hielt ihm entgegen: „Ich möchte aber meinen, daß es keinerlei Quintessenz der Luft gibt, ebensowenig wie eine Substanz im Herzen oder ein ätherisches, ölhaltiges Salz, das die aus unseren Lungen aufgestiegene Luft wieder der Atmung nutzbar macht, sondern daß sie sich nach geraumer Weile von selbst wieder auffrischt, so mich selbst meine Erfahrung wohl gelehrt hat."

Erst als dann 1771/72 der Chemiker Carl-Wilhelm Scheele entdeckte, woraus sich die Luft zusammensetzt, und damit auch den Sauerstoff als freies Gas und seine wichtige Bedeutung ermittelten, war das Problem zwar noch nicht gleich gelöst, aber die Grundlage für weitere Entwicklungen in der Tauchtechnik geschaffen.[80] Nun wußte man, daß die Luft, wie Drebbel schon richtig vermutet hatte, eine Quintessenz, und zwar den Sauerstoff, enthielt.

Bereits 1785 hat der Berliner Johann Friedrich Zöllner in seinem Lesebuch „zur Beförderung edler Grundsätze, ächten Geschmacks und nützlicher Kenntnisse" seinen Lesern vorgeschlagen, nur den reinen Sauerstoff (er nannte ihn ebenso wie einige seiner Zeitgenossen „dephlogistizierte Luft") beim Tauchen zu verwenden, und so die Nutzungsdauer der Taucherglocken zu erhöhen. Alle anderen Stoffe in der Luft wären „unnötiges Beiwerk". In Bezug auf den Einsatz von reinem Sauerstoff anstatt Druckluft für Tauchzwecke lag ein wichtiger Gedanke zugrunde: Die Druckluft, die Taucher atmen, besteht bekanntlich zu 78% aus Stickstoff, 21% aus Sauerstoff sowie 1% Edelgasen. Das bedeutet, daß etwa vier Fünftel des Atemgases nutzlos mitgeführt werden. Der menschliche Organismus benötigt nämlich *nur* den Sauerstoff und gibt den Rest wieder ab. Schlimmer noch, der mitgeführte Stickstoff ist nicht nur unnötig sondern Feind Nummer Eins des Tauchers, denn er verursacht die Dekompressionskrankheit und andere Probleme wie den Tiefenrausch. Allerdings ist auch ein gewisser Anteil am Sauerstoff „verschwendet", denn der Mensch verbraucht bei einem Atemzug nur etwa 3 der 21% Sauerstoff - die restlichen 18% werden beim Druckluftatmen in das Wasser ausgeatmet. Rechnet man dies zusammen, werden bei freier Druckluftatmung 97% des mitgenommenen Atemgasvolumens unverbraucht in die Umgebung abgegeben. Als Stoffwechselendprodukt atmet der Mensch neben der unverbrauchten Atemluft 3% Kohlendioxid aus.

Das Abatmen des ungenutzten Atemgases ist eine ungeheure Verschwendung, so daß schon recht früh die Idee aufkam, das volle Potential des Atemgases zu nützen. Indem der ausgeatmete Sauerstoff wiederverwendet, vom Kohlendioxid befreit und, wenn nötig, im Volumen ergänzt wieder dem Benutzer zur Verfügung gestellt wird, wird nicht nur die Gefahr durch den Stickstoff und das Kohlendioxid, sondern auch die Menge, die für den Tauchgang mitzuführen ist, erheblich reduziert, was eine effiziente Vorratshaltung ermöglicht. Dies war ein wichtiger Effekt, denn damals konnte man Druckluft noch nicht hochkomprimiert in einigermaßen handliche Behälter abfüllen. Man kam folglich schon bald nach der Entdeckung des Sauerstoffs auf den Gedanken, nicht nur ausschließlich Sauerstoff anstatt Druckluft mitzunehmen, sondern ihn möglichst auch noch restlos zu verbrauchen. Die Lösung war: Man mußte das abgeatmete Atemgas in einem Kreislauf mit Hilfe von Chemikalien wieder aufbereiten, das heißt vom Kohlendioxid befreien, und dem Verbraucher zuführen.

Die Kohlendioxid-Absorption mit einer chemikalischen Lösung war dabei kein Novum: Im 15. Jahrhundert wurde die Ventilation in den von Mönchen ausgebeuteten Bergwerken in den Salinen von Bexieux mit Blasebalg und Lederkanalisation sichergestellt. In den tieferen Stollen wurde das Kohlendioxid in einem Tauchbad mit einer alkalischen Lösung gebunden.[81] Die einzigen verwendbaren Alkali schienen damals Soda und Ätzstein gewesen zu sein, die seit der Antike bekannt waren. Die von Cornelius Drebbel in seinem Unterseeboot verwendete Lösung war wahrscheinlich eine Kaliumoxidlauge, die durch Ausglühen von roher Soda zusammengebraut wurde und als Tauchbad die verbrauchte Luft band. Diese Hypothese entspräche auch dem von Drebbel verwendeten Ausdruck: „Eine *Flüssigkeit*, die die verbrauchte Luft regeneriert."

Die Technik der Kreislaufatemgeräte ist ebenso wie die Regeneration von Atemluft sehr alt und stammt ursprünglich aus der Gasschutztechnik. Ihre Anfänge liegen bereits weit zurück, wenngleich erst die letzten 100 Jahre die wirklich brauchbaren Geräte brachten und ihre Verwendung in den Kriegen ihre Anwendung erheblich steigerte. Die Anforderungen von Feuerwehren, Bergwerken und Kokereien waren die Triebkräfte zur Konstruktion der Gasschutzgeräte. Der englische Botaniker Stephan Hales (1677-1761) erfand um 1726 den ersten Atemapparat mit Kreislaufatmung und Regeneration der Atemluft.[82] Ein hölzernes Mundstück, das Ein- und Ausatemventile enthielt, war mit einem blasebalgartigen Atemsack versehen, der Scheidewände aus seesalz- und weinsteingetränktem Flanell enthielt. Sie sollten die „sauren Lungendünste" absorbieren. Hales konnte fast 9 Minuten mit diesem primitiven Gerät atmen. 1774 schlug Cavallo vor, den Sauerstoff in Blasen mitzuführen, beim Auftreten „schlechter elastischer Materien" sollte man ihn einatmen. Die Ausatmung hätte auch wieder in die Blase hinein zu erfolgen, die dabei sich bildende „fixe Luft" (Kohlendioxid) sollte durch in der Blase befindliches Kalkwasser absorbiert werden. Ein anderer interessanter Vorschlag[83] kam von dem in Öster-

Das Kreislaufgerät von Theodore Schwann, 1853. (Zeichnung: Stelzner, Hermann: Tauchertechnik. Lübeck, 1943)

reich lebenden Holländer Jan Ingenhousz (1730-1799). Der Physiker trug seine Erfindung, mit der die Atemluft wieder regeneriert werden sollte, 1779 vor der Royal Society vor: Die Ausatemluft sollte durch eine Flasche mit Kalkwasser geatmet werden, so daß sich das Kohlendioxid in dem Kalkwasser band und die Luft wieder eingeatmet werden konnte. Dieses Grundprinzip der Atemluftregeneration - die Ausatemluft durch einen chemisch aktiven Feststoff oder eine Flüssigkeit zu leiten und so das Kohlendioxid in ihr zu binden - wurde von späteren Konstrukteuren beibehalten. Weitere Erfinder, die sich an einem regenerativen Atemgerät versuchten, waren Robert Menzies (1790), Voigt (1795), Pilatre de Rozier (1783), bekannt wegen des ersten Aufstiegs mit einem Ballon, und Francois H.S. de l'Aulanye (1786). Sogar Alexander von Humboldt versuchte sich zwischen 1795 und 1799 an einer einfachen Bauform eines geschlossenen Kreislaufgerätes mit Regeneration der Atemluft. Der erste, einigermaßen erfolgreiche Konstruktionsversuch eines freitragbaren Sauerstoff-Kreislaufgerätes mit Atemluftregeneration wurde aber erst 1853 von dem Belgier Theodore Schwann unternommen. Sein erster Apparat, den er der Royal Academy of Science in Brüssel vorstellte, war noch sehr einfach: In einem Behälter sollte Bariumperoxid das Kohlendioxid binden, in einem zweiten sollte eine andere Chemikalie zusätzlichen Sauerstoff freigeben. 1878, also 25 Jahre später, stellte Schwann auf der Ausstellung in Brüssel einen neuen und wesentlich funktionstüchtigeren Apparat vor: Er benutzte nun auf 5 bar komprimierten Sauerstoff und mit Kalkhydrat imprägniertes Soda als Bindemittel für Kohlendioxid. Leider wurde Schwanns Apparat, der alle Merkmale eines funktionstüchtigen Gerätes aufweist, nicht beachtet. Es gibt keinen Nachweis, daß er jemals auf den Markt kam oder Anwendung gefunden hat.

Die bisherigen Konstruktionen waren in erster Linie für Anwendungen in giftiger oder unatembarer Atmosphäre *über* der Wasseroberfläche gedacht, wie etwa in Bergwerken oder mit Rauchgasen gefüllten, brennenden Häusern. 1878 wurde dann in England ein Apparat für Taucher bekannt, der von Henry Fleuss konstruiert und sowohl für die Nutzung unter Wasser als auch in giftiger Atmosphäre vorgesehen war.[84] Es ist im Prinzip dem Schwannschen ähnlich - wenn nicht sogar baugleich - und stellt das erste funktionierende Sauerstoff-Kreislaufgerät für Taucher dar.[85] Bis dahin waren es vor allem die inzwischen für vielerlei Aufgaben eingesetzten oberflächenversorgten Helmtaucher, die mit ihren schweren Ausrüstungen auf dem Meeresboden Arbeiten verrichteten und durch einen Luftschlauch mit der Wasseroberfläche in Verbindung standen. Die anfänglichen Helmtaucherausrüstungen hatten allerdings eine Reihe Nachteile, vor allem war es der Luftschlauch, der oft hinderlich war, sich in Gegenständen verfing und ein hohes Sicherheitsrisiko bedeutete.

Henry A. Fleuss (1851-1933) war ursprünglich Schiffsoffizier bei der Handelsmarine und begann sich aus Neugier für die Welt unter dem Meeresspiegel zu interessieren. Im Jahre 1876, damals fuhr er noch zur See, begann er, an einem Sauerstoffatmungsgerät mit Kreislauf zu arbeiten.[86] Er erprobte es 1878 in dem Wassertank der Polytechnischen Schule, Regent Street, London. Bei diesem ersten Versuch hielt er sich eine Stunde lang einige Meter unter Wasser auf. Weitere Versuche folgten, zu denen die Öffentlichkeit Zutritt hatte, und Fleuss las nebenher alles, was er über Druckphysiologie auftreiben konnte. Viel war es allerdings nicht. Paul Bert veröffentlichte im gleichen Jahr sein Werk, aber es dauerte einige Zeit, bis Fleuss von Berts Entdekkung erfuhr, und daß Sauerstoff, wenn er längere Zeit unter einem Druck von 2 oder sogar 3 bar eingeatmet wird, Krämpfe und Ohnmacht hervorrufen kann.

Sein erster Tauchversuch im Freien machte Fleuss in Wootten Creek, einer Bucht der Insel Wight. Mit einer Badehose bekleidet und mit seinem neuen Atmungsgerät versehen ließ er sich in die Bucht hinausrudern. Um besser zu sinken, band er sich einen Gürtel mit Blei- und Eisengewichten um die Hüften und Ketten um die Knöchel. Er wollte nicht einmal ein Sicherheitsseil benutzen, aber seine Freunde bestanden darauf, daß er vom Boot aus erreichbar bleiben mußte. In medizinischen Büchern hatte Fleuss gelesen, daß im Übermaß eingeatmeter Sauerstoff „Erregbarkeit oder eine fieberähnliche Temperaturerhöhung" bewirken konnte. Er glaubte das Risiko vermindern zu können, indem er den Beutel mit Luft ausblies, ehe er die Maske anlegte und die Sauerstoffzufuhr durch ein Handventil so regelte, daß der Druck im Beutel nicht nachließ.

Fleuss ließ sich mit den Füßen voran sinken. Er gelangte auf den Grund der Bucht und ging dort in einer Tiefe von etwa 6 Meter umher. Fleuss war aber nicht damit zufrieden, sich der Unabhängigkeit im Wasser zu erfreuen, die er als einer der ersten Taucher mit autonomem Tauchgerät[87] genoß, sondern wollte auch sehen, was passierte, wenn er die Sauerstoffzufuhr völlig abstellte. Also stellte er sie ab - und wurde kurze Zeit später ohnmächtig. Im Boot bemerkte man dies und hievte Fleuss sofort vom Grunde empor. Seine Freunde dachten zuerst, er sei tot, aber er kam wieder zu sich. Er sagte, seine erste Empfindung sei „eine alptraumartige Vorstellung von Männern gewesen, die mit Steinen seine Rippen zertrümmerten". Er bekam Krämpfe und wollte aus dem Boot springen. Man hielt ihn fest. Dann setzte er sich auf und spie stoßweise Blut aus. Die Schmerzen ließen nur langsam nach, und er konnte bald wieder verständlich reden und denken. Bei dem schnellen Emporziehen hatte er Zerreißungen im Lungengewebe erlitten.

Ein paar Wochen später konnte Fleuss wieder tauchen. Er erkannte, daß sein Gerät sich neben taucherischem Einsatz auch dazu verwenden ließ, in überflutete Bergwerksstollen einzudringen und zur Rettung verunglückter, vom Wasser eingeschlossener Bergleute, oder in Stollen, die nach einer Schlagwetterexplosion von giftigen Gasen erfüllt waren. Um das Gerät zu kommerzialisieren wandte er sich an die Fabrik für Tauchausrüstungen von Augustus Siebe, die es ab 1879 in ihre Produktion mit aufnahm.[88]

Fleuss erster Apparat bestand aus einer versteiften Gummimaske mit zwei kreisrunden Augengläsern, die wasserdicht über das Gesicht gezogen wurde. In der Maske mündeten zwei Luftschläuche aus einem Beutel, den der Taucher auf dem Rücken trug. Der Beutel war mit einem kupfernen Behälter verbunden, der auf 30 bar komprimierten Sauerstoff enthielt. Das besondere an dem Tauchgerät von Fleuss war, im Gegensatz zu den Tauchgeräten mit *offenem* Atemkreislauf, das Prinzip des *geschlossenen* Atemkreislaufes: Die Ausatemluft des Benutzers sollte durch eine mit einer Chemikalie gefüllten, speziellen Kammer, dem „Absorber", von dem bei der Verbrennung im Körper anfallenden Kohlendioxid gereinigt und dadurch wieder atembar werden. Das Absorptionsmittel von Fleuss bestand zunächst aus einem in einer Ätzkalilösung gesättigtem Kabelgarn.

Der Benutzer atmete reinen Sauerstoff durch ein Mundstück ein, welches über einen Faltengummischlauch mit einem gas- und wasserdichten Atembeutel verbunden war. Hatte die menschliche Lunge den benötigten Sauerstoff aufgenommen, wurde der Rest zurück in den Atembeutel ausgeatmet. Dieser weiche Sack blähte sich beim Ausatmen auf und entleerte sich beim Einatmen. Der für die Atmung unter Wasser erforderliche Druckausgleich an die jeweilige Wassertiefe erfolgt über den Atembeutel. Dieser gummierte, sauerstoffgefüllte Sack wird durch den Druck der jeweils umgebenden Wassertiefe auf den Umgebungsdruck gebracht, und ermöglicht so eine normale Atmung.[89]

Um jedoch das gleichzeitig über die Lunge abgeatmete Kohlendioxid nicht im Atembeutel zu sammeln, muß die Ausatemluft vorher eine Patrone mit kohlendioxidbindendem Ätznatron oder „Atemkalk" passieren. In ihr wird das Kohlendioxid der Ausatemluft chemisch gebunden. Nur der nahezu reine Restsauerstoff der Ausatemluft fließt in den Atembeutel zurück und kann erneut aus dem Beutel geatmet werden - es besteht somit ein geschlossener Kreislauf. Nach jedem Atemzug nimmt das Sauerstoffvolumen im Atembeutel um den vom Organismus verbrauchten Anteil ab, bis es schließlich ganz verbraucht ist. Ein Behälter mit verdichtetem Sauerstoff ist an dem Sack angeschlossen. Der Taucher konnte manuell mit einem Handventil aus dem Druckbehälter Sauerstoff in den Atemsack nachströmen lassen.

Dieses Prinzip war sehr einfach, und noch bis heute sind alle Sauerstoff-Kreislaufgeräte danach aufgebaut. Es gibt wohl kein anderes Tauchgerät, das seit seiner Entwicklung in solch zahlreichen Bauformen und vielfältigen Anwendungsgebieten eingesetzt wurde. Die anfänglich verwendeten Pendelatemsysteme hatten auf Grund des kombinierten Ein- und Ausatemschlauches einen zu großen Totraum, weshalb man Heutzutage fast ausschließlich Zirkulationssysteme verwendet. Sie verfügen über einen getrennten Ein- und Ausatemschlauch (Zweischlauchsystem); Steuerventile im Mundstück legen die Flußrichtung fest. Als Feststoff für den Atemkalk, der die Ausatemluft effektiv über einen langen Zeitraum binden soll, wird heute in der Regel Natriumkalk, seltener Bariumkalk verwendet.

Der größte Unterschied der heutigen zu den ersten Kreislaufgeräten liegt in der Art der Auffüllung des Sauerstoffs. Sinkt die Sauerstoffmenge im Atembeutel nach einigen Atemzügen langsam ab, muß sie über eine Vorratsflasche - zumeist 0,8 bis 1,5 Liter - wieder aufgefüllt werden. Diese Befüllung kann manuell regelbar sein, kann über eine konstante, einstellbare Zufuhr erfolgen oder über einen Unterdruck im Atembeutel lungenautomatisch[90] zugeführt werden. Je nach Bauart und Größe der Sauerstoffflasche und Menge des Atemkalks kann der Benutzer bis zu zwei Stunden mit dem Gerät atmen.

Trotz ihres sehr einfachen Aufbaues war der praktische Gebrauch der ersten Sauerstoff-Kreislaufgeräte äußerst schwierig und besonders für Unterwasserarbeiten gefährlich, da der reine Sauerstoff bereits bei geringem Druck nach einer gewissen Zeit giftig wirkt. Schon bei einem Partialdruck von nur 1,6 bar, bei reiner Sauerstoffatmung also entsprechend 6 Meter Wassertiefe, können bereits nach wenigen Minuten neurologische Symptome auftreten. Die typischen Symptome einer Sauerstoffvergiftung sind Übelkeit, Schwindel, Sehstörungen, Beklemmungsgefühle, akustische Wahrnehmungen und Krämpfe. Gerade Krämpfe beinhalten die größte Gefahr, da sie auch im Gesicht auftreten und zu einem Verlust des Mundstückes führen, das auch nicht wieder eingeführt werden kann - der Taucher ertrinkt. Reihenfolge, Vorwarndauer und Intensität der einzelnen Symptome sind nicht eindeutig zu bestimmen. In dieser Heimtücke der Sauerstoffvergiftung liegt ihre große Gefahr. Hinzu kommt, daß ein sofortiges Höhertauchen die Symptome - anders als bei der Stickstoffnarkose - nicht immer zum sofortigen Abklingen bringt.

Neben dem möglichen Auftreten einer Sauerstoffvergiftung bereits in geringen Tiefen gibt es noch weitere, bauartspezifische Risiken: Zum einen besteht die Gefahr eines Sauerstoffmangels dann, wenn der Atembeutel des Gerätes und die eigene Lunge vor dem Tauchen nicht leergeatmet wurden. Enthält der Atembeutel atmosphärische Luft und damit zum Großteil Stickstoff, und wird beim Tauchen die in der Lunge befindliche Luft mit ihrem Stickstoffanteil noch in den Beutel hineingeatmet, so enthält der Atembeutel nach einiger Zeit nur noch Stickstoff, der geatmet wird.

Vor Beginn des Tauchgangs muß deshalb die gesamte normale Atemluft aus der Lunge und dem Tauchgerät entfernt werden. Der Stickstoffanteil von etwa 78% der normalen Atemluft wird nämlich nicht von der Atemkalkpatrone gebunden. Sinkt nach einigen Atemzügen der Sauerstoffanteil in dem Gasgemisch, wird dies auf Grund der noch vorhandenen Menge Stickstoff im Atembeutel nicht als fehlendes Volumen bemerkt. Der Taucher wird so nach einer gewissen Zeit nur noch Stickstoff einatmen. Vor dem Tauchen darf deshalb der Atembeutel nur Sauerstoff enthalten, und muß durch eine spezielle Atemtechnik - durch mehrmaliges Spülen vor dem Tauchgang[91] - möglichst jeder Stickstoff aus den Lungen und dem Atemsack entfernt werden. Auch nach vorschriftsmäßigem Leeratmen entsteht die gleiche Gefahr, wenn zwischen Tauchgängen an die Oberfläche zurückgekehrt und z.B. zum Sprechen das Mundstück herausgenommen und Luft geatmet wird. Nur wenn jetzt vor dem neuen Abtauchen wiederum das Gerät und die Lungen völlig leergeatmet werden, kann man einem Sauerstoffmangel entgehen.

Der menschliche Körper gibt bei Atmung von reinem Sauerstoff Stickstoff aus den Geweben ab und scheidet ihn über die Lunge in den Gerätekreislauf aus. Wird der sich so immer mehr ansammelnde Stickstoff nicht aus dem Gerätekreislauf entfernt, rutscht der Taucher auch dadurch langsam und unbemerkt in eine Sauerstoffmangelversorgung, wird ohnmächtig und stirbt. Die Spülung des Gerätekreislaufes muß daher in regelmäßigen Abständen auch während des Tauchganges wiederholt werden.

Ein weiteres Problem entsteht, wenn der Atemkalk naß wird, denn dann ist die Absorption von Kohlendioxid nicht mehr gewährleistet. Das passiert, wenn beispielsweise beim Abnehmen des Mundstücks ohne Schließen des Absperrventils Wasser in den Atemkalk eindringt. Eindringendes Wasser bildet in Verbindung mit Atemkalk die ätzende Natronlauge. Aber auch ein unsachgemäßes Einfüllen des Atemkalks, der ja turnusmäßig erneuert werden muß, führt entweder zu einer unzureichenden Kohlendioxid-Absorption oder zu einem erhöhten Atemwiderstand. Außerdem wirkt Sauerstoff in Verbindung mit Fett brennbar und explosiv - kein mit dem Sauerstoff in Verbindung kommendes Teil darf deshalb gefettet werden.

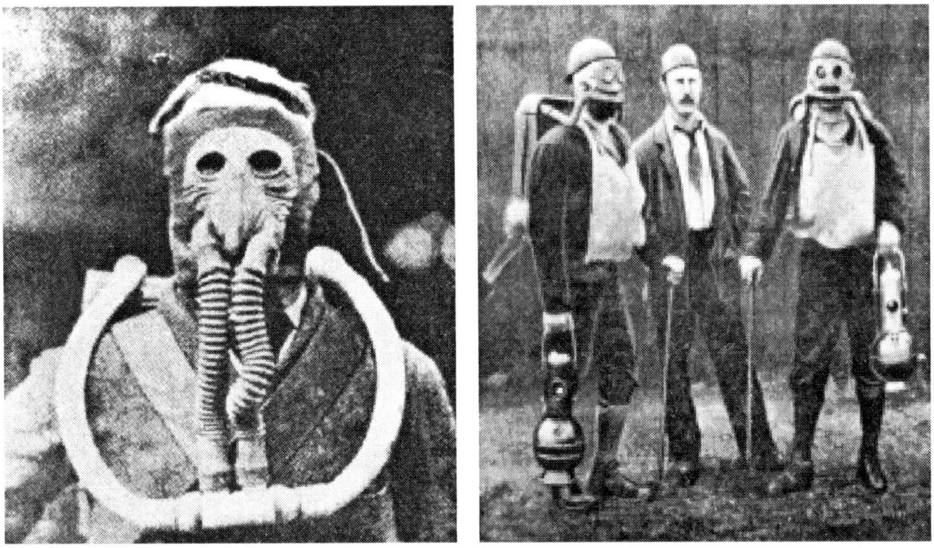

Links ein Foto des Sauerstoff-Kreislaufgerätes von Henry Fleuss, um 1885. Auf dem rechten Foto sieht man Fleuss gemeinsam mit zwei Personen, die eine neuere Variante seiner Ausrüstung tragen.
(Fotos: Sir Robert H. Davis: Breathing in irrespirable athmospheres. London, 1949. Copyright: Siebe Gorman & Co. Ltd.)

Diese ganzen Zusammenhänge waren anfangs noch wenig bekannt, tödliche Unfälle traten auch durch andere Gründe schon in geringer Tiefe auf. Man verzichtete deshalb in Taucherkreisen recht bald darauf, dieses Gerät weiter zu benutzen. Es fand in den ersten Jahren kaum Verwendung zum Tauchen, sondern vorwiegend in englischen Bergwerken und Kokereien.[92]

Bis zum Anfang des 20. Jahrhunderts gab es kaum praktische Anwendungen für das Sauerstoff-Kreislauftauchgerät, so daß es keine weite Verbreitung fand. Für fast alle Unterwasserarbeiten wurde bis dahin das oberflächenversorgte Helmtauchergerät eingesetzt. Jedoch konnte Robert Davis (1870-1965), der geniale Tauchtechniker der Firma Siebe und Gorman, der ein Faible für dieses leichte Gerät hatte, Fleuss dazu überreden, es gemeinsam mit ihm weiterzuentwickeln. Davis war 1882 zu Siebe und Gorman gekommen und sollte in den kommenden Jahrzehnten der große englische Pionier des kommerziellen Tauchens werden. Siebe und Gorman verdankt Robert Davis, der 82 Jahre lang unermüdlich und mit großem Arbeitseinsatz in dem Unternehmen arbeitete, entscheidende Fortschritte in der Tauchtechnik. Er begründete mit seinen Entwicklungen den weltweit guten Ruf des Unternehmens. Davis war das englische Gegenstück zu dem Deutschen Hermann Stelzner von den Drägerwerken in Lübeck.

Robert Henry Davis wurde am 6. Juni 1870 in Croydon, England, als ältestes von 10 Kindern geboren. Seine arme Familie zog kurz nach seiner Geburt nach London, wo die Kinder aufgezogen wurden. Es ist der Mutter von Davis zu verdanken, daß er zu Siebe und Gorman kam, denn sie wurde im Januar 1882 zufällig auf einen Aushang an einer Häuserwand aufmerksam: „Hilfskraft für Fabrik gesucht". Der mittlerweile 11 Jahre alte Robert bekam den Job und verdiente nun die lächerliche Summe von 5 Schillinge für eine 60-Stunden-Woche.

Siebe und Gorman stellte damals neben Helmtaucherausrüstungen auch Eismaschinen und rotierende Wasserpumpen her. Davis war bei Siebe und Gorman als Laufbursche für jede Art von Arbeit zuständig. Dies änderte sich erst, als er durch einen glücklichen Zufall einen großen Karrieresprung machte: Er sollte für William Gorman, einer der beiden Fabriksbesitzer, bei dem örtlichen Apotheker eine Rezeptur abholen. Als Davis in die Apotheke kam, war das gewünschte Medikament jedoch im Augenblick nicht verfügbar, und der Mediziner wollte den Laufburschen wieder mit leeren Händen zu Gorman zurückschicken. Davis war aber hartnäckig und brachte den Mediziner tatsächlich dazu, ihm ein anderes Medikament als Alternative zu mischen und mitzugeben. Davis, der sich selbst etwas lesen und schreiben beigebracht hatte, notierte sich einige spezifische Besonderheiten des alternativen Medikamentes und ging damit zu Gorman, dem er anhand seiner Stichworte im Notizbuch genau die Eigenschaften der neuen Rezeptur erklärte.

Gorman war von dieser Leistung seines gelehrten Laufburschen verblüfft und begeistert, und von diesem Augenblick an hatte Davis einen neuen Job als Büroangestellter in der Verwaltung der Fabrik, den er fast 82 Jahre lang in unterschiedlichen Positionen bis schließlich zur höchsten, dem Direktorat, einnahm. Von nun an kam er auch regelmäßiger in Kontakt mit William Gorman, Henry Siebe und anderen Partnern. Als Henry Siebe 1887 starb, übernahm Gorman allein die Leitung der Fabrik. Davis hatte inzwischen ein sehr gutes und enges Verhältnis zu Gorman aufgebaut, der für ihn eine Art Vaterrolle einnahm. So wurde Davis bereits mit 24 Jahren Generalmanager von Siebe und Gorman. Von nun an arbeitete Davis rastlos für die Firma, mit einem legendären Arbeitseinsatz und oft auch unkonventionellen Methoden. Ein besonderes Beispiel dafür war die Unterzeichnung eines wichtigen Vertrages mit einem Auftraggeber in 20 Meter Tiefe in einer Taucherglocke bei Dover.

In den Jahrzehnten seiner Tätigkeit produzierte Robert Davis eine schier unendliche Anzahl neuer Ideen. In der Tat stellte es sich im Laufe seines langen Lebens immer wieder heraus, daß neue Ideen oder Tauchtechniken, die auf dem Markt erschienen, bereits lange Zeit zuvor von Davis angedacht worden sind - Ja es wurde sogar zu einem regelrechten Faible von ihm, die vermeintlichen Erfinder auf diesen für sie unerfreulichen Sachverhalt hinzuweisen und ihnen Kopien von seinen früheren Aufzeichnungen zu senden. Davis arbeitete an vielen Tauchinnovationen der Neuzeit mit oder entwickelte sie selbst. Bis zu seinem 60. Geburtstag war er im Besitz von mehreren hundert Patenten, die sich überwiegend auf die Tauchtechnik bezogen.

Robert Davis größter Verdienst auf dem Gebiet des Sauerstoff-Kreislaufgerätes liegt bei der Entwicklung des Tauchretters und verschiedener Bauvarianten für Unterseeboot- und Bergwerkstechnik. Er entwickelte damals ebenfalls Geräte zur Verwendung in Flugzeugen, die große Höhen aufsuchen, und ab 1922 auch für die britischen Mount-Everest-Expeditionen. Für seine Leistungen wurde er 1932 geadelt. Noch wenige Monate vor seinem Lebensabend mit fast 95 Jahren war er regelmäßig im Büro und leitete Siebe und Gorman mit eiserner Hand, bis er am 29. März 1965 verstarb.

Eine seiner erfolgreich umgesetzten Ideen war die Weiterentwicklung des Sauerstoffgerätes gemeinsam mit Henry Fleuss. Unter anderem ersetzte Davis die Kupfer-Sauerstoffflasche des Gerätes gegen eine aus Stahl, die mit einem bis zu fünfmal höheren Druck gefüllt werden konnte, einem besseren Absorbermittel und einem automatischen Sauerstoff-Zuflußventil.

Die ersten Geräte von Fleuss hatten inzwischen Nachahmer gefunden, die teilweise in Lizenz oder auch als Eigenentwicklungen gebaut wurden. Neben geringen technischen Änderungen gab es vor allem verschiedene Varianten, was den Aufbau und die chemische Beschaffenheit des Absorbers anbetrifft. All diesen Geräten haftete aber noch sehr viel Unvollkommenes an; sie erlangten nur relativ geringe Verbreitung. Der Hartnäkkigkeit von Davis und seinem Interesse an dem Sauerstoff-Kreislaufgerät war es zu verdanken, daß schon einige Jahre vor Beginn des Ersten Weltkrieges die englische Armee mit verbesserten Geräten - ab etwa 1906 mit dem „Proto" für die Arbeit über Wasser und dem „Salvus" für die Unterwassertätigkeit - ausgerüstet war. Der „Proto" erlangte ab 1915 besondere Wichtigkeit, als die Deutschen Truppen im Ersten Weltkrieg begannen, Giftgas bei den Kampfhandlungen einzusetzen.

1903 brachten Davis und Fleuss ein leichtes, unabhängiges Tauchgerät auf den Markt. Es arbeitete ebenfalls wie seine Vorgänger nach dem Prinzip des geschlossenen Atemsystems mit Zufuhr von frischem Sauerstoff und Absorption des Kohlendioxids durch Ätznatron. Das Gerät war zunächst vorgesehen zur Rettung der Besatzung gesunkener Unterseeboote. Anfang dieses Jahrhunderts hielten die Unterseeboote Einzug in die Kriegsmarinen, und man benötigte ein Rettungsgerät, das der Unterseebootbesatzung das sichere Verlassen aus einem gesunkenen Boot ermöglichte. So entstand 1903 aus dem Sauerstoff-Kreislaufgerät der legendäre „Davis-Tauchretter".[93] Aus diesen Unterseeboot-

Der U-Boot-Tauchretter von Siebe und Gorman war die erste, serienmässige Unterwasser-Anwendung des Sauerstoff-Kreislaufgerätes. Bis dahin wurde es vor allem in Gruben und Kohlebergwerken verwandt. Der Tauchretter bahnte dem Schwimmtauchen den Weg.
(Fotos: Sir Robert H. Davis: Deep Diving and submarine Operations. London, 1955. Copyright: Siebe Gorman & Co. Ltd.)

Tauchrettern, die in einfacher Ausführung nur einen Schlauch zur Pendelatmung besaßen, wurden im Laufe der Jahre die heutigen Kreislauftauchgeräte unter vielerlei Gefahren und auch tödlichen Unfällen entwickelt.

Der Atemsack wirkte als Auftriebshilfe und war bei diesen Austauchgeräten auf dem Bauch angeordnet. Damit wurde der Unterseeboot-Fahrer an der Oberfläche in einer sicheren Lage gehalten. Als Gesichtsanschluß diente ein einfaches Mundstück mit Nasenklammer. Diese Geräte waren aber nur für Ausstiege aus dem Unterseeboot bis maximal etwa 30 Meter geeignet, in größeren Tiefen reichte das Volumen des Atemsackes nicht mehr aus, um genügend Auftrieb zu erzeugen, so daß der Taucher mit Arm- und Beinbewegungen nachhelfen mußte. Die in solch großen Tiefen auftretende Giftigkeit des Sauerstoffes war zu vernachlässigen, da die Aufenthaltsdauer der aufsteigenden Besatzungen in dieser Tiefe in der Regel nicht ausreichte, um Beschwerden zu verursachen.[94]

Seine Bewährungsprobe bestand das Davis-Austauchgerät bei dem Untergang des englischen Unterseebootes *Poseidon* am 9. Juni 1931, das im chinesischen Meer während einer Überwasserfahrt mit einem Dampfer kollidiert war. Noch 4 Stunden, nachdem das Boot gesunken war, konnten sich insgesamt 6 Personen aus dem 37 Meter tief liegenden Rumpf mittels Tauchretter retten! Das Austauchgerät hatte sich glänzend bewährt, und es sollte besonders im Zweiten Weltkrieg, auch in anderen Funktionen, in den meisten Marinen der Welt Verbreitung finden. Eine besondere Art von Popularität erreichte das Sauerstoff-Kreislaufgerät auch durch eine andere Begebenheit: 1915 wurde in den USA erstmals der Roman von Jules Verne *Twenty Thousand Leagues Under the Sea* verfilmt. Der Regisseur, J. E. Williams, benutzte dabei Geräte der Firma Siebe und Gorman, mit denen er seine Hauptdarsteller auf dem Meeresboden umherspazieren ließ.

Relativ schnell kam man aber auf den Gedanken, die nun verbesserten Geräte nicht nur als Tauchretter (also Aufstiegshilfen), sondern auch als Tauchgeräte einzusetzen: Am 1. Juli 1905 wurde Fleuss und Davis ein englisches Patent[95] gewährt, das die Verwendung einer Taucherjacke mit dicht anliegendem Helm betraf. 1906 verbesserte Davis die Erfindung durch Anordnung eines Reduzier- und Dosierventils am mit 100 bar gefüllten Sauerstoffzylinder. Das Dosierventil lieferte gleichmäßig während der ganzen Tauchzeit etwa 1 Liter Sauerstoff pro Minute. Dieses Tauchgerät nach dem Prinzip eines offenen Taucherhelms konnte sich allerdings nicht durchsetzen, da es noch die gleichen Nachteile hatte wie alle anderen, unten offenen Taucherhelme.

Aber nicht nur in England, sondern auch in Deutschland arbeitete man intensiv an der Verbesserung der Sauerstoff-Kreislaufgeräte. Zu Beginn des Jahrhunderts begann mit der Einführung der ersten Unterseeboote ein Wettlauf, insbesondere was die Entwicklung der Tauchtechnik für militärische Zwecke anbetraf. Jedes Land wollte einen Vorsprung haben. Die Firma Siebe und Gorman in England und Dräger in Deutschland avancierten dabei zu den Vorreitern auf diesem Feld, und dies besonders ab 1906, als Hermann Stelzner als Chefingenieur zu den Drägerwerken kam.

Im gleichen Jahr, als Siebe und Gorman ihren Tauchretter bauten, entwickelte Dräger ein ähnliches Gerät zunächst zur Arbeit in Minen. Dieses Atemgerät für Feuerwehren und Bergwerke vom Jahre 1903 bzw. 1904, das durch Forschungsarbeit Bernhard Drägers entstand,[96] brachte die Tauchtechnik von Dräger einen großen Sprung vorwärts. Den Gedanken der Sauerstoffatmung mit Atemluftregeneration für Taucher griffen die beiden Brüder Bernhard und Heinrich Dräger ebenfalls auf und entwickelten eigene Tauchgeräte.[97] Diese deutschen Sauerstoff-Kreislaufgeräte von Dräger sollten schon recht bald nicht nur als Tauchretter eingesetzt werden, sondern auch für Unterwasserarbeiten der verschiedensten Art.

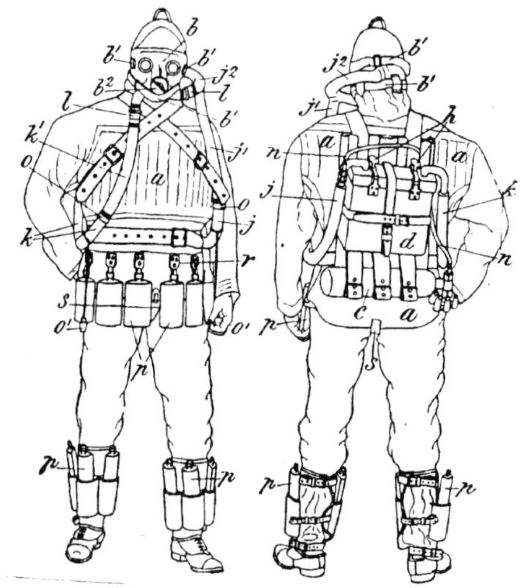

Die Taucherjacke mit Luftgenerator von Fleuss und Davis, 1905. Sie funktionierte ebenso wie die halbgeschlossenen Helmtauchergeräte nach dem Prinzip der Taucherglocke. Statt dem Helm trug der Taucher hier eine flexible Haube mit eingelassenen Augengläsern. Die Haube war nahtlos mit der Jacke verbunden, auf dem Rücken war die Sauerstoffflasche und der Atemkalkbehälter befestigt. Die Jacke besaß auf der Vorder- und Rückseite zwei grosse, aufblasbare Kammern, die beim Tarieren hilfreich waren bzw. zum leichteren Aufsteigen dienten. An den Füssen und am unteren Jackenrand trug der Taucher mehrere Gewichtsstücke. (England 13.604)

Dräger U-Boots-Tauchretter DM2 von 1912. Er bestand aus einer Druckluft- und einer Sauerstoffflasche. Zur Ausrüstung gehörte aber nicht nur dieses Kreislaufgerät, sondern auch eine Schutzbrille, ein Messer sowie eine kleine, wasserdichte Cognacflasche, damit der Gerettete bei längeren Wartezeiten im Wasser nicht zu schnell auskühlt...
(Fotos: Drägerwerk AG, Lübeck)

Zunächst ging man den gleichen Weg wie bei Siebe und Gorman und stellte bei Dräger eigene Tauchretter her. Sie gingen der Konstruktion eines größeren, schlauchlosen Helmtauchergerätes voraus und waren in vielerlei Hinsicht wegbahnend. Der Entwicklungsbeginn deutscher Tauchretter auf Sauerstoff-Kreislaufbasis läßt sich recht präzise auf das Jahr 1910 festlegen. Bernhard Dräger beschäftigte sich damals mit dem Bau und der Weiterentwicklung der ersten Luftreinigungsanlagen für Unterseeboote. Nach einem schweren Unfall des französischen Unterseebootes *Pluvoise* im Sommer 1910 begann man bei Dräger mit der Entwicklung einer eigenen, deutschen Version des Tauchretters. Bei dem Tauchretter von Dräger diente ein auf dem Rükken befestigter Atemsack als Gegenlunge, es gab aber auch andere Bauversionen, bei denen der Atembeutel auf der Brust angebracht war. Vom Januar 1912 an wurden die deutschen, holländischen, dänischen und schwedischen Unterseeboote mit dem Dräger-Tauchretter ausgerüstet. Die US-Navy rüstete erst 1928 ihre Unterseeboote mit den Tauchrettern von C.B. Momsen aus.

Neben ihrem Tauchretter entwickelte Dräger ab etwa 1909 nach dem Prinzip des Sauerstoff-Kreislaufgerätes den freitragbaren, schlauchlosen Tauchappart DM 20 (Dräger-Mischgastauchgerät für 20 Meter Wassertiefe), der im April 1912 auf den Markt kam. Mit dieser Entwicklung war man in der Tauchtechnik einen bedeutenden Schritt vorangekommen, und man erregte die Aufmerksamkeit des gesamten internationalen Tauchgerätemarktes. Äußerlich glich dieses autonome, schlauchlose Sauerstoffkreislauf-Helmtauchergerät dem herkömmlichen geschlossenen Helmtauchergerät, nur fehlt der Luftschlauch und das Rückengewicht, an dessen Stelle der Taucher zwei Sauerstoffstahlflaschen mit einem Inhalt von je 2 Litern und einem Fülldruck von 150 bar und den Absorberbehälter trug.

Mit dem DM 20 hatte man ein Tauchgerät entwickelt, das bei vielen schwierigen Arbeiten eingesetzt werden konnte. Es hatte gegenüber den Schlauchtauchgeräten große Vorteile. Der Taucher hatte mit diesem Gerät einen großen Aktionsradius, er wurde nicht mehr von dem langen Luftschlauch behindert, er ist nicht mehr von der Luftpumpe abhängig, und konnte somit etwas leichter an schlecht zugängliche Orte wie Höhlen oder Wracks vordringen. Die einzige Verbindung, die noch zwischen dem Taucher und dem Oberflächenpersonal bestand, war die Signal- oder Rettungsleine.

Einen Nachteil aber sollte dieses Tauchgerät doch noch haben: Die auf maximal 20 Meter eingeschränkte Tauchtiefe. Wollte man tiefer tauchen, mußte man entweder auf einen oberflächenversorgten Helmtaucheranzug umsteigen oder vom Tauchen mit reinem Sauerstoff abkommen und ein neues Gasgemisch

Der von Dräger entwickelte Taucherschlitten gab dem autonomen Helmtaucher mehr Mobilität. (Foto: Drägerwerk AG, Lübeck)

herstellen, mit dem man gefahrlos größere Tiefen aufsuchen konnte. Diese Bedingung sollte dann mit der Weiterentwicklung des Sauerstofftauchgerätes hin zum Mischgastauchgerät realisiert werden. Es ist im wesentlichen ebenso aufgebaut wie das Sauerstoffgerät, aber Tauchtechnisch um ein Vielfaches sicherer.

Eine weitere interessante Entwicklung von Dräger war in diesen Jahren ein Unterwasserschlitten, der auf dem Meeresgrund hinter einem Boot hergezogen wurde. Auf ihm saß ein Helmtaucher, ausgerüstet mit einem Kreislaufgerät, der den Schlitten mit Höhen- und Tiefenruder steuern und so schnell eine größere Umgebung absuchen konnte. Dieser Apparat wurde 1912 von Max Valentiner, einem deutschen Unterseeboot-Kapitän entwickelt, um bei Übungsschießen verlorengegangene Torpedos aufzufinden. Durch den Schlitten und das autonome

Helmtauchergerät erhielt der Taucher bereits eine gewisse Mobilität, die bisher in diesem Umfang nicht möglich gewesen war.[98]

Durch den Bau der freitragbaren Dräger-Tauchgeräte wurde die Möglichkeit, produktive Arbeiten unter Wasser leisten zu können, stark erweitert. Interessanterweise stieß die Einführung des neuen Hilfsmittels trotz seiner augenscheinlichen Vorzüge zunächst auf mancherlei Widerstand, hauptsächlich bei den Tauchern selbst, bei denen das Festhalten am Herkömmlichen und damit das Mißtrauen gegen Neuerungen oft sehr stark ausgeprägt ist. Das ist einesteils verständlich, wenn man bedenkt, daß beim Tauchen Leben und Gesundheit am einwandfreien Arbeiten des Tauchgeräts hängen, und daß die seit Jahrzehnten benützten Schlauchtauchergeräte trotz mancher Nachteile ihre Brauchbarkeit in der Praxis doch so oft bewiesen haben, daß eine grundlegende Änderung der Ausrüstung nicht nötig zu sein schien. Es ist erstaunlich, wie oft auch heute noch durch diesen Konservatismus Fortschritte der Tauchtechnik verzögert werden. Erst der Umstand, daß das immer größer werdende Aufgabengebiet des Tauchers eine immer größer werdende Bewegungsfreiheit und einen größeren Arbeitsbereich dringend erforderlich machte, bahnte dem schlauchlosen Tauchergerät schließlich den Weg.

Bereits von Anfang an dachte man aber bei Dräger nicht nur an den Bau von Tauchrettern sowie autonomen Helmtauchergeräten, sondern auch an den Bau von „Kleintauchergeräten“, die auf den Tauchrettern aufbauen. Mit ihnen sollten einfache Arbeiten unter Wasser durchgeführt werden. Hermann Stelzner charakterisiert die Eigenschaften der Tauchretter und Kleintauchergeräte so: „Der Tauchretter befähigt den Menschen, wie ein Amphibium unter Wasser oder auf dem Lande zu leben, ohne in seiner Arbeitsfähigkeit irgendwie beschränkt zu sein - Ja, der Mensch im Tauchretter ist einem Land-Wassertier noch dadurch überlegen, daß er außerdem in giftige Gase und Rauch ohne Schädigung seiner Gesundheit einzudringen vermag. Infolge dieser außerordentlichen Eigenschaften ist der neue Apparat nicht nur im Unterseeboot als Tauchretter am Platze, er ist auch ein wertvolles Werkzeug für Pioniere, die häufig unter Wasser zu arbeiten und in Erdlöchern mit giftigen Gasen zu schaffen haben, sowie für Spezialzwecke bei der Ausführung berufsmäßiger Taucherarbeiten.“

Der von Dräger um 1915 aus den Unterseeboot-Austauchgeräten entwickelte „Badetauchretter“ bzw. die ab 1928 entwickelte „Gegenlunge“[99] erschlossen dann tatsächlich weitere, neue Einsatzfelder für das Sauerstoff-Kreislauftauchgerät. Der Badetauchretter war ein kleiner, freitragbarer Taucherapparat für Tiefen bis zu 20 Meter und 60 Minuten Gebrauchsdauer, der an den Badeplätzen der Küsten- und Binnengewässer zur Rettung Ertrinkender verwendet werdesollte. Der Apparat konnte auch benutzt

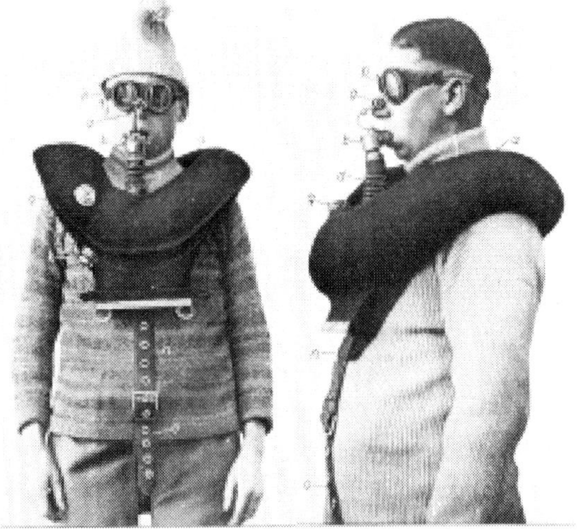

Die „Gegenlunge“ (links oben) von 1928 und der „Badetauchretter“ von 1915 (rechts oben und rechts) von Dräger erschlossen dem Sauerstoff-Kreislaufgerät neue Anwendungsfelder. Die Geräte waren sehr leicht, und es wurde so möglich, kleinere Arbeiten unter Wasser schnell durchzuführen. Der Taucher wanderte mit Ledersandalen auf dem Grund umher, untengehalten durch schwere Gewichtsketten um die Hüfte oder den Hals. Links unten beide Geräte bei Tests im Taucherkessel des Drägerwerkes, rechts unten der Badetauchretter im Einsatz.
(Fotos: Drägerwerk AG, Lübeck)

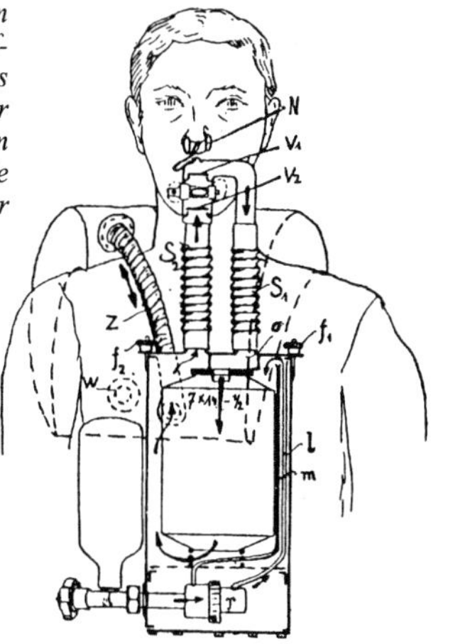

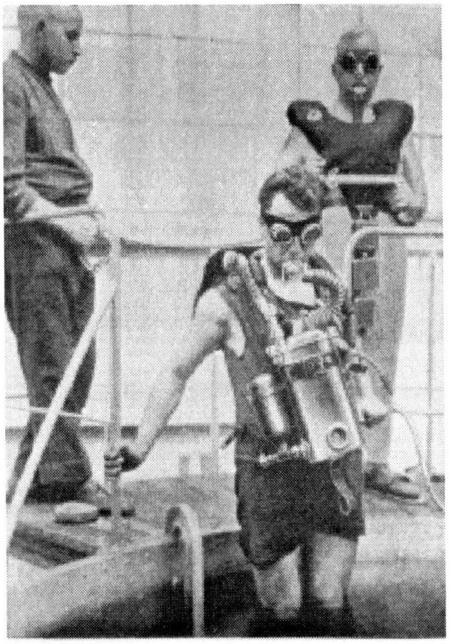

werden zum Aufsuchen im Wasser verlorener Wertsachen, zum Untersuchen des Badegrundes und der vom Wasser bedeckten baulichen Anlage der Badeanstalt. Der Zweck des Badetauchretters, nämlich Menschenleben zu retten, verlangte, daß der Apparat schnell angelegt und in Betrieb gesetzt werden konnte. Bei der Ausrüstung wurde deshalb auf den sonst gebräuchlichen wasserdichten Gummischutzanzug der Helmtaucher verzichtet, da der Apparat nur in warmem Wasser und während der warmen Jahreszeit benutzt werden sollte. Die Ausrüstung bestand aus einer ärmellosen Jakke, die sehr schnell übergestreift werden kann. Die Jacke trägt in einer Tasche vorn auf der Brust den Regenerationsapparat und auf der Schulter den Atmungssack. Geatmet wird mit dem Mund durch das Mundstück; die Nase wurde durch eine Klammer geschlossen. Wie in der Originalbeschreibung zu lesen ist, konnte auf Wunsch der Ausrüstung eine Taucherbrille beigefügt werden, „die von vielen Tauchern als wertvolles Rüstungsteil betrachtet wird".

Die Gegenlunge von 1928 unterscheidet sich von allen anderen, aufgeführten Tauchrettertypen durch den ringförmigen Atemsack, der über den Kopf gestreift wurde, so daß er an Schultern, Rücken und Brust anliegt, und an der Oberfläche eine stabile aufrechte Schwimmlage des Tauchers ermöglichte. Die Gegenlunge kleinster Bauart arbeitete etwa 30 bis 45 Minuten, dann waren Patrone und Sauerstoffvorrat verbraucht. Da der Atemsack nur 10 Liter faßte, mußte er mehrfach - je nach Tiefe, in der man sich befand - mit Sauerstoff nachgefüllt werden. Hauptvorzug diese Gerätes war das geringe Gewicht von etwa 5 Kilogramm und das geringe Volumen. In einem mit Reißverschluß versehenen Beutel untergebracht, hat das Gerät die Größe einer Aktentasche.

Der Dräger-Badetauchretter und die Gegenlunge fanden vor allem Verwendung in Badeanstalten und bei Feuerwehren, um bei der Bergung Verunglückter eingesetzt zu werden, und dienten damit zwar ebenso wie der Unterseeboot-Tauchretter vorwiegend Rettungszwecken, mit ihnen wurden aber auch kurzzeitige Unterwasserarbeiten ausgeführt, wie etwa das Besichtigen von Schiffsschrauben oder kleine Bergungsarbeiten in geringen Wassertiefen. Der Taucher stand dabei mit Leder- oder Eisensandalen an den Füßen und Gewichtsgürtel auf dem Grund oder saß auf einer herabgelassenen Schaukel in Höhe seines Arbeitsplatzes. Um 1920 wurden von Dräger leichte Gummianzüge verwendet, um Tauchretter auch in kalten Gewässern einzusetzen. Badetauchretter und Gegenlunge leisteten erste, wichtige Schrittmacherdienste auf dem Weg zu einem autonomen Schwimmtauchgerät, da sie schon wesentlich einfacher in der Handhabung waren als die oberflächenversorgten Helmtauchergeräte, und die Mobilität erhöhten.

Überblicken wir rückschauend die Hilfsmittel zur Erschließung der Meerestiefen, so stellen wir fest, daß autonome Tauchgeräte zwar die weitgehendste Beweglichkeit des Tauchers gewährleisten, aber immer noch ein Problem verblieb: die Möglichkeit, weite Strecken am Meeresgrund rasch und gefahrlos zu durchqueren, sei es, um einen Überblick über seine Beschaffenheit zu gewinnen, um versunkene Gegenstände, deren Lage nur ungenau bekannt ist, zu suchen, oder schließlich zu allgemeinen Forschungszwecken. Noch war der Taucher gefesselt, wenn auch im übertragenen Sinn. Diese Schwierigkeit wurde erst zufriedenstellend gelöst durch die *Kombination eines autonomen Tauchgerätes mit Schwimmflossen*, die den Taucher in die Lage versetzen, nicht mehr nur zweidimensional zu agieren, sondern den dreidimensionalen Raum in allen Richtungen zu durchforschen. Es waren die Flossen des Franzosen Louis de Corlieu, die dies schließlich ermöglichten. Durch diese einfachen Hilfsmittel wurde die Bewegungsmöglichkeit des Menschen im Wasser erheblich gesteigert.

Durch Kombination von autonomer Atemgasreserve mit Schwimmflossen wurde eine einschneidende Entwicklungsstufe in der Tauchtechnik erreicht: Erst damit wurde das heute weltweit verbreitete *Schwimmtauchen* möglich. Schwimmtaucher sind also Menschen, die sich durch Zuhilfenahme von mitgenommenen Atemgasreserven frei, autonom von jeglicher Verbindung nach oben während einer längeren Zeitspanne unter der Wasseroberfläche aufhalten und durch Einsatz von Flossen eigenverantwortlich und über einen längeren Zeitraum hinweg im dreidimensionalen Raum bewegen können. Es war der österreichische Meeresbiologe Hans Hass, der 1942 diese neue Evolutionsstufe in der Geschichte des Menschen unter Wasser erstmalig beschritt. Ihm gebührt die Ehre, die Umwandlung vom Geh-Tauchen des Tauchers mit Bleisohlen zum Schwimmtauchen der neueren Zeit eingeleitet zu haben.

Der Österreicher Hans Hass machte erstmals 1937 Bekanntschaft mit der Unterwasserwelt. Inspiriert durch Guy Gilpatric wurde er Unterwasserjäger, verlegte aber bereits kurz darauf sein Hauptinteresse hin zur Meeresforschung. Seine bahnbrechenden Forschungen dokumentierte er durch unzählige Bücher, Kino- und Fernsehfilme, wodurch er weltweit bekannt wurde. (Foto: Hans Hass, Wien)

Hans Hass wurde am 23. Januar 1919 in Wien geboren. 1937 führte seine Urlaubsreise nach Südfrankreich zur ersten Begegnung mit der Unterwasserwelt des Mittelmeeres. Er begegnete in diesem Sommer am Cap d'Antibes Guy Gilpatric, dem Nestor der Unterwasserjagd.[100] Fasziniert von dieser neuen Sportart wurde auch Hass ein Schüler von Gilpatric und ging fortan mit Harpune und Schwimmbrille auf Unterwasserjagd. Doch schon recht bald erwachte sein Forschergeist: Hass wollte nicht mehr nur die Fische wie Wild jagen, sondern viel mehr über die ungeahnt vielgestaltigen, biologischen Vorgänge unter der Wasseroberfläche erfahren. Um seine Erlebnisse unter Wasser auch anderen Menschen nahezubringen, hielt er bereits im Herbst 1937 nach Rückkehr aus Südfrankreich in Wien erste Vorträge.

Neben Forscherleidenschaft fließt auch viel Abenteurerblut in seinen Adern, und so kam es, daß Hass schon ein Jahr später, 1938 und kaum 19 Jahre alt, seine erste Tauchexpedition durchführte. Diesmal begleiteten ihn einige Kameraden von der Wiener Universität, wo er inzwischen Jura studierte, nach Jugoslawien. Eigentlich hätte Hass nach seinen Erlebnissen unter Wasser lieber Zoologie studiert, aber sein Vater - selbst ein angesehener Rechtsanwalt - ließ dies nicht zu.

Neben der Unterwasserjagd mit Handspeer und Taucherbrille fotografierte Hass hier auch erstmals mit einer selbstgebauten, wasserdichten Kamera unter Wasser, um seine Erlebnisse und die bizarre Unterwasserwelt zu dokumentieren. Auch Flossen fanden bei dieser Expedition bereits Verwendung. Sie hatten für Hass als Unterwasserfotograf den unschätzbaren Vorteil, daß er mit ihrer Hilfe das Tauchen und Schwimmen ausschließlich mit den Beinen besorgen konnte und beide Hände zur Bedienung der Kamera freihatte.

Während der 1938er Expedition nach Jugoslawien sammelte Hass auch erste Erfahrungen mit Atemgeräten: Nach dem Vorbild von William Beebe hatte sich Hass einen offenen Taucherhelm mit Luftpumpe gebaut. Hass erkannte aber bald die Nachteile des offenen Taucherhelms für die Forschung unter Wasser: Die mit großem Lärm aus dem Helmrand austretenden Luftblasen und der Luftschlauch störten die Fische in seiner Umgebung und verjagten sie, so daß er kaum Möglichkeit hatte, sie zu beobachten oder zu fotografieren. Auch war er durch den Taucherhelm, ganz im Gegensatz zu seinen positiven Erfahrungen mit seiner Schwimmausrüstung, am Boden gefesselt und zum Geh-Tauchen verdammt. Nur mühsam und langsam konnte er sich in einem engen Radius vom Boot fortbewegen, in zerklüfteter Gegend konnte er kaum agieren. Wollte er an einer senkrecht abfallenden Steilwand arbeiten, so hing er an dem Luftschlauch wie eine Spinne an ihrem Faden und pendelte in der Strömung hin und her. Immerhin ermöglichte ihm der offene Taucherhelm aber bereits einen längeren Aufenthalt unter Wasser.

Auch auf seiner nächsten Expedition, die Hass 1939 durchführte, mußte er noch mit dem unbefriedigenden offenen Taucherhelm vorlieb nehmen. Diese Reise führte ihn sowie zwei Kameraden in die Karibik nach Curaçao und Bonaire.[101]

Dort erlebten die drei Freunde viele aufregende Abenteuer, und zwar überwiegend unter der Wasseroberfläche. Sie gingen mit Fernez-Brille, Flossen und Handspeer auf die Jagd, und Hass beobachtete zum erstenmal die Reaktionen gereizter Haie in unmittelbarer Nähe von Menschen. In den Riffen der Karibik entstand auch sein erster Unterwasserfilm *Pirsch unter Wasser.*[102] Durch den plötzlichen Ausbruch des Zweiten Weltkriegs wurden die drei Kameraden länger als geplant auf Curaçao festgehalten und mußten über die USA, China und Rußland nach Wien zurückkehren. Insgesamt dauerte diese Expedition 9 Monate.

Nach Rückkehr brach Hass das ungeliebte Jurastudium endgültig ab und begann statt dessen, gegen den Willen des Vaters, das Zoologiestudium. Er hatte in der Korallenriffen der Karibik vollends erkannt, welche großen Möglichkeiten sich dem Forscher boten, wenn er sich selbst, als „Fisch unter Fischen", unter die Wasseroberfläche begibt und, anstatt sich nur der zufälligen Funde der Schleppnetze und Bodengreifer zu bedienen, direkt vor Ort seine Studien durchführt. Hass erkannte, daß sich dem forschenden Taucher im wahrsten Sinne des Wortes eine neue Dimension eröffnet. Im Meer liegen nicht nur archäologische Schätze von ungeheurem Wert sondern auch weithin unbekannte Reichtümer, die den Naturwissenschaftler locken. Neue Tier- und Pflanzenarten sind zu entdecken, von denen man vor Einführung des Tauchens nichts wußte. Anders als in Aquarien zeigen die Fische nur in den Korallenriffen ihr wirkliches Verhalten. Außerdem liegt im Meer der Ursprung allen Lebens - und dieser Ort scheint geeignet, um sich diesem Phänomen, das Hass bis heute fasziniert, zu nähern.

Hass träumte nun von weiteren Expeditionen, die ihn in die besonders reichhaltigen Korallenmeere der südlichen Hemisphäre führen sollten. Dort wollte er die vielen unbekannten Tiere und Pflanzen kennenlernen und erforschen. Am Ende seines Buches *Unter Korallen und Haien* von 1941 gibt er einen interessanten Ausblick über seine weiteren Pläne: „Weiter in die Zukunft forscht mein Blick. Noch tobt der Krieg, doch wenn Frieden ist, wird die Möglichkeit zur Verwirklichung weiterer Pläne kommen. Ja, ich habe Pläne. Curaçao hat bewiesen, welche Möglichkeiten die freischwimmende Unterwasserforschung bietet. Wenn wir mit so bescheidenen Mitteln und unter so schwierigen Umständen zu dritt schon so viel beobachten konnten, welcher Erfolg müßte dann einer großzügig ausgerüsteten Expedition in die Korallenwelt der Südsee beschieden sein! Die wichtigste Voraussetzung für zukünftige Fahrten wäre ein großes, modern ausgerüstetes Schiff, mit dem wir die südlichen Meere durchkreuzen können. Mit neuen, verbesserten Apparaten und Geräten ausgerüstet könnten wir dann das Reich der Fische durchforschen. Wissenschaftler müßten uns zur Seite stehen, die alles Material, das aus der Meerestiefe emporgeschafft wird, gleich an Ort und Stelle verarbeiten und auswerten. Ihnen könnte an Bord ein modernes Laboratorium zur Verfügung stehen, und ihrer Anleitung gemäß müßte die Tauchermannschaft wissenschaftlich interessante Lebensvorgänge im Meer beobachten und filmen und seltene Fische zur Untersuchung einbringen. Durch solche Zusammenarbeit würde es, davon bin ich überzeugt, möglich sein, einen wertvollen Beitrag zur Erforschung der Meerestiere zu leisten. Einmal, das weiß ich bestimmt, wird unser Schiff hinausfahren zum Roten Meer, durch den Indischen Ozean zu den Koralleninseln der Südsee und dem großen Barriereriff von Australien. Möge es uns dann gelingen, unser Vorhaben erfolgreich auszuführen, immer tiefer in die Geheimnisse und Rätsel der Meerestiefe einzudringen und ihre Schönheit durch Foto- und Filmaufnahmen der Öffentlichkeit zugänglich zu machen".

In diesem Ausblick von 1941 hat Hass all das bereits vorformuliert, was er in den nächsten zwei Jahrzehnten tatsächlich verwirklichen sollte. Das Buch *Unter Korallen und Haien* verkündet die Eroberung eines neuen Forschungsgebietes und begeisterte viele Leser für die Vorgänge in der submarinen Welt. Es wurde in fast zwei Dutzend Sprachen übersetzt, bis heute in vielen Auflagen nachgedruckt und weltweit fast eine halbe Million Mal verkauft.

Ab 1941 schrieb Hass Bücher und Zeitschriftenartikel und hielt unzählige Vorträge, um sich mit dem Geld den Traum eines eigenen Forschungsschiffes zu erfüllen und die neue Forschungsmethode zu verbreiten. Gleichzeitig wollte er zeigen, daß die Haie keine solch blutrünstigen Monster sind, wie oft dargestellt, und sie dem Forscher nicht den Weg in die Tiefe verwehren. 1942 plante Hass eine weitere Expedition, die aber wegen des noch herrschenden Krieges nicht in tropische Meere sondern nur im Mittelmeer, in der Ägäis, durchgeführt werden konnte. Bei dieser Expedition wollte er erstmals den Vorteil der großen Bewegungsfreiheit, die ihm die Schwimmflossen unter Wasser ermöglichten, mit einem autonomen Tauchgerät vereinen.

Hass hatte im Frühjahr 1941 in Lübeck bei Dräger den technischen Direktor Hermann Stelzner getroffen, die „Gegenlunge" gemeinsam mit Schwimmflossen im Versuchstank erprobt und zusammen mit Stelzner durch einige konstruktive Änderungen, welche vor allem das Dosierventil und die Anordnung des Atemsacks betrafen, umgebaut. Außer dem bei der „Gegenlunge" üblichen, durch Druck auf einen Knopf nach Belieben zu bedienenden Überströmventil wurde ein Dosierventil an der Sauerstoffflasche angeordnet, welches dem Taucher automatisch eine gewisse Menge frischen Sauerstoffes zuführte. Dieser brauchte deshalb nur bei erhöhter Arbeitsleistung sowie beim Tiefertauchen zusätzlich entsprechend viel Sauerstoff in den Atemsack einströmen zu lassen, um so den erhöhten Verbrauch zu decken. Der Atemsack wurde zur Erzielung einer günstigen Schwerpunktlage in allen Schwimm-

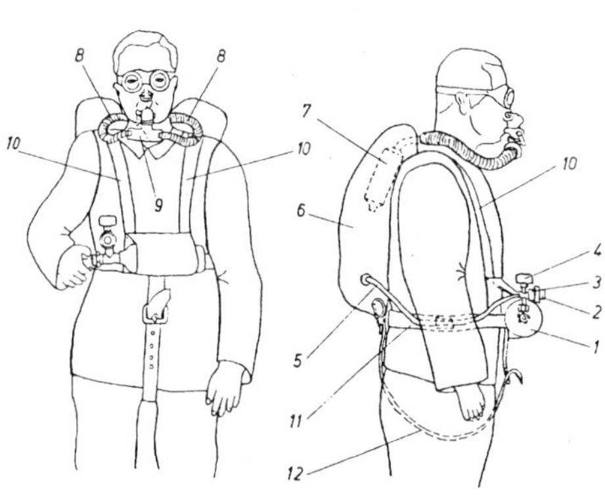

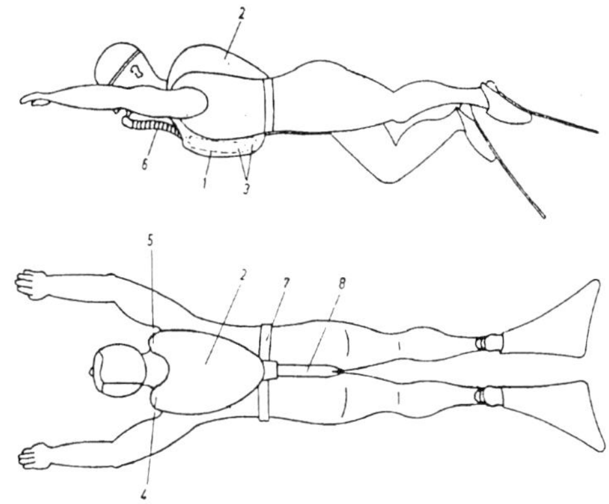

Links: Die Konstruktion des Sauerstoff-Kreislaufgerätes nach Patent 857.753 vom 16. Juni 1942.
Rechts: Das vollständige Schwimmtauchgerät nach Patent 883.100 vom 28. Mai 1943.
Anhand der erteilten Patente des Drägerwerkes in Lübeck lässt sich gut die Entwicklung des Schwimmtauchgerätes aus der „Gegenlunge" nachvollziehen. Dräger entwickelte aus ihrem U-Boot-Tauchretter von 1912 zunächst 1915 den „Badetauchretter" und dann 1928 die „Gegenlunge", welche durch den ringförmig um den Hals angebrachten Atemsack gekennzeichnet ist. Dieser runde Atemsack sollte zunächst das Aufrechtschreiten auf dem Meeresgrund vereinfachen sowie seinem Träger eine sichere Lage an der Oberfläche ermöglichen, wenn die Gegenlunge als U-Boot-Rettungsgerät eingesetzt wurde. Sie wurde am 21. Dezember 1928 patentiert (Deutschland 529.399). In den Jahren 1942 und 1943 folgten nun einige Patente, welche die Gegenlunge, vor allem durch Änderungen am Atemsack und Kombination mit Flossen, als Schwimmtauchgerät umfunktionieren. Zunächst war es das Patent vom 16. Juni 1942 (Deutschland 857.753), welches den auftriebgebenden Atemsack des Tauchers auf den Rücken anordnete, damit der Taucher eine bessere Schwimmlage einhalten kann. Mit diesem Gerät tauchte Hans Hass während seiner Ägäis-Expedition im Sommer 1942. Das Gerät konnte wahlweise zum Schwimmtauchen oder zum Gehen auf dem Grund eingesetzt werden.
Es folgte ein Patent für ein „Schwimmtauchgerät mit selbständiger Luftversorgung" vom 28. Mai 1943 (Deutschland 883.100), bei dem die Lage der Atemschläuche sowie anderer Teile des Gerätes strömungsgünstiger ausgebildet waren. Ein Zusatz zu diesem Patent vom 18. September 1943 (Deutschland 889.565) beschreibt dann eine weitere Verbesserung, die darin besteht, daß der Atembeutel so geformt wird, daß der Druckmittelpunkt der Lunge und die Unterkante der Luftblase im Atembeutel möglichst nahe zusammenliegen. Dadurch wird das Atmen des Tauchers erleichtert. Es folgte noch ein weiteres Patent zu dem Schwimmtauchgerät auf Sauerstoff-Kreislaufbasis, das aber wegen der Überleitungsgesetze nach Kriegsende erst am 21. Oktober 1951 zuerkannt wurde (Deutschland 877.868). Es beinhaltet eine weitere Verbesserung des Atembeutels.

lagen auf den Rücken verlagert, und eine entscheidende Verbesserung bedeutete die Verwendung einer Tauchermaske, die sowohl die Augen als auch die Nase kreisförmig umschloß. Durch den Einsatz der Schwimmflossen wurde so aus dem autonomen Sauerstoff-Kreislaufgerät ein Schwimmtauchgerät, welches Hass dann ab 1942 über ein Jahrzehnt für seine Expeditionen benutzte, bis es durch das sichere Druckluftgerät ersetzt wurde.

Technisch gesehen wies das Schwimmtauchgerät nur geringe Neuerungen auf, unterschied sich aber in der Anwendungsweise grundsätzlich von allen früheren Apparaten: Im Gegensatz zu den bisherigen Gepflogenheiten des Menschen, sich auch unter dem Wasser bei Taucherarbeiten auf dem Meeresgrund aufrecht schreitend zu bewegen ermöglichte das

Hans Hass verwandte ab Juli 1942 ein modifiziertes Sauerstoff-Kreislaufgerät von Dräger und kombinierte es mit Schwimmflossen. Dadurch verwandelte er sich vom Geh-Taucher zum Schimmtaucher. Wissenschaft, Berufsleben und Freizeit erfuhren fortan durch das Schwimmtauchen eine gewaltige Bereicherung. (Fotos: Hans Hass, Wien)

Gerät eine wesentlich vorteilhaftere Fortbewegungsweise. Bereits 1942 konnte Hass das Gerät in der Ägäis bei seiner Expedition verwenden. Der dort von ihm gedrehte Film *Menschen unter Haien* dokumentiert diese historische Begebenheit.[103]

Der historische Tag war der 12. Juli 1942, als Hass bei der kleinen griechischen Insel Ari Ronisi in der Nähe der Westspitze von Euböa zum ersten Male sein Schwimmtauchgerät im freien Wasser praktische einsetzte.[104] In dem Film schildert er seine Gefühle bei diesem ersten Abstieg so: „Ich ließ mich gleich 10 Meter weit hinabsinken. Es war ein herrliches Gefühl, einmal so ohne jegliche Atemnot unter Wasser verweilen, und sich doch vollkommen frei bewegen zu können. Jetzt war ich wirklich selbst zu einem amphibischen Wesen geworden und konnte mit den Fischen gleichen Weges ziehen!"

In lebensgefährlichen Selbstversuchen steckte er auf dieser Expedition die Leistungsgrenze des Gerätes ab. Zwei nur mit großem Glück glimpflich verlaufene Unfälle bewiesen allerdings auch Hass das hohe Risiko der Sauerstoff-Kreislaufgeräte. Hass kam es aber darauf an, möglichst unbemerkt unter Wasser das Verhalten der Fische zu studieren, und verwendete deshalb auch auf seinen folgenden Expeditionen weiterhin diese fast lautlosen Geräte statt der sichereren Drucklufttauchgeräte, die wieder den Nachteil des lärmenden Luftaustrittes besaßen. Neben der Geräuschlosigkeit sprach noch für das Kreislaufgerät, daß es besonders handlich war und man fast überall auf der Welt Sauerstoff und Absorber bekommen konnte. Durch eine kleine Umfüllpumpe konnte die 0,6 Liter Sauerstoffflasche auf 200 bar gebracht werden, was für eine Tauchdauer von etwa einer Stunde genügte. Für jede Expedition war nur der notwendige Atemkalk mitzuführen, für 100 Tauchstunden etwa 80 Kilogramm.

Die Tauchtiefe von maximal 20 Metern, die Stelzner vorschrieb, war für Hass vorläufig genug, denn in den Korallenriffen spielt sich das meiste Leben bis zu diesem Tiefenbereich ab, und hier waren auch die besten Lichtverhältnisse für das Fotografieren und Filmen. Was außerdem noch für das Kreislaufgerät sprach war die Möglichkeit, später einmal, wenn dies Dank besserer Technik möglich wäre, statt reinem Sauerstoff ein anderes Atemgemisch zu atmen. Damit konnte die Tiefengrenze weiter verschoben werden.

Wegen der erwähnten Vorteile verwendete er bei verstärkten Vorsichtsmaßnahmen weiterhin das Sauerstoff-Kreislaufgerät. Trotzdem verstarb auf einer Expedition von Hass mit dem Forschungsschiff *Xarifa* leider der englische Taucher Jimmy Hodges, der als Kameramann die Expedition begleitet, bei einem Unfall mit dem Gerät vor Bonaire. Hodges, der im Zweiten Weltkrieg an der Seite von Lionel Philip Kenneth Crabb Kampftaucher war, galt weithin als bekannter und geübter Taucher. Im Jahr 1950 fiel ihm die Aufgabe zu, das gesunkene Unterseeboot *HMS Truculent* ausfindig zu machen. Es war im Januarnebel auf der Themse von dem kleinen schwedischen Tanker *Divina* gerammt worden und mit 80 Mann Besatzung an Bord gesunken. 15 Mann davon entkamen mit den Davis-Tauchrettern.

Auf seiner Expedition 1942 in die Ägäis konnte Hass mit seinem Schwimmtauchgerät erstmals umfangreichere meeresbiologische Arbeiten durchführen, vor allem auch in unterseeischen Höhlen, in die ein Taucher ohne dieses neue Gerät niemals so einfach gelangt wäre. Seine Doktorarbeit über Reteporiden oder Moostierchen genannte, festsitzende Tierstöcke, die er auf dieser Expedition begann, gilt heute als Meilenstein in der meeresbiologischen Forschung, war sie doch die erste meeresbiologische Arbeit, die mit der Methode des Schwimmtauchens ausgeführt wurde.[105]

Durch mühevolle Kleinarbeit mit Büchern und Vorträgen konnte sich Hass den Wunsch eines eigenen Forschungsschiffes bereits 1943 erfüllen, doch es kam anders als geplant: Nach Kriegsende beschlagnahmten die russischen Siegertruppen das Schiff als Beutegut und transportierten es ab. Der *Seeteufel*, so hieß das Schiff, ist bis heute verschollen. Hass gab aber nicht auf: Er gründete 1951 in Liechtenstein sein Internationales Institut für submarine Forschung (IISF), erwarb kurze Zeit später mit eigenen Mitteln einen Dreimastschoner, heuerte eine Mannschaft an, versammelte ein Team von Fachwissenschaftlern um sich und brach als eigener Expeditionsleiter auf, um im großen Stil die verschiedenen Korallenriffe der Meere zu erforschen. 1953/54 fuhr sein Schiff, die *Xarifa*, über den Atlantik in die Karibische See und zu den Galápagosinseln im Pazifik, und 1957/58 durch das Rote Meer in den Indischen Ozean zu den Nikobaren und bis nach Singapur.

Auf diesen Fahrten wurden eine Vielzahl aufsehenerregender Forschungsergebnisse erzielt, und es würde bei weitem den Rahmen sprengen, wollte man sie alle hier aufzählen. Zum ersten Mal trafen sich beispielsweise vor den Azoren ein Pottwal - das größte Raubtier der Meere - und der Mensch unter Wasser, und Hass konnte dabei feststellen, daß dieses Tier viel scheuer ist als gemeinhin angenommen. Im Indischen Ozean erarbeitete Hass eine neue Theorie zur Entstehung der Korallenatolle der Malediven, welche die bis dahin gültige Theorie von Charles Darwin ablöste. Die Forschungsreisen der *Xarifa* bedeuteten in vielerlei Hinsicht einen wesentlichen Beitrag zur besseren Kenntnis der Meere und seiner Bewohner. Mit seinen beiden legendären Fahrten mit der *Xarifa* erschloß der Tauchpionier vollends der Meeresbiologie des Meeresgrund. Es war, als sei ein Tor aufgestoßen worden, hinter dem das Meer sich nun der Forschung lockend präsentiert.

Während den rund 25 Jahren seiner Unterwassertätigkeit von 1937 bis 1962 entwickelte Hass immer wieder technische Neuerungen wie etwa 1948 ein elektrisches Gerät, um mit künstlich ausgesandten Schwingungen Haie anzulocken oder abzuwehren, oder 1950 die erste Blitzlichtunterwasserkamera „Rolleimarin". Zugleich entwickelte er die Foto- und Filmtechnik für Unterwasseraufnahmen weiter. Nach 1942 regte er durch seine Filme weite Kreise des Publikums an und trug entscheidend dazu bei, das Schwimmtauchen als Forschungsinstrument, Berufsform und auch Freizeitbeschäftigung populär zu machen. Er erlangte Weltruhm als Bestsellerautor und Regisseur von zahlreichen Dokumentar- und Unterwasserfilmen zunächst für das Kino, später auch fürs Fernsehen.

In vielen seiner Filme wirkte seine bildhübsche Frau Lotte Hass als Schauspielerin und weltweit eines der wohl ersten Unterwassermodells mit und hatte so entscheidenden Anteil am Erfolg. 1951 wurde sein Film *Abenteuer im Roten Meer* mit dem ersten Preis für große Dokumentarfilme auf der Biennale in Venedig ausgezeichnet, 1959 erhielt Hass für seinen Film *Unternehmen Xarifa* eine Auszeichnung für ausgezeichneten Unterwasserfilm.[106] Über die Expeditionen und das Lebenswerk von Hans Hass wurde an anderer Stelle ausführlicher berichtet.[107]

1961 faßte der Nestor des Schwimmtauchens seine Erinnerungen noch einmal in dem Buch *Expedition ins Unbekannte* zusammen. Hass hatte die neue Methode in der Meeresforschung etabliert und sein Ziel, das er bereits 1941 formuliert hatte, erreicht. Zum Vordringen des Menschen in diesen immensen, für die Zukunft des Menschen so bedeutsamen Raum hatte er einen wertvollen Beitrag geleistet und ein bedeutendes Kapitel der Tauchgeschichte geschrieben. Niemand hat den Hai so entdämonisiert wie Hans Hass. Er wurde damit auch zum Pionier auf dem Gebiet der Verhaltensbeobachtung unter Wasser.

Überall an den Küsten der Meere und Binnengewässer tat man es ihm bereits nach - die Eroberung der Unterwasserwelt war in Gang gekommen. All seine Forschungsreisen führte Hass ohne jegliche öffentliche Forschungsgelder durch; er finanzierte sie in Eigenleistung. Ab 1961 wandte sich der dynamische Wissenschaftler neuen Zielen zu, die weniger mit Tauchtechnik sondern mit naturphilosophischen Fragestellungen über die Gesetzmäßigkeiten des Lebens und der Evolution zusammenhängen.[108] Mit großer Intensität engagiert sich Hass bis heute für den Meeres- und Umweltschutz. In drei Manifesten, die er im Laufe der Jahre veröffentlichte, mahnt er für einen vernünftigeren Umgang mit dem Meer, seinen Lebewesen und Ressourcen.

Das Schwimmtauchen wurde also 1942 von Hans Hass als Hilfsmittel für biologische Forschungen unter der Wasseroberfläche erstmals eingesetzt. Waren die Forscher bis dahin nur mit Schleppnetzen oder Bodengreifern in die Meerestiefen gelangt, oder vereinzelt auch selbst als oberflächenversorgte Helmtaucher, griffen sie nun auf Schwimmtauchgeräte zurück. Hass war der erste dieser neuen Forschergeneration. Durch die Kombination von Atemgasreserve mit Flossen wurde ein bedeutender Innovationssprung erreicht: Das Schwimmtauchen wurde möglich, eine Entwicklung mit hohem Stellenwert im Gesamtrahmen des Fortschritts der menschlichen Taucherei.

Die flachen Küstenregionen lagen nun offen für Forscher, die ihre wissenschaftliche Neugier unter Wasser trieb. Biologen konnten fortan, schwerelos im Wasser schwimmend, Tiere in ihrem Lebensraum beobachten. Bis dahin hatten sie immer nur zufällig aufgefischte Tiere untersuchen können. Nun aber war es möglich, auch die zartesten Strukturen von Lebewesen unversehrt in ihrer Umgebung zu studieren und mit nach oben zu bringen. Auch die Verhaltensforschung unter Wasser blühte auf. Andere Forscher widmeten sich der Archäologie unter Wasser und vermochten die Kenntnisse der Historiker wesentlich zu erweitern. Bronzebarren und Amphoren stiegen aus verrotteten Schiffsrümpfen an die Oberfläche, und Grundrisse versunkener Städte wurden wieder sichtbar. Auch die Ichtyologen waren begeistert von den Möglichkeiten des Schwimmtauchens. Eine systematische Bewirtschaftung der „Gärten des Poseidons“ kann durch das Schwimmtauchen erheblich gefördert werden.

Geologen konnten endlich auch im Meer erkunden, was sie interessierte, etwa die Strukturen von Gesteinsformationen verfolgen, die ins Meer hineinreichen. Für die Unterwasserarchäologen brach ebenfalls die Blütezeit an. Vor vielen Küsten entdeckten Taucher Reste versunkener Schiffe, von denen oft das Holz der Schiffsrümpfe vermodert war und nur noch tönerne Amphorenfelder übriggeblieben sind. Die angeblichen Ungeheuer der Meere wurden dabei vergebens gesucht: Muränen, Mantas (die „Teufelsrochen“) und Haie erwiesen sich in der Regel als eher scheue denn blutrünstige Studienobjekte.

Zum erstenmal konnten jetzt Studenten und Professoren das Leben der Fische unter Wasser studieren, in deren ureigenstem Element. Einer der ersten Wissenschaftler, der angeregt durch Hass mit einem Schwimmtauchgerät unter Wasser ging, ist der Wiener Biologe Rupert Riedl (geboren 22. Februar 1925). Er war zunächst Assistent an dem Zoologischen Institut der Wiener Universität und hatte bereits 1942 Hass bei seiner Doktorarbeit mit der Durchführung von Schnitten an Reteporidenstöcken unterstützt. In den Kriegsjahren musste sich Riedl noch mit selbstgebauten, primitiven Tauchgeräten zufrieden geben: Er baute sie sich aus Sauerstoff-Kreislaufgeräten für Bomberpiloten, die er aus abgestürzten amerikanischen Flugzeugen entnahm, und Gasmasken provisorisch zusammen. Mit ihnen führte er einige Tauchgänge in der Donau durch. Auch baute er sich Fuß- und Handflossen selbst.

Nach Kriegsende gründete Riedl 1946 am Zoologischen Institut der Universität Wien die „Arbeitsgemeinschaft für Unterwasserforschung“. Sie stellte sich die Frage, welche Aufgaben eine neue Forschungsmethode haben würde, die sich auf die Verwendung von Schwimmtauchgeräten stützt, um Untersuchungen im natürlichen Lebensraum mariner Organismen durchzuführen. Die erste Forschungsreise, die von der Arbeitsgemeinschaft unternommen wurde, war die 14-monatige Unterwasserexpedition *Austria 1948-49* an das Mittelmeer. Weitere Expeditionen folgten, in denen speziell die Meereshöhlen ausführlicher untersucht wurden, wie etwa die Tyrrhenia-Expedition 1952. Es ist interessant, daß auch Riedls Interesse ebenso wie das von Hans Hass ausgehend von meeresbiologischen Studien mehr und mehr auf theoretische Fragen innerhalb der Biologie wie nach der Ordnung des Lebendigen gerichtet wurde.

Es war in den Anfangsjahren für Hass alles andere als einfach, die Fachwelt von den neuen Möglichkeiten des Schwimmtauchens zu überzeugen. Der Naturforscher Erich Wasmund beispielsweise lehnte die leichten Tauchretter schon 1938 kategorisch für wissenschaftliche Arbeiten unter Wasser ab. Er schrieb in einer Abhandlung über das Tauchen mit ihnen: „Die Nachteile sind: Die Behinderung durch das Atemstück im Mund, das die Aufmerksamkeit von der zu beobachtenden Außenwelt ablenkt, die geringe Tauchtiefe und kurze Nutzdauer und vor allem die direkte Berührung des gesamten Körpers mit dem kalten Tiefenwasser unserer Breiten. Versuche mit Tauchrettern in der Lübecker Bucht ergaben, daß kein Berufstaucher 20 Meter wegen der Kälte erreichte. Ich kenne die Dräger-Gegenlunge und den kleinen Tauchretter sowie das Freitauchgerät der Hanseatischen-Apparatur-Gesellschaft aus eigener Erfahrung. Da sie geübte Taucherkenntnisse verlangen, scheiden sie meines Erachtens aus, es sein denn, ein bereits ausgebildeter Taucher will schnell und ohne fremde Hilfe in geringer Tiefe eine kleine Arbeit durchführen. In der Naturforschung ist bisher meines Wissens nur einmal davon Gebrauch gemacht worden, und zwar in der Binnengewässer-Forschung Frankreichs durch Einführung der Tauchretter-Konstruktion des französischen Seeoffiziers Le Prieur, der in einer Maske mit Gummidichtung und Sicherheitsscheibe einen Mundatmer benutzte, während die Druckluftflasche am Gürtel getragen wird. Im Genfer See führte Commandant Le Prieur Tauch- und Schwimmversuche vor, gemeinsam mit einer jungen Dame, um die Leichtigkeit der Benutzung zu demonstrieren. Wir bleiben bei der Ablehnung einer dauernden Benutzung der Tauchrettergeräte für wissenschaftliche Beobachtungen. Tauchretter sind Behelfsgeräte wie der Fallschirm, mit dem man nicht fliegen, aber einen Absturz vermeiden kann. Tauchretter dienen nicht eigentlich zum Tauchen, schützen aber vor dem Ertrinken.“[109]

Die Arbeiten von Hass und nachfolgender Forscher haben bewiesen, daß solche Ansichten unhaltbar sind. Sie durchstreiften forschend und beobachtend die Korallenriffe der Meere und bereicherte über das eigene Erleben hinaus damit in wertvollster Weise die Kenntnisse vom Leben im Meer, von der Absicht geleitet, auch diesen gewaltigen, bisher noch weithin unbekannten Raum der Erde zum Nutzen aller zu erforschen.

Wegen ihrer bauartspezifischen Gefahren wurden die Sauerstoff-Kreislaufgeräte für Taucher ab Mitte unseres Jahrhunderts von den sichereren Drucklufttauchgeräten verdrängt. Die Kreislaufgeräte wurden im letzten Weltkrieg vor allem von Kampftaucher verwendet, und nach dem Kriege anfangs auch von Sporttauchern benutzt. Den Vorteilen der Sauerstoff-Kreislaufgeräte stehen so viele Nachteile und Gefahren gegenüber, daß sie seit Mitte unseres Jahrhunderts in ihrer klassischen Form von Sporttauchern nicht mehr benutzt werden. Zwar brachte noch 1953 die Firma Barakuda in Zusammenarbeit mit Dräger in Deutschland das Tauchgerät „Delphin I“ heraus, ein Sauerstoffgerät mit geschlossenem Kreislauf, und ein zweites Gerät, der „Tümmler“, folgte kurze Zeit später. Allerdings kam die Fachwelt mehr und mehr zu der Überzeugung, daß die Sauerstoffgeräte in den Händen eines Amateursportlers eine Gefahr darstellten. Dräger hatte für seine Bergwerk-Schutzgeräte einen bedarfsgesteuerten Atemregler entwickelt, und nach diesem Prinzip entstand 1955 das erste deutsche Drucklufttauchgerät, der Pendelatmer „Delphin II“.

Erst in unseren Tagen werden autonome Kreislauftauchgeräte durch den Einsatz von neuen Atemgasen wieder populär. Bis heute ist ihr Grundprinzip fast unverändert geblieben, sieht man von konstruktiven Weiterentwicklungen und den verschiedenen Varianten möglicher Atemgase, den Mischgasen, ab, die durch fortschreitende Technologie und der Entwicklung spezieller Dosierventile eingesetzt werden können. Nitrox, Trimix oder Heliox sind die drei gängigsten und bekanntesten Atemgasgemische, welche die Tiefengrenzen des Kreislaufgerätes immer weiter verschieben und die Aufenthaltsdauer weiter ausdehnen. Darüber werden wir später mehr berichten.

Die neuzeitlichen Kampftaucher

Die Geschichte von Tauchern, die an Kampfhandlungen teilnahmen, datiert zurück bis zur Zeit der Griechen. Wir haben gehört, daß es Unterwasserkämpfe im warmem Wasser des Mittelmeeres gab, und ebenso auch in den kalten Gewässern um Grönland, Island und Skandinavien. Es gibt viele frühgeschichtliche Hinweise darauf, daß Kampftaucher sogar schon von den Wikingern eingesetzt wurden, um Löcher in Schiffsrümpfe hineinzubohren, Ankerseile durchzuschneiden oder auch Unterwasserhindernisse zu beseitigen. Während der Kreuzzüge wurden Kampftaucher ganz sicher sowohl von den Christen als auch Sarazenen für Sabotage- und Spionagetätigkeiten eingesetzt. Spionagetaucher drangen in die feindlichen Häfen ein, um Truppenstärken, Flottengrößen oder Angriffsvorbereitungen des Kriegsgegners auszukundschaften. Da es bis zum 16. Jahrhundert kaum vertrauenswürdige Seekarten gab, bestand eine weitere wichtige Aufgabe darin, die feindlichen Hafeneinfahrten und die davorliegenden Riffe auszuspähen, damit die Invasionsflotte nicht auf Grund rannte.

Über die Jahrhunderte änderte sich der Einsatz der Kampftaucher kaum, immer waren sie ohne nennenswerte Ausrüstung im Feindesland auf sich selbst gestellt und konnten sich unter der Wasseroberfläche nur solange verbergen, wie es ihr angehaltener Atem erlaubte. Atemhilfen gab es außer den kurzen Schnorcheln für sie noch nicht. Dies änderte sich erst in unserer Zeit, als der Zweite Weltkrieg einen noch nie dagewesenen Einsatz von Kampftauchern mit sich brachte.[110]

Ein Erfinder, der relativ früh den hohen Wert der Kampftaucher und ihr Potential erkannte, war der Marquis von Worcester. Er informierte schon 1748 den englischen König, daß er eine Maschine erfunden habe, „sehr kompakt und transportabel, die in eine Tasche paßt und stark genug ist, um ein Schiff zu zerstören, unabhängig von seiner Größe, und, sobald der Taucher es unter dem Schiffsrumpf befestigt hat, kann man es zur Explosion bringen, gleich zu welcher Zeit, ob sofort oder eine Woche später, bei Tag oder Nacht, und damit das Schiff zum Sinken bringen." Die Erfindung des Marquis war ein Vorläufer der Haftmine, die im Zweiten Weltkrieg vor allem von den Italienern und den Engländern mit großem Erfolg eingesetzt wurde. Im 18. Jahrhundert wurde diese Erfindung jedoch nicht beachtet, wohl einerseits, weil er dafür vom König eine große Summe Geld forderte, andererseits, weil Gutachter der Britischen Admiralität meinten, daß das Einsatzgebiet der Minen sehr beschränkt sei. Obwohl auch bereits in früheren Jahrhunderten vereinzelt Explosivstoffe an feindlichen Schiffen angebracht wurden - wie etwa um 1776 von David Bushnell, einem frühen Unterseeboot-Erfinder -

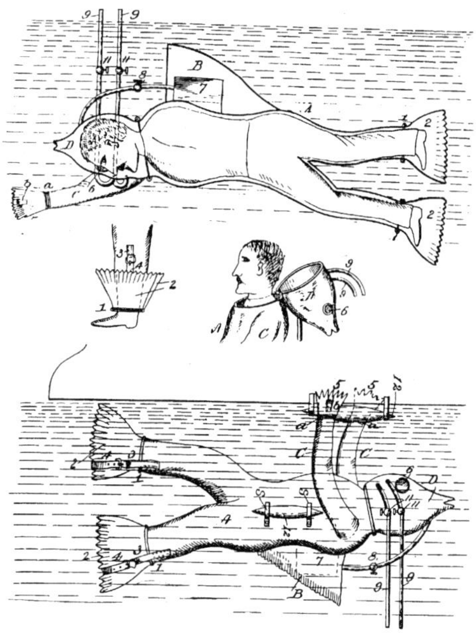

Kurios anmutende Ideen für Taucheranzüge finden sich bis in unsere Zeit hinein, wie bei diesem Kampftaucher. Diese Erfindung des Amerikaners J. Devine von 1898 (USA 609.085) besteht aus einem fischartigen Taucheranzug, der im Kopfbereich zwei feststehende Schnorchelrohre (9) besitzt. Will der Insasse tauchen, kann er beide Schnorchelrohre durch ein Ventil (11) verschliessen und den Hahn (8) des Druckluftbehälters in der Rückenflosse (B) öffnen. Am Anzug befinden sich aussen Halterungen (S) für Minen (12), die der Taucher an den Schlingerleisten feindlicher Schiffe befestigen kann.

wurden erst in unserem Jahrhundert Taucher in größerem Stil für diese Arbeiten eingesetzt.

Eine kriegstaugliche Erfindung, ähnlich der des Marquis von Worcester, wurde 1915 von dem Amerikaner Simon Lake vorgestellt.[111] Lake arbeitete damals mit John Holland beim Bau mehrerer Unterseeboot-Typen zusammen und beschrieb in einem Artikel „eine Schleuse, aus der Taucher unter dem Meer unbemerkt aussteigen, Exposivstoffe am feindlichem Schiffsrumpf anbringen und unbemerkt mit dem Unterseeboot wieder verschwinden können, bevor die Bombe detoniert". Kurioserweise sollte - obwohl Lake 1881 selbst an der Entwicklung eines autonomen Tauchgerätes beteiligt war - dieser Taucher einen Helmtaucheranzug tragen, mit Atemschläuchen, die mit dem Unterseeboot in Verbindung standen. Dies bedeutete aber, daß das Unterseeboot sehr dicht an das feindliche Schiff heranfahren mußte, andernfalls würden die Atemschläuche zu lang werden und der Taucher wäre nicht mehr aktionsfähig. Die US-Navy lehnte den Vorschlag Lakes mit der Begründung ab, die ganze Vorrichtung wäre viel zu umständlich und Torpedos könnten diese Aufgabe wesentlich besser erfüllen. Sicher wäre der Vorschlag Lakes anders beurteilt worden, wenn er statt dem für diesen Zweck vollkommen unbrauchbaren, oberflächenversorgten Helmtauchergerät beispielsweise die Verwendung eines Sauerstoffkreislauf-Tauchgerätes empfohlen hätte.

Das Land, daß als erstes Taucher ein setzte, um Sprengladungen unter Wasser an feindlichen Schiffen zu befestigen, war Italien. Bereits vor dem Ersten Weltkrieg hatten die Italiener ein kleines Trainingslager für Unterwassersaboteure eingerichtet, in dem sie lernten, unter Wasser Sprengladungen anzubringen und unbemerkt wieder zu entkommen. Die Geschichte der modernen Kleinkampfmittel für den Einsatz im Seekrieg begann in diesem italienischen Lager um 1918, als der Major Raffaele Rosetti den ersten von

Menschen gesteuerten Torpedo konstruierte. Italien gilt als das Land, das als erstes solche bemannte Torpedos entwikkelte. Sie waren keineswegs für Selbstmord-Einsätze bestimmt. Ein schmaler, etwa 7 Meter langer Torpedo wurde mit Druckluft angetrieben und von zwei Tauchern, die auf ihm saßen, gesteuert. Der Torpedo trug einige Minen, die die Taucher nach dem Eindringen in die feindlichen Häfen am Schiffsrumpf befestigen konnten. Sie sollten dann den Zeitzünder einstellen und mit ihrem Torpedo den Rückzug antreten. Dabei trugen die Taucher nur eine Taucherbrille und kein Tauchgerät, weil das Sauerstoff-Kreislaufgerät der italienischen Marine damals noch zu gefährlich erschien. Trotz seines ungewöhnlichen Namens „Maiale“ (= Schwein) erwies sich diese italienische Erfindung als außerordentlich gute Waffe.

Am Ende des Ersten Weltkrieges gab es ihren ersten Einsatz, als die beiden italienische Offiziere Rafaelle Rossetti und Rafaelle Paolucci auf einem Torpedo reitend am 31. Oktober 1918 nachts in den Hafen von Pola einzudrangen und mit Haftminen das österreichische Schlachtschiff *Viribus Unitis* versenkten. Die nächste Gelegenheit, Kampftaucher einzusetzen, bot sich erst wieder 1935. In diesem Jahr schickte Mussolini seine Agressionstruppen in das wehrlose Äthiopien. Seine Angst vor dem Eingreifen der Engländer bewog ihn dazu, den beiden erfahrenen Marineoffizieren Teseo Tesei und Elias Toschi den Auftrag zu geben, eine leichte und vor allem schnelle Torpedoflottille einzurichten. Toschi und Tesei, die als Unterseeboot-Ingenieure im Marinestützpunkt La Spezia Dienst taten, richteten ein geheimes Ausbildungslager an der See ein und bauten dort mehrere Unterwasser-Torpedofahrzeuge, für die inzwischen ein Dutzend verschiedener Konstruktionspläne vorlag. Aufgrund ihrer Erfahrung gelang ihnen im Oktober 1935 der Entwurf für den SLC (Siluro a Lenta Corsa = Kurzstrecken-Torpedo). Toschi und Tesei führten im Januar 1936 die ersten erfolgreichen Probefahrten durch.

Im Unterschied zur sehr einfachen Konstruktion von Rossetti, sollte ihr Gerät eine Art von Unterseeboot-Torpedo-Kombination sein. Es handelte sich dabei um einen Torpedo mit großem Durchmesser, auf dem ein leichter Aufbau angebracht war, in dem zwei Männer mit Belloni-Anzügen aus gummiertem Stoff und Sauerstoff-Kreislaufgeräten im Reitersitz sitzen und unter Wasser in wenigen Metern Tiefe in einen feindlichen Hafen eindringen konnten. Der Antrieb erfolgte über einen Elektromotor von geringer Leistung, der fast lautlos lief. Da der Aktionsradius dieser Sprengmittelträger bei nur wenig mehr als 20 Kilometer lag, war es notwendig, sie mit größeren Unterseebooten bis dicht vor ihr Ziel zu bringen. Sie hatten dann die tödliche Sprengladung unter einem Schiff zu befestigen und mit dem vom Gefechtskopf gelösten Gerät den Hafen wieder ungesehen zu verlassen. Da sich England jedoch nicht in die Äthiopien-Affäre einmischte, kam es zu keinem Einsatz; die Spezialeinheit wurde 1938 wieder aufgelöst.

Die Anfänge der Angriffstechnik mit Hilfe von Kreislaufgeräten geht also auf das Jahr 1936 zurück: Toschi und Tesei hatten die Kampfschwimmer erstmals mit Sauerstoff-Kreislaufgeräten ausgerüstet und machten sie so zu Kampftauchern. Die Geräte waren inzwischen soweit ausgereift, daß sie für diese Zwecke eingesetzt werden konnten. Besonders wichtig war die neue Möglichkeit, die Atemkalkpatrone im Wasser zu wechseln. Ein großer Vorteil war aber auch, daß kurz zuvor Siebe und Gorman der italienischen Firma Pirelli die Lizenz zur Herstellung ihrer Sauerstoff-Kreislaufgeräte erteilt hatte.

Mit dem Einsatz der Kreislaufgeräte für Kampftaucher hatten Toschi und Tesei einen großen Fortschritt für die Kriegsführung unter Wasser erreicht: Bis heute sind sie für militärische Zwecke unentbehrlich, da sie keine verräterischen Luftblasen abgeben. Ihr Vorteil liegt vor allem in dieser Unauffälligkeit und Geräuschlosigkeit, mit der getaucht werden kann. Sie haben weiterhin den Vorteil eines geringen Gewichts, da in den Druckflaschen ja nur der physiologisch erforderliche Sauerstoff mitgeführt werden muß. Man kann mit einem sehr kleinen Vorrat von etwa 2 bis 3 Liter lange Zeit unter Wasser bleiben - bis zu 6 Stunden.

Diese auch als „menschliche Torpedos“ bezeichneten Kleinkampfmittel erforderten nicht nur mutige Besatzungen, sondern konnten aufgrund der Tapferkeit ihrer Fahrer große Erfolge erzielen. Die während des Zweiten Weltkrieges durch die italienischen „Sommozzatori“ gerittenen „Maiali“ sind sehr gefährlich und bekannt geworden. Ein oder zwei der in besonders geheimgehaltenen Trainingszentren ausgebildeten Taucher ritten, mit wasserdichten Gummianzügen, Handschuhen, Sauerstoff-Kreislaufgeräten und später zusätzlich noch mit Flossen ausgerüstet, hochexplosive Torpedos der feindlichen Flotte entgegen und befestigten dort Haftminen an den Schiffsrümpfen.

Italien war die einzige Macht, die zu Beginn des Zweiten Weltkrieges bereits eine fertig ausgerüstete Truppe von Kampftauchern hatte.[112] Mit ihr sollte die Britische Mittelmeerflotte lahmgelegt werden. Im Juni 1940, als Italien auf der Seite Deutschlands in den Krieg eintrat, wurden die italienische Torpedotruppe unter dem Namen „Decima Flottiglia MAS“ (Zehnte Leichte Flottille) wieder eingerichtet. Eine kleine Gruppe verwegener Männer, unter denen sich auch einige Deutsche befanden, wurde unter dem inzwischen 70jährigen Commander Angelo Belloni für die härtesten Einsätze ausgebildet.

Die italienischen Kampftaucher, die das Kreislaufgerät unter dem Namen „Pirelli-Gerät“ verwendeten und von der Wirksamkeit ihrer fahrbaren Torpedos überzeugt waren, ließen trotz anfänglicher Fehlschläge nicht locker. Schon im Oktober 1940 lief das Unterseeboot *Scire* mit

Ziel Gibraltar aus. Der Kommandant war der bekannte Unterwasserstratege Fürst Valerio Borghese, dessen Ziel es schon seit Kriegsbeginn war, die englischen Schlachtschiffe im Hafen von Gibraltar zu versenken.[113] Doch das Sabotageunternehmen war vom Pech verfolgt - alle drei Torpedos versagten durch technische Mängel, und zwei Torpedoreiter wurden gefangengenommen. Im Mai 1941 startete Borghese ein neues Unternehmen mit seinem Unterseeboot in der Bucht von Algeciras, das allerdings auch fehlschlug. Erst beim dritten Anlauf gelangte es sechs italienischen Kampftauchern, drei Schlachtschiffe der Engländer zu versenken.

Ganz anders verlief der Einsatz von drei italienischen Maiale gegen Alexandria am 18. Dezember 1941. Es gelang den drei Booten unter Oberbefehl des inzwischen zum Kommandant beförderten Borghese durch die Hafensperre zu schlüpfen und Sprengladungen an den beiden englischen Schlachtschiffen *Queen Elizabeth* und *Valiant* anzubringen. Am nächsten Morgen detonierten alle Sprengladungen, während sich die gefangenen Kampftaucher an Bord der Schlachtschiffe befanden, und vernichteten die beiden letzten alliierten Großkampfschiffe im Mittelmeer.

Während man dabei war, die beiden Schiffe zu heben, unternahmen Zerstörer Kreuzfahrten vor dem Hafenbecken von Gibraltar und warfen Wasserbomben. Man war auf englischer Seite recht vorsichtig geworden. Außerdem wurden ab sofort die Unterseiten der Kriegs- und Handelsschiffe regelmäßig inspiziert. Diese Aufgabe wurde William Bailey zugeteilt, zu dessen Helfer Lionel Philip Kenneth Crabb gehörte.[114] Diese Männer mußten von nun an mit den Sauerstoff-Kreislaufgeräten von Siebe und Gorman und in normaler Badekleidung fast den ganzen Tag im Wasser sein und stundenlang Schiffsrümpfe absuchen. Dabei gab es neben der Kälte, welche die Abwehrtaucher lange aushalten mußten, auch große technische Schwierigkeiten: Der normale Davis-Tauchretter von Siebe und Gorman war für den Ausstieg aus einem Unterseeboot konstruiert worden, und nicht zum Schwimmen unter Wasser. Bereits die kleinsten Anstrengungen beim Schwimmen überforderten bald die Kapazität der Absorberpatrone und der Sauerstoffergänzung.

Als die Italiener im Sommer 1942 unter der Bezeichnung „Gamma-Gruppe“ damit begannen, von der spanischen Küste aus bei Nacht Einzeltaucher mit Sauerstoff-Kreislaufgerät, Schwimmflossen und Haftminen gegen die in Gibraltar liegenden Schiffe einzusetzen und dabei vier Schiffe beschädigten, wurde die Truppe der Abwehrtaucher weiter verstärkt. Die Gamma-Kampftaucher waren eine Idee vom italienischen Commander Angelo Belloni. Bereits in den 20er Jahren gab es Pläne dieses italienischen Offiziers, Kampftaucher mit Kreislaufgeräten auszurüsten und von geheimen Stützpunkten an Land sowie von Kleinst-Unterseebooten aus gegen Häfen mit großem

Die beiden Kampftaucher-Varianten: Oben als Torpedoreiter (ab etwa 1919), unten als Schwimmtaucher mit Kreislaufgerät und Flossen (ab 1942). (Zeichnungen: Sir Robert H. Davis: Deep diving and Submarine Operations. London, 1955. Copyright: Siebe Gorman & Co. Ltd.)

feindlichen Handelsschiffsverkehr einzusetzen. Damals nahm man aber von Bellonis Plänen kaum Notiz.[115]

Der Gamma-Taucher war mit einem sehr eng anliegenden Spezialtaucheranzug aus Gummi bekleidet und konnte bis zu 7 Kilometer in 4 Stunden zurücklegen. Mit unmerklichen und geräuschlosen Bewegungen glitt er durch das Wasser, zumeist auf dem Rücken oder auf der Seite schwimmen, damit er sein Ziel im Auge behielt. Er bewegte sich mittels Gummiflossen fort; auf seinem Kopf trug er ein Netz, an dem Algen oder andere Dinge befestigt waren, die von der Strömung getragenem Treibgut glichen und ihn tarnten. Am Handgelenk trug er einen kleinen Kompaß mit Leuchtzifferblatt. Die Gamma-Gruppe unterstand dem Kapitän Eugenio Wolk, einem hervorragenden Athleten und sehr erfahrenen Schwimmer. Der Sitz der Schule war in Livorno, im Bereich der Marineakademie, wo die bereits vorhandene Tauchschule und eine, zur weiteren Ausbildung erforderliche Schwimmhalle zur Verfügung stand.

Die Gamma-Taucher waren als Saboteure ausgebildet und arbeiteten tagsüber als normale Werftarbeiter getarnt in den neutralen Häfen von Portugal und Spanien. Sie schwammen bei Nacht durch das Hafenbecken mit Hilfe von Flossen bis kurz vor ihr Ziel - feindliche Schiffe, die am Laden oder Löschen waren - an der Oberfläche heran, begannen dann mit dem Sauerstoffatmen und tauchten zu dem Schiffsrumpf hinab, um die kleinen aber wirkungsvollen Haftminen zu befestigen.

Ihr erster Einsatz fand in der Nacht vom 13. zum 14. Juli 1942 statt, also genau einen Tag nach dem ersten Abstieg von Hans Hass mit seinem Schwimmtauchgerät in Griechenland. Ausgangspunkt war die Villa Carmela auf spanischem Boden gegenüber von Gibraltar. Von hier aus wurden die Angriffe italienischer Gamma-Taucher vorbereitet, geleitet und beobachtet. 12 Gamma-Taucher führten in dieser Nacht eine Sabotageaktion auf einen Geleitzug in Gibraltar durch und beschädigten die vier Dampfer *Meta, Shuma, Empire Snipe* und *Baron Douglas*.

Der berühmteste Gamma-Taucher wurde der italienische Leutnant Luigi Ferraro (geboren 3. November 1914), der in den türkischen Häfen von Alexandrette und Marsina durch Sabotageakte einige Schiffe der Alliierten versenkte, die dort in über 2 Kilometer Entfernung von der Küste vor Anker lagen, um Chrom zu laden. Im Juli 1943 versenkte Ferraro alleine drei große Frachter. Nach dem Krieg wurde er Universitätslehrer sowie Präsident des Taucherweltverbandes CMAS und von einem der größten, italienischen Tauchgeräthersteller.

Lenkbare Torpedos und Sauerstoff-Kreislaufgerät hatten die Taucher bereits unabhängig und mobil gemacht, allerdings war dies noch nicht die Art der uneingeschränkten Mobilität, welche ein Taucher bei der Verwendung von Schwimmflossen genießt. Diese uneingeschränkte Mobilität wurde im Sommer 1942, unabhängig voneinander und fast zeitgleich, von Hans Hass in der Ägäis und den italienischen Gamma-Kampftaucher bei Gibraltar erreicht. Dies war auch die Geburtsstunde des „Frogman" oder „Froschmannes", wie er fortan wegen der Form seiner Flossen häufig in den Medien genannt wurde. - Eine Fehlbezeichnung, da der Frosch mit einer Art Brustbeinschlag schwimmt und nicht mit dem Auf-und-Ab des Menschen mit Gummiflossen.

Im Laufe des Krieges hatten die italienischen Kampftaucher viele Erfolge und versenkten bis zur Aufgabe Italiens rund 30 Kriegsschiffe, eine beachtliche Leistung für eine Truppe, die mit vergleichsweise geringen Mittel kämpfte und nur wenige Männer umfaßte. Als im Herbst 1943 Italien kapitulierte, traten Teile der Zehnten Leichten Flottille auf die Seite der Alliierten über. 1944 traten sie, jetzt durch englische Kampftaucher aufgefrischt, noch einmal in Aktion und konnten den von den Deutschen übernommenen Kreuzer *Bolzano* versenken.

Nach den spektakulären Einsätzen der italienischen Kampftaucher begannen während des Zweiten Weltkrieges fast alle kriegführenden Mächte mehr oder weniger intensiv mit dem Aufbau solcher Kampftauchereinheiten.[116] Sie entwickelten nach den Entwürfen der Italiener verschiedene Arten von Klein- und Kleinst-Unterseebooten sowie Ein- oder Zwei-Manntorpedos und bildeten Spezialeinheiten von Kampftauchern aus. Bei der italienischen Marine waren es die Männer der Zehnten Leichten Flottille, in Großbritannien die „Chariots", „Kommandos" und „Frogmen Groups", in Deutschland seit 1944 die Kleinkampfverbände, in Japan die Fukuryis- und Samurai-Schwimmer, bei der US-Navy die UDTs. Es gab inzwischen die verschiedensten Hersteller für das Sauerstoff-Kreislaufgerät, wie etwa Siebe und Gorman, Dunlop, Pirelli, Momsen, Dräger oder Lambertsen. In dieser Zeit gab es leider auch viele, teilweise tödliche Unfälle während der Erprobung neuer Typen.

Es überrascht, daß ebenso wie die meisten anderen kriegführenden Länder

Links ein deutscher Kampftaucher mit Flossen und dem Dräger-Tauchgerät (das Foto zeigt den Weltrekordschwimmer Herbert Klein), ca. 1943. Rechts: Schwimmanzug und Ausrüstung der italienischen Marine, die ausser dem grossen Pirelli-Tauchgerät Bleischuhe zum Marsch über den Meeresgrund trugen. (Foto: Bekker, Cajus: Und liebten doch das Leben. Hannover, 1956)

auch die deutschen Truppen am Kampftaucher mit Sauerstoff-Kreislaufgerät bis 1943 kaum interessiert waren.[117] Die Deutschen waren durch ihre italienischen Verbündeten bereits früher ausführlich über die Aktionen der Kampftaucher unterrichtet, unternahm aber kaum eigene Schritte. Dann allerdings vergab die Kriegsmarine angesichts der Möglichkeit, daß von Kampftauchern gerittene Torpedos bei einer denkbaren Invasion der Alliierten an Europas Küsten eine gewisse Rolle spielen könnten, eilig Entwicklungsaufträge für verschiedene Typen. Wie eine solche Invasion aussehen würde, hatte man im Jahr zuvor in Nordafrika studieren können. Die Wende des Zweiten Weltkrieges, so dachten die nationalsozialistischen Militärs, sollte eine auf schnellstem Wege aufgestellte Sondereinheit der Marine bringen: der Kleinkampfverband.

Großadmiral Karl Dönitz förderte die Aufstellung dieser deutscher Kleinkampfverbände (K-Verbände) mit großem Nachdruck. Bereits bald nach seiner Ernennung zum Oberbefehlshaber der Marine Anfang Februar 1943 beauftragte Dönitz Vizeadmiral Hellmuth Heye mit dieser Aufgabe. Derartige Kleinkampfmittel - Kampftaucher, Kleinst-Unterseeboote und Torpedoreiter, Sprengboote und ähnliche Waffen, die mit geringem materiellen Aufwand und personellen Einsatz unter Umständen beachtliche Erfolge erringen konnten - gab es in der deutschen Marine bisher nicht. Ende 1943 wurden die ersten Männer eingezogen, das nationalsozialistische Deutschland befand sich bereits auf dem Weg der Niederlage.

Es ist interessant, daß bereits im Juni 1942 die Idee, eine deutsche Kampftauchergruppe zu gründen, recht energisch an die deutsche Marineleitung herangetragen wurde. Es war Alfred von Wurzian, ein Expeditionskamerad von Hans Hass, der der Marine diesen Vorschlag machte und versuchte, verschiedene einflußreiche Stellen dafür zu interessieren. So wie Hass auf seiner Expedition in die Ägais die große Eignung des Schwimmtauchens für Forschungszwecke erkannt hatte, so dachte von Wurzian daran, sie als Kriegsmittel zu verwenden. 1942 gab es bei der deutschen Marine noch keinerlei Interesse an dieser Idee, aber bereits im Mai 1943 wurden Alfred von Wurzian und Ritchie Reimann, ein weiterer guter Schwimmer, in das Ausbildungszentrum der italienischen Kampfschwimmer versetzt. Dort sollten sie zunächst ausgebildet werden und anschließend als Lehrer für deutsche Kampftaucher fungieren. Von Wurzian und Reimann waren also die ersten Kampftaucher Deutschlands!

Im Dezember 1943 schickte dann die Kriegsmarine 30 ihrer besten Schwimmer in das italienische Valdagno. Manch einer war unter ihnen, dessen Name durch Siege bei Schwimmwettkämpfen vor dem Krieg international bekannt geworden ist, wie etwa Herbert Klein, der bei der Olympiade 1936 Weltrekord geschwommen ist. Zunächst wurde die Ausbildung der Kampftaucher in Heiligenhafen durchgeführt, anschließend aber in einem geheimen Ausbildungszentrum, dem Kloster San Giorgio auf Alga in der Lagune von Venedig. Die deutschen Kampftaucher hatten eine Reihe geradezu weltweiter Angriffsabsichten wie etwa auf Schiffe im Hafen von New York, die allerdings nicht mehr ausgeführt wurden, weil die Schwimmer im Endstadium des Kriegs dringender für Flußeinsätze in Europa benötigt wurden.

Trotz der hohen Priorität wurden die Entwicklungsarbeiten an einer deutschen Kampftauchertruppe und ihrer Ausrüstung keineswegs besonders eilig vorangetrieben: die deutsche Rüstungsindustrie war erschöpft. Immerhin waren im Frühjahr 1944 die ersten 30 Kampftaucher und ihre beiden Lehrer klar zum Einsatz und mehr als ein Dutzend kleiner Fahrzeuge in der Erprobung. Die deutschen Kampftaucher, durchweg hochtrainierte und motivierte Spitzenschwimmer, benutzten sowohl Sauerstoff-Kreislaufgeräte der deutschen Firma Dräger wie auch von der italienischen Firma Pirelli. Die Schwimmflossen wurden von den Italienern geliefert, ebenso wie die Pirelli-Taucheranzüge, die aus dünnem, schwarzem Gummi angefertigt waren und am Nacken endeten. Die Qualität der Anzüge war sehr schlecht, sie zerrissen schnell und waren in kalten Wasser kaum brauchbar - die italienischen Kampftaucher waren bisher nur in den warmen Gewässern des Mittelmeeres eingesetzt worden, an Kämpfe in der Nord- oder Ostsee dachte man damals noch nicht. Insgesamt gesehen war die italienische und deutsche Kampftaucherausrüstung verglichen mit derjenigen der Alliierten in vielen Belangen weitaus schlechter.

Ein besonders eindrucksvoller Einsatz deutscher Kampftaucher war der Angriff auf die Brücken von Nijmegen am 29. September 1944. Die Londoner *Times* schrieb am 6. Oktober 1944, daß die Deutschen mit ihrem Angriff auf die in englischer Hand befindlichen Brücken über den Waal-Fluß bei Nijmwegen „eines der verwegensten Unternehmen dieses Krieges“ ausgeführt hätten. Die englische *Picture Post* nannte das Unternehmen in ihrem letzten Januarheft 1945 sogar „die erstaunlichste Heldentat des Krieges".

Es ging bei diesem Unternehmen darum, die beiden über den Waal-Fluß in Holland führenden Brücken - eine Eisenbahn- und eine Autobrücke - zu zerstören, um den Vormarsch englischer Truppen zu verzögern. Die Engländer hatten hier einen Brückenkopf über die Waal errichtet, der ausgebaut werden sollte. Adolf Hitler gab diesen Befehl persönlich und forderte höchsten Einsatz der deutschen Kampftaucher. Dies war der bislang schwierigste Auftrag für die deutschen Kampftaucher. Sie waren im warmen Mittelmeer bei Venedig ausgebildet worden, wo ganz andere Verhältnisse herrschten als in dem holländischen Fluß. Keiner der Taucher hatte Erfahrung mit starker Strömung und eisigkaltem, trüben Wasser. Daß der Angriff in mondloser, rabenschwarzen Nacht und ohne große Vorbereitungszeit durchgeführt werden sollte, machte den Einsatz noch schwieriger.

Neben der regulären Kampftauchereinheit der deutschen Marine besaß auch die SS (SS = Schutzstaffel) eine eigene Unterwassergruppe, allerdings von ganz anderem Aufbau und Couleur: Es handelte sich hierbei fast durchweg um Strafgefangene, die sich in dieser Unterwassergruppe bewähren sollten. Es war ein mit Zustimmung hoher SS-Nazis bunt zusammengewürfelter Haufen aus Mördern, Dieben, Deserteuren, Schlägern und politischen Gefangenen. Man versprach ihnen Freiheit und Rehabilitation, sollten sie das Kriegsende erleben. Diese SS-Unterwasser-Strafkompanie führte die mörderischen und mit großer Sicherheit tödlichen Aufträge durch, entschärfte Minen und erprobte neue, halbfertige Tauchgeräte. Außerdem wurden an ihnen dubiose tauchmedizinische Experimente in Druckkammern durchgeführt.

Sie wurden ebenso wie die regulären Kampftaucher bei Venedig ausgebildet, blieben aber wegen ständiger Streitigkeiten zwischen beiden Gruppen immer streng von ihnen getrennt. Man gab ihnen nur minderwertiges Material und sie mußten mit alten und unbrauchbaren Tauchgeräten tauchen. Die Rivalitäten zwischen beiden Gruppen wurde so groß, daß sich deshalb sogar SS-Chef Heinrich Himmler und Großadmiral Karl Dönitz anfeindeten und damit drohten, ihrer Beschwerde bei Hitler vorzubringen. Einige SS-Taucher nutzen Einzeleinsätze, um sich den Alliierten zu ergeben und dort ihren Befreiern von der geheimen deutschen Kampftauchertruppe zu berichten. Vieles von dieser SS-Unterwassergruppe ist geheim und unbekannt geblieben, ihre Geschichte wurde bis heute noch nicht geschrieben.

Bis zum Kriegsende am 8. Mai 1945 wurden insgesamt 1.300 deutsche Kampftaucher von der deutschen Marine mehr oder weniger intensiv ausgebildet - nur etwa 400 davon haben überlebt. Die meisten Kampftaucher wurden an der Ostfront eingesetzt: Weichsel, Oder und Ostsee. Am 25. April 1945 gelang einer

Kampftaucher-Gruppe ein letzter großer Erfolg, sie zerstörten zwei sowjetische Pontonbrücken bei Schwedt/Oder.

Nachdem die Engländer auf die neue Technik der Italiener der Unterwasserkriegsführung mittels Kampftaucher und Torpedoreiter aufmerksam wurden, installierten sie mit Hochdruck ein eigenes Programm, bei dem auch vieles improvisiert werden mußte: Ab dem Sommer 1942 wurden Männer in Nordschottland trainiert, Torpedos gebaut, und Kreislaufgeräte in höchster Eile durch Siebe und Gorman vom Tauchretter zum Tauchgerät umfunktioniert. Die Hauptprobleme bestanden darin, dem Taucher für die große, geforderte Tauchdauer von bis zu 6 Stunden ausreichend Sauerstoff- und Atemkalkvorrat mitzugeben, ohne das Tauchgerät zu schwer werden zu lassen. Ein Problem bereiteten auch die Sauerstoffflaschen selbst, die aus Aluminium hergestellt werden mußten, da die Deutschen magnetische Minen besaßen, die sofort detonierten, sobald Metall in ihre Nähe kam. Ein weiteres Problem war, daß der Kompaß zur Steuerung des Torpedos von Stahlflaschen beeinflußt wurde. England war in diesen Kriegstagen aber sehr knapp an Aluminium. Amüsanterweise bediente man sich deshalb den aus erstklassigem Aluminium hergestellten Sauerstoffflaschen, die sie mit zunehmender Häufigkeit aus von der Air Force abgeschossenen, deutschen Kampfflugzeugen wie der „Stuka" entnehmen konnten. In diesen hochfliegenden Flugzeugen wurden sie in großen Batterien mitgeführt. Sogar die britischen Ventile paßten tadellos in das Gewinde. Es gab ab 1942 in der englischen Armee einen Befehl, daß Fundstücke wie Aluminium-Sauerstoffflaschen aus abgeschossenen deutschen Flugzeugen sofort an die Marine weiterzuleiten waren.

Die englische Marine bekam Anfang 1943 Schwimmflossen, nachdem Commander Bruce Wright und Colonel Hasler diesen Vorschlag der Admirality Experimental Diving Unit gemacht hatte. Bis 1943 kannte man in England die Schwimmflossen kaum. Nach 1937, als sie de Corlieu auf der Weltausstellung in Paris vorgestellt hatte, fanden sie überwiegend nur Verwendung für den Einsatz bei Schwimmwettkämpfen in südfranzösischen Badeanstalten. Dann brach der Krieg aus, und Gummi wurde in Frankreich für ernsthaftere Dinge benötigt als für solche Luxus- und Freizeitartikel.

Eilig wurden Muster aus Amerika angefordert, das Schiff mit der ersten Ladung versank allerdings durch einen deutschen Torpedotreffer im Atlantik. Erst die zweite Ladung kam sicher in England an. Ab Herbst 1943 waren die englischen Kampftaucher so gut ausgerüstet, daß sie nun viele erfolgreiche Einsätze durchführten.

Interessant ist, daß bereits 1914 von dem damaligen Ersten Lord ihrer Admiralität, Winston Churchill, ein Plan für ein lenkbares Torpedo verworfen wurde. Die Erfindung war von dem englischen Commander der Royal Navy Godfrey Herbert entwickelt worden, der sein Torpedo *Devastator* nannte.[118] Ein anderer Offizier, Max Horton, modifizierte den Entwurf von Herbert und scheiterte ebenfalls vor der Admiralität. Auch hatte um 1914 Robert Davis ähnliche Entwürfe für bemannte Torpedos und Kleinst-Unterseeboote patentieren lassen. Der Trend lief damals allerdings entgegengesetzt hin zu größeren Unterseebooten, so daß auch in diesem Land alle Pläne in Bezug auf marine Kleinkampfmittel abgelehnt und erst 1942, nun aber mit Hochdruck, angegangen wurden.

Der bemannte englische Torpedo, zunächst *Mark I* und später *Chariot* genannt, war dem italienischen sehr ähnlich. Ihre maximale, theoretische Einsatztiefe wird ebenfalls mit 20 Metern angegeben, welche in der Praxis jedoch trotz des Gefährlichkeit des Sauerstoffes häufig tiefer lag. Hauptunterschied war, daß die Besatzung darauf ritten anstatt in einer offenen Kabine zu sitzen. Auch die Chariots der Royal Navy waren für Überraschungsangriffe auf ankernde Schiffe entwickelt worden. Im warmen Mittelmeer wurden diese Fahrzeuge mit großem Erfolg eingesetzt, in den kalten Gewässern Norwegens zeigte sich hingegen sehr schnell, daß die Kälte den Männern trotz ihrer dicken, wasserdichten Gummianzüge von der Firma Dunlop zu stark zu schaffen machte. Englische Kampftaucher wurden im Krieg an fast allen Fronten des Königreiches eingesetzt, und ebenso nach dem Krieg, als es darum ging, die Häfen nach Minen zu untersuchen.[119]

Interessanterweise waren die USA bereits 1939 bis 1942 fast zeitgleich mit den Italienern dabei, Sauerstoff-Kreislaufgeräte für Unterwasserarbeiten umzubauen. Ab 1939 arbeitete Christian J. Lambertsen, dessen Hobby das Tauchen mit offenen Taucherhelmen war, an der University of Pennsylvania Medical School in Philadelphia an dem Problem der menschlichen Atmung. Im Sommer 1940 baute Lambertsen ein halboffenes Sauerstoff-Kreislauftauchgerät mit stetigem Zufluß, das er 1941 in einer Veröffentlichung ausführlicher beschrieb.[120] Lambertsen erläutert darin Modifikationen an dem herkömmlichen Aufbau des Kreislaufgerätes und auch, daß anstatt dem reinen Sauerstoff ein Mischgas (Nitrox) mit nur 40% Stickstoff und 60% Sauerstoff einen tieferen und längeren Aufenthalt unter Wasser ermöglichen würde.

Bevor der Artikel veröffentlicht wurde, hatte Lambertsen bereits 1940 das herkömmliche Kreislaufgerät verbessert und nannte es nun LARU „Lambertsen Amphibious Respiratory Unit".[121] Im Herbst 1940 führte er das Gerät Offizieren der US-Navy vor. Lambertsen wurde daraufhin von der Navy zum Office of Strategic Services (OSS) versetzt, wo er an seinen Plänen, eine amerikanische Kampftauchereinheit aufzubauen, im Geheimen weiterarbeiten sollte. Bis zur Mitte des Zweiten Weltkrieges hatten auch die USA keine Unterwasserkämpfer. Schon bereits rund ein Jahr später wurden die Pläne von Lambertsen in die Tat umgesetzt und 1942, fast gleichzeitig mit den Engländern, begann auch bei den Amerikanern das Training von Marinesoldaten. Bis Kriegsende bildete Amerika rund 1.800 Taucher aus. Lambertsen entwickelte auf der Seite der Amerikaner ebenso wie Robert Davis auf der Seite der Engländer im Verlaufe des Krieges eine Vielzahl von neuen Varianten für Kreislauf-Tauchgeräte.

Als die Amerikaner 1943 unter großen Verlusten die Insel Tarawa, eine der Gilbert-Inseln, eroberten, wurde die Truppe der UDTs eingerichtet, in welche die Kampftaucher des OSS integriert wurden. Der Unterwasser-Zerstörungstrupp (UDTs = Underwater Demolition Teams) kämpfte zunächst ohne Tauchgeräte, sondern nur mit Tauchermaske und einem Paket Sprengstoff. Mit ihren Bomben sprengten sie Unterwasserhindernisse der Japaner und schufen so freie Fahrbahnen für die Landungsboote der Amerikaner.

Im Februar 1944 traten die UDT-Männer bei der Einnahme der Insel Kwajalein zum erstenmal zum Angriff an und kämpften erfolgreich gegen heimtückische Balken-, Minen- und Drahtsperren. Den härtesten und verlustreichsten Einsatz hatten sie jedoch beim Angriff auf Guam, wo die Japaner einzigartig schwierige Hindernisse erbaut hatten. Als die Japaner auf die Tätigkeit der UDTs aufmerksam wurden, stellten sie eine Spezialtruppe zur Abwehr auf, die nur aus Freiwilligen bestand, aus den *Fukuryis*, aus Männern, die unter Wasser Wache hielten und die Unterwassersperren in Stand

Ein amerikanischer Schwimmtauchertrupp mit den Flossen von Owen Churchill, 1944, kurz vor der Invasion in der Normandie.
(Foto: Sir Robert H. Davis: Deep Diving and submarine Operations. London, 1955. Copyright: Siebe Gorman & Co. Ltd.)

hielten. Die mit Gummianzügen und Sauerstoffkreislauf-Tauchgeräten ausgerüsteten *Fukuryis* - ebensolche Selbstmordkommandos wie die Kamikazi-Flugzeugführer - mußten Tag und Nacht auf der Lauer sein. Glücklicherweise fiel Japan aber im Gegensatz zu Deutschland und Italien ohne Invasion, andernfalls wäre es vermutlich zwischen den UDTs und den Fukuryi zu Unterwasserkämpfen von bisher noch nie dagewesener Art gekommen.[122]

Zur Zeit der großen Invasion in der Normandie waren die amerikanischen und englischen Kampftaucher bereits eine erprobte Truppe. Die deutschen Verteidigungswerke und Landungshindernisse waren durch Spione und niedrigfliegende Flugzeuge längst bekannt und in Pläne eingezeichnet, so daß die Kampftaucher es relativ leicht hatten, sie zu überwinden.

Es würde den Rahmen sprengen, wollte man alle Einsätze der Kampftaucher im Zweiten Weltkrieg auflisten. Diese Liste wäre sehr umfangreich - und anderseits doch unvollständig, weil vieles aus dieser Zeit nach wie vor in Tresoren liegt. Die erste Kampftaucher-Aktion des Zweiten Weltkrieges mit Sauerstoff-Kreislaufgeräten führten im August 1940, wenn auch zunächst erfolglos, die Italiener auf Alexandria durch, die letzte im Juli 1945 die Engländer bei einem Angriff auf das japanische Kriegsschiff *Takao*. Somit umfaßt die Periode der autonomen Kampftaucher im Zweiten Weltkrieg genau 5 Jahre. Vieles, was in diesen Jahren im Bereich der Tauchtechnik entwickelt wurde ist bis heute geheim geblieben. Vor allem die Entwicklungen der russischen und japanischen Marine sind kaum bekannt.

Die Erkenntnisse aus dem Zweiten Weltkrieg, daß einige entschlossene, gut ausgebildete Kampftaucher entscheidende Ergebnisse erreichen können, führte nach 1945 in den meisten Armeen zur Aufstellung solcher Spezialeinheiten. 1950, während des Koreakrieges, baute die USA ihre Kampftauchertruppe weiter aus und gründete bald danach die SEALs, (SEAL = sea, air and land), besonders hochwertig ausgerüstete und intensiv ausgebildete Kampftaucher, die bereits im Vietnamkrieg einsatzbereit waren. Die Franzosen stellten ihrerseits im Indochinakrieg die „Nageur de Combat"-Einheiten (Kampftaucher) auf, und die Briten bildeten aus den SAS (Special Air Service), die schon gegen das deutsche Afrikakorps eingesetzt worden war, eine maritime Komponente, die SBS (Special Boat Service). In der Bundesrepublik Deutschland stellte erst 1958 die Marine die ersten Kleinkampfmittelverbände auf. 1956 lenkten schwedische Kampftaucher ihre Aktivitäten für einige Zeit in eher friedliche Bahnen, als sie mithalfen, das Wrack der *Vasa* zu heben, das im Stockholmer Hafen 1628 gesunken war.

Die Ausrüstungen der Kampftaucher haben sich bis heute enorm verbessert, doch sind auch die Abwehrmittel erheblich gefährlicher geworden. Marineverbände verschiedener Großmächte haben inzwischen zum Zweck der Unterwasserkriegsführung besonders lernfähige Meeressäugetiere wie Delphine, Seelöwen und Grindwale zu militärischen Dienstleistungen wie etwa Spionagediensten, dem Aufsuchen verlorener Torpedos, der Abwehr oder dem Töten feindlicher Kampftaucher und für Botendienste abgerichtet. Leonardo da Vinci hatte vor 500 Jahren sicher nicht unrecht, als er seine Erfindung eines Tauchgerätes aus dem Grund geheimhielt, da der Mensch es sonst doch nur dazu verwenden würde, um gegen andere Menschen Krieg zu führen...

Das Schwimmtauchen wurde als sehr zweckmäßige Methode für die verschiedensten Tätigkeiten des Menschen unter dem Meeresspiegel nicht nur beibehalten sondern bekam in den Nachkriegsjahren weltweit einen ungeahnten Boom. Die Berichte über die Kampftaucher im Weltkrieg hatten ebenso wie die faszinierenden Schilderungen der Tauchpioniere dazu geführt, daß eine ungeahnte Invasion des Menschen in das Meer einsetzte. Ganz im Gegensatz zum Schwimmtauchen war nach dem Ende des Zweiten Weltkrieges das Ende der Ära des Kreislaufgerätes als reines Sauerstoffgerät in Sicht. Es wurde trotz seiner Nachteile und Gefahren noch, vor allem von deutschen, österreichischen und schweizerischen Sporttauchern, bis Mitte der 50er Jahre verwendet, bis ein anderes, gefahrloseres Tauchgerät auf den Markt kam - das autonome Drucklufttauchgerät, das in der Mitte des Zweiten Weltkrieges, ganz ohne militärischen Zwang, zur Serienreife entwickelt worden war.

Direkte Vorstufen zum autonomen Drucklufttauchgerät

Der Ausgangspunkt unserer heutigen, autonomen Drucklufttauchgeräte liegt ebenso wie derjenige der Sauerstoff-Kreislaufgeräte einige Jahrhunderte zurück in einer Zeit, in der es noch keine oberflächenversorgten Helmtauchergeräte sondern nur die Taucherglocke als einziges Mittel für Arbeiten unter Wasser gab. Eine Vielzahl Erfinder haben durch Jahrhunderte hindurch immer wieder mit abenteuerlich konstruierten und mehr oder weniger praktikablen mechanischen Hilfsmitteln versucht, länger und unbeschwerter Tauchen zu können. Als größtes Hindernis auf dem Weg in die Tiefe erwies sich neben der Kälte der zunehmende Wasserdruck. Durch ihn wird die Versorgung mit entsprechender Atemluft, die dem Umgebungsdruck angeglichen sein muß, so schwierig.

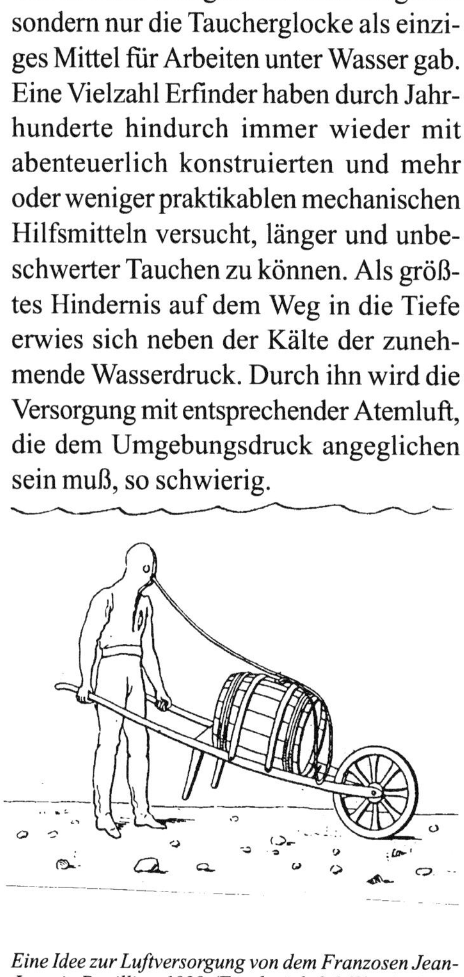

Eine Idee zur Luftversorgung von dem Franzosen Jean-Jeremie Pouilliot, 1828 (Frankreich 2.062) mit einem „autonomen" Druckluftbehälter.

Der Beginn der oberflächenversorgten Tauchergeräte lag in der Idee, einem Taucher, der auf dem Meeresgrund umhergeht, eine verkleinerte Taucherglocke als Helm über den Kopf zu stülpen, und ihn durch einen Schlauch mit Druckluft von der Oberfläche aus zu versorgen. Es dauerte aber Jahrhunderte, bis Erfinder diese Idee praktisch umsetzten und damit unter anderem auch den rasanten Entwicklungsweg zu unseren heutigen, oberflächenversorgten Helmtauchergeräten beschritten. Ebenso war es bei der Entwicklung autonomer Drucklufttauchgeräte - es gab einzelne Ideen, die jede für sich etwas Originelles und Brauchbares darstellten, aber im Gesamten gesehen anfänglich nur wenig praktikabel waren.[123]

Ab 1792 gab es bereits erste brauchbare Ideen, den Taucher von der Luftzufuhr von der Oberfläche unabhängig zu machen. Der vielseitig talentierte bayerische Mediziner, Naturkundler und Universitätslehrer Joseph August Schultes (1773-1831) erfand bereits 1792 einen autonomen, halboffenen Taucherhelm mit tragbarer Atemgasversorgung. Druckluft oder Sauerstoff sollte mit bis zu 20 bar Druck in mehreren auswechselbaren kugelförmigen Behältern gespeichert werden und konnte je nach Bedarf mittels eines regelbaren Hahnes in den Helm einströmen. Die Beschreibung seiner Erfindung zeigt, daß er große Kenntnis von

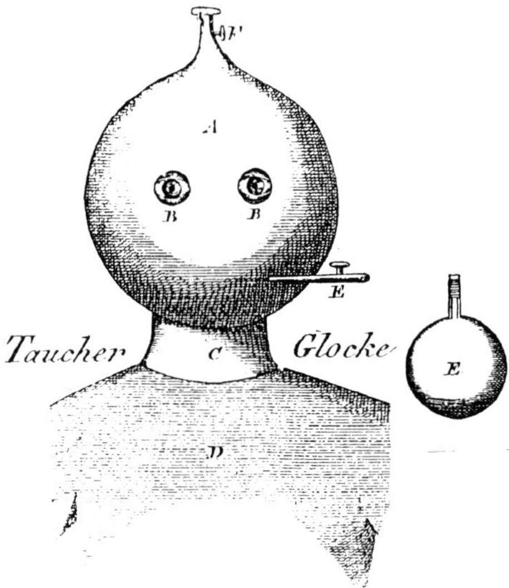

Die Erfindung des bayerischen Arztes und Botanikers Joseph August Schultes von 1792 war der erste brauchbare Entwurf für ein autonomes Druckluftauchgerät.

der Problematik, unter Wasser zu atmen, besaß.[124] Wegen fehlender technologischer Möglichkeiten im Behälterbau schrieb Schultes an Freunde und Bekannte in Frankreich und England, ob sie ihn bei dem Bau unterstützen könnten. Möglicherweise gab er damit in diesen Ländern Anstöße, die dort unabhängig von Schultes weiterentwickelt wurden.

Ein weiterer interessanter Gedanke stammt von dem Engländer William Henry James. Der Taucher trug einen zylindrischen Eisengürtel, der ihn von der Taille bis zu den Achselhöhlen bedeckte. In diesem Behälter war Luft auf 30 bar komprimiert. James rechnete fälschlicherweise, daß der Luftvorrat für 1 Stunde Tauchen ausreichen sollte. Der untere Teil des Gürtels war mit Ballastschrott gefüllt, der im Notfall abgeworfen werden konnte, um einen schnelleren Aufstieg des Tauchers zu ermöglichen. Ein kurzer Schlauch mit einem Ventil verband den Luftbehälter mit dem Taucherhelm. Am Helm befand sich ein Frontfenster sowie ein Luftablaßventil. Der Helm „aus dünnem Kupfer oder dickem Schuhleder" wurde über eine lederne, wasserdichte, bis unter die Hüfte reichende Jacke gestülpt, die an den Armen mit elastischen Bandagen abgedichtet war. Zwei Schulterriemen, an denen der Luftbehälter befestigt war, hielten den Helm sicher auf den Schulter des Tauchers. Gewichte und schwere Stiefel komplettierten die Ausrüstung. Zum Atmen mußte der Taucher kurz das Ventil am Luftzuführungsschlauch öffnen. Dadurch strömte Frischluft in den Helm und der Taucher atmete die Luft aus dem Helm ein. Beim Ausatmen mußte der Taucher die verbrauchte Luft mit dem Mund in ein kurzes Rohr blasen, das mit dem Luftablaßventil am Helmfirst verbunden war. So konnte sich kein Kohlendioxid im Helm ansammeln.

Die Funktion dieses Tauchgerätes war sehr einfach und gut durchdacht. Es ist leider nicht bekannt, ob dieses Gerät von James tatsächlich hergestellt und getestet wurde. Der Erfinder sah diesen Apparat nicht nur für Taucheinsätze vor. In seiner Patentbeschreibung[125] führt er an, daß entweder der ganze Anzug oder ein Teil ohne Ballast in Kohlegruben oder sonstigen Orten mit schlechten Atemgasen benutzt werden kann.

Der französische Erfinder M. Beaudouin aus Andelys konstruierte 1827 ein ähnliches Gerät: Er veröffentliche 1827 einige, bislang kaum bekannte Konstruktionszeichnungen[126] von Taucherglocken und Caissons, bei denen es sich vorwiegend um Abwandlungen der Entwürfe von Coulomb handelt. Interessant ist, daß er bereits Druckluftbehälter statt einer Oberflächenversorgung verwendet. Zu seinen Entwürfen gehört die Zeichnung eines „Scaphandre du bateau-cloche“, eines Helmtauchers mit halbgeschlossenem Anzug, der auf Brust und Rücken einen Druckluftbehälter trägt. Durch Ventile konnte er ähnlich wie James Luft in den Helm strömen lassen. Der Taucher sollte bei Bedarf mit diesem Gerät die Taucherglocke verlassen können und auch außerhalb der Glocke arbeiten. Beaudouin schreibt, er könne mit dem Luftvorrat bis zu einer Stunde tauchen, was aber sicher übertrieben ist. Auch von diesem autonomem Tauchgerät ist leider nicht bekannt, ob es jemals gebaut und eingesetzt wurde.

Im September 1835 wurde im amerikanischen *Journal of the Franklin Institut*[127] ein schlauchunabhängiges Drucklufttauchgerät von dem amerikanischen Mechaniker Charles Condert beschrieben, der es schon 1831 entwickelt und auch tatsächlich eingesetzt hatte. Condert arbeitete in einer Fabrik am East River von Brooklyn und nutzte das gleiche „free-flow“-Prinzip wie Beaudouin und James. Der Taucher trägt bei dieser Konstruktion einen metallenen Helm mit einem rechteckigen Fenster. Der Helm ist fest mit einer Anzugjacke aus in Kautschuk getränktem Webstoff verbunden. An den Hüften trägt der Taucher einen hufeisenförmigen Rohrbogen aus Kupfer. Die Druckluft aus diesem etwa 22 Liter großen Luftreservoire wird nach Bedarf durch Betätigen eines Handventiles mit etwa 30 bar Druck durch einen Luftzuführungsschlauch und über eine feine Düse in den Helm geleitet. Der Luftvorrat wird nur für einen Tauchgang von einigen Minuten im flachen Wasser gereicht haben. Der Anzug wurde vervollständigt durch eine gummierte Hose und Lederschuhe. Condert baute sich aus einem Kanonenrohr eine eigene Pumpe, um das Reservoir nachzufüllen.

Condert tauchte 1831 und 1832 mehrmals in bis zu 6 Meter Tiefe im East River. Leider wurde er ein Opfer seiner Erfindung, denn als der Luftzuführungsschlauch einmal brach konnte er die Wasseroberfläche nicht mehr erreichen. In einem anderen Journal erschien wenige Jahre später ein Bericht über den Unfall: „Die Zeitschriften redeten von dem Taucheranzug, mit welchem Herr Charles Condert von New York mehrmals die Tiefen der See durchwanderte, bis er im August 1832 durch einen unglücklichen Zufall sein Leben endete. Dieser Apparat leistete einige Zeit gute Dienste; leider brach aber einmal durch irgendeinen Unfall die Röhre, die vom Luftbehälter in den oberen Teil des Anzuges führte; und damit endigte der mutige Condert auch sein Leben.“[128]

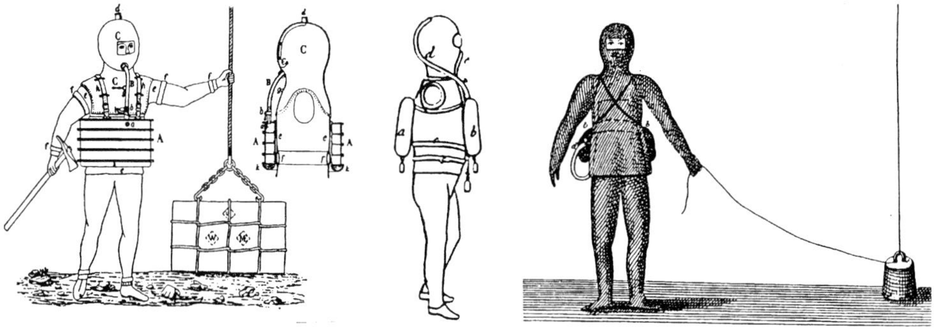

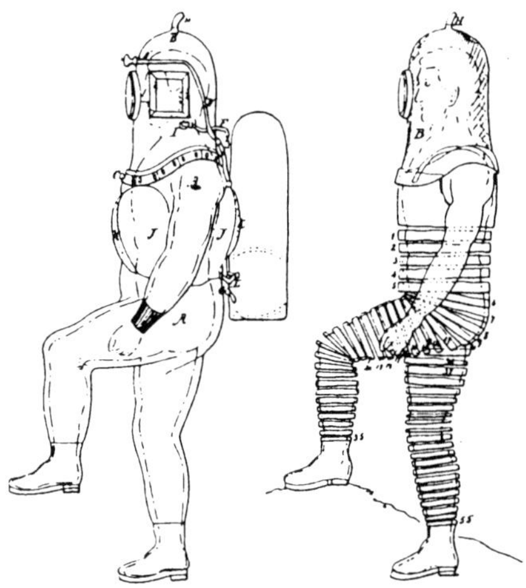

Frühe autonome Drucklufttauchgeräte nach dem „Free-Flow"-Prinzip:
Oben links: *Der Engländer William Henry James liess sich 1825 diesen Behälter-Gürtel patentieren, der Druckluft unter 30 bar enthält und an einen Ballast-Gürtel mit Bleischrott befestigt ist. Der Taucher kann diesen Ballast abwerfen und so wieder zur Oberfläche aufsteigen.*
Oben mitte: *Die Konstruktion von M. Beaudouin (Frankreich 5.471)*
Oben rechts: *Das Gerät von Charles Condert von 1835 mit Grundgewicht und Führungsseil.*
Links: *Der Amerikaner Cato T. McKeen patentierte 1867 diese beiden autonomen Tauchanzüge (USA 65.760). Bei dem linken trug der Taucher auf dem Rücken einen mit 30 bar gefüllten, kupfernen Behälter, aus dem Druckluft in den Helm hineinströmte. Die verbrauchte Luft entwich durch ein Ventil am Helm. Bei der zweiten Variante wird der Körper des Tauchers von einem Spiralrohr umschlungen, das als Behälter dient und in dem sich nun die Druckluft befindet. Besonders interessant sind auf dem linken Bild die beiden, ausserhalb der Rüstung angebrachten großvolumigen Kautschukluftsäcke, die durch Druckluft aus der Flasche verschieden stark gefüllt werden können und so als Auftriebs- und Tarierhilfe dienen.*

Das Tauchgerät von Condert hat überragende Bedeutung, war es doch nach all den theoretischen und überwiegend unbrauchbaren Entwürfen das erste, autonome Drucklufttauchgerät, das auch tatsächlich funktionierte und mit Sicherheit über längere Zeit eingesetzt wurde. Dadurch, daß die Beschreibung des Tauchanzuges nicht nur in Amerika sondern kurz darauf auch in einem populären, englischen Magazin nachgedruckt wurde, erreichte nicht nur England sondern möglicherweise ganz Europa die Nachricht von den erfolgreichen Abstiegen Conderts mit seinem autonomen Drucklufttauchgerät. Obwohl man nicht sagen kann, daß Condert der erste und einzige war, der ein autonomes Tauchgerät erfunden hat, denn auch er hatte Vorgänger, kann trotzdem festgestellt werden,

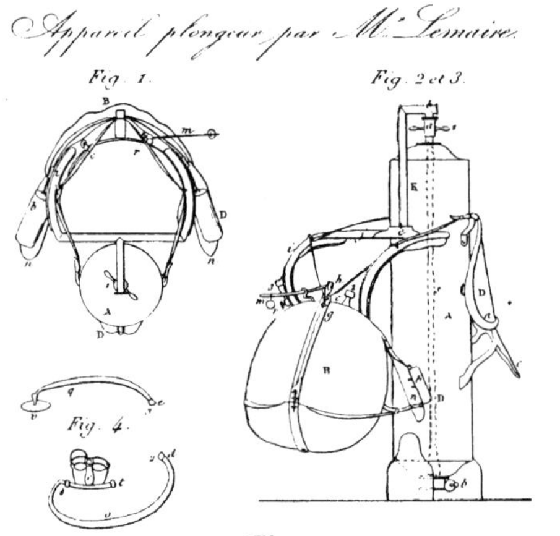

Das Gerät des Franzosen Lemaire D'Angerville vom Dezember 1828 wurde von der französischen Marine getestet. (Frankreich 6.159)

daß sein Gerät von größter Wichtigkeit zu diesem bedeutsamen Zeitpunkt im beginnenden 19. Jahrhundert war, an dem die Entwicklung der Tauchgeräte in zwei verschiedene Richtungen fortschritt: Auf der einen Seite hin zu autonomen Tauchgeräten, und auf der anderen Seite hin zu oberflächenversorgten Helmtauchergeräten. Conderts Gerät zeigte, daß der Weg zu einem autonomen Druckluftgerät erfolgreich sein konnte.

Bei den obigen Tauchgeräten wurde die Angleichung der Atemluft an den Umgebungsdruck nach dem Vorbild der Taucherglocke realisiert. Vom 17. Jahrhundert an lösten eine ganze Anzahl von Erfindern das Problem des Atmens unter Umgebungsdruck aber auch mit Hilfe eines zwischengeschalteten, elastischen Puffersackes: Sie benutzten zur Druckangleichnung eine Schweinsblase oder einen luftdichten, kautschukbeschichteten Tuchsack. Ein Beispiel für ein solches Gerät ist der „Appareil pneumatorique" (pneumatorische Apparat) des französischen Zahnarztes Lemaire D'Angerville aus Paris, von dem 6 Exemplare von der französischen Marine in den Jahren 1828 und 1829 getestet wurden.[129] Er besteht zunächst aus einem blechernen, zusammengenieteten Druckluftbehälter für bis zu 23 bar, der auf dem Rücken getragen wird und kontinuierlich durch einen Schlauch eine Blase aus beschichtetem Stoff versorgt. Sie dient als Druckangleich-Puffersack und ist vor der Brust mit Gurten befestigt. Ein zweiter Schlauch leitet die Luft, die in der Blase auf Umgebungsdruck gebracht wurde, zu einer Vollgesichtsmaske aus Kupfer. Die Maske sollte mit Zahnzement abgedichtet und so an die Gesichtsform des Tauchers angepasst werden. Die ausgeatmete Luft entweicht durch ein Ventil an der Maske. Ein Ventil an dem Schlauch läßt nach Bedarf des Tauchers mehr oder weniger Luft in die Brustblase einströmen. Der Ballast, insgesamt 29 Kilogramm, ist in Form von Bleistücken an der Begurtung befestigt.

Mit dem Gerät sollen 30 Minuten lange Tauchgänge in bis zu 20 Meter Tiefe möglich gewesen sein. D'Angerville schlug vor, daß der Taucher nicht nur auf dem Grund gehen sondern auch schwimmen sollte und beschrieb, wie man die entsprechende Tarierung durch ein entsprechendes Ventil an der Blase herstellen konnte. Dies wird aber kaum praktisch durchführbar gewesen sein, denn erstens besaß der Taucher noch keine Flossen und zweitens wog die Ausrüstung insgesamt rund 50 Kilogramm! Verschiedenen Berichten zufolge tauchte D'Angerville mit seinem Gerät an dem Wrack des englischen Schiffes *Bellona*; zu dessen Passagieren auch ein deutscher General gehört haben soll. D'Angerville soll ein Bergungsunternehmen gegründet haben, mit seinem Tauchgerät fast 17 Jahre lang getaucht sein und dabei Wracks sowie Kanonen geborgen haben.

Das Gerät funktionierte sicher recht passabel, solange der Luftfluß eingeregelt war und man auf konstanter Tiefe blieb. Wenn der Benutzer aber während des Tauchganges die Tiefe wechselte, traten Abweichungen des Auftriebs durch die Ausdehnung oder Schrumpfung des Puffersackes auf, und auch die laufend erforderliche Regulierung am Einlaßhahn der Blase war lästig. Zum Aufsteigen mußte der Taucher jedesmal seinen Gewichtsgurt abwerfen; bei leerem Druckbehälter mit dem Finger das Ausatemrohr verschließen und aus der Brustblase atmen.

Heute verstehen wir unter einem autonomen Drucklufttauchgerät mehr, als diese obigen Erfindungen uns bieten: Es ist nicht nur ein Apparat, der dem Taucher auf Anforderung Atemluft liefert und es ihm ermöglicht, ohne Schlauchverbindung zur Oberfläche unter Wasser zu verweilen. Unter einem autonomen Drucklufttauchgerät wird heute speziell jenes Gerät verstanden, das die komprimierte Luftreserve *abgestimmt auf den Umgebungsdruck und nach Bedarf des Tauchers ohne kontinuierliches Abblasen liefert*. Zu einem solchen Gerät gehört also mehr als nur der Druckluftbehälter, Kernstück ist *der bedarfsgesteuerte Atemregler bzw. Regulator.* Seine Aufgabe besteht darin, dem Taucher aus einem mitgeführten Druckluftbehälter Atemluft zuzuführen, deren Druck genau dem der Umgebung entspricht, und deren Durchsatz bzw. Lieferleistung den Bedarf bei der jeweiligen Tiefe und Anstrengung deckt. Wichtig ist auch, daß diese Luftzufuhr nicht nur unter dem gleichen Druck erfolgt, sondern nur nach Bedarf und *nicht* kontinuierlich. Bei einem kontinuierlichen Luftzufluß (free-flow-Prinzip, auch „Spülgeräte" genannt) sind die Verluste zu hoch. Da die autonomen Geräte der damaligen Zeit sowieso nur einen sehr beschränkten Luftvorrat besaßen, war dieser letztgenannte Punkt für eine effiziente Nutzung besonders wichtig.

Diese zweckmäßige Regelung der Atemluftzufuhr unter Umgebungsdruck blieb bei allen bisherigen Bautypen das Hauptproblem, bis ein Franzose eine Erfindung patentieren ließ, die die Tauchtechnik revolutionieren sollte - eben die des ersten mechanischen, bedarfsgesteuerten Atemreglers. Das Patent wurde erst vor kurzem von dem englischen Historiker Peter Dick entdeckt, und somit eine wichtige Station auf dem Weg hin zu diesem zentralen Bestandteil unserer Taucherausrüstung offengelegt.

Die Entwicklung unserer heutigen, bedarfsgesteuerten Atemregler für den Unterwassereinsatz baut mit großer Wahrscheinlichkeit auf den Errungenschaften der Gaslampentechnik auf. Ihr Ursprung lässt sich recht genau auf den Beginn des 19. Jahrhunderts festlegen.[130] Dadurch, daß Kohlengas zu Beleuchtungszwecken von den zentralen Aufbewahrungs-Gasometern in die Straßennetze und etwas später auch bis in die Haushalte verteilt werden musste, wurde der Einsatz von speziellen Reglern und Ventilen erforderlich; nur durch sie konnten die Verteilung gesteuert, Verluste bei der Weiterleitung vermieden und Drücke entsprechend angepasst werden. Ein recht primitiver Gaslampenregler wurde erstmals 1825 von Samuel Clegg und Samuel Crosley praktisch eingesetzt.[131] Vor diesem Jahr scheinen einfache Regler in der Gastechnik nicht in Gebrauch gewesen zu sein.

Der zunehmende Gebrauch von Reglern in der Gastechnik hat eine bedeutsame Parallele in der Tauchtechnik: Auch hier erfolgte die Umstellung von Atemgeräten mit kontinuierlich fließendem Luftstrom, die dadurch natürlich sehr unwirtschaftlich waren, auf solche, die mit Hilfe eines speziellen Reglers nur nach Bedarf Luft lieferten. Die entsprechende Technologie war in der Gastechnik seit etwa 1817 vorhanden, es fehlte nur noch jemand, der ihre Übertragbarkeit auf den Unterwassereinsatz erkannte und die entsprechende Adaption eines Gaslampenreglers für die Verwendung beim Tauchen durchführen konnte.

Dies geschah bereits wenige Jahre später, genauer 1826/1827. Damals wurde dem Franzosen Jean-Jeremie Pouilliot aus Paris am 29. Dezember 1826 ein Patent für einen Druckgasregler zugeteilt, der zunächst für die Verwendung in Dampfmaschinen vorgesehen war.[132] Am 24. August 1827 wurde dieses Patent durch einen Nachtrag erweitert, wodurch der Regler in Verbindung mit einem autonomen Tauchgerät auch unter Wasser eingesetzt werden konnte. Es scheint so, als habe Pouilliot in den dazwischenliegenden Monaten den Regler gebaut, eingesetzt und dabei diese weitere Verwendung erkannt. Er schien großen Weitblick besessen zu haben, denn der Mechanismus war zwar primitiv, aber er beschrieb in seinem Zusatzpatent von 1827 den ältesten, bislang bekannten Entwurf für einen bedarfsgesteuerten Atemregler nach heutigem Baumuster.

Pouilliot scheint die Verhältnisse und technischen Einrichtungen der Gaslampenversorgung einer Stadt einfach unter Wasser verlegt zu haben. Er entwarf zunächst ein Unterwasserhaus, das durch Sandsackballast ganz versenkt werden konnte. Das Unterwasserhaus hatte mehrere Wohnräume, Büros, Werkstätten für Arbeiter und Unterkünfte für Diener. Das besondere an Pouilliots Entwurf war die doppelwandige Außenhülle, deren Hohlraum für die Aufbewahrung von Druckluft vorgesehen war. Die Druckluft sollte von einer Pumpe, die von einer Mannschaft auf einem Boot über der Wasseroberfläche bedient wurde, heruntergeschickt werden. Die Füllung der Druckluftbehälter wurde dabei von einem einfachen Kolbenregler überwacht.

Innerhalb des Hauses sollte, wie Pouilliot schrieb, ein Büro, in dem eine Mannschaft ständig Wache schieben musste, mit nichts anderem beschäftigt sein, als „mit der Verwaltung und Verteilung des lebenswichtigen Elixiers“. In seinen weiteren Ausführungen beschrieb Pouilliot ein autonomes Tauchgerät, mit dessen Hilfe Arbeiter das Haus längere Zeit verlassen konnten.

Bei diesem autonomen Tauchgerät trägt der Taucher einen Helm, der vorne ein Visier mit einer dicken, runden Kristallglasplatte besitzt, die mit Kitt abgedichtet ist und ähnlich wie ein Bullauge dem Taucher den Blick nach draußen ermöglicht. Der Helm ist an seiner Öffnung aufgeweitet, so daß er die Schultern mit aufnimmt. Befestigt wurde er durch eine wasserdichte Verbindung an einem Harnisch, der den Brustkasten umgibt. Pouilliot schreibt, man könne zwar in dem Harnisch wie beim Unterwasserhaus durch eine doppelte Wandung einen Hohlraum schaffen um die Druckluft zu speichern, findet es aber besser, wenn der Taucher einen seperaten Tank auf dem Rücken trägt. Der wichtige Atemregler wurde oben auf dem Tank montiert und war durch ein Rohr mit dem Innenraum des Harnisches verbunden. Der ganze Apparat war so ausgelegt, daß er Auftrieb hatte; der Taucher sollte sich durch ein Gewicht an einer Kette auf den Meeresboden hinabziehen lassen. Er kehrte zur Oberfläche zurück, indem er dieses Gewicht einfach losließ.

Pouilliot beschrieb zwei Reglervarianten für den Unterwassergebrauch (siehe Abbildung). Der erste Regler war ein Kolbentyp. Der Wasserdruck drückt hierbei den Kolben nach unten, und über einen Hebelmechanismus wird ein Ventil geöffnet. Die Druckluft kann nun solange aus dem Tank in die Atemkammer strömen, bis der Druck dort dem Umgebungsdruck angeglichen war; dann schloß das Ventil. Es ist offensichtlich, daß dieser Kolbenregler wohl kein besonders empfindliches Ansprechverhalten hatte. Pouilliot beschrieb deshalb ein weiteres, verbessertes und empfindlicheres Ventil, das statt des Kolbens mit einer Membran versehen war. Durch sie wurde der Luftfluß etwas feiner reguliert.

Da der Mechanismus im Inneren der Regler rotiert, bringt die gelochte Drehscheibe die Bohrungen mehr oder weniger weit zur Deckung und ermöglicht so das Ausströmen eines unterschiedlich starken Luftstromes aus dem Druckluftbehälter. Ein Vergleich der beiden Reglervarianten zeigt, daß der Kolbenregler weniger Luftbohrungen besitzt als der Membranregler. Sehr wahrscheinlich war das letztgenannte Ventil also nicht nur durch den Einsatz einer Membrane statt eines Kolbens sondern auch in anderer Beziehung weiter entwickelt, als es Pouilliot in seinem Patenttext explizit beschreiben wollte. Leider ist nicht bekannt, ob das Gerät gebaut und eingesetzt wurde.

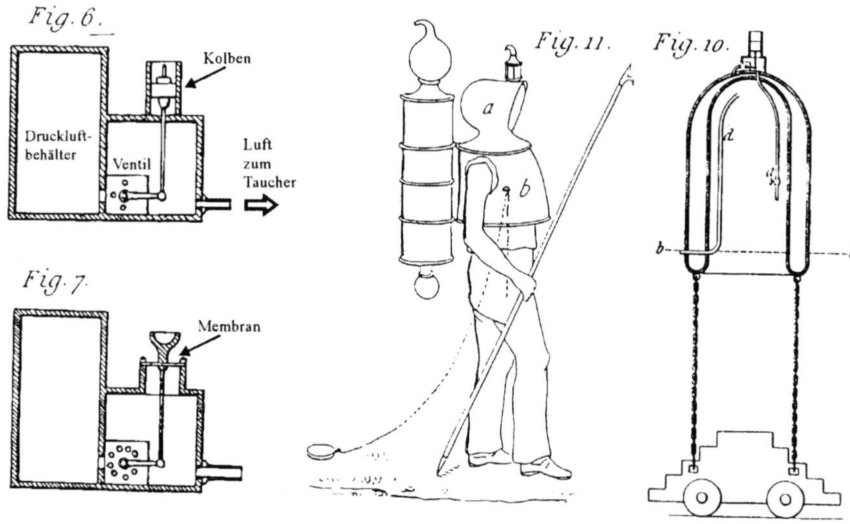

Das Patent von Jean-Jeremie Pouilliot von 1827 (Frankreich 1.975) zeigt eine der ersten Konstruktionen für einen Atemregler.
(Schnittzeichnungen Fig 6. und Fig. 7.: Peter Dick, London)

Neben der bereits recht gut durchdachten Konstruktion für einen Atemregler von Pouilliot gibt es noch eine zweite von einem anderen französischen Erfinder. Sie stammt von 1838 und wurde von Joe A. Bauer und seiner Frau Sally entdeckt und beschrieben.[133] Die Erfindung umfasst neben einem bedarfsgesteuerten Atemregler noch überraschend viele, andere Bestandteile unseres modernen Tauchgerätes und war damit der Entwicklung um einiges voraus.

Es handelt sich dabei um das Patent für ein Tauchgerät von Theodore Guillaumet, welches ihm am 14. November 1838 zuerkannt wurde.[134] Guillaumet war Arzt und wird im Patent als ein Bürger von Argentan an der Orne in Nordwest-Frankreich bezeichnet. Dieses französische Patent enthält eine Anzahl detaillierter Zeichnungen und Skizzen, die von einem für diese Zeit sehr bemerkenswerten technischen Verständnis von den Voraussetzungen und Bedingungen, bedarfsgesteuert unter Wasser zu atmen und einen Taucher in verschiedenen Wassertiefen zu versorgen, zeugen. Dieses frühe Verständnis von Pouilliot und Guillaumet ist insofern beeindruckend, vergleicht man ihre Patente mit den Entwürfen zeitgenössischer Erfinder, deren Entwicklungen oft einen erheblichen Mangel in Bezug auf Funktion, Sicherheit und Praktikabilität aufzeigen und die Druckverhältnisse unter Wasser oft völlig mißverstanden. Die in beiden Patenten beschriebenen, bedarfsgesteuerten Atemregler gleichen prinzipiell den heute verwendeten.

Das Ventil von Guillaumet arbeitete mit einem Hebelsystem, das auf ein sich linear in einer Führung bewegendes, gelochtes rohrförmiges Schubventil wirkte, sowie aufgrund von Druckdifferenzen auf beiden Seiten einer Membrane. Das Einatemventil befindet sich auf der einen Seite der Membrane in einer separaten Kammer, der Wasserdruck liegt auf der anderen Seite an und veranlaßt die Membrane abhängig von der Größe des Druckdifferenz zu einer Lageänderung. Dadurch verschiebt sie ein gelochtes Röhrenventil und aktiviert den Luftstrom zum Mundstück des Tauchers. Es baut sich solange auf der Einatemseite ein Druck auf, bis die Druckdifferenz beseitigt, die Membrane in ihre neutrale Position zurückgekehrt und das Ventil wieder geschlossen ist. Die großflächige Membrane brachte unter anderem eine größere Empfindlichkeit und damit genauere Abstimmung auf den Umgebungsdruck mit sich. Ähnlich wie bei unseren modernen Zweischlauchautomaten verwendet Guillaumet ein Mundstück mit einem Paar Einwegventile, die den Luftstrom zum Taucher und dann nach außen in das Wasser leiten. Ein gebogenes Ausatemrohr soll sicherstellen, daß unabhängig von der Lage des Tauchers kein Wasser in den Schlauch eindringen kann.

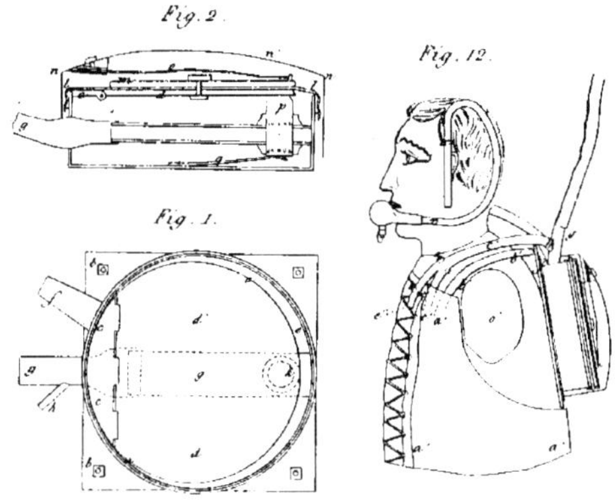

Die Konstruktion des bedarfsgesteuerten Atemreglers für den Unterwassereinsatz aus dem französischen Patent von Theodore Guillaumet, 1838 (Frankreich 11.429).

Der einstufige Atemregler von Guillaumet gleicht Tiefenänderungen durch einen sich verändernden Luftstrom aus, und ermöglicht eine durch den Taucher bedarfsgesteuerte Luftlieferung, also exakt das gleiche, was unsere heutigen Atem regler bieten. Eine außerordentliche Leistung die nun bereits fast 160 Jahre zu zurückliegt! Erst seit kurzem ist bekannt, dass Guillaumet sein Gerät tatsächlich baute und im Sommer 1839 Versuchstauchgänge damit durchführte. Eine Kommission der *Académie des Sciences* nahm an einem Versuch teil, bei dem ein Mann mit Guillaumets Vorrichtung 15 Minuten lang in 4 Meter Tiefe in der Seine ausgehalten hat. Guillaumet hatte bereits vorher im Hafen von Cherbourg einige Versuche angestellt. Aus einem amtlich bestätigten Zeugniss, das er der Kommission vorlegte, geht hervor, daß ein Taucher dort sogar 25 Minuten lang in einer Tiefe von 16 Metern tauchte! Damit steht Guil-laumet als der Stammvater unserer heutigen, bedarfsgesteuerten Atemregler fest, da er nicht nur im theoretischen blieb, sondern seine Erkenntnisse in die Praxis umzusetzen wusste.

Interessant ist die Feststellung, daß der in der Patentzeichnung dargestellte Taucher keine Taucherbrille oder -maske trägt. Dies zeigt uns, das sie noch bis etwa Mitte des letzten Jahrhunderts in Europa nur wenig bekannt war. Neben dem bedarfsgesteuerten Atemregler ist ein besonders interessantes Detail der Konstruktion von Guillaumet eine Ausgleichsvorrichtung für den Auftrieb - ein Vorläufer unserer heutigen Tarierwesten bzw. Jackets. Wie auf der Zeichnung ersichtlich trägt der Taucher beidseitig Luftsäcke, die um seinen Oberkörper reichen und vorne und hinten zusammengebunden sind. Durch eine ausgeklügeltes Ventilsystem kann er Luft hinein- und wieder hinauslassen, um Auf oder Ab zu steigen.[135]

Jean-Jeremie Pouilliot und Theodore Guillaumet waren ihrer Zeit leider zu weit voraus, und sie werden wohl mit ihrer Erfindung, die heute weltweit von Millionen Menschen eingesetzt wird, kein Geld verdient haben. Pouilliot gebührt nach unserem heutigen Wissen der Lorbeerkranz für den ersten Entwurf eines bedarfsgesteuerten, einstufigen Atemreglers in Verbindung mit einem autonomen Drucklufttauchgerät, auch wenn er es nicht so ausführlich beschrieb wie Theodore Guillaumet. Dessen Erfindung war kein autonomes Tauchgerät, da er nach wie vor eine Oberflächenversorgung vorsah, allerdings hätte sein Atemregler, wenn man ihn an eine Druckluftflasche angeschlossen hätte, ohne Zweifel ein sehr gutes autonomes Gerät ergeben. 1838 gab es aber weder Pumpen für eine Hochkomprimierung der Druckluft noch geeignete Behälter für sie, so daß Guillaumet eine Atemluftversorgung durch einen Schlauch von einer Pumpe an der Oberfläche hin zu seiner großen Einatemkammer vorsah.

Bedarfsgesteuerte Atemregler sind das Herzstück und unverzichtbarer Bestandteil in den meisten autonomen Tauchgeräten. Seit dem Zweiten Weltkrieg, nachdem 1943 die legendäre „Aqualunge" von Cousteau und Gagnan gebaut und damit der bedarfsgesteuerte Atemregler wiedererfunden wurde, geht ihr Siegeszug um die ganze Welt. Die Entwicklungen von Pouilliot bzw. Guillaumet öffneten diese Tür zu unserem heutigen autonomen Drucklufttauchgerät. Erst mit einem solchen Regler, in Verbindung mit Druckluftbehältern, die einem hohen Druck standhalten konnten, sollte das wirklich autonome und sichere Drucklufttauchen unserer Zeit beginnen.

Guillaumets Erfindung wurde ebenso wie die von Pouilliot von der oberflächenversorgten Helmtauchergeräten überschattet, die zur gleichen Zeit auf dem Markt gebracht wurden und ein neues Zeitalter der Tauchtechnik einläuteten, und geriet wohl in Vergessenheit. Was noch fehlte war die entsprechende Hochdrucktechnik, sowie handlich Druckluftflaschen, die mit mindestens 100 bar gefüllt werden konnten und damit einen effizienten Einsatz der autonomen Tauchgeräte ermöglichten. Die Wege, die manche Erfindungen gehen, bis sie sich etablieren können, sind oft verschlungen, und oft „wird das Rad neu erfunden“. Dies gilt sowohl für die Tauchermaske, den Schnorchel, wie auch ganz besonders für den bedarfsgesteuerten Atemregler, der noch einigemal „erfunden“ werden mußte, bis er seinen festen Platz an der Tauchausrüstung fand.

Es war 1860, also 33 Jahre, nachdem Pouilliot sein Patent für einen bedarfsgesteuerten Atemregler erhielt, als dieses so überaus wichtige Gerät in Zentralfrankreich wiedererfunden wurde.[136] Benoit Rouquayrol (geboren am 12. Juni 1826 in Espalion am Lot, gestorben am 14. November 1875), der damals als Grubeningenieur in den Steinkohlebergwerken von Decazeville arbeitete, entwickelte ein Rettungsgerät, mit dem Hilfsmannschaften den Bergleuten im Falle eines Grubenunglückes zu Hilfe kommen sollten. Die „Regulierungseinrichtung für komprimierte Gase“ war das Herzstück des Apparates.

Es war ursprünglich, ebenso wie die ersten Sauerstoff-Kreislaufgeräte, für Arbeiten in nichtatembaren Gasen vorgesehen. Das Gerät wurde aber nicht nur über Wasser eingesetzt, sondern recht bald auch in einer etwas umgebauten Version in überfluteten Stollen und Brunnenschächten. Das brachte Auguste Denayrouze (geboren 1. Oktober 1837, gestorben 15. November 1883), ein Marineoffizier, der wegen einer Krankheit seinen Dienst quittiert hatte und sich nun auf Genesungsurlaub in dem Gebiet aufhielt, auf die Idee, aus dem Rettungsgerät für Bergleute von Rouquayrol mit nur geringfügigen Umbauten ein Tauchgerät zu entwickeln. Er schloß sich mit Rouquayrol zusammen, und beide erhielten im Laufe der nächsten Jahre rund ein Dutzend verschiedene Patente für ihren Apparat. Die ersten Tauchversuche führten Rouquayrol und Denayrouze im Lot unter dem Point Vieux, einer alten Brücke in Espalion, durch.

Ihre weiteren, gemeinsamen Arbeiten sind heute gut erforscht und allgemein bekannt.[137] Alle Patente basierten auf dem gleichen Grundprinzip der Druckreduzierung und -anpassung, das auch schon Pouilliot und Guillaumet angewandt hatte. Im Patent nennt Rouquayrol den wichtigen Atemregler den „Regulator zur Steuerung der Strömung komprimierter Gase, der sowohl im Wasser als auch in nicht atembarer Atmosphäre eingesetzt werden kann, und der eine Druckminderstufe enthält, in der eine elastische Membran eine Stange bewegt, deren Oberteil ausgehöhlt ist, damit Luft in die einzige Kammer strömen kann“. Die beiden Franzosen konstruierten im Laufe der Jahre verschiedene Reglertypen für mittlere und große Tiefen von bis zu 40 Meter sowie große Kompressoren, die über Flaschenbatterien bis zu 12 Taucher gleichzeitig mit Luft versorgen konnten.

Am 14. April 1860 hatte Benoit Rouquayrol noch alleine seine erste Patentschrift für seinen „Regulator für den Umgang mit komprimierten Gasen“ eingereicht.[138] Der Gasregler bestand aus einer einstufigen, einkammerigen und mem-

Die beiden Tauchpioniere Rouquayrol (oben) und Denayrouze (unten).
(Fotos: Michel, Jacques: Trois inventeurs meconnus. Espalion, 1980).

brangesteuerten Reduziereinrichtung. Am 6. Januar 1862 erweiterte er sein Patent um ein „Mundstück aus vulkanisiertem Kautschuk, das an einem metallischen Schnabelstück befestigt ist.“ Dieses Mundstück wurde beim Tauchen ohne Helm oder Gesichtsmaske mit ungeschützten Augen eingesetzt, wobei die Nase mit einer Klemme verschlossen werden sollte.

Der Entwurf von Rouquayrol war ebenso simpel wie genial: Der Apparat bestand in seiner ursprünglichen Form aus einem Druckbehälter mit einem langen, an eine Luftpumpe angeschlossenen Schlauch, mit dem man bis zum Ende der Stollen gehen konnte. Über dem Behälter befand sich ein „Topf“ - so wird er bezeichnet - dessen Deckel eine Membrane ist, die auf der oberen Seite dem Umgebungsdruck und auf der unteren Seite dem Innendruck des Behälters ausgesetzt ist.

Im wesentlichen handelte es sich um zwei übereinander angeordnete Luftbehälter. Der untere ist einesteils durch einen Schlauch mit der Luftpumpe verbunden, die ihm fortwährend frische Druckluft zuführt, andernteils durch ein Ventil mit dem oberen Behälter, der Atemkammer, von der ein besonderer Schlauch zum Mund des Tauchers führt. Beim Atemzug aus diesem Schlauch entsteht in der Atemkammer ein Unterdruck. Die Folge davon ist, daß die oben an der Außenwand der Kammer angeordnete, einseitig dem Wasserdruck ausgesetzte Gummimembrane sich nach innen durchbiegt und mittels eines Stiftes das Ventil zur Luftkammer öffnet. Da der Luftdruck in dieser Kammer stets höher gehalten wird, als der durch die Tauchtiefe bedingte Wasserdruck, beginnt sogleich Druckluft in die Atemkammer zu strömen, um den Unterdruck auszugleichen. Dabei wird die vom Wasserdruck durchgebogene Membrane langsam in die neutrale Stellung zurückgefedert; ist diese Stellung erreicht, so schließt sich das Ventil und sperrt die Atemkammer ab. Der in der gefüllten Atemkammer herrschende Druck entspricht also stets dem durch die Tauchtiefe bedingten Umgebungsdruck.

Die Ausatmung geschieht mittels Pendelatmung durch ein Entenschnabelventil am Saugschlauch. Kurioserweise atmet der Taucher wieder in die Atemkammer zurück, so daß nur ein Teil der Ausatemluft durch das Ausatemventil entweicht, ein Teil wird erneut eingeatmet. Ein nicht unerhebliches Problem stellte für die beiden Erfinder zunächst auch das Sehen unter Wasser dar. Rouquayrol hatte anfänglich noch keine Lösung dafür. Die einfache Taucherbrille hatte gravierende Nachteile und war selbst für flache Tauchgänge ungeeignet. Die ersten Tauchapparate von Rouquayrol wurden deshalb in den ersten Jahren auch ohne Taucherbrille angeboten, später mit einem kleinen offenen Taucherhelm.

Ein Zusatzpatent vom 11. März 1864 bringt weitere Verbesserungen am Tauchgerät, von dem es inzwischen zwei verschiedene Bauversionen gab: Die eine arbeitet auf die herkömmliche Art mit einer Schlauchversorgung von der Oberfläche - dies ist die sogenannte „Wasserpfeifen-Version" (Nargileh, Hookah), wie sie auch Theodore Guillaumt vorsah. Das Patent sah dazu eine spezielle Luftpumpe vor - die sogenannte Blasepumpe - die ein Verdichten der Luft ohne nennenswerten Temperaturanstieg ermöglichte. Bei ihm standen die Kolben fest und wurden ständig wassergekühlt, während sich das Gehäuse auf und ab bewegte. Diese Luftpumpe hatte bis zu 4 Kompressionsstufen.[139]

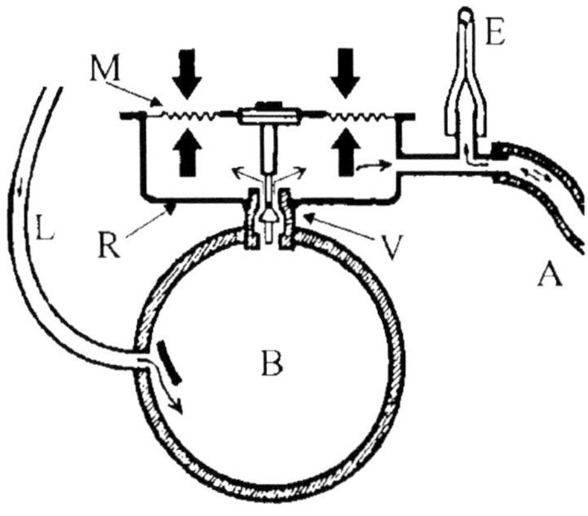

Funktionsskizze des Regulatorgerätes von Rouquayrol/ Denayrouze:
L= Luftschlauch
M= Membrane
B= Druckluftbehälter
E= Luftauslassventil („Entenschnabel")
R= Regulatorkammer
V= Ventil
A= Atemschlauch
(Zeichnung: Michel, Jacques: Trois inventuers meconnus. Espalion, 1980)

Die andere Version im Patent von 1864 mit abgenommenem Schlauch machte den Taucher für eine gewisse, wenn auch kurze Zeit unabhängig von der Luftzufuhr von der Oberfläche und ermöglichte ei-

Ein mit dem Regulatorgerät und Bleischuhen ausgerüsteter Taucher, 1865. Er trägt noch keine Sehhilfe. (Foto: Michel, Jacques: Trois inventeurs meconnus. Espalion, 1980)

nen unabhängigen Aufenthalt auf dem Meeresboden: Ein autonomes Tauchgerät mit bedarfsgesteuertem Atemregler, das kurze Zeit später auch nachweislich eingesetzt wurde. Für diese autonome Version standen zwei verschieden große Druckbehälter zur Auswahl: Ein kleiner mit 8 Litern Fassungsvermögen unter einem Druck von 8 bis 16 bar erlaubte Tauchgänge von etwa 15 Minuten in bis zu 10 Meter Tiefe. Die größere Version faßte 35 Liter bei 30 bis 40 bar. Mit diesem großen Tank konnte man eine halbe Stunde auf 10 Meter arbeiten oder auch kurzfristig auf größere Tiefe gehen.

In den Jahren 1864 bis 1867 folgten weitere Modifikationen und Zusatzpatente, wie etwa das Patent vom 27. Juni 1864 von Rouquayrol für „einen Apparat, der die Luft stets unter dem Umgebungsdruck liefert, obwohl diese vorher unter hohen Druck gesetzt wurde, um weniger Platz einzunehmen - zu gebrauchen mit nackten Augen oder mit Maske oder mit einer kleinen Glocke, die alleine oder auch in Kombination mit einem Anzug benutzt werden kann".[140]

Versuche in verschiedenen französischen Häfen bewiesen in dieser Zeit die Überlegenheit des Regulatorgerätes im Vergleich zu den bisher in Frankreich vorwiegend verwendeten, oberflächenversorgten Helmtauchergeräten von Cabirol: Die sehr große Handlichkeit verblüfft die Berufstaucher, sowie der ungewohnte Atemkomfort. Durch die Pufferwirkung des zwischengeschalteten Druckbehälters waren die bei direkter Luftzufuhr pulsierenden Hübe der Pumpe kaum mehr zu spüren. Auch die Bedienung der Luftpumpe wurde dadurch etwas vereinfacht, weil die frühere große Sorgfalt bei der Einregelung des Luftdruckes jetzt nicht mehr nötig ist.

C. Popp schreibt 1876, daß der französische Regulatorapparat gegenüber dem englischen Skaphander folgende Vorteile aufweist: „1. Bietet das Luftreservoir unabhängig vom Taucheranzug größere Sicherheit für das Leben des Tauchers; 2. kann durch das nur beim Atmen des Tauchers regelmäßig stattfindende Aufsteigen von Luftblasen auf das Wohlbefinden des Tauchers geschlossen werden, was bei bedeutenden Wassertiefen von großem Wert ist; 3. erhält der Taucher stets absolut reine Luft und wird das Zuströmen derselben der Wassertiefe entsprechend reguliert; 4. ist die Arbeit des Pumpens auf ein Minimum reduziert, da nie Luft ungeatmet verloren geht; 5. kann der Regulator ohne Taucheranzug verwendet werden, was bei raschem Eingreifen in Gefahr und Arbeiten in warmen Gegenden von unschätzbarem Wert ist."

Popp kennt aber auch Nachteile: „Das Ein- und Ausatmen ist beim Regulatorapparat unbedingt schwieriger als beim Skaphander. Während bei letzterem der Taucher sich in dem atembarem Medium befindet und nur Mund und Nase offen zu halten braucht um mit Luft versehen zu werden, muß der Taucher mit dem Regulator beim Einatmen durch einen kräftigen Luftzug erst das Kegelventil öffnen, beim Ausatmen wieder den Wasserdruck überwinden. Dies erfordert jedoch neben einer kräftigen Lunge, welche überhaupt die *conditio sine qua non* für jede Taucherarbeit ist, nur einige Übung. Es ist dies aber der Grund, warum die mit englischen Apparaten geübten Taucher ihm kritisch gegenüber stehen. Es ist ihnen ausserdem zu unbequem, ein Mundstück zwischen den Zähnen halten zu müssen."

Um die Vorteile beider Systeme zu vereinigen und dadurch ihren Apparaten eine größere Verbreitung zu sichern, erzeugten Rouquayrol/Denayrouze bereits kurze Zeit später eine Kombination beider Systeme, indem sie ihren Regualtorapparat mit einem Helmtaucheranzug vereinten. Am 11. Februar 1865 wurde das Gerät, um ein besseres Sehen unter Wasser zu ermöglichen, zunächst durch Hinzufügen einer Halbmaske - der „Schweineschnautze *Le Groin*" - weiterentwikkelt. Diese Halbmaske wurde noch etwas verbessert, ihre Befestigung blieb aber sehr unsicher und unbequem, so daß sie bereits 1867 endgültig durch einen Helm mit Halsverschluß ersetzt wurde. Damit verwandten die beiden Erfinder die gleiche Lösung, wie die führenden Helmtaucherfirmen. Der Taucherhelm von Rouquayrol/Denayrouze wurde nach dem Vorbild des Helmes von Cabirol angefertigt und war wie dieser mit vier vergitterten Fenstern versehen.

1865 wurde der Druckminderer durch einen geänderten Ventilkörper etwas verbessert, und eine größere Fläche der Membrane ermöglichte eine Funktionsempfindlichkeit bis auf wenige Zentimeter Wassertiefe. Interessant ist auch ein Patent vom 5. September 1865, bei dem eine Warnpfeife an das Gerät eingefügt wird, die den Benutzer über das baldige Ende seines Luftvorrates informiert - die erste Warneinrichtung also. Dem Patent von Rouquayrol[141] vom 6. November 1866 kommt ein besonderer Stellenwert zu: Ein Ausschnitt der Patentzeichnung zeigt besonders deutlich den ersten Entwurf für eine zweistufige Druckreduzierung, wie sie heute in unseren Tauchgeräten Standard ist.

Die Vermarktung des Tauchapparates Rouquayrol-Denayrouze, der autonom

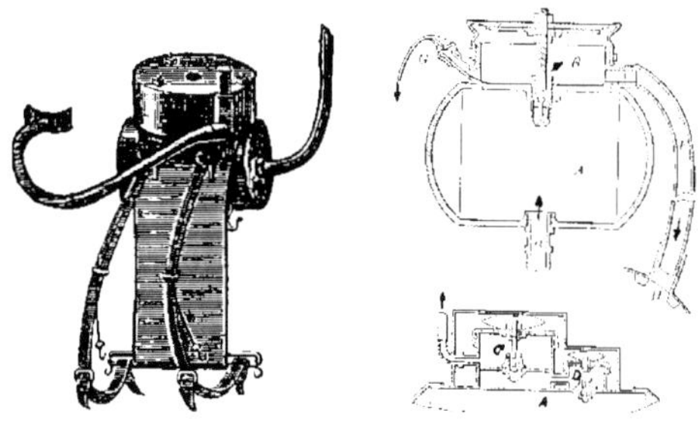

Der Regulatorapparat von Rouquayrol-Denayrouze von 1864 besass einen funktionstüchtigen, bedarfsgesteuerten Atemregler. Oben auf dem Luftbehälter sitzt der Regulator (B), aus dem der Schlauch (F) zum Mundstück des Tauchers (H) führt. Am Regulator ist auch das Ausatmenventil (G) mit Entenschabelmechanik. Darunter ist das Luftreservoir (A) angebracht, in den der Luftschlauch von der Oberfläche mündet. Beides ist an ein Tragegestell montiert.
Rechts die Konstruktionszeichnungen aus dem USA-Patent 59.529 von 1866. Oben das einstufige Ventil, darunterdie zweistufige Variante mit einer ersten (D) und einer zweiten (C) Stufe.
(Zeichnung links: Pesce, G.L.: La Naviagation sous-marine. Paris, 1906)

oder oberflächenversorgt verwendet werden konnte, begann bereits Ende 1864. Der Durchbruch kam aber erst 1866, als die französische Marine ihre Schiffe mit diesen Tauchgeräten ausrüstete und sie gemeinsam mit den Helmtauchergeräten verwandte. Die Erfinder konnten noch einen weiteren kommerziellen Erfolg verbuchen: Ihr Apparat wurde nicht nur von der Kriegsmarine benutzt, sondern ab 1866 auch von griechischen Schwammtauchern. Louis Denayrouze, der jüngere Bruder von Auguste, leitete persönlich die Schwammtaucherei vor den griechischen Inseln, wodurch das Gerät im ganzen östlichen Mittelmeerraum bekannt wurde. Das Unternehmen „Société de la Peche des Eponges Denayrouze“ florierte, und bald reichten seine Filialen bis nach Sri Lanka, Australien, Mexiko und den Karibischen Inseln.

Die Benutzung dieses Anzuges war allerdings trotz seiner Vorzüge nicht ohne Risiko, denn die traditionellen Schwammtaucher waren es gewohnt, in Apnoe zu tauchen und ohne Pausen zügig wieder aufzusteigen. Damals lagen noch kaum Erkenntnisse über die Ursachen der Drucklufterkrankungen vor, und Paul Bert veröffentlichte sein Wissen erst 1878. Die Tauchervorschriften, soweit es sie überhaupt gab, waren damals noch sehr empirisch. Deshalb ist es nicht weiter verwunderlich, daß es auch mit den Geräten von Rouquayrol und Denayrouze viele Unfälle gab.

In der Gebrauchsanweisung des Gerätes heisst es dazu: „Wir legen darauf ganz besonderen Nachdruck, daß das Niedersteigen und Heraufkommen recht langsam geschehe und je größer die Tiefen werden, desto langsamer steige der Taucher und mache während des Steigens Pausen, um sich an den veränderten Druck zu gewöhnen. Das Ausserachtlassen dieser Vorschrift kann dem Tauchenden sehr gefährlich werden. Bei größeren Tiefen steige oder sinke er nicht mehr wie 3 Meter in der Minute. Bis auf eine Tiefe von 20-25 Meter kann jeder Mensch von gewöhnlicher Konstitution mit unserem Apparat ohne alle Beschwerde tauchen; Tiefen von 30-40 Meter erfordern schon einen recht geübten, an den Druck des Wassers gewöhnten Taucher. Nach den ersten Übungen lasse man den Tauchenden nicht länger, wie circa ½ Stunde zur Zeit unter Wasser, nach längerer Gewöhnung wird der Taucher auch längere Zeit unter Wasser bleiben können; unsere geübten Tauchermeister vermögen 3 bis 4 Stunden ununterbrochen in großen Tiefen sich ohne Beschwerde aufzuhalten und jede Arbeit auszuführen."

Das neue Gerät fand nicht ohne Schwierigkeiten Verbreitung. Es gab dabei nicht nur tragische, sondern auch eher heitere Zwischenfälle, denn der Erfolg der Regulatorgeräte bei den Schwammtauchern im Ägäischen Meer war im wahrsten Sinne des Wortes „durchschlagend": Als die geübte Mannschaft, die von dem Arzt Alphonse Gal begleitet wurde, in kürzester Zeit eine reiche Schwammernte einbrachte, revoltierten die einheimischen Taucher. Sie verprügelten die französischen Kollegen und zertrümmerten auch einige Regulatorapparate. Die Griechen tauchten wie seit Jahrhunderten nur mit angehaltenem Atem. Doch bei der Schwammernte gilt es, weite Flächen abzusuchen, und dabei waren ihnen die französischen Taucher mit den leichten Geräten weit überlegen. Die Entwicklung ließ sich durch die Schlägerei natürlich nicht aufhalten: Bereits 1880 waren in Griechenland schon rund 300 Regulatortauchgeräte in Betrieb.

1863 erhielt der Regulatorapparat von Rouquayrol auf der Ausstellung in Nimes die Goldmedaille. Auf der Pariser Weltausstellung von 1867 testete man dieses gemeinsam mit einem Helmtauchergerät; das Abschlußgutachten räumte dem Regulatorgerät den Vorrang ein. 1880 wurde es offiziell vom Österreichisch-Ungarischen Kriegsministerium eingeführt und ebenso von den Regierungen von Frankreich, Holland, England, und Italien. Überall fand er großes Lob. Bereits ab 1869 wurde das Helmtauchergerät mit dem Regulator auch von der deutschen Firma Ludwig von Bremen in Kiel, sowie von Franz Clouth in Köln-Nippes in Lizenz hergestellt und weiterentwickelt.[142]

Nachdem der Regulatorapparat bekannt geworden war, gelangte er zu immer größerer Popularität, vor allem in den Kriegsmarinen. Die Firma Rouquayrol-Denayrouze lieferte an die Marinen von England, Spanien, Italien, Schweden, Norwegen, Rußland, Österreich, Japan und Amerika. 1885 hieß es in der Dienstanweisung für Taucher der deutschen Marine: „Der Rouquayrol-Denayrouzesche Taucherapparat ist als der vollkommenste unserer Zeit in der Kaiserlichen Marine eingeführt." Und an anderer Stelle: „Die Hauptvorteile der französischen (Regulator-)Apparate gegen die englischen (oberflächenversorgten Helmtauchergeräte) sind, daß erstere nicht die Gesundheit des Tauchers beeinträchtigt, daß sie für Tiefen bis zu 30 Meter und mehr brauchbar sind, daß ihr Gebrauch kein schwieriges Erlernen erfordert und sie endlich dem Taucher möglichst freie Bewegung gestatten. Die großen Vorzüge haben seit kurzem die Marinen bewogen, jedem größeren Kriegsschiff einen solchen französischen Tauchapparat mitzugeben und die Schiffszimmerleute sowie einen Teil des Maschinenpersonals, welche bei Bodenreparaturen von hölzernen und eisernen Schiffen hauptsächlich in Betracht kommen, in deren Gebrauch einzuüben. Das die Erfindung auch noch andere Richtungen, wie für hydraulische Arbeiten, Heben von versunkenen Schiffen, für Bernstein-, Perlen- und Schwammfischerei etc. von großer Bedeutung werden wird, liegt auf der Hand."[143]

Der Apparat wurde sehr erfolgreich zum Bernsteintauchen in der Ostsee, bei Bergungsarbeiten an dem Wrack der *Magenta* bei Toulon und bei der Bergung der berühmten Galeonen von Vigo eingesetzt. Es handelt sich dabei um rund zwei Dutzend vollbeladene spanische Schatzschiffe, die 1702 bei einem Kampf zwischen den Spanieren, Engländern und Holländern versenkt wurden. Im Jahre 1870 wagte sich ein Taucherteam mit Regulatorgerät zu den Galeonen vor, die im tiefen Schlamm der Buchtenge liegen. Sie bargen insgesamt 44 Kilo Silber. Doch der Erfolg kam sie teuer zu stehen, weil sie nach stundenlanger Arbeit in 20 Meter Tiefe ohne Vorsichtsmaßnahmen aufstiegen. Einer nach dem anderen wurde von Gelenkschmerzen befallen. Die Unglücklichen führten ihre starken Schmerzen und Lähmungen auf „Stiche von Seeaalen" und auf die „ungewohnten Strömungen, die in den großen Tiefen herrschten", zurück.

Im deutsch-französischen Krieg hat das Regulatorgerät auf deutscher Seite ebenfalls wichtige Dienste geleistet. Mit seiner Hilfe sind 1870 bei Beginn des Krieges an den verschiedenen deutschen Küsten und Häfen teilweise die Minen gelegt und später, nach Beendigung des Krieges, wieder entfernt, sowie eine Anzahl versenkter Schiffe unter Wasser zersprengt und beseitigt worden. Ebenso war es durch diesen Apparat bei der Belagerung von Paris möglich geworden, den von den Franzosen durch die Seine gelegten Telegraphendraht zu entdecken und zu zerstören.

Indessen hat das Regulatorgerät auch in friedlichen Diensten seine Brauchbarkeit bewiesen: Der Rouquayrol'sche Taucher- und Rettungsapparat scheint ausserhalb Frankreichs beim Bergbau zuerst 1867 auf einer Braunkohlegrube unweit Mariaschein in Böhmen, und dann im folgenden Jahr 1868 auf der Steinkohlengrube Königin Louise bei Zabrze in Oberschlesien zur praktischen Anwendung gekommen zu sein. Im ersten Fall handelte es sich um Arbeiten an einem bereits 10 Meter unter Wasser stehenden Ventilkasten einer Druckpumpe. Beim zweiten Fall gelang es mit Leichtigkeit, mit Hilfe des Apparates einen ausgebrochenen Grubenbrand, bei dem sich alle anderen Mittel als unzureichend erwiesen hatten, abzudämmen und die dazu erforderlichen Arbeiten in den Rauchschwaden dicht beim Herd des Brandes auszuführen.

Der neue Tauchanzug wurde auch durch Jules Vernes (1828-1905) Roman *Zwanzigtausend Meilen unter dem Meer* weltbekannt. Jules Vernes Leser hielten das Tauchgerät für einen seiner vorzüglichen Einfälle, und als alter Mann glaubte der Autor später selbst, der Tauchanzug sei seine eigene Idee gewesen. Tatsache ist aber, daß die Konstruktion von Rouquayrol-Denayrouze als Tauchgerät seit 1864 in Gebrauch war, fünf Jahre vor Veröffentlichung von Jules Vernes Meisterwerk im Jahre 1869. Erst im Frühjahr 1867 hatte Verne mit dem ersten Entwurf für seinen neuen Roman begonnen. Eine knappe Zusammenfassung hatte er schon 1865 niedergeschrieben, doch hinderten ihn andere Verpflichtungen daran, sich weiterhin mit dem Buch zu beschäftigen. Als Quelle seiner Inspiration diente ihm der Roman *Arbeiter des Meeres* von Victor Hugo.[144] Als Walt Disney den Roman *Zwanzigtausend Meilen unter dem Meer* im Jahre 1954 verfilmte, wurden Originaltaucheranzüge nach diesem Muster für die Schauspieler hergestellt. Disney setzte damit ebenso wie Jules Verne ein Denkmal für Rouquayrol und Denayrouze.

In *Zwanzigtausend Meilen unter dem Meer* sagt Kapitän Nemo zu Professor Arronax: „Sie wissen sehr gut wie ich, Herr Professor, daß der Mensch unter Wasser leben kann, sofern er einen Vorrat an atmungsfähiger Luft mit sich führt. Bei Unterwasserarbeiten stecken die Handwerker in wasserdichter Kleidung und ihr Kopf in einer Metallkapsel. Druckpumpen und Abzugsregulatoren besorgen die Luftzufuhr." „Sie meinen den Skaphander", sagte Arronax. „Allerdings, doch ist der Mensch unter diesen Bedingungen nicht frei. Er ist an die Pumpe gebunden, die ihn durch einen Kautschukschlauch mit Luft speist, eine wirkliche Kette, die ihn fesselt, und müßten wir so mit der *Nautilus* in Verbindung bleiben, könnten wir nicht weit kommen." „Und wie machen Sie sich frei?" fragte Arronax. „Indem ich den Rouquayrol-Denayrouze-Apparat benutze, den zwei Ihrer Landsleute eben ersonnen haben; ich habe ihn jedoch für meinen Gebrauch verbessert, und er ermöglicht es, uns in die neuen physiologischen Verhältnisse hinauszuwagen, ohne das die Organe in irgendeiner Weise zu leiden hätten. Die Pumpen der *Nautilus* erlauben es mir, die Luft unter einem starken Druck zu speichern und dadurch kann der Behälter verwendbare Luft für 9 bis 10 Stunden fassen."

Jules Verne hatte damit das Hauptproblem der autonomen Drucklufttauchgeräte der damaligen Zeit aufgezeigt: Es lag vor allem in der zu kurzen Tauchzeit. Ursache war der zu niedrige Fülldruck der Tauchflaschen, einerseits verursacht durch unzureichende Werkstoffe beim Behälterbau, andererseits durch zu schwache Pumpen. Die Zentralfrage war nun nicht mehr, wie die unter Umgebungsdruck stehende Atemluft bedarfsgesteuert zu regulieren ist, sondern wie man eine genügend große Menge Luft in einem handlichen Behälter speichern kann. Dies gelang nur unter entsprechend hohem Druck. Man kannte zur damaligen Zeit aber weder Druckluftpumpen, die einen über 30 bar hinausgehenden Druck erzeugen konnten, noch Herstellverfahren und Werkstoffe für Druckluftbehälter, die einen höheren Druck aushielten. Das größte Problem, das sich also allen Erfindern autonomer Drucklufttauchgeräte bis zum Beginn unseres Jahrhunderts stellte, wurde erst gelöst, als Hochdruckkompression möglich wurde, und so in relativ kleinen Behältern genügend große Reserven mitgenommen werden konnten.

Bald wurde dieser Hauptnachteil des Regulatorgerätes für alle deutlich: die zu geringe Einsatzdauer des unabhängigen Tanks. Als autonomes Tauchergerät war es - noch nicht - brauchbar. Die mitgeführte Luftmenge reicht nur für eine kurze Zeit aus, während ein guter, oberflächenversorgter Helmtaucher ununterbrochene Taucharbeit bis zu 2 Stunden leisten konnte. Deshalb wurde der Regulator von Rouquayrol bald nur noch in seiner oberflächenversorgten Form mit Taucherhelm eingesetzt. Auch an Land in der Bergbautechnik konnte sich das Druckluftgerät nicht dauerhaft durchsetzen, hier waren es die leichten Sauerstoff-Kreislaufgeräte, die ihnen den Rang abliefen.

Leider erkannte man zur Zeit Jules Vernes noch nicht die besonderen Vorteile, die das neue Tauchgerät in seiner autonomen Version bot, und trotz einiger gravierender Vorzüge hat sich das Regulatorsystem nicht durchsetzen können. Es hieß in Taucherkreisen, der Taucher könne mit dem Regulator auf dem Rücken unter Wasser zu leicht hängen bleiben; auch sagte man dem System allerlei andere Nachteile nach - der bekannte Konservatismus der Taucher. Sie blieben bei ihrem gewohnten Helmtauchergerät mit seinem Luftschlauch. Es war mittlerweile technisch weitgehend ausgereift, und da man auch langsam mit dem Problem der Dekompressionskrankheiten besser umzugehen lernte, kamen die ersten autonomen Drucklufttauchgeräte erst gar nicht hoch.

Das autonome Drucklufttauchgerät konnte seinen Hauptvorteil wegen der noch immer niedrigen Luftkompression noch nicht voll nutzen und war seiner Zeit ein halbes Jahrhundert voraus. Ohne Hochdruckkompression blieb die Taucherei oberflächenversorgt. Deshalb stellten anfänglich die oberflächenversorgten und später die autonomen Helmtauchergeräte mit Sauerstoff-Kreislauf die Erfindung des bedarfsgesteuerten Druckluftgerätes in den Schatten.

Benoit Rouquayrol sowie Auguste Denayrouze haben trotzdem die Tauchtechnik einen bedeutsamen Schritt weitergebracht: 1860 hatte Rouquayrol einen einstufigen, bedarfsgesteuerten Druckluftregler gebaut und ab 1864 in Verbindung mit einem autonomen Druckluftgerät zum Tauchen eingesetzt. Die Patente von Pouilliot, Guillaumet und Rouquayrol zeugen deutlich von der Erkenntnis ihrer Erfinder, daß eine einseitig dem Umgebungsdruck ausgesetzte Membrane unentbehrlich ist, um den Atemluftstrom auf den sich mit der Tiefe stetig verändernden Wasserdruck anzupassen. Auch spätere Erfinder sollten keine bessere Lösung für das Problem finden. Die Membrane ist das letzte Überbleibsel des Puffersackes.[145]

Benoit Rouquayrol und Auguste Denayrouze lebten leider in einer Epoche, in der man Luft nur bis zu einem Druck von rund 30 bar komprimieren und transportieren konnte. Aber es ist ihr Verdienst, bereits 1864 das moderne, autonome Tauchgerät in den Grundzügen gebaut und eingesetzt zu haben. Die Erfindung von 1864 bestand in der grundlegenden Idee, einen bedarfsgesteuerten Atemregler mit einer Druckluftreserve zu verbinden und den Taucher dadurch unabhängig von der Oberflächenversorgung zu machen. Darauf basiert die Entwicklung des ersten bedarfsgesteuerten, autonomen Drucklufttauchgerätes, das auch gebaut wurde und zum Einsatz kam. Auf die Erfindung von Rouquayrol und Denayrouze aus dem Jahre 1866 geht auch der zweistufigen Atemregler zurück.

1872 baute Louis Denayrouze ein weiteres Atemgerät, das „Aérophore", das nicht zum Unterwassereinsatz sondern ausschließlich als Atemschutzgerät vorgesehen war. Es war eine Weiterentwicklung der vorhergehenden Patente, seine Besonderheit bestand vor allem in dem großen, auf dem Rücken zu tragenden Druckluftvorrat. Louis Denayrouze spezialisierte sich in den weiteren Jahren auf den Bau von Unterwassertelefonen und Unterwasser-Petroleumlampen. Später baute er auch elektrische Unterwasserlampen, die die Petroleumlampen ersetzten.

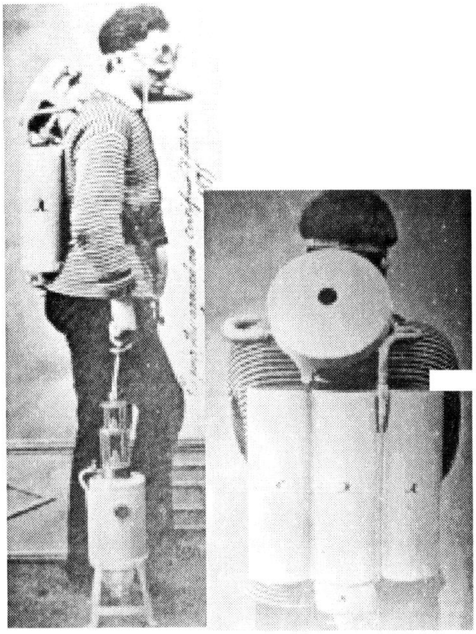

Diese autonome Bauversion des Regulators von 1875 wurde „Aerophore" genannt und besass drei Stahlflaschen mit Druckluft. Es war für den Überwasser-Einsatz in Gruben vorgesehen.
(Fotos: Michel, Jacques: Trois inventuers meconnus. Espalion, 1980)

Bis 1922 wurden die Regulatorgeräte Rouquayrol-Denayrouze gebaut, und insgesamt wurden mehr als 1.500 Stück von der Firma Charles Petit und René Piel, der Nachfolgegesellschaft der 1865 gegründeten Firma Rouquayrol-Denayrouze, verkauft. Noch heute wird das Andenken der beiden Männer Rouquayrol und Denayrouze in Espalion hochgehalten: Nach beiden ist jeweils eine Straße benannt, und die kleine Stadt hat inzwischen auch ein sehr interessantes Museum des Tauchapparates, das Musée du Scaphandre, eingerichtet.[146]

Trotz des recht großen Fortschrittes, den die Tauchtechnik im 19. Jahrhundert Dank der Arbeiten von Pouilliot, Guillaumet sowie Rouquayrol und Denayrouze auf der technischen sowie Bert und Haldane auf der physiologischen Seite zu verzeichnen hat, gibt es doch mehr als genug Beispiele, in denen nach wie vor rückständige Tauchgerätekonstruktionen gebaut wurden. Ein originelles und für seine Zeit rückständiges Gerät mit recht unkonventionellem Ventilmechanismus stellt das in Europa bisher kaum bekannte Ohgushi-Tauchgerät dar, das ab 1918 in Japan häufig von Perlentauchern benutzt wurde.[147] Es ist gleichzeitig der erste Nachweis für den Gebrauch unserer modernen Tauchermaske, die Augen *und* Nase einschließt.

Im Jahre 1918 machte in Japan die Tokyo Submarine Industrial Company Werbung für ein neues Tauchgerät, „Ohgushis unvergleichliches Atemgerät, konkurrenzlos auf der ganzen Welt". Bei „Ohgushis peerless Respirators" handelte es sich um eine 1918 patentierte Erfindung des Japaners Riichi Watanabe,[148] die von Tokio Sensui Kogyo Kabushiki Kaisha produziert wurde und bei der japanischen Marine, zu Bergungsarbeiten und zum Perlentauchen verwendet wurde. In Rußland war das Gerät unter dem Namen „Reydow-Tauchgerät" (manchmal auch „Reidoff") bekannt.

Nach der Werbebroschüre *Key to the Treasury of the Deep* der Gesellschaft ist „Ohgushis Atemgerät (Tauchgerät) eine Erfindung eines Japaners. Es ist das neueste Gerät, das nicht nur in Japan, sondern ebenso in Europa und Amerika patentiert wurde und mit allen Vorzügen ausgestattet ist, die benötigt werden. Es ist nicht übertrieben zu behaupten, daß das Gerät weltweit eine führende Rolle unter den Tauchgeräten einnimmt. Es kann aber ebenso in großen Höhen oder zu medizinischen Zwecken eingesetzt werden."

Es ist in Anbetracht der vielen, weltweiten Patente für das Gerät sehr erstaunlich, wie wenig in Europa über dieses Gerät bekannt ist. Die Darstellungen im Prospekt zeigen, daß es sowohl autonom mit ein oder zwei Druckluftbehältern oder oberflächenversorgt mit Hilfe der „liegenden Watanabe-Vier-Zylinder-Handpumpe" einsetzbar war.

Dem Patent zufolge wurde die Druckluft - entweder aus einem Druckluftbehälter mit Absperrventil und einstellbarem Reduzierventil, den der Taucher auf dem Rücken trug, oder von der Pumpe an der Oberfläche - zunächst in einen flexiblen Beutel, der wie ein breiter Gürtel um die Hüfte gewunden war, geleitet. Hier erfolgte eine Pufferung sowie die unentbehrliche Angleichung an den Umgebungsdruck, die in den modernen Atemreglern durch die Membrane ermöglicht wird. Das Druckreduzierventil war von dem Taucher bei der autonomen Version in Abhängigkeit von der jeweiligen Tiefe laufend einzustellen.

Das eigentliche Gerät mit dem Ventilmechanismus gleicht optisch unseren heutigen Tauchermasken. Es bestand zu-

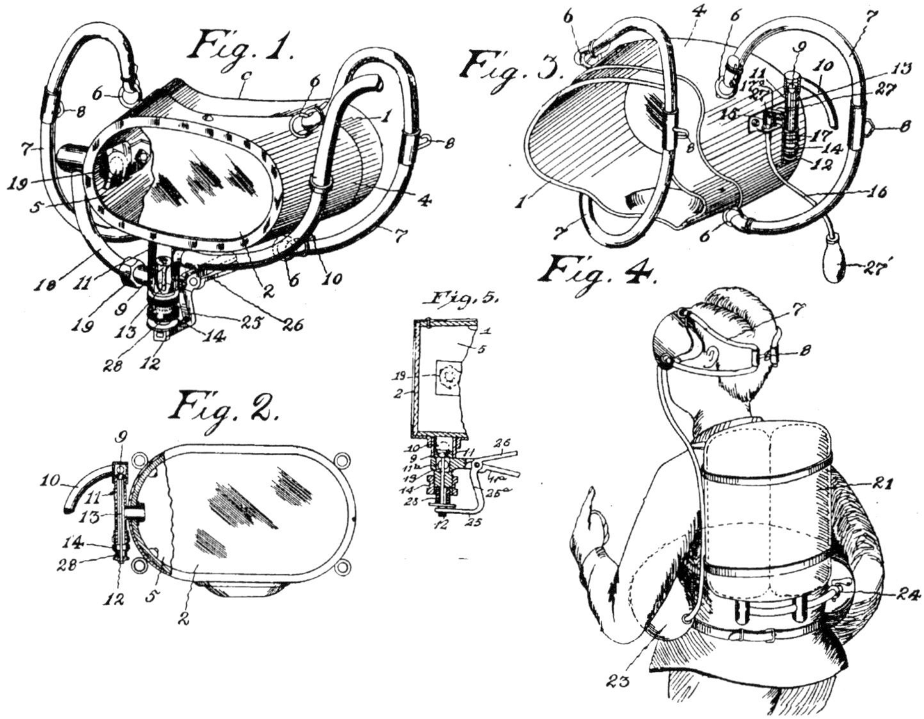

Die Originalskizzen aus der Patentschrift von 1918 (USA 1.331.601) zeigen die Bauteile des japanischen Gerätes: Oben links die mechanische Maske mit dem Hebelsystem für die Zähne, oben rechts die hydraulische Variante mit der Gummiblase. Rechts unten sieht man den um die Hüfte gewundenen Puffersack zur Angleichung des Flaschendruckes auf den Umgebungsdruck. Dies ist gleichzeitig die erste Darstellung unserer modernen Tauchermaske für Augen und Nase.

nächst aus einer elliptischen Metallmaske mit großem Fenster und Gummidichtrand, die Augen und Nase bedeckte, der Mund war frei. Die Maske wurde mit einfachen Gummibändern, die hinter dem Kopf durch einen Haken und eine Öse verbunden wurden, befestigt. Unterhalb des Maskenkörpers ist in einer Ebene mit dem Mund ein sehr einfacher Ventilmechanismus befestigt, welcher die Druckluftzufuhr steuern sollte. Aus dem Ventil ragten zwei kleine Hebel in Richtung des Mundes. Einer der Hebel ist fest, der zweite ist beweglich.

Die Druckluft floß anfangs von dem Puffersack um die Hüfte durch dieses Ventil und einen nachfolgenden kleinen Schlauch seitlich in die Tauchermaske hinein. Das eigentümliche und geistreiche an dem Ohgushi-Tauchgerät war dieses Ventil und seine Betätigung. Anders als bei vielen Erfindern, die die Luftzufuhr lungenautomatisch oder manuell, durch Öffnen und Schließen eines Handrades, regulierten, hatte der Ohgushi-Taucher das Ventil im Mund zwischen seinen Zähnen. Zur Einatmung bzw. Öffnen des Ventils waren also mit den Zähnen die beiden Hebel des Ventils im Mund zusammenzupressen, so daß die Druckluft in den Maskenkörper einströmen und durch die Nase eingeatmet werden konnte. Zur Ausatmung wurden die Zähne geöffnet, folglich das Ventil geschlossen und der Luftzustrom gestoppt, so daß durch den nun offenen Mund ausgeatmet werden konnte. Es ist leicht vorstellbar, welche angestrengte Aufmerksamkeit dieser Steuerungsvorgang bei schwerer Arbeit oder Strömung vom Taucher abforderte!

Das Patent beschreibt noch eine Alternative zu dem mechanischen Ventil. Sie besteht darin, daß es auch eine hydraulische Betätigungsmöglichkeit gab. Bei dieser Variante wird das Ventil nicht mehr unten sondern seitlich am Maskenkörper angebracht und besitzt statt den beiden Hebelchen eine kleine, ölgefüllte Gummikugel, die durch einen dünnen Gummischlauch mit dem Ventil verbunden war. Statt den beiden Hebelchen hatte der Taucher nun diese Gummikugel zwischen den Zähnen, auf die er je nach Bedarf beißen konnte. Das Ventil wurde daraufhin hydraulisch geöffnet, und Druckluft strömte in den Maskenkörper. Die Einatmung erfolgte ebenso wie mit dem mechanischen Ventil durch die Nase, die Ausatmung durch den geöffneten Mund.

Damit der Taucher auf dem Grund stehen kann, wird ein Bleigewichtsgurt von 12 Kilogramm benötigt. Bei Benutzung dieses Maskengerätes sollte der Taucher gestrickte Unterwäsche tragen und einen einfachen Arbeitsanzug, um die Haut zu schützen. In der Beschreibung wird ebenfalls empfohlen, daß der Taucher nur etwa 3 bis 5 Atemzüge in der Minute machen darf und es wird behauptet, daß dadurch nur eine geringe Stickstoffmenge vom Blut aufgenommen wird, so daß er in der Lage ist, schnell auszutauchen. Da das Gerät aber für nur 15 Minuten Gebrauch vorgesehen war, hatte der Taucher relativ wenig Gelegenheit, eine gefährliche Stickstoffsättigung zu erreichen. Schwimmflossen waren in diesen Jahren noch nicht auf dem Markt, deshalb trug der Taucher Schnürschuhe aus dickem Leinstoff.

Das Steuerventil von Ohgushi hatte eine Vielzahl Nachteile und Risiken. Das ständige Öffnen und Schließen der Zähne wird vielleicht über einen Zeitraum von 15 Minuten lästig, aber dennoch möglich gewesen sein. Weitaus schwieriger war aber wohl das Halten der Gummikugel im Mund, ohne daß Wasser eindringen konnte und es zu Hustenreizen kam. Die Maskenvariante mit dem mechanischen Ventil hatte immerhin eine einfache Vorrichtung, um die Position des Ventils und des Hebelmechanismus auf Kopfgröße bzw. Mundposition verschiedener Taucher anpassen zu können. Abgesehen davon war der Atemregler mit Membrane, der das ganze Steuerungs- und Druckanpassungsproblem zuverlässig behoben hätte, bereits seit einigen Jahrzehnten erfunden, so daß eine solche umständliche Mechanik nicht notwendig gewesen wäre.

Das größte Problem des Tauchgerätes bestand aber unabhängig von seinem ausgefallenen Regler in dem Prinzip der Nasenatmung. Es ist für den menschlichen Organismus unter großer Belastung und über einen längeren Zeitraum hinweg nicht ausreichend, *nur* durch die Nase zu atmen. Bedingt durch den geringen Querschnitt der Nasenöffnungen sowie der starken Biegung hin zum Rachenraum, die beide einen negativen Einfluß auf die Strömungsgeschwindigkeit der Atemluft haben, kann der Mensch in solchen Fällen nicht genügend Luft durch die Nase einatmen. Er muß durch einen gefährlichen Drang zur Unterstützung der Atmung zwangsweise den Mund öffnen - eine tödliche Angelegenheit bei „Ohgushis unvergleichbarem Atemgerät".

Grundsätzlich sind *alle* Geräte, die *nur* auf einer nasalen Atmung beruhen, aus physiologischen Gründen vollkommen für das Tauchen ungeeignet. Die „normale" Atmung durch Mund *und* Nase bereitet sogar schon an Land oft genug Schwierigkeiten: Sprinter im Hochland der Anden biegen bei weit geöffnetem Mund oft den Kopf in den Nacken, um so die Krümmung zwischen Rachenraum und Luftröhre zu verringern und dadurch in der sauerstoffarmen Höhenluft besser atmen zu können. Und wer etwas von Rennpferden versteht weiß, daß bei ihrer Zucht die Größe ihrer Nasenöffnungen ein bedeutsames Kriterium ist.

Einige der Aussagen im Verkaufsprospekt der Company scheinen reichlich übertrieben und klingen unwahrscheinlich: Die Handpumpe sollte einen Druck von „200 atmos" erzeugen können, und die autonome Version mit einem Druckluftbehälter unter einem Druck von 150 bar würde Tauchgänge von 20 Minuten in bis zu 100 Meter Tiefe zulassen. Einige Angaben klingen aber durchaus glaubhaft und authentisch:

„Die Tests des Tauchgerätes vom Oktober 1918, die von der Marine im Hafen von Yokosuka durchgeführt wurden, haben die großen Vorzüge des Ohgushi-Tauchgerätes bewiesen und die Marine dazu veranlaßt, ihre Schiffe damit auszurüsten. Das Tauchgerät wurde zur größten Zufriedenheit aller von 1918 bis 1919 vor dem Hafen von Nagasaki eingesetzt, um in 63 Meter Wassertiefe Wrackteile des gesunkenen norwegischen Schiffes *Calendar* zu beseitigen. Ein weiterer erfolgreicher Einsatz für das Ohgushi-Gerät waren Bergungsarbeiten an dem in 60 Meter Wassertiefe vor der Küste von Yamaguchi liegenden, englischen Schiff *Nile*. Im Juli 1919 wurde unter Aufsicht der Behörden von Kohchi drei verschiedene Probetauchgänge durchgeführt, die von öffentlichen Stellen, vielen Journalisten sowie Vertreter der Fischereibehörde beobachtet wurden. Es wurden folgende Ergebnisse erzielt: Tauchgang 1: Vor Ashizuri-zaki in 86 Meter Wassertiefe in 10 Minten und 10 Sekunden getaucht. Tauchgang 2: Vor Kanozaki in 99 Meter Wassertiefe in 9 Minuten und 10 Sekunden getaucht. Tauchgang 3: Vor Kanozaki in 87 Meter Wassertiefe in 15 Minuten und 00 Sekunden getaucht. Später wurde das Gerät erfolgreich und mit der gleichen Zuverlässigkeit für Tauchgänge

Links ein japanischer Taucher mit aufgesetzter Atemmaske und oberflächenversorgter Variante. Rechts das autonome Gerät mit Stahlflasche. Der Taucher konnte das Druckreduzierventil seines Gerätes selbst bedienen. Der Taucher trug keine Flossen sondern ging mit Bleisandalen auf dem Meeresgrund.

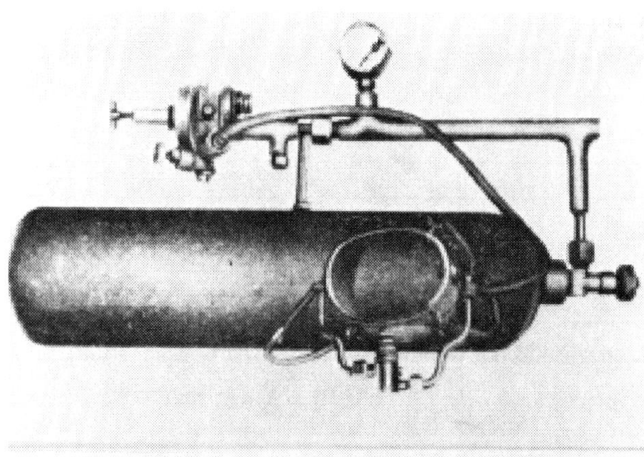

Die autonome Version bestand aus einer oder zwei Stahlflaschen mit Manometer und manuell einstellbarem Druckreduzierventil.

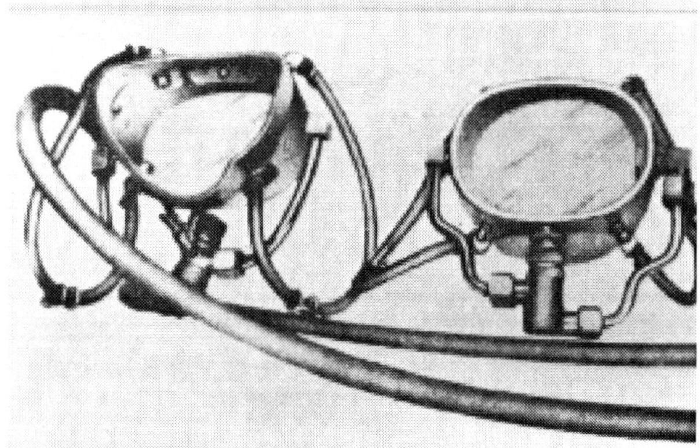

Die Atemmaske bedeckte Augen und Nase. Unterhalb des Maskenkörpers war das Steuerventil, das mit den Zähnen zu betätigen war.

(Fotos: Shelford, W.O.: Ohgushis Peerless Respirators. In: Triton (heute: Diver), London, Februar 1972. Nachdruck mit freundlicher Genehmigung von Bernard Eaton).

in bis zu 114 Meter Wassertiefe eingesetzt". Es muß ergänzt werden, daß all diese Tauchgänge in der oberflächenversorgten Version mit der vierzylindrigen Handpumpe durchgeführt wurden.

Die zunächst unglaubwürdigen Tiefenangaben sind nicht ganz so verwunderlich, wenn man bedenkt, wie tief japanische Perlentaucher bereits regelmäßig in Apnoe tauchen. Es gibt glaubhafte Berichte, die von 40 oder gar 50 Metern sprechen. Bei japanischen Perlentauchern galt es als größter Fehler, einen Anfänger bei seinem ersten Tauchgang weniger als 20 Meter tief tauchen zu lassen, denn es hieß, daß sonst seine zukünftige Entwicklung gehemmt würde. Ähnlich Praktiken sind auch von den griechischen Schwammtauchern bekannt.

Daß solche geübten und belastbaren Perlentaucher größere Tiefen, auch unter Druckluft, kurzzeitig besser vertrugen als ungeübte, liegt auf der Hand. Außerdem besitzen sie eine bemerkenswerte Widerstandsfähigkeit gegenüber dem Tiefenrausch und Dekompressionskrankheiten. Die Tiefenangaben des Verkaufsprospektes von einer Einsatztiefe „in bis zu 114 Meter Wassertiefe" wurden wohl überzogen, um das Tauchgerät von den sowieso schon beachtlichen Tauchleistungen der japanischen Apnoetaucher deutlich abzuheben - das Gerät mußte ja mehr bringen als die Apnoetaucher, um auf dem Markt Absatz zu finden. Es steht jedoch außer Zweifel, daß mit diesem Druckluftgerät kurzzeitig außergewöhnlich große Tiefen erreicht wurden.[149]

Sicher ist auch, daß das Gerät wohl nur von sehr geschickten und disziplinierten Tauchern benutzt wurde, die ihre Atmung - vielleicht durch Konzentrationsübungen - unter Kontrolle hatten. Sie mußten die verschiedenen Situationen unter Wasser beherrschen und brauchten Fingerspitzengefühl, um niemals eine größere Belastung einzugehen, als ihnen ihr Atemgerät erlaubte.

In gewissem Sinn war das Ohgushi-Ventil ebenso wie unsere heutigen Atemregler bedarfsgesteuert, wenn auch nicht automatisch sondern manuell durch Biß. Ein Vorteil bei ihm war, daß er in Verbindung mit sparsamen Atemzügen eine ökonomische Nutzung des Atemgases ermöglichte - im Gegensatz zu den damals vorherrschenden oberflächenversorgten Helmtauchergeräten, durch die ein ununterbrochener Luftstrom hindurchzog und in das Umgebungswasser entwich. So ist es auch leicht vorstellbar, daß eine relativ kleine und einfache Handpumpe gemeinsam mit dem Puffersack um die Hüfte ausgereicht haben soll, um größere Tiefen zu erreichen. Alleine schon aufgrund des sparsamen Luftverbrauches muß der leichte Ohgushi-Respirator für Bergungsunternehmen oder die Perlentaucherindustrie eine interessante Alternative zu den oberflächenversorgten Helmtauchergeräten gewesen sein. Aber trotz seiner weiten Verbreitung im asiatischen Raum wurde seither nie von ihm berichtet. In keinem der vielen Berichten über die japanischen Perlentaucher gibt es eine Andeutung auf ein solches Gerät. Einziger weiterer Hinweis: In einigen Berichten über die Bergungsarbeiten des russischen Kriegsschiffes *Amiral Nakhimov* von 1942 wird erwähnt, daß daran auch japanische Taucher teilgenommen haben, die ein Gerät wie das von Ohgushi verwandten - möglicherweise war es das Gerät sogar - und damit oftmals tiefer als 70 Meter tauchten. Das Schiff, in dem viel Gold vermutet wurde, sank bei der berühmten Schlacht von Tsoushima.

Der „Beiß-und-Fließ-Mechanismus" des Ventils hinkte der Entwicklung der Tauchtechnik weit hinterher. Trotz aller Nachteile stellt das Ohgushi-Tauchgerät sowohl in seiner autonomen wie auch oberflächenversorgten Version eine interessante Lösung für ein Drucklufttauchgerät dar und war eine kuriose Station auf dem Weg hin zu unserem modernen, autonomen Tauchgerät - auch wenn es von seinem Benutzer große körperliche und mentale Fähigkeiten abverlangte.

Die autonomen Drucklufttauchgeräte des 20. Jahrhunderts

Im Vergleich zu dem Ohgushi-Gerät kann man bei der Erfindung des französischen Marineoffiziers und vielseitigen Erfinders Yves Le Prieur einen gewissen technischen Fortschritt feststellen, allerdings war auch sie noch rückständig. Le Prieur hatte 1926 ein autonomes Drucklufttauchgerät gebaut, das auf dem free-flow-Prinzip des kontinuierlichen Luftzuflusses im offenen Kreislauf, also ohne bedarfsabhängige Druckluftregulierung, beruhte, und es 1933 verbessert.

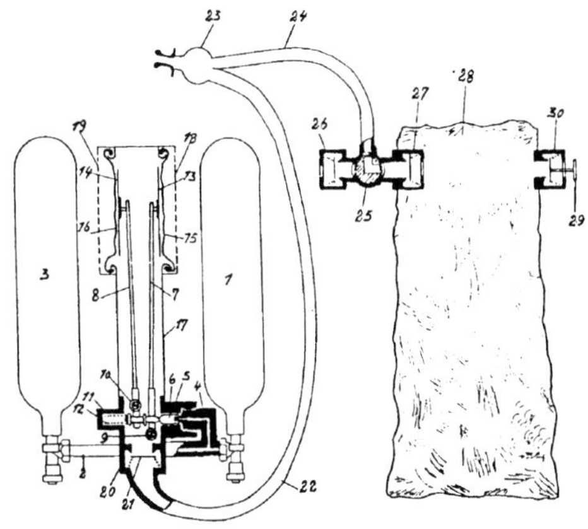

Die sehr gut durchdachte Erfindung des Deutschen Richard von der Heideaus Kiel vom 15. November 1922 (Deutschland 426.458) für ein unabhängiges Tauchgerät kam unseren heutigen Geräten schon sehr nahe. Es handelte sich um ein bedarfgesteuertes, unabhängiges Drucklufttauchgerät für Nackttaucher. Der Umgebungsdruck wirkt auf einen trommelförmigen Atmungsbeutel in Gestalt von zwei Membranen, der zwischen den beiden Flaschen angeordnet ist und innen ein Hebelsystem enthält. Das Hebelsystem in dem einstufigen Atemregler aktiviert bei Unterdruck in der Atemkammer einen Mechanismus, und frische Luft strömt durch das Mundstück zum Taucher. Die Ausatemluft kann der Taucher wahlweise durch Umlegen eines Hebels entweder in einen Auftriebsbeutel (Tarierhilfe) ausatmen oder ins Umgebungswasser abgeben.

Yves-Paul-Gaston Le Prieur wurde am 23. März 1885 in Lorient geboren. Le Prieur stammte aus einer traditionsreichen Seemannsfamilie, und so war die Offizierslaufbahn für ihn vorgezeichnet.[150] 1902 trat er deshalb in die französische Marine ein, und bereits kurz darauf führte ihn der Russisch-Japanische Krieg nach Indochina. Im Dezember 1905 geschah dort ein zweifelsohne prägendes Ereignis in seinem Leben von: Er tauchte das erste Mal mit einem oberflächenversorgten Helmtauchergerät in den chinesischen Gewässern. Damals war er als Kadett auf dem Kreuzer *Dupetit Thouars* und erhielt den Auftrag, ein kleines, vor der Küste von Annam bei der Cam-Rahn-Bucht untergegangenes Zollboot zu besichtigen.

In seiner 1956 in Paris erschienenen Autobiographie *Premier de plongée* (etwa: „Erster beim Tauchen“) schrieb er, daß der Tauchgang ein ganz besonderes Erlebnis für ihn war: „Ich stand auf dem Sandgrund, 3 Meter unter der Wasseroberfläche, umgeben vom wunderbaren blauen Licht am Grund des schweigenden Meeres. Mein Herz, begierig auf diese neuen Eindrücke, zersprang beinahe vor Freude über dieses kostbare Ereignis.“ 1907 konnte er, als er auf der *Entrecasteaux* eingeschifft war, bei Hainan einen weiteren kurzen Abstieg durchführen, um eine Schiffsschraube, um die sich ein Tau gewickelt hatte, klar zu machen.

Zunächst schien es, als wollte das Leben aus Le Prieur keinen Seemann sondern einen Piloten machen: 1908 fiel ihm in Tokyo ein Buch in die Hände, das die Bauanleitung für ein Gleitflugmodell enthielt. Innerhalb weniger Monate baute sich Le Prieur 1909, nur eine Jahr nach dem berühmten Flug der Gebrüder Wright, aus Bambusstäben und Leinwand sein kleines Flugzeug. Noch im gleichen Jahr stieg er zum ersten Flug auf, und neben seinem Interesse an der Tauchtechnik erwachte nun auch die Freude an der Luftfahrttechnik in ihm.

In den folgenden Jahren erarbeitete er technische Neuerungen nicht nur für die Marine sondern auch für die Luftwaffe. Noch vor dem Ersten Weltkrieg entwikkelt er ein verbessertes Zielverfahren für Schiffsgeschütze, da die bisher verwendeten allerlei Nachteile hatten. An Bord des Kreuzers *Pothuau* nahm Le Prieur das Problem in Angriff und konstruierte 1912 einen entsprechenden Schuß-Abwandler, den er „conjugateur de tir" nannte. Andere Erfindungen Le Prieurs waren ein Spürgerät für Unterseeboote und eine Lafette für Luftabwehrkanonen. Im Ersten Weltkrieg kam Le Prieur die Idee, Zeppeline mit Hilfe von Raketen von Flugzeugen aus in Brand zu schießen. In der Schlacht von Verdun gelang es am 22. Mai 1915, auf diese Weise mit 8 Flugzeugen in einem Angriff von nur einer Minute Dauer 6 Beobachtungs-Zeppeline abzuschießen. Weitere Kriegserfindungen von Le Prieur waren Flug- und Wasserbomben sowie verbesserte Torpedos.

Nach Kriegsende entwarf Le Prieur - ab 1922 Offizier der *Nouvelle académie de Marine* - ein Navigationsgerät, das beim Durchqueren der Sahara seine Brauchbarkeit unter Beweis stellte. Für den zivilen Luftverkehr hat Le Prieur ebenfalls Verbesserungen entwickelt, wie etwa einen Flugschreiber, mit dessen Hilfe man bei Langstreckenflügen die Abweichungen des Flugzeugs von der theoretischen Route ermitteln konnte, oder eine Sonde, mit deren Hilfe Flugboote wassern konnten.

Durch ein besonderes Ereignis wandte sich der Allround-Erfinder wieder mehr der Unterwasserwelt zu: 1925, während einer Technik- und Industrieausstellung in Paris blieb Le Prieur interessiert vor einem großen Schauaquarium stehen, in dem ein Taucher mit Hilfe eines Knallgasgebläses (Sauerstoff/Wasserstoff-Schneidbrenner) Eisenbleche zerschnitt. Er war nur mit einem Badeanzug bekleidet und atmete mit Hilfe eines Leichttauchgerätes, welches Le Prieur bisher noch nie gesehen hatte. Keine schwere Tauchausrüstung behinderte ihn.

Das Gerät stammte von Maurice Fernez aus dem Jahre 1912 und war ein Schlauchtauchergerät von besonderer Einfachheit. Der Taucher hielt ein Gummimundstück zwischen seinen Lippen. Von dem Entenschnabelventil am freien Ende des Mundstückes entwich die Ausatemluft in das Wasser, während über eine Schlauchleitung an seinem anderen Ende ein Luftschlauch nach oben zu einer einzylindrigen Pumpe in der Art einer

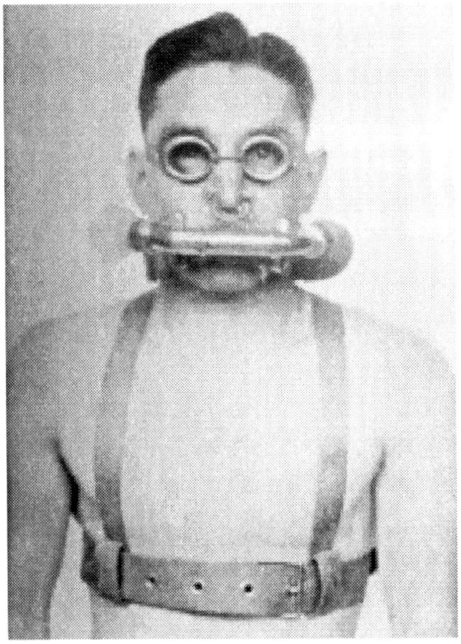
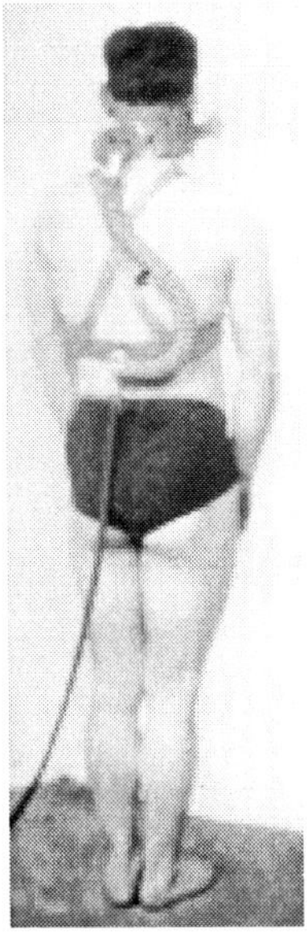

Das Fernez-Tauchgerät bestand aus einem Luftschlauch, der aus der Luftpumpe von der Oberfläche kommend in einem Pufferbeutel hinter dem Nacken des Tauchers mündete, wo der Druckangleich stattfand. Von dort ging der Luftstrom durch das Mundstück des Tauchers, der nur nach Bedarf einatmen musste. Die Ausatemluft entwich durch das Entenschnabelventil in das Umgebungswasser, Der Taucher trug eine einfache Zweiglasbrille und Ledersandalen.
(Fotos: Gilpatric, Guy: The compleat Goggler. New York, 1938)

Fahrradpumpe führte. Der 10 Meter lange, mit Kupplungen versehene Schlauch hatte nur einen Durchmesser von etwa 15 Millimeter. Auf dem Rücken trug der Taucher zwischen Pumpe und Mundstück einen kleinen, elastischen Gummibeutel in der Größe eines Fußballs als unentbehrlichen Druckkompensator. Der aufgepumpte Gummibeutel erinnerte an einen Dudelsack und verursachte einen ständigen, unter Umgebungsdruck stehenden Luftzustrom zum Taucher. Die überschüssige Luft strömte ständig durch das Ventil in das Wasser ab, ebenso wie die Ausatemluft. Wollte der Taucher atmen, mußte er nur den ständig durch das Mundstück hindurchziehenden Luftstrom inhalieren.

Außer einer leichten Begurtung und dem Gummibeutel zwischen den Schultern trug der Taucher noch eine Nasenklemme, eine Fernez-Taucherbrille,[151] einen Gewichtsgurt sowie Ledersandalen mit Bleisohle. Das Gerät eignete sich wegen der einfachen Pumpe nur für geringe Tiefen. Weil es sehr leicht zu transportieren war wurde es seit 1912 in den wärmeren Gewässern der französischen Kolonien und Griechenlands von Perlen- und Schwammtauchern sowie gelegentlich auch in den Flüssen Südamerikas von Diamantsuchern verwandt. Die Polizei von Paris nutzte es oft für Bergungsarbeiten und Schiffseigentümer zum Besichtigen ihrer Schiffe.

Dieser einfache Apparat begeisterte Le Prieur sogleich. Er dachte sich, wie vorteilhaft es doch wäre, wenn der Taucher statt der Oberflächenversorgung die Atemluft direkt in einer Duckluftflasche, wie man sie seit einiger Zeit vom Reifenhersteller Michelin zum Aufblasen von pannengeschädigten Autoreifen verwendet, mit sich führte: Dann war er ganz von der Schlauchleitung und von der Überwasserverbindung unabhängig und konnte sich frei umherbewegen.

Le Prieur suchte Maurice Fernez auf und machte ihm den Vorschlag, an seinem Gerät eine solche Druckluftflasche und eine Vorrichtung zur Verminderung des Gasdruckes anzubringen, um ein autonomes Drucklufttauchgerät zu schaffen. Als Druckreduzierventil nutzte er einen handelsüblichen Regler, der eine Gummimembrane besaß und sich für diese Zwekke hervorragend eignete. Der Wasserdruck wirkte auf die Membrane und damit auf ein Hebelsystem, daß eine Luftdüse öffnete oder verschloß. Ein geringer Überdruck, der die Atmung bequemer machte, konnte am Ventil nach Belieben eingestellt werden. Die Stahlflasche fasste 3 Liter unter einem Druck von 150 bar, das gesamte Gerät wog etwa 7 Kilogramm. Der Luftvorrat genügte für einen Aufenthalt von 20 Minuten in einer Tiefe von 7 oder 8 Metern und für eine Viertelstunde in 12 Metern Tiefe. Zwei Manometer ermöglichten die Kontrolle des Flaschen- und des Atemluftdruckes. Die Atemluft strömte ständig vom Ventil zu dem einfachen Mundstück, daß der Taucher zwischen den Zähnen hielt.

Le Prieur schreibt in seiner Autobiographie: „Ich tauchte das erste Mal im Meer vor meiner kleinen Villa ‘Le Prieuré’ in Saint Raphael im Sommer 1925. Mein Tauchgerät erlaubt mir die gleiche Leichtigkeit der Bewegung, wie die der launischen Fische. Ein pflanzlicher Feenreigen, vergrößert durch die optischen Eigenschaften des tiefen Wassers, tanzt vor meinen Augen, und ich bin hingerissen von so viel Schönheit. Völlig befreit von meinem Gewicht mache ich Riesensprünge, Loopings und Kapriolen. Meine Begeisterung ist unbeschreiblich.“

1926 wurde das schlauchlose Tauchgerät Fernez-Le Prieur[152] bei einem Tauchgang im Bad von Tourelles in Paris vorgeführt, und Le Prieur ging und hüpfte 10 Minuten lang unabhängig von einer von oben kommenden Leitung unter Wasser umher. Er schrieb weiter: „Am 6. August 1926 führte ich im Schwimmbad ‘Les Tourelles’ in Paris den Apparat ‘Fernez-Le Prieur’ vor. Das erste praktische verwendbare, autonome Tauchgerät, das den Menschen von jeder Verbindung befreit, ist geboren. Ich habe die Michelin-Flasche mit Gurten auf dem Rücken befestigt. Der handgesteuerte Druckregler reduziert den Flaschendruck auf den Umgebungsdruck im Wasser. Eine Nasenklammer und Augengläser vervollständigen die Ausrüstung, Ich kann mich im Wasser ohne Einschränkung leicht wie ein Fisch vorwärtsbewegen.“[153]

Aber trotz seiner Vorteile plante Le Prieur weitere Verbesserungen: „Ich wünschte mir vor den Augen, der Nase und dem Mund einen gewissen Luftraum. 1933 baute ich mir deshalb eine Maske mit Glasscheibe, die mich voll befriedigte. Auf der linken Seite der Maske belüf-

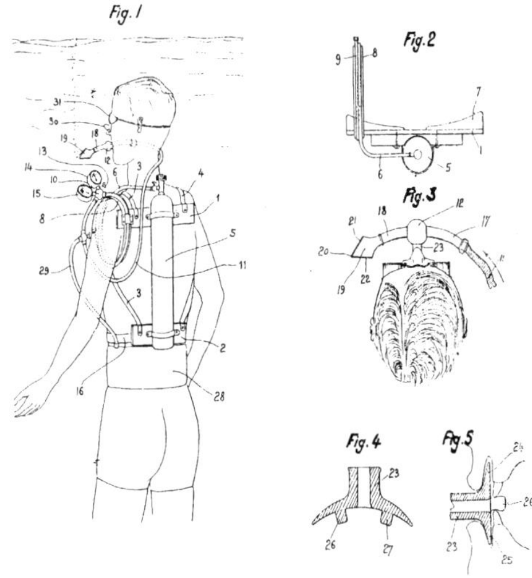

Yves le Prieur (links auf dem Foto) verbesserte das Fernez-Gerät dadurch, dass er eine Druckluftflasche anbrachte, und es dadurch autonom machte. Es war aber immer noch ein Spülgerät (Free-flow-Gerät) mit ununterbrochenem Luftstrom. Rechts die Konstruktionszeichnungen aus Prieurs französischem Patent 633.421 von 1926. (Foto: Le Prieur, Yves: Premier de plongée. Paris, 1956.)

tete die ankommende Luft permanent das Innere, und man atmete genauso wie an der freien Luft. Die überschüssige Luft entwich durch den Rand zwischen Gesicht und Maske ins Wasser." Diese ersetzte die schmerzhafte Taucherbrille, die unbequeme Nasenklammer und das lästige Mundstück. Die Luft strömte gleichmäßig in die Maske hinein und entwich an den Seiten. Die Flasche wurde vom Rükken auf die Brust verlagert, wo sie mit einem Fallschirmgurt um Hals und Bauch gehalten wurde.

Besonders interessant ist die Funktion des von ihm verwandten Atemreglers. Der Taucher erhielt auch bei diesem Spülgerät die Luft durch einen Druckschlauch, der von einem kleinen Druckminderer[154] kam, welcher den Flaschendruck reduzierte. Er nutzte das Prinzip mit einer einseitig dem Umgebungsdruck ausgesetzten Membrane wie auch schon andere vor ihm. Eine kleine Membrane wirkte auf ein Hebelsystem und öffnete entsprechend der Tiefe eine Luftdüse verschieden weit. Das Grundprinzip war richtig, allerdings entstand dadurch, daß Le Prieur kein spezielles Ausatemventil vorsah, ein Problem.

Selbst wenn der Taucher aufrecht stand reichte der Druck - anders als bei dem kleinen Mundstück von 1926 - bei der Vollgesichtsmaske nun nicht mehr aus, um die mit starken Gummibändern um den Kopf befestigte Maske anzuheben und einen kontinuierlichen Luftstrom zu ermöglichen. Damit die Luft ununterbrochen und lageunabhängig in die Maske einströmen konnte, mußte der Taucher

Yves Le Prieur, 1933, mit seinem leichten, autonomen Tauchgerät und Vollgesichtsmaske. Deutlich erkennt man die ununterbrochen ausströmende Luft. Le Prieur trug Ledersandalen und bewegte sich auf dem Meeresgrund in einer leicht nach vorne gebeugten Haltung. Es konnte zwar noch nicht dreidimensional vollkommen frei agieren, war aber trotzdem schon sehr mobil. (Foto oben: Le Prieur, Yves: Premier de plongée. Paris, 1956. Reprint 1991. Foto unten: Stelzner, Hermann: Tauchertechnik. Lübeck, 1943)

durch eine kleine Verstellschraube, die auf die Vorspannung der Membrane wirkte, von Hand den Luftstrom verstärken. Der Druckregler mußte nämlich den Überdruck erzeugen, um das Eindringen von Wasser in die Maske zu verhindern, sie vom Außendruck zu entlasten, ein reibungsloses Einatmen durch Mund und Nase und vor allem das Ausatmen durch den Maskenrand zu ermöglichen. Der Regler hatte auch wegen der geringen Oberfläche der Membrane diesen spezifischen Nachteil, daß der Taucher laufend die Luftabgabe nachregulieren mußte. Durch diesen ständigen Überdruck ging ein großer Teil der kostbaren Luftreserve ungenutzt verloren. Das dauernde Nachregulieren war auch der Hauptgrund, warum die Druckluftflasche vom Rücken auf den Bauch verlagert wurde, da so der Taucher einen besseren Zugriff zum Regler bekam.

Ein Manometer unterrichtete den Taucher ständig über den Druckluftvorrat in seiner Flasche, ein zweiter über den Niederdruck der Atemluft. Wegen der großen Verluste wurde der Flascheninhalt von 3 auf 6,5 Liter mehr als verdoppelt; auch konnte sie inzwischen mit bis zu 180 bar gefüllt werden. Mit der Vollgesichtsmaske von 1933 und der größeren Druckluftflasche konnte Le Prieur 20 Minuten auf 12 Meter Tiefe bleiben. Aus Sicherheitsgründen beschränkte er später den Inhalt der Druckluftflasche auf etwa 1.000 barLiter. Das ergab Tauchzeiten von 30 Minuten dicht unter der Oberfläche, 20 Minuten in 7 Meter Tiefe und 10 Minuten in 12 Meter Tiefe. Von dem Aufsuchen größerer Tiefen wurde abgeraten, in seinem Buch empfiehlt Le Prieur, nicht tiefer als 12 Meter hinabzusteigen. Die aktuelle Tiefe konnte recht genau von dem Niederdruck-Manometer abgelesen werden, wenn er feinjustiert war. Zeigte er beispielsweise einen Niederdruck von 2 bar an, war man auf weniger als 20 Meter Tiefe.

Die Vollgesichtsmaske ließ es zu, anstelle der Druckluftflasche auch einen längeren Schlauch direkt an die Maske anzuschließen, so daß der Taucher von der Oberfläche her entweder durch einen Kompressor oder einer Druckluftflasche mit Luft versorgt werden konnte. Die große Maske wirkte dabei wie ein Druckregler, da sich in ihr immer Luft mit einem ähnlichen Druck wie in der Umgebung befand. Überschüssige Luft entwich an den Rändern.

Ab 1933 begann Le Prieur damit, seine neue und verbesserte Erfindung - die nun in der neuen Form mit der Vollgesichtsmaske nur noch „Le-Prieur-Gerät" hieß - zu propagieren. Er führte das Tauchgerät der Presse und den Touristen der Riviera sowie in Paris, St. Malo, Rouen, Toulon und Genf vor und erregte überall Aufsehen und Interesse. Im Juni 1934 führte Le Prieur das Gerät im Schwimmbad von Trocadero bei einem Tauchgang in 6 Meter Tiefe vor.

Von 1935 an begann an der Küste der Provence ein neues Kapitel menschlicher Tätigkeit, denn im Sommer des Jahres schlug in St. Raphael, wo Le Prieur inzwischen häufiger auch Anfänger im Tauchen unterrichtete, die Geburtsstunde des Unterwassertourismus, der Tauchschulen und des Tauchsports. Jean Painlevé, der mehrere Dokumentarfilme über die Bewohner seiner Aquarien aufgenommen hat,[155] benutzte 1933 das Le Prieur-Tauchgerät für die Unterwasserszenen seines Filmes *L'Hippocampe* (Das Seepferdchen), den er in einer Tiefe von rund 10 Metern in der Bucht von Arcachon drehte. Le Prieur und Painlevé wurden gute Freunde und beschlossen bald darauf, ihre Leidenschaft auch mit anderen Interessierten zu teilen: „Im Juli 1935 gründeten Jean Painlevé und ich den „Club der Taucher und des Lebens unter Wasser" (le Club des Scaphandres et de la Vie sous l'Eau), der bald der „Club der Unterwassermenschen" (Le Club des sous-l'eau) genannt wurde. Wir wollten die Unterwasserforschung sowohl sportlich als auch touristisch allgemein verständlich bekanntmachen".

Le Prieurs Erfindung war noch kein Schwimmtauchgerät, denn er bewegte sich mit Ledersandalen in leicht gebückter Haltung gehend auf dem Meeresgrund.[156] Man täuscht sich aber gewaltig bei der Einschätzung der Geschwindigkeit und Mobilität der nur mit Sandalen ausgerüsteten Taucher unter Wasser. Wie der Film *Les Sous-l'Eau*, den Painlevé 1935 drehte, zeigt, war der Taucher mit der Ausrüstung von Le Prieur bereits sehr gewandt und leichtfüßig. Er schwamm vorwiegend mit Brustarmzug und -beinschlag über dem Meeresgrund, ruhte sich dann wieder etwas aus und schwamm dann ein weiteres Stück - genau wie ein Frosch.

Angeregt durch Vorträge Le Prieurs wollten zahlreiche Personen Mitglied im Club werden. Andere schrieben an ihn, um Auskünfte zu erhalten, oder um ihre selbstgebauten Geräte vorzuführen. Mit Hilfe dieser begeisterten Anhänger entwickelte sich der Trend zum Unterwassertourismus weiter; die Anregung dazu gab ja auch schon William Beebe einige Jahre zuvor, und schon bald widmeten sich rund 100 Mitglieder des Clubs der Entdeckerfreude unter Wasser. Die Lawine war ins Rollen gekommen. Es war deutlich geworden, daß der Aufenthalt unter Wasser mit einem autonomen Druckluft-tauchgerät weder unmöglich noch gefährlich ist und es Wunderbares zu eröffnen hat.

Die Ausbildung der Anfänger geschah in dem Club von Le Prieur sehr sorgfältig, und es sind in der Tat keinerlei Tauchunfälle bekannt geworden, die auf Gerätefehler oder unsachgemäßen Umgang zurückzuführen waren. Schon bald nach der Gründung wuchs die Zahl der Clubmitglieder ständig an, und eine Demonstration des neuen Tauchgerätes nach der anderen fand an Badestränden und in Schwimmhallen statt. Der Tag hatte für die Unterwasserenthusiasten nicht genug Stunden, um all die neuen Geheimnisse und Wunder des Meeres kennenzulernen. Die vielen leeren Druckluftflaschen wurden zunächst in Autowerkstätten gefüllt, und später, als das nicht mehr ausreichte, mit dem eigenen Kompressor im Clubhaus am Strand.

Le Prieur bildete in den Jahren nach 1935 Taucher zu Dutzenden aus. In Paris organisierte er Tauchschulungen im Pontoise-Schwimmbad, und sein Tauchgerät wurde ebenso schon bald zum Standardgerät in St. Raphael, der weltweit ersten Tauchschule für autonome Drucklufttauchgeräte. Die vielen Demonstrationen verhalfen dazu, das Le-Prieur-Gerät zu popularisieren, und viele Tauchunternehmen kauften es und ergänzten damit ihr Arsenal.[157] Es wurde damit zu einem direkten Konkurrenten des Dräger-Badetauchretters und der Gegenlunge.

Im Sommer 1937 demonstrierten die Clubmitglieder ihr neues Gerät und ihr Können anläßlich der Weltausstellung in Paris in einem Unterwasserballett, dem „menschlichen Aquarium“ oder „Aquarium Humain“, einem Glastank, im wechselnden Spiel farbiger Scheinwerfer. Zunächst gab es in dem Glastank Demonstrationen von Unterwasser-Schneidbrennern für Bergungsarbeiten. Dann gab es Vorführungen der verschiedenen Tauchausrüstungen, die sich zur Zeit auf dem Markt befanden: Neben einigen Apnoetauchern war es die Taucherglocke, das oberflächenversorgte Helmtauchergerät, dem Unterseeboot-Retter, der offene Taucherhelm sowie das Le-Prieur-Gerät.

Jeder der 15 Taucher des Clubs war mit einem Le-Prieur-Gerät versehen, hielt einen farbigen Unterwasserscheinwerfer in der Hand und bewegte sich zum Rhythmus der Musik, die bis auf den Boden des Glastanks zu hören war. Unterwasserwettrennen, Rettungsübungen und akrobatische Einlagen waren Bestandteile der Show, die die Menschenmenge auf der anderen Seite der Glasscheibe fassungslos bestaunte. Das kleine, gerade erst 5 Jahre alte Mädchen Micheline Merle, für die die Le-Prieur-Ausrüstung noch zu schwer war, wurde nur mit der Vollgesichtsmaske alleine ausgestattet und hing mit ihrem Druckschlauch gemeinsam mit einem anderen, männlichen Taucher an dessen Atemregler - also an einem „Zweitautomaten". Es war erstaunlich, das kleine Mädchen führte die anmutigsten Bewegungen im Unterwasserballett und alle Tauchübungen ohne Angst oder Beschwerden aus. Sie war durch eine Sicherheitsleine mit ihrer leiblichen Mutter an der Oberfläche verbunden.

Weitere Darbietungen in dem Wasserbecken waren Fahrten auf dem Boden des Glastanks mit dem Le-Prieur-Gerät auf einem Fahrrad, dessen Reifen statt aus Gummi aus Blei bestanden. Drei Männer spielten Skat und erfrischten sich dabei - scheinbar - durch ein Glas sprudelndes Mineralwasser. Als Le Prieur schließlich noch mit seinem infernalischen Unterwassergewehr *Le Nautilus*, dessen Rückstoß ihn regelmäßig ein Stück nach hinten warf, ein Scheibenschießen veranstaltete, kannte die Begeisterung der Zuschauer kein Halten mehr und großer Beifall erscholl durch die Halle.

Wie die Ironie des Schicksals es so wollte, bummelte in diesen Tagen, ohne etwas von den aufsehenerregenden Tauchvorführungen zu wissen, auch ein gerade 18jähriger Österreicher durch die Hallen der Pariser Weltausstellung - Hans Hass. Er war auf dem Weg von Wien nach Südfrankreich, wo er Guy Gilpatric treffen sollte, dessen Leidenschaft, die Unterwasserjagd, Ausgangspunkt für Hass' Pioniertaten sein sollte. Die Wege von Le Prieur und Hans Hass sollten sich erst zwei Jahrzehnte später kreuzen. Hätte Hass 1937 auf der Weltausstellung nicht nur de Corlieus Schwimmflossen sondern auch die Unterwasserdarbietungen und das Le-Prieur-Tauchgerät gesehen, wäre vielleicht einiges in seinem späteren Leben anders verlaufen!

Das neue Gerät wurde aber nicht nur als Freizeitgerät für Amateurtaucher sondern auch für ernsthafte Arbeiten eingesetzt: Am 25. Februar 1935 übernahm die französische Kriegsmarine sowie die französische Handelsmarine das Gerät. Bei einer großen Gala am 16. Mai 1936 führte Le Prieur persönlich dem französischen Marineminister und der versammelten Presse die Vorzüge seines Tauchgerätes vor. Kurze Zeit später, im Jahre 1936, untersuchte der französische Archäologe Jean-Jacques Pittard mit Hilfe des „appareil de plongée autonome Le Prieur" das Pfahlfeld von La Vorze am Genfersee. Er markierte damals über 400 Pfähle mit Bojen und ließ sie von der Luft aus fotografieren.[158]

Weitere Erfindungen von Le Prieur komplettierten nach und nach die Tauchausrüstung: Die ersten Unterwassergewehre mit Gummizug, mit Druckluft und sogar mit Pulver gehen auf ihn zurück. Sein Unterwassergewehr *Le Nautilus* jagte eine Stahlharpune blitzschnell fast 10 Meter weit. Er baute ebenso die erste Vollgesichtsmaske mit Schnorchel (1933) sowie den ersten Schaumgummianzug, der mit warmem Wasser gefüllt wurde und dadurch den Taucher von der Außentemperatur einigermaßen isolierte (1935). Ein Anzug dieser Art konnte von der Oberfläche aus durch einen Schlauch ständig mit Warmwasser versorgt werden, welches in einem eigenen Butangas-Wasserkessel auf etwa 39°C vortemperiert wurde.[159] Die Pariser Feuerwehr benutzte ihn ab 1939 für Einsätze in kalten Flüssen. Motor- und Tretkompressoren, wasserdichte Lampen, Gehäuse für Foto- und Filmkameras, Blitzgeräte und vieles andere mehr - also alles, was der moderne Tauchsport im Laufe der Zeit verlangte, brachte Le Prieur heraus. Der Zweite Weltkrieg lenkte dann seine Tätigkeit wieder auf andere Gebiete, und er begann sich mit Wasserbomben, Panzerabwehr und ähnlichem zu beschäftigen.

Le Prieur erzählte später einmal von sich selbst, daß er, angeregt und inspiriert durch Jules Vernes wunderbare Schilderungen der Unterwasserwelt, zu der Fülle seiner Ideen und deren Verwirklichung kam. Er war in den 30er Jahren neben Guy Gilpatric der Übervater aller Unterwasserjäger und angehenden Amateurtaucher an der Cote d'Azur. Seine Sommerresidenz in St. Raphael war voller fertiger oder halbfertiger Erfindungen und wurde zur Zentrale und zum Treffpunkt aller Unterwasserenthusiasten der Region. Selbst dieses Haus hatte er ganz auf seinen Bedarf umgebaut: Die Villa baute er so dicht ans Wasser, daß die Taucher mit kompletter Tauchausrüstung nach dem Tauchgang mit ihrem Boot direkt am Küchenfenster anlegen, sich dort stärken, die Druckluftflasche durch wenige Handgriffe selbst wechseln und so ohne großen Zeitverlust gleich wieder aufs Meer hinausfahren konnten. Sie brauchten das Boot garnicht zu verlassen.

Der Apparat von Le Prieur bestach durch seine Einfachheit, war aber noch nicht perfekt: Neben dem Vorteil, den die autonome Druckluftversorgung zwar bot war es sehr lästig, daß der Flaschendruck manuell an die jeweilige Tiefe nachreguliert und feinabgestimmt werden mußte. Die Membrane des Reglers war nicht groß genug und deshalb zu unempfindlich für kurzfristige Druckschwankungen. Die größte Schwachstelle des Apparates war aber, daß durch den ständigen Luftstrom bis zu 25% des Atemluftvorrates während der Atempausen verloren ging und er nicht nur unpraktikabel sondern dadurch auch ineffizient wurde.

Le Prieurs Aussage, die Luftvergeudung könnte man durch ständiges, genaues Regeln an der Einstellschraube reduzieren, kann nicht darüber hinwegtäuschen, daß ein solches autonomes Drucklufttauchgerät mit kontinuierlichem Luftstrom grundsätzlich eine wesentlich geringere Effizienz aufweist als eines, das mit einem bedarfsgesteuerten Atemregler versehen ist und dadurch weniger Verluste hat. Die Nutzdauer des Gerätes war also verhältnismäßig kurz, allerdings dachte Le Prieur als mögliches Einsatzgebiet nicht in erster Linie an schwere Unterwasserarbeiten, sondern eher an die Freizeit, für die Unterwasserjagd, zum Unterwasserfilmen und -fotografieren oder an einfache Forschungs- und Bergungsarbeiten.

Durch die hohen Atemluftverluste war natürlich auch die Einsatztiefe des Gerätes auf maximal 12 Meter limitiert, aus welcher heraus man noch ohne Dekompressionspausen aufsteigen konnte. Das Gerät von Le Prieur zeichnete sich vor allem durch die Bequemlichkeit der Vollgesichtsmaske und der, im Vergleich zu den zu dieser Zeit am häufigsten verwendeten oberflächenversorgten Helmtauchergeräten, leichten Bauweise aus, welches es durchaus für Nicht-Berufstaucher zum Erforschen der Unterwasserwelt geeignet werden ließ.

Le Prieur hat auch das besondere Verdienst, daß er die französische Bevölkerung für das Tauchen interessiert und damit wertvolle Pionierarbeit für das Tauchen als Volkssport geleistet hat. Während Hans Hass zunächst eher an die Wissenschaft als künftige Anwendung für das Schwimmtauchen dachte, kann man in Le Prieur den Stammvater des modernen Sporttauchens mit unabhängigem Druckluftgerät sehen. Der unermüdliche Erfinder konnte den weltweiten Siegeszug seiner Idee vom „Unterwassertourismus für Jedermann“ noch miterleben und starb erst im Juni 1963 im Alter von 78 Jahre am Ende eines bewegten und erfolgreichen Lebens in seinem letzten Wohnort Nizza friedlich in seinem Bett. Ihm zu Ehren hat die französische Marine ein Hafenbecken von Toulon nach ihm benannt und am „Bassin Commandant Le Prieur“ einen großen Gedenkstein aufgestellt.

In den 20er und zu Beginn der 30er Jahre ging also die Entwicklung des autonomen Drucklufttauchgerätes in die richtige Richtung, aber die Situation war unbefriedigend: Le Prieur hatte Dank verbesserter Druckgastechnik endlich einen brauchbaren Druckluftvorrat, aber einen sehr unzulänglichen Atemregler, der einen ständigen Luftstrom erzeugte und von Hand nachgeregelt werden mußte. Es fehlte jetzt nur noch ein kleiner Schritt, um das autonome Drucklufttauchgerät zu optimieren: Er bestand darin, daß der Druckluftvorrat mit einem bedarfsgesteuerten Atemregler kombiniert werden mußte - dadurch wurden die Verluste in den Atempausen vermieden und die manuelle Regelung des Atemluftdruckes entfiel.

Bereits 1937 wurde das Gerät Le Prieurs von einem anderen Franzosen, und zwar von Georges Commeinhes, vervollkommnet. Der auch heute immer noch weithin unbekannte Erfinder ist deshalb vielerorts noch unbekannt, weil er schon kurz nach dem erfolgreichen Einsatz seiner Erfindung im Zweiten Weltkrieg getötet wurde. Der französische Historiker Daniel David hat sich mehrere Jahre lang um die Erforschung des Lebens von Georges Commeinhes bemüht, und interessante Details herausgefunden.[160]

Georges Commeinhes (1911-1944) war ein junger, begeisterter Unterwasserjäger, dessen Vater eine bekannte und gutgehende Firma für Bergwerks- und Feuerwehrgeräte besaß, die auch Druckluft-Atemgeräte zu Rettungszwecken herstellte. Bereits am 9. September 1935 hatte der Vater, Rene Commeinhes, ein Druckluftgerät[161] patentieren lassen, das ursprünglich für den Einsatz in nichtatembarer Atmosphäre wie in Minen oder bei Feuer und Rauch gedacht war. Es diente ab 1937 Georges als Grundlage für ein autonomes Tauchgerät zum amphibischen Einsatz. Sein Vater, der in erster Linie an eine Nutzung der Geräte über der Wasseroberfläche dachte, schaute mehr als skeptisch auf seinen Sohn, der mit Hilfe des Druckluftgerätes seine Unterwasseraufenthalte verlängern wollte. Georges Commeinhes sollte aber durch sein Engagement tatsächlich das erste, voll automatische Druckluftgerät bauen. Es wurde bereits im Juni 1937 vom französischen Kriegsministerium getestet und amtlich zugelassen.

Nach Kriegsausbruch diente Commeinheis 1939 zunächst in der französischen Armee im 507ten Panzerregiment unter Colonel De Gaulle. Nach der französischen Kapitulation kehrte er in die Fabrik seines Vaters nach Saint Maur bei Paris zurück und entwickelte sein autonomes Tauchgerät von 1937 weiter. Schließlich patentierte er eine sehr prak-

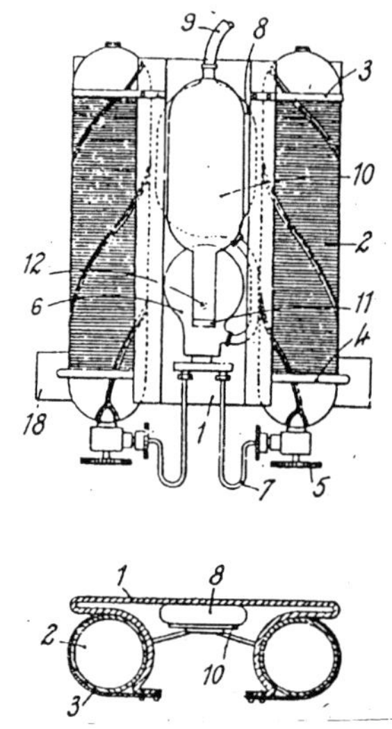

Bei der Konstruktion von Commeinhes handelte es sich um ein Zweiflaschengerät.Die Zeichnung zeigt das französische Originalpatent 794.660 vom 9. September1935 .

ikable Nachfolgeversion am 29. April 1942 und wandte sie auch sehr erfolgreich an.[162] Das Gerät bestand aus zwei oder drei mit Gurten auf dem Rücken befestigten Druckluft-Stahlflaschen, die ein unten angebrachtes Ventil hatten, das vom Taucher selbst geöffnet oder geschlossen werden konnte. Er hatte die Möglichkeit, je nach Ventilstellung, nur aus einer oder auch aus beiden oder allen drei Flaschen gleichzeitig atmen.

Die Druckluft der Flaschen wurde zusammengeführt und durch ein Kupferrohr zu einem Atemregler mit einer gefalteten Metallmembrane geleitet. Der Atemregler, der nur bei Bedarf Atemluft lieferte, wurde auf Höhe der Schulterblätter montiert und durch eine Abdeckung geschützt. Er minderte den Flaschendruck von etwa 180 bar auf Umgebungsdruck und besaß auch eine Druckanzeige. Vom Regler aus wurde die Atemluft durch einen Faltenschlauch nach dem Vorbild Le Prieur's in eine Vollgesichtsmaske aus Kautschuk geleitet, die das ganze Gesicht bis zum Kinn abdeckte. Die Ausatemluft wurde aber anders als bei Le Prieur, bei dem sie durch den Spalt zwischen Maske und Gesicht entwich, durch ein spezielles Ventil an der Maske geleitet, das auf derselben Höhe wie die Membrane des Atemreglers lag. Ein besonderes Detail an dem Gerät war die Möglichkeit, daß leere gegen volle Druckluftflaschen gewechselt werden konnten, während es in Gebrauch war.

Commeinhes war sich bereits darüber bewußt, wie entscheidend wichtig die Position der Membrane auf dem Rücken des Tauchers ist. Auf Höhe der Membrane geschieht ja die genaue Angleichung des Atemluftdruckes an den Umgebungsdruck. Durch allzugroße Höhenunterschiede zwischen der Position der Membrane und der Lunge des Tauchers entstehen Druckdifferenzen, die zu Funktionsstörungen führen können. Je nach Lage des Tauchers bläst der Atemregler dann ununterbrochen Luft ab oder kann das Einatmen erschweren. Beim Abtauchen oder Waagerechtschwimmen mit Schwimmflossen erkennt man, wie wichtig dieser Punkt ist.

Wie Commeinhes in seiner Patentschrift schreibt, handelte es sich „um ein Atemgerät, das nach Bedarf automatisch arbeitet und in flüssiger Umgebung unter beliebigem Druck eingesetzt werden kann. Es ermöglicht das Arbeiten unter Wasser, gewährt vollkommene Bewegungsfreiheit und ersetzt vorteilhaft die herkömmlichen Helmtauchergeräte. Ein wesentliches Bestandteil der Erfindung ist der Atemregler, der mit einer Membran ausgestattet ist, auf die einerseits der Druck in der Kammer, andererseits der äußere Umgebungsdruck einwirkt. Diese Membran verursacht die Öffnung des Lufteinlasses, wenn die Druckdifferenz im Regler einen bestimmten Wert beträgt. Deshalb ist der Druckregler in Höhe des Nackens des Trägers plaziert, damit die flexible Membran und die Maske sowie die Ausatemöffnung der verbrauchten Luft genau demselben Außendruck unterworfen sind.“[163]

Das Tauchgerät von George Commeinhes in seiner Version von 1942 hatte also einen bedarfsgesteuerten Atemregler und die Druckluftflaschen sowie die Vollgesichtsmaske nach Yves Le Prieur und weist alle technischen Merkmale unserer heutigen, autonomen Tauchgeräte auf. Die Luftversorgung geschieht nur nach Bedarf, um jegliche Verschwendung zu vermeiden. Mit der 3-Flaschen-Version seines Druckluftapparates konnte er bis zu 40 Minuten auf 10 Meter oder 25 Minuten auf 20 Meter Tiefe arbeiten.[164] Am 30. Juli 1943 stellte Georges Commeinhes vor vielen Zeugen einen ersten Tiefenrekord auf, als er auf der Aussenreede von Marseille zwischen La Madrague und L'Estaque 53 Meter tief tauchte. Für den Abstieg brauchte er etwa 18

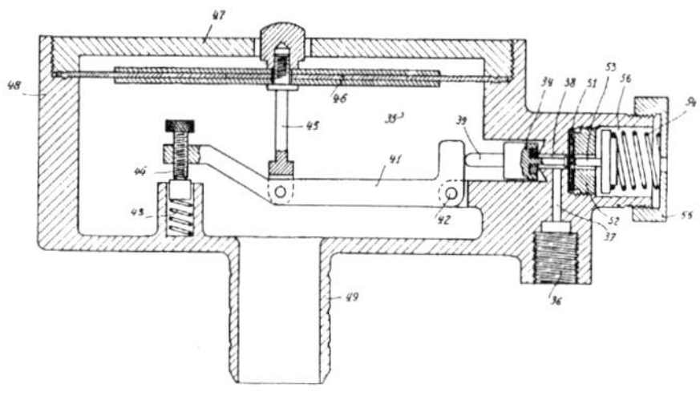

Der von Georges Commeinhes im Februar 1944 patentierte Atemreglermechanismus (Frankreich 989.153)

Minuten, für den Aufstieg nur 2 Minuten.

Am 7. Februar 1944 beantragte Commeinhes ein neues - und gleichzeitig sein letztes-Patent[165] für einen „verbesserten Apparat mit automatischer Druckangleichung für Druckluft, der den Druck in der ersten Stufe des Gerätes auf einem bestimmten Wert hält, obwohl der Druck in dem Reservoire niedriger wird.“ Commeinhes war leider kein langes Leben oder eine kommerzielle Nutzung seines Gerätes vergönnt. Nach dem Invasionstag am 6. Juni 1944 meldete er sich zur Leclerc-Armee, die die Alliierten unterstützte und mit ihnen gemeinsam gegen die deutsche Wehrmacht kämpfte. Leclerc wollte auf dem Weg über Strasbourg bis nach Berchtesgaden vorstoßen, wo Adolf Hitler seine Alpenfestung hatte. Der Schlacht um Strasbourg kam dabei ein besonderer Stellenwert zu, da die französische Flagge auf dem Strasbourger Münster eine wichtige Signalwirkung auf das französische Volk haben und ihre Bereitschaft, das Deutsche Reich niederzukämpfen, stärken sollte.

Georges Commeinhes kam zu der 2. gepanzerten Division (2. D.B.) und war dort Unteroffizier im 501sten Regiment, wo er einen Sherman-Panzer kommandierte. Alain de Sancy, ein Soldat der Panzerbesatzung, lebt noch heute und half Daniel David dabei, das Leben und den Tod des oft übersehenen Pioniers zu rekonstruieren. Commeinhes muß ein sehr tapferer Soldat gewesen sein, denn er erhielt viel Lob von seinen Vorgesetzten. Als Leclercs Armee am 23. November 1944 Fort Kleber bei Strasbourg angriff, wurde Commeinhes durch die Kugel eines Heckenschützen an seinem Kopf schwer verletzt und sollte in das amerikanische Feldlazarett von Bayon nahe Metz transportiert werden. Er verstarb aber noch auf dem Transport und wurde zunächst in Bayon begraben, bevor er seine letzte Ruhestätte auf dem Militärfriedhof von Saint Maur fand.

Vieles zu der Entwicklungsgeschichte des Gerätes zwischen den Jahren 1937 und 1944 sowie seinen Einsätzen ist noch unbekannt und wurde von Commeinhes wohl mit in sein Grab genommen. Er hat nie etwas darüber publiziert, und es gibt auch kein Foto, das ihn mit dem Tauchgerät zeigt. Seine Tauchgänge führte er meistens bei der Familenvilla bei Houlgate in der Normandie alleine durch. Die französische Firma Commeinhes seines Vaters, die bis vor wenigen Jahren existierte, erinnert sich nicht einmal mehr an die erfolgreichen Tauchabstiege ihres Pioniers, sondern nur noch an seine sowie seines Vaters Tätigkeiten in Bezug auf

Atemschutzgeräte. In dieser Beziehung ist noch einiges an Forschungsarbeit zu leisten, um diesen wichtigen Abschnitt der Tauchgeschichte näher zu beleuchten. Commeinhes kommt der Verdienst zu, den technologischen Fortschritt des 20. Jahrhunderts in der Druckgastechnik mit der Erfindung des bedarfsgesteuerten Atemregler aus dem 19. Jahrhunderts zusammengeführt zu haben, während Le Prieur in Bezug auf den Atemregler noch rückständig war.

In Saint Mandrier, dem Ausbildungszentrum der französischen Marine bei Toulon Naval, werden noch heute einige der alten Commeinhes-Tauchgeräte aufbewahrt. Es hatte die Bezeichnung G.C. 42 und später G.C. 47 und ging wegen seines großen Potentials auch in industrielle Produktion. Es wurde aber nur wenige Jahre gebaut, da 1943, fast zeitgleich mit dem Rekordtauchgang von Georges Commeinhes, ein anderer Franzose, dessen Popularität bis heute ungebrochen ist, ein ähnliches Gerät baute: Sein Name ist Jacques-Yves Cousteau, und der seines Tauchgerätes „Aqualunge“.

Es scheint so, als sei es eine französische Tradition, zum autonomen Tauchen eher Druckluft als Sauerstoff zu verwenden, denn an der Erfindung und Weiterentwicklung des offenen, autonomen Drucklufttauchgerätes waren im Laufe eines Jahrhunderts - von Pouilliot, 1827, bis Cousteau/Gagnan, 1943 - ausschließlich Franzosen beteiligt. Es verwundert, daß es immer wieder französische Landsmänner, und vor allem Marineoffiziere

Das Tauchgerät von Georges Commeinhes, das ab 1943 hergestellt wurde, war ein voll funktionsfähiges, autonomes Druckluftgerät. Zwischen den beiden Flaschen befand sich unter der Abdeckung der Atemregler. Von dort aus führte ein Faltenbalgschlauch hin zur Vollgesichtsmaske.
(Foto: Robert Sténuit)

waren, die eine große Rolle bei seiner Entwicklung spielten. De Corlieu, Le Prieur, Guillaumet, Rouquayrol und Denayrouze und schließlich Cousteau und Gagnan: All diese Franzosen haben einen wichtigen Anteil daran.

Jacques-Yves Cousteau wurde am 11. Juni 1910 in Saint-André-de-Cubzac bei Bordeaux als Sohn eines Rechtsanwaltes geboren. Nach der Schulausbildung am College Stanislas in Paris besuchte er die Seefahrtsschule und trat 1933 in die französische Kriegsmarine ein. Er wählte die Laufbahn eines Marineoffiziers und erhielt seine Ausbildung in der Marineschule von Brest. In den nächsten Jahren fuhr

Cousteau mit der französischen Marine zur See, unter anderem besuchte er Shanghai und die Küste Indochinas. Im Sommer 1936 begann für Cousteau die Reise in die Welt unter Wasser, denn an einem Sonntagmorgen watete der damalige Flottenkanonier bei Le Mourillon in der Nähe von Toulon in das Mittelmeer. Mit einer einfachen Fernez-Brille vor den Augen schwamm er über wogende Seegraswiesen und Felsblöcke hinweg. Die unbekannte Welt voller glitzernder Fische zwischen grünen und braunen Wäldern von Algen faszinierte ihn maßlos.

Vorausgegangen war diesem für Cousteau wegweisenden Ereignis einige Tage vorher die neue Bekanntschaft mit dem Marineoffizier Philippe Tailliez. Dieser wurde am 16. Juni 1905 in Saint-Malo an der Atlantikküste geboren. Sein Vater, als Marineoffizier weit herumgekommen, hatte dem jungen Philippe viele Geschichten über die bezaubernden Inseln Polynesiens erzählt und über Perlentaucher und Fischer, die unter Wasser mit Speeren bewaffnet ihre Beute jagten. Das alles beflügelte die Phantasie des Jungen, und er begann, die Flüsse und Häfen der Umgebung mit einem schmalen Segelboot zu erkunden. Auch mit dem Schwimmen und Tauchen begann er schon früh: „Mein Traum war es zu tauchen, so wie einst mein Vater auf Tahiti und die Perlentaucher, von denen er mir erzählte“, schrieb Tailliez.[166]

Tailliez ging 1924 zur französischen Marine, wo er die Laufbahn eines Marineoffiziers einschlug, und sich den Ruf eines ausgezeichneten Schwimmers erwarb. Seine erste Begegnung mit Cousteau ereignete sich im Sommer 1936, als Cousteau auf das Schiff von Tailliez versetzt wurde, das in Toulon vor Anker lag. Tailliez nahm Cousteau oft zum Schwimmen mit und zeigte ihm dabei auch das Jagen mit Speer und Maske. Die Welt unter Wasser faszinierte Cousteau auf Anhieb und ließ ihn nie mehr los.

Fast täglich gingen die beiden nun gemeinsam auf Unterwasserjagd oder trafen sich, um Harpunen aller Art sowie primitive Tauchermasken zu konstruieren. Diese stellen sie aus den Resten von Autoschläuchen her, die als Fassung für ein kreisförmiges oder ovales Sehfenster dienten. Cousteau entwarf ein Modell für eine Gummimaske, die für jedes Gesicht paßte. Gleichzeitig stellten sie ihre ersten Flossen aus federnden Sägeblättern selber her, die, eng aneinandergelegt, zwischen zwei verklebte Kautschukplatten eingebettet wurden.

Tailliez schreibt zu der Faszination dieser Zeit: „Wir hatten im Geschwader den Dämon der Unterwasserjagd entfesselt. In den Jahren von 1937 bis 1939 gab es in der Mittelmeerkriegsflotte kein einziges Fahrzeug, auf dem nicht irgendein begeisterter junger Offizier unter heimlicher Beihilfe der Schiffswerkstätten eine wirksame, zum Angriff auf Riesenbarsche bestimmte Schußwaffe angefertigt hätte.“ Diese Freude an der Unterwasserjagd war für die Tauchpioniere der 30er Jahre Ausgangspunkt und Triebfeder für alle weiteren Erfindungen und Ideen.

Die Unterwasserjagd führte Tailliez und Cousteau schon bald zu einer weiteren Bekanntschaft: Sie lernten Frederic („Didi") Dumas kennen. Dumas (1915-1990), Sohn eines wohlhabenden Physikprofessors, war kein Marineoffizier sondern Zivilist und galt an der Cote d'Azur als hervorragender Unterwasserjäger. Tailliez testete im Sommer 1938 gerade an der Küste der Ile des Embiez eine selbstgebaute Tauchermaske, einen aus einem Stück Gartenschlauch angefertigten Schnorchel und unförmige Flossen, als er dabei von Dumas beobachtet wurde. Dieser hatte noch nie einen Schnorchel und Flossen gesehen, dafür aber eine imposante, selbstgebaute Harpune in der Hand. Das wiederum lockte Tailliez an, so daß sich beide kurz darauf in Fachsimpeleien verstrickten. Bald machte auch Cousteau Bekanntschaft von Dumas und die drei wurden unzertrennliche Freunde. Das Trio - später bekannt unter dem Namen „Mousquemers" (Musketiere des Meeres) - war komplett. Die kleine Dreiergemeinschaft wurde zu einer der berühmtesten Tauchergruppen und erlebte zusammen viele Tauchabenteuer.

Schon bald begannen sie sich neben der Unterwasserjagd auch ernsthaft mit grundlegenden tauchphysiologischen Studien zu beschäftigten und tüftelten an immer neuen Verbesserungen ihrer Schnorchelausrüstung. Eines ihrer größten Probleme war das Sehen unter Wasser, denn Masken, die nicht nur beide Augen sondern auch die Nase mit einbezogen, waren damals noch kaum verbreitet. Selbst wenn es in der Geschichte des Tauchens immer wieder heißt, dies und jenes sei schon seit langer Zeit erfunden, bedeutet das doch nicht, daß es für jedermann im Sportgeschäft erhältlich war. Die Pioniere mußten sich für ihr Studium der Fische und Pflanzen auf dem Meeresgrund Maske, Flossen, Harpune und Kamera selbst entwickeln. Cousteau, Dumas und Tailliez erging es dabei nicht anders.

Die ersten Arbeiten der Dreiergruppe galt der Eindämmung des Wärmeverlustes beim Tauchen. Wasser ist ein besserer Wärmeleiter als Luft und entzieht dem Körper in starkem Maß die Wärme. Deshalb entwickelten sie Schaumgummianzüge zum Wärmeschutz und machten anschließend Tarierversuche mit Gewichtsgürteln. All diese Versuche warfen auch ein helles Licht auf die Probleme des autonomen Tauchens, die sie seit langem beschäftigten. Die drei Freunde bewunderten ihre Altmeister Yves Le Prieur, William Beebe und Guy Gilpatric, und eiferten ihnen in jeder Beziehung nach. Cousteau widmete sein erstes Buch zum gleichnamigen Film *Par dix-huit métres de font* (In achtzehn Meter Tiefe) „Yves Le Prieur, Pionier, Lehrer und Freund".

Die drei Freunde wurden 1939 durch den Krieg auseinandergerissen. Cousteau war Artillerieoffizier auf dem Kreuzer *Dupleix*, der den Atlantischen Ozean von Dakar bis zu den Bermudas durchkreuzte, Dumas Maultierführer in den Alpen und Tailliez vor Tunesien an Bord des Zerstörers *Valmy*. Als der Krieg 1940 für

Der Tauchpionier Commandant Jacques-Yves Cousteau.
(Foto: Nowea, Düsseldorf)

Frankreich aufhörte, konnten sich die drei Freunde wieder ganz auf die Taucherei und die weitere Entwicklung ihrer Vorhaben konzentrieren.

In dieser Zeit ergab sich für die Einwohner der Provence unter dem deutschen Besatzungsregime vorallem auch das Problem der ausreichenden Nahrungsbeschaffung. So kamen die jungen Männer dazu, ihre Unterwassergewehre erneut hervorzuholen und auf Unterwasserjagd zu gehen. Sie schlugen ihr Hauptquartier zunächst in Sanary und später in Bandol auf und zogen dort in ein gemeinsames Haus. Ihr Kopf war voller Pläne und sie fieberten vor Unternehmungsdrang. Eine Kamera in wasserdichtem Gehäuse verwendend, begann Tailliez mit seinen beiden Freunden unter Wasser zu filmen. Den Film *Par dix-huit métres de fond*, der Dumas bei der Verfolgung von Zackenbarschen zeigt, führte Cousteau in Paris vor, wo er großen Erfolg hatte. Während Dumas einen leichten Tauchanzug aus Schaumstoff als Schutz gegen allzu großen Wärmeverlust entwarf, schuf Cousteau mit demselben Ziel einen Anzug aus dünnem Gummi und Gummituch, der den ganzen Körper umschloß.

Gleichzeitig beschäftigte er sich in seinen Gedanken mit der Problematik eines zuverlässig funktionierenden, autonomen Tauchgerätes, denn auf Dauer reichte es den Freunden nicht aus, es nur den Perlen- und Schwammtauchern nachzumachen. Wenige Minuten in der Tiefe befriedigten sie nicht, „denn das Meer barg für uns noch Rätsel, die wir bei die sem Blitztauchen nur mit einem flüchtigen Blick erhaschen konnten". Tailliez schreibt weiter: „Es gab ungelöste Rätsel, die uns quälten. Wir hatten lange Schläuche verfertigt, die von Korkschwimmern getragen wurden; und hielten uns an den Algen fest, um unten zu bleiben. Doch von 1 bis 2 Metern unter dem Wasserspiegel an bemühten wir uns vergebens, die Luft einzuatmen, so heftig unsere Lungen auch arbeiteten." Deshalb wechselten sie recht bald vom Apnoetauchen zum Drucklufttauchen.

Die drei Freunde hatten bereits in der Vorkriegszeit einige, leider überwiegend schlechte Erfahrungen mit solchen Geräten gesammelt: Im Sommer 1938 erprobten sie die Tauchaurüstung von Le Prieur mit der Vollgesichtsmaske. Mit ihr erlebten sie ihre ersten großen Augenblicke müßigen Umherschweifens unter Wasser, allerdings erlaubte der ständige Luftverlust nur sehr kurze Tauchgänge, und das laufende Nachregulieren war lästig. Deshalb schlug Cousteau zunächst einen anderen Weg ein wie Le Prieur: Zwar wollte er unabhängig von einer Schlauchverbindung zur Oberfläche bleiben, doch er dachte an die Verwendung reinen Sauerstoffes statt Druckluft. Im Herbst 1938 hatte der Geschützmeister des Kreuzers *Suffren*, auf dem sich Cousteau zu dieser Zeit aufhielt, ein primitives Sauerstoff-Kreislaufgerät für ihn gebaut. Es bestand aus einem mit Sodakalk gefüllten Gasmaskenbehälter - dem Absorber -, einer kleinen Sauerstoffflasche und einem Motorradschlauch als Gegenlunge, den er wie einen Gürtel um die Hüfte trug.

Cousteau tauchte mit diesem provisorischen Gerät bei Carqueiranne bis in eine Tiefe von 14 Meter, als plötzlich Schwindelanfälle und Krämpfe auftraten. Er warf den Gewichtsgürtel ab und konnte sich noch kurz vor einem Ohnmachtsanfall an die Oberfläche retten. Cousteau wußte nicht, daß dies Symptome der Sauerstoffvergiftung waren, sondern gab dem Sodakalk die Schuld, den er für chemisch verunreinigt hielt. Den ganzen Winter verbrachte er auf der *Suffren* damit, ein besseres Kreislaufgerät zu bauen. Er testete es im Sommer 1939 vor Porquerolles. Diesmal erlitt er noch heftigere Vergiftungserscheinungen und konnte sich nur noch mit großer Mühe an die Oberfläche retten. Nachdem beide Versuche mit dem Sauerstoff-Kreislaufgerät fehl geschlagen waren, und der Apparat seinem Erfinder beinahe den Tod gebracht hatte, verlor Cousteau das Interesse an dieser Bauart.

Kaum hatte sich Cousteau von dem letzten Tauchunfall erholt, brach der Zweite Weltkrieg aus. Zunächst gab es keine weiteren Möglichkeiten für das Tauchen, erst 1940 waren die drei Freunde wieder vereint und erprobten dann das einfache Tauchgerät von Maurice Fernez. Es erschien ihnen anfangs noch als recht zuverlässig, hatte aber den gravierenden Nachteil, daß der Taucher wieder an die Oberfläche gefesselt war, wo ein Mann stehen mußte und ihm durch den Atemschlauch Luft zum Mundstück pumpte. Auch mit diesem Gerät kam es schon bald zu gefährlichen Zwischenfällen: Eines Tages riß der Schlauch kurz vor der Pumpe, und die Luftversorgung brach ab. Geistesgegenwärtig konnte Cousteau noch das Absperrventil am Mundstück schließen, bevor in seiner Lunge ein gefährlicher Unterdruck entstehen konnte. Auch Dumas widerfuhr kurze Zeit später das gleiche Schicksal, und so arbeiteten sie bis zum Sommer 1942 an dem Fernez-Gerät, um es zuverlässiger zu machen. Aber das Gerät kettete die drei Freunde an die Oberfläche und beraubte ihnen die ersehnte Bewegungsfreiheit, so daß sich die drei Franzosen auch von diesem unzulänglichen Gerät trennten.

Cousteau schrieb später in seinem Buch *Die schweigende Welt*, daß er sich nicht mehr damit abfinden wollte, gleich eines Helmtauchers „mit gewaltig schweren Stiefeln mühsam nur ein paar Meter

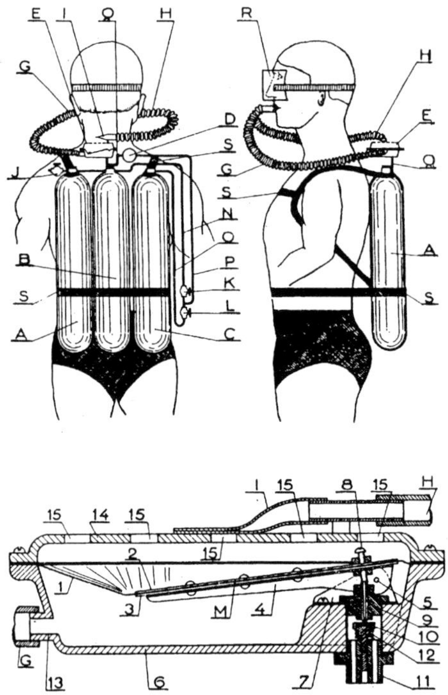

In der Zeichnung zum Patent von Jacques-Yves Cousteau und Emile Gagnan (USA 2.485.039 vom 18. Oktober 1949) wird die Anordnung der Flaschen und die genaue Mechanik des Atemreglers beschrieben.

stapfend, von 'Nabelschnüren' belästigt und den Kopf in einen metallenen Käfig gesperrt, ein wahrer Krüppel in einem unwegsamen Land zu sein.“ Cousteau fuhr deshalb im Dezember 1942 nach Paris, wo er den Ingenieur Emile Gagnan, ein Fachmann für Industrie-Gasausrüstungen, traf, der für den großen internationalen Konzern „Société de l'Air Liquide“ (Flüssiggase) arbeitete. Cousteau schilderte Gagnan seine Probleme, und dieser wies ihn auf ein Gerät hin, das sie lösen sollte. Cousteau schreibt: „Er gab mir einen kleinen, rechteckigen Mechanismus aus Kunststoff, ein kleines Ventil, um Automotoren automatisch mit Gas zu versorgen.“ Es handelte sich dabei um einen verkleinerten und leicht modifizierten Druckregler - ein deutsches Gerät zum Einsparen von Benzin während des Zweiten Weltkrieges, um das Gas von brennender Holzkohle sowie natürliches Gas für den Antrieb von Autos nutzbar zu machen (sogenannte „Holzvergaserautos“).

Im Februar 1943 konnte Cousteau im eiskalten Wasser der Marne bei Paris den ersten Tauchversuch unternehmen. Der Apparat funktionierte leider nicht ganz so wie er sollte, denn es gab Probleme, wenn Cousteau in vertikaler Lage tauchte. Dann blies der Automat stark ab oder lieferte nur wenig Luft. Dieses Problem der unregelmäßigen Luftzufuhr, das durch Druckdifferenzen verursacht wird, konnte später leicht durch Lageangleichung von Ausatemventil und Membran des Druckreglers an die Gleichdruckebene behoben werden.

Im Frühjahr 1943 war ein entsprechender, für den Taucheinsatz vorgesehener Prototyp fertiggestellt worden, den Cousteau im Juni 1943 in Bandol erhielt. Er schreibt: „Ich erhielt ein Paket aus drei Zylindern mittlerer Größe, die mit Druckluft gefüllt waren, einen klassischen Druckminderer und einen Druckregler von der Größe eines Nachtweckers.“ Der Atemregler arbeitete nach dem bekannten Verfahren: Der Druckminderer war die erste Stufe des Systems, die die Druckluft von 150 bar auf einen Druck von etwa 8 bar über dem Umgebungsdruck entspannte. Der Druckregler war die zweite Stufe und entspannte mit Hilfe einer Membran, die über ein einfaches Hebelsystem ein Ventil öffnet, die Atemluft auf Umgebungsdruck. Die Luftzufuhr erfolgte, in genauer Abstimmung auf den in der jeweiligen Tiefe herrschenden Wasserdruck, anders als bei Le Prieur nicht kontinuierlich, sondern nach Bedarf im Atemrhythmus, so daß der Taucher ohne Beschwerden atmen konnte und in den Pausen kein Luftverlust entstand.

Beide Stufen waren in einem gemeinsamen Gehäuse untergebracht. Einer der beiden flexiblen Faltenschläuche des Zweischlauchautomaten führte die Luft zum Mundstück, wo der Taucher sie Einatmete. Die Ausatemluft strömte durch ein Einwegeventil durch den zweiten Faltenschlauch zu einem Entenschnabelventil, das sich unter der Schutzkappe des Druckminderers befand, also in nahezu der gleichen Ebene wie die Membran lag. Der Taucher atmete durch das Mundstück die verbrauchte Luft in die Ausatemkammer unter der Reglerkappe durch das Entenschnabelventil in das Umgebungswasser ab, wo es in Blasen hochperlte. Eine der drei Flaschen hatte eine spezielle Reservevorrichtung, die bei einem geringen Restdruck aktiviert werden mußte. Die Flaschen bestanden aus Duraluminium, einer Legierung aus Aluminium und Magnesium, und hatten je 5 Liter Volumen. Unentbehrliches Zubehör sind natürlich auch hier die Schwimmflossen, Tauchermaske und ein mit mehreren Kilo Blei bestückter Gürtel, der den Auftrieb des Körpers kompensiert.

Bei dem ersten Atemregler von Cousteau handelte es sich also um einen zweistufigen Zweischlauchautomaten. Dadurch, daß inzwischen Flaschendrücke von 200 bar erreicht werden, geschieht die Entspannung auf Umgebungsdruck vorteilhafterweise in zwei statt in einer Stufe. In zweistufigen Atemreglern wird der Flaschendruck von 200 bar zunächst in einer ersten Stufe auf einen Mitteldruck reduziert. Die Kraft, die beim einstufigen Regler auf die Membrane wirkt und durch den Unterdruck entsteht, wird in der ersten Stufe des zweistufigen Reglers durch eine starke Feder erzeugt.[167] Mit dieser Feder kann der Druck der ersten Stufe (Mitteldruckstufe) je nach Automatentyp auf 6 bis 12 bar über dem Umgebungsdruck eingestellt werden. Die Membrane der ersten Stufe ist wesentlich stabiler. Da sich hier größere Kräfte erzeugen lassen, können die Ventilöffnungen auch größer sein. In der direkt dahinterliegenden zweiten Stufe kann ebenfalls mit größeren Querschnitten und kleineren Membrandurchmessern gearbeitet werden, weshalb die Nachteile des einstufigen Reglers entfallen.

Gleich nach der Lieferung erprobte Cousteau das autonome Drucklufttauchgerät, und das Ergebnis übertraf seine kühnsten Erwartungen: „Ich erreichte den Meeresboden in einem Stadium der Verzückung“, schrieb er später. „Früher hatte ich nachts oft die Vision des Fliegens mit meinen ausgestreckten Armen als Flügeln. Seit meinem ersten 'Flug' mit der Aqualunge hatte ich diesen Traum nie wieder. Von nun an würden wir meilenweit durch dieses Land schwimmen, das noch kein Mensch kannte, frei und ausgewogen, und würden mit unserem eigenen Fleisch dasselbe verspüren wie die Fische mit ihrer Schuppenhaut. Ich probierte alle möglichen Manöver mit der Aqualunge aus, zog Schleifen, vollführte Saltos und rollte mich wie eine Tonne um meine eigene Achse. Ich konnte, nur auf einem Finger gestützt, Kopfstehen und brach darüber in ein lautes Lachen aus, ein schrilles, ausgelassenes Lachen. Was immer ich tat, nie änderte sich der automatische Rhythmus der Luftzufuhr. Frei von Schwerkraft und Auftrieb bewegte ich mich im Raum umher."

1943 bestand das Gerät seine ersten Prüfungen. Zusammen mit Emile Gagnan beantragte Cousteau für dieses Gerät am 8. Juli 1943 Patentschutz.[168] Mit dem Prototyp unternahmen die drei Freunde in diesem Jahr fast 500 Tauchgänge. Diese 1943 von Gagnan und Cousteau entwickelte Aqualunge[169] wurde ab 1945 erfolgreich vermarktet und trägt die Bezeichnung CG45.[170] Die Aqualunge erwies sich im Laufe der Jahre als Eintrittskarte zu der Welt unter Wasser, da dieses Druckluftgerät eine größere Sicherheit und Einsatztiefe besaß als das Sauerstoff-Kreislaufgerät. Es wurde das bedeutendste Gerät zur Erforschung der Unterwasserwelt und ist in seinem Grundprinzip bis heute unverändert geblieben. Der 1950 gebaute, einstufige „Mistral"-Atemregler war der Nachfolger des CG45 und verwendete bereits das Prinzip des Injektors, das erstmals 1839 von Augustus Siebe in dessen Helmtauchergeräten eingesetzt wurde.[171]

Um seine Erlebnisse unter Wasser zu dokumentieren, begann Cousteau mit der Unterwasserfotografie und dem Filmen. Noch 1943 drehte er mit seiner Aqualunge und Schwimmflossen den Film *Epaves* (Wracks), in dem sich seine Freunde zwischen zerfallenen Gerippen von versunkenen Schiffen vor den Inseln von Hyeres bewegten, und der die Tauglichkeit des autonomen Drucklufttauchgerätes und des Schwimmtauchens endgültig bewies. War Hans Hass bereits 1942 schwimmtauchend in unterseeische Grotten eingedrungen, so erlebte Cousteau nun die vielen Vorteile dieser Methode bei Wracks. In und auf den Schiffstrümmern, wo der herkömmliche oberflächenversorgte Taucher an der Nabelschnur seines Luftschlauches hängend und seiner Bleischuhe wegen fast immer senkrecht stehend arbeitet, und in der er nur unter Schwierigkeiten und Gefahren eindringen kann, kann der Mensch, jetzt fast unbekleidet, sich nach Belieben bewegen. Das scharfe Blech kann den Luftschlauch des Helmtauchers abschneiden und seinen Anzug zerreißen. Stürzt der Helmtaucher ab, so kann dies für ihn den Tod bedeuten. All dies macht für ihn ein Wrack zu einem besonderen Problem. Der neue, freie Schwimmtaucher dagegen kann jetzt die Meereswelt genießen, über dem Deck schweben, in das Wrack eindringen, die Brücke betreten und die Räume tief im Inneren des Schiffskörpers untersuchen.

Nach den erfolgreichen Abstiegen im Sommer 1943 war die offene Frage nun nur noch: Wo lag die Tiefengrenze des neuen Gerätes? Die drei Freunde führten deshalb in der Folgezeit immer tiefere Tauchgänge durch, um diese Frage zu beantworten. Cousteau schrieb: „Der Tiefenrausch war für uns nach wie vor ein großes Rätsel. Wir fühlten uns herausgefordert, immer tiefer zu gehen." Frederic Dumas erreichte am 17. Oktober 1943, nur 4 Monate nach dem sensationellen Tieftauchgang von Georges Commeinhes, vor der Ile Maire bei Marseille 62 Meter. Später erreichten Dumas und ebenso Cousteau sogar 90 Meter Tiefe. Auf diese empirische und gefahrvolle Weise wurden in Südfrankreich die gleichen Versuche in der Praxis durchgeführt, wie sie in England in den Versuchstanks von Siebe und Gorman und von den deutschen Truppen in dem von ihnen während der Besetzung von Carnac, Bretagne, eingerichteten „Institut für Medizinische Forschungen" unternommen wurden.

Nach den Anregungen von Cousteau und Tailliez gründete die französische Marine 1944 eine „Gruppe für Unterseeforschung" (Groupe des Recherches Sous-Marines GRS),[172] eine wissenschaftliche Abteilung des Generalstabes, und vertraute Tailliez die Leitung an. Cousteau und Dumas blieben von Anfang an mit ihren Arbeiten verbunden. Diese Gruppe beteiligte sich nach Kriegsende aktiv an der Entminung der Mittelmeerküste und bewies auch hier die Überlegenheit des autonomen Schwimmtauchgerätes gegenüber den oberflächenversorgten Helmtauchergeräten. 1945 übernahm die französische Marine die Aqualunge als festen Bestandteil in ihr Arsenal.

Nach Kriegsende bekam Cousteaus Forschergruppe ein eigenes Schiff zur Verfügung gestellt: Es war die *Elie-Monnier*, früher die deutsche *Albatross* und Beutegut aus dem Krieg. Gleichzeitig brachte die serienmäßige Herstellung der Aqualunge erste, finanzielle Erfolge. Die Zusammenarbeit mit Auguste Piccard und seinem Bathyscaph *FNRS 2* sorgte für das Bekanntwerden der Forschergruppe in weiteren Kreisen. 1950 erwarb Cousteau die 43 Meter lange *Calypso*, ein ehemaliges Minensuchboot, das ausrangiert bei Malta lag. Cousteau bekam das Schiff günstig und konnte es zum ozeanografischen Forschungsschiff ausbauen. 1951 wurde er von der Marine beurlaubt und unternahm fortan viele Reisen mit seinem Forschungsschiff, durch die er außerordentlich populär wurde. Durch das Medium Fernsehen erreichte er weltweit ein Millionenpublikum und überholte in seinem Bekanntheitsgrad viele andere Pioniere dieser Zeit. So hat jeder der Tauchpioniere auf seine Weise eine Entwicklung in Gang gesetzt, die das Schwimmtauchen als Breitensport populär machte.

1952/53 barg die Mannschaft der *Calypso* im Mittelmeer aus 40 Meter Tiefe die Reste eines Weinfrachters. 1955 drehte Cousteau den berühmt gewordenen Film *Die schweigende Welt.* Als Korvettenkapitän nahm er 1956 in der französischen Marine seinen Abschied, in der er mehr als 25 Jahre diente. 1957 übernahm Cousteau die Direktion des Ozeanografischen Museums in Monaco (bis 1989), eine Aufgabe, die ihm finanziellen wie auch zeitlichen Freiraum für Forschungsreisen brachte. Durchschnittlich 4 Monate jedes Jahr war er nun auf den Weltmeeren unterwegs und legte in 20 Büchern und rund 70 Filmen und Fernsehserien Zeugnis davon ab. Seine Fernsehserie *Geheimnisse des Meeres* zählte in der Bundesrepublik Deutschland 13 Jahre lang zu den beliebtesten Serien. Seine Fernsehfilme wurden mehrfach ausgezeichnet, unter anderem mit zwei Oscars, der Goldenen Palme von Cannes und dem „Grand Prix du Cinéma français pour la jeunesse". Zu seinen größten Auszeichnungen gehörte 1989 die Aufnahme in die prestigeträchtige *Academie Francaise.*

Er erregte seither immer wieder Aufsehen mit populären und spektakulären Aktionen oder Visionen. Ein Beispiel waren seine Tauchaktionen 1975/76 in der Ägäis auf der Suche nach dem sagenumwobenen Atlantis. Als größte und schwierigste Arbeit seines Lebens bezeichnete er selbst einmal die 18 Monate dauernde Expedition ins Amazonasgebiet, die er 1983/84 gemeinsam mit seinem Sohn Jean-Michel unternahm. Nach seinem Versuchsschiff *Moulin a Vent*, mit dem Cousteau im November 1983 die Überquerung des Atlantiks gewagt hatte, ließ er die 31 Meter lange *Alcyone* bauen, die im April 1985 vom Stapel lief und einen Turbosegel-Windantrieb besaß. 1973 gründete er mit seinen beiden Söhnen Philippe (tötlich verunglückt 1979) und Jean-Michel die Cousteau-Society, mit der auf Basis von Mitgliedsbeiträgen neue Projekte finanziert wurden. Jacques-Yves Cousteau verstarb am 25. Juni 1997 im Alter von 87 Jahren in Paris. Im letzten Jahr seines Lebens widmete er sich dem Ausbau der *Calypso II.* Sein erstes Schiff war Anfang 1996 im Hafen von Singapure nach einem Unfall gesunken.

Jacques-Yves Cousteau und Emile Gagnan nutzte die Tatsache, daß sich nun Dank der Fortschritte der Druckluft- und Werkstofftechnik im 20. Jahrhundert endlich Druckluftgeräte und Kompressoren mit einem höheren Fülldruck bauen liessen. Sie konnten deshalb ein autonomes Drucklufttauchgerät bauen, das genügend Sicherheit und Einsatzfähigkeit besaß. Neben der geringen Druckluftreserve, verursacht durch unzureichende Technologie, war es auch die jahrzehntelang erfolgreich erprobte Einsatzstärke der Helmtauchergeräte, welche einen sinnvollen und effizienten Einsatz dieser Geräte bis zu den zwanziger und dreißiger Jahren unseres Jahrhunderts verhinderte. Hätten Rouquayrol und Denayrouze bereits 1864 hochverdichtete Druckluftbehälter gehabt, wäre ihr autonomes, bedarfsgesteuertes Drucklufttauchgerät wohl nicht verdrängt worden.

Ab etwa 1945, mit Beginn seiner weltweiten Vermarktung, setzte der Siegeszug des modernen Drucklufttauchgerätes mit bedarfsgesteuertem Atemreglers ein, und ihr über 100 Jahre lang schlummerndes Potential wurde endlich ausgeschöpft. Jetzt wurde diese Erfindung wieder aufgegriffen und bildete in Kombination mit effizienten, inzwischen ausreichend hochkomprimierten Druckluftflaschen das Herzstück unserer heutigen Drucklufttauchgeräte, die dem Menschen die erste, wichtige Etappe auf dem Weg in die Tiefe erschlossen.

Der Aufbau des bedarfsgesteuerten Atemreglers von Cousteau/Gagnan folgt früheren Ideen, unterscheidet sich aber in einem wichtigen Detail doch von ihnen: Bei den frühen Geräten wurde die Membranbewegung *direkt* auf ein Ventil übertragen, weshalb damals ein großer Membrandurchmesser von etwa 30 Zentimeter erforderlich war, um das Ventil zu öffnen. Das Gerät von Cousteau/Gagnan dagegen verwendete ein zwischengeschaltetes Hebelsystem, um die geringe Membrankraft in eine starke Kraft zu übersetzen, bei gleichzeitiger Verringerung des Weges. Gagnan kam dadurch zu einer wesentlich kleineren Baugröße als der eher unhandliche Regler von Rouquayrol. Ihr Tauchgerät machte sich aber nicht nur eine ausgeklügelte Mechanik sondern auch die inzwischen erzielten Fortschritte der Drucklufttechnik zunutze: Kompressoren, die fast 200 bar erreichen können, und leichte und widerstandsfähige Flaschen aus Stahl oder Aluminium.

Cousteau popularisierte ab den 50er Jahren das autonome, bedarfsgesteuerte Drucklufttauchgerät und machte es durch industrielle Produktion der sich weltweit immer mehr steigernden Schar von Unterwasserenthusiasten zugänglich. Dabei konnte er auf der Welle der Unterwasserbegeisterung aufsetzen, die von vielen Pionieren wie Yves Le Prieur, Guy Gilpatric und nicht zuletzt auch Hans Hass in Bewegung gesetzt worden war.

Cousteau kann man als derjenige der Tauchpioniere mit dem größten kaufmännischen Spürsinn ansehen, denn er hat zielstrebig einen gewaltigen Erfolg aus seiner Konstruktion gemacht. Er hat sehr früh erkannt, welche enormen Entwicklungs- und Anwendungsmöglichkeiten sich dem autonomen Atemgerät öffnen könnten, denn es ist nicht nur für Wissenschaftler wie etwa Biologen oder Archäologen interessant, sondern für jeden gesunden und einigermaßen sportlichen Menschen. Die Ausweitung der Freizeitbetätigung hat den mit dem Wasser verbundenen Sportarten eine gewaltige Entwicklung beschert. Auch wenn Cousteau an den technischen Entwicklungen nur vergleichsweise geringen Anteil haben mag, hat er doch durch seine Anstöße die bereits vorhandene Erfindung praxisgerecht weiterentwickelt und weltweit vermarktet. Zu Hilfe kam ihm dabei seine berufliche Einbindung in die französische Marine sowie seine familiären Beziehungen zu Air Liquide, die sich mit Druckgasen beschäftigte. La Spirotechnique und U.S. Divers, beides Tochtergesell-

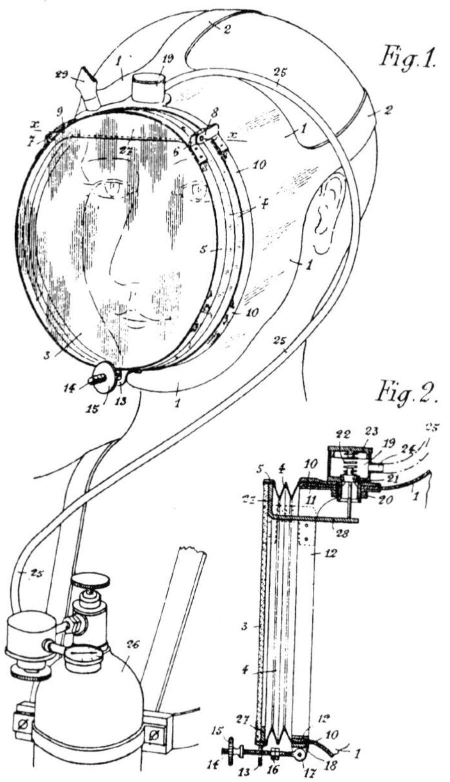

Die überarbeitete Konstruktion der Vollgesichtsmaske von Le Prieur. (Frankreich 922.872)

schaften von Air Liquide, entwickelten ab 1946 seine weiteren Patente und vertrieben die Geräte weltweit.

Es gab nach Kriegsende noch eine ganze Anzahl weiterer Ideen, um mehr oder weniger erfolgreich Verbesserungen an dem autonome Drucklufttauchgerät durchzuführen. Am 10. Januar 1946 ließ beispielsweise Yves Le Prieur ein „Luftspargerät für Tauchmasken" („économiseur de air") patentieren.[173] Es handelt sich dabei in erster Linie um eine wie ein Faltenbalg gestaltete Vollgesichtsmaske, die nicht nur die Funktion des Gesichtsschutzes sondern auch eines Atemreglers übernimmt. Auf ihre kreisrunde, große Scheibe wirkt der Umgebungsdruck ebenso wie auf eine bewegliche Membran.[174] Die Scheibe verschiebt sich durch die abwechselnden Phasen von Unterdruck und Überdruck, die durch das Ein- und Ausatmen des Tauchers verursacht werden. Die Scheibe ist über eine Fassung mit einen ausziehbaren Faltenbalg mit der Maske verbunden und bewegt sich um einige horizontale Scharniere. Ein an ihr befindlicher Stift öffnet bei jedem Einatmen des Tauchers ein Einwegventil und gibt damit die Luftzufuhr frei. Durch eine Vorrichtung kann die Bewegung der Scheibe aber auch vollständig blockiert werden, und es entsteht so ein Atemregler mit kontinuierlichem Luftstrom.

Erwähnenswert ist hier auch der von dem Franzosen Georges Herail im Januar 1953 patentierte „Scaphandre amphibie autonome".[175] 1955 gab es dann eine besonders wichtige Erfindung: Jean-Armand-Louis Bronnec und Raymond-Maurice Gautier entwickelten einen Atemregler mit zwei Stufen, die räumlich voneinander getrennt und durch einen Druckschlauch miteinander verbunden sind.[176] Bereits Rouquayrol hatte 1866 einen zweistufigen Atemregler entwickelt, neu war die Trennung der zwei Stufen von der ersten in verschiedene Gehäuse. So entstand der zweistufige Einschlauchautomat. Der erste Druckminderer ist hierbei direkt an dem Flaschenventil montiert und liefert Luft unter einem Druck, der je nach Voreinstellung 3 bis 12 bar höher liegt als der Umgebungsdruck. Der zweite ist vom klassischen Prinzip mit Membrane und Einwegventil, die beide in das Mundstück integriert sind, so daß sie sich dicht beieinander in einer Ebene befinden, so daß nunmehr auch die Ausatemöffnung dort liegen kann. Die Membrane ist direkt am Mund, bei normaler Schwimmlage also in Lungenhöhe, so daß kaum Differenzdruck entsteht. Diese Dosiereinrichtung, jetzt zweite Stufe oder Lungenautomat genannt, wird vom Unterdruck bei der Einatmung gesteuert und kann nun mit einem viel größeren Querschnitt ausgestattet werden. Sie liefert daher leicht größere Luftmengen und ist einfacher herzustellen.

Der Einschlauchautomaten hat den weiteren Vorteil, daß anstelle von großem Ein- und Ausatemschlauch die Luft nun über einen einzigen, relativ dünnen Druckschlauch mit Niederdruck der zweiten Stufe am Mundstück zugeführt werden kann. Der moderne Zweistufen-Einschlauch-Atemregler hat gegenüber dem einstufigen Regler den Vorteil, daß man mit ihm gleichmäßiger atmen kann. Zweischlauchautomaten sind sehr einfach aufgebaut, hatten aber den Nachteil, daß sich ihre Atemcharakteristik je nach Lage des Tauchers etwas ändert. Schwamm der Taucher beispielsweise auf dem Rücken, konnte es vorkommen, daß der Atemregler durch den Differenzdruck zwischen regelnder Membrane und Lunge des Tauchers einen konstanten Luftstrom abgab. Dieses Problem wurde erst 1955 mit dem Einschlauch-Atemregler vollständig behoben, der eine wesentlich bessere Einatemcharakteristik besitzt. Moderne Einschlauchautomaten haben inzwischen nur noch etwa 25% des Atemwiderstandes wie die alten Atemregler, und das vollkommen lageunabhängig. Er wurde in den Vereinigten Staaten zur Perfektion ge-

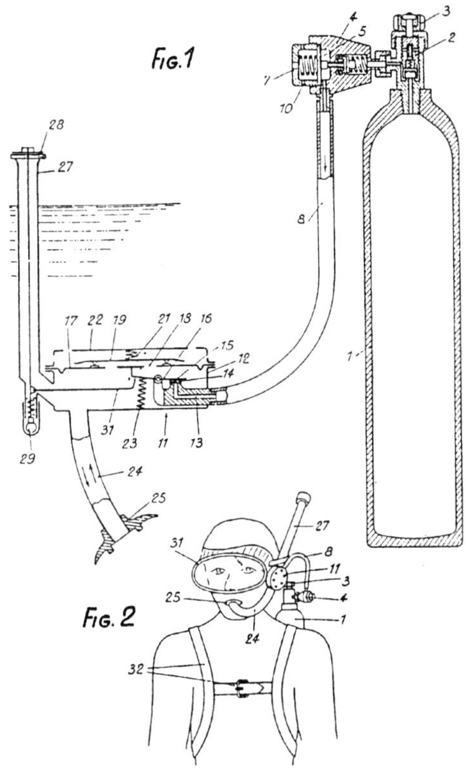

Die Patentzeichnung zum zweistufigen Einschlauchautomaten von Bronnec und Gautier, 1955. Die erste Stufe war fest am Ventil der Flasche montiert, die zweite Stufe wurde am Maskenband befestigt. Von ihr aus ging ein kleiner flexibler Schlauch mit einem Mundstück zum Mund; gleichzeitig war ein schnorchelähnliches Rohr zum Ausatmen vorgesehen. (Frankreich 1.126.597)

bracht (v.a. von Sam Lecocq) und ist wegen seiner Vorteile im Sporttauchen heute als Standardgerät weltweit verbreitet. Dieses Prinzip wurde von der Firma La Spirotechnique erstmals beim Modell Aquilon aufgegriffen und seither vorwiegend verwendet.[177]

Schwimmtauchen als Sport

Nach dem Zweiten Weltkrieg gab es eine ganz Reihe erprobter Tauchgeräte, wie etwa oberflächenversorgte Helmtauchergeräte, Sauerstoff-Kreislaufgeräte oder autonome Druckluftgeräte. Letztere wurden im Laufe der folgenden Jahre immer häufiger bevorzugt. Wegen des größeren Sicherheitsfaktors wurde das Drucklufttauchgerät zum Standardgerät und verdrängte die Sauerstoff-Kreislaufgeräte immer mehr. Heutige Druckluftgeräte sind im Vergleich zum ersten solchen Gerät von Rouquayrol/Denayrouze natürlich stark verbessert, doch das Prinzip ist noch das gleiche wie damals.

Ab etwa 1946 brachte La Spirotechnique, ein Tochterunternehmen von Air Liquide France, die ersten industriell gefertigten Geräte auf den Markt, zunächst jedoch nur in Europa. Es war nun nur noch ein sehr kleiner Schritt, bis sie wegen ihrer Vorzüge und der aufblühenden Unterwassersportindustrie schnelle Verbreitung fanden. Durch die weltweite Kommerzialisierung wurde das autonome Drucklufttauchgerät Millionen Sporttauchern zugänglich und erschloß damit der breiten Öffentlichkeit den Zugang zu einer neuen Welt unter Wasser, die man bis dahin nur aus Beschreibungen und den wenigen Filmen kannte.

Das Kriegsende bedeutete 1945 gleichzeitig auch das Ende der individuellen Periode im Schwimmtauchen. Bisher hatte jeder Taucher so gut er konnte versucht, seine Ausrüstungsgegenstände wie Tauchermaske, Schnorchel und Atemgerät selbst zu bauen. Nun begann die Herstellung dieser Teile in Großserie, und Ende der 50er Jahre war weltweit das Händlernetz so gut organisiert, daß sich fast jeder eine Schwimmtauchausrüstung kaufen konnte. Aus dem Hobby einiger weniger war eine neue Industrie entstanden.

Angeregt durch die Berichte der Tauchpioniere entdeckten nach dem Zweiten Weltkrieg viele Menschen, daß das Schwimmtauchen nicht nur zum Zweck der Forschung oder zu Kriegshandlungen geeignet ist, sondern auch Hobby und Freizeitvergnügen sein kann. In Deutschland, Österreich, Schweiz und England verbreiteten vor allem die Bücher und Filme von Hans Hass die Kunde von der Schönheit der Unterwasserwelt, in Frankreich und Amerika waren es die von Jacques-Yves Cousteau. Im Oktober 1952 veröffentlichte Cousteau im *National Geographic Magazine* unter dem Titel *Fishman Explore a New World Undersea* seine erste, internationale Publikation. *Die Welt der Stille* - das war der Titel seines 1953 erschienenen Buches - machte ihn dann endgültig in der Öffentlichkeit bekannt. Alleine von dem Werk wurden fünf Millionen Exemplare in 20 Sprachen verkauft! Ohne die Weitsicht und dem persönlichen Einsatz der Pioniere hätte sich der Tauchsport wohl nicht binnen solch relativ kurzer Zeit so stark in die Breite entwickelt.

Der kommerzielle Siegeszug des autonomen Drucklufttauchgerätes hatte in den USA seinen Ausgangspunkt. Als 1948 James Dugan den Artikel *Cousteau Menfish* in der Dezemberausgabe in der *Science Illustrated* veröffentlichte, wurde die US-Navy auf das neue Gerät aufmerksam, und bestellte einige Exemplare für Tests. Die erste Aqualunge wurde dort um diesen Zeitraum von Conrad Limbaugh im Scripps Institut of Oceanography getestet. Auch er begriff sofort die Vorteile des Schwimmtauchens für wissenschaftliche Zwecke und verwandte die Geräte für seine Forschungen.[178]

Cousteau brachte 1949 persönlich die ersten Exemplare für den amerikanischen Markt an Bord der *SS Liberté* über den Atlantik nach Westwood. 1950 wurden die ersten Geräte für den amerikanischen Markt von Rene Bussoz in Los Angeles in den Handel gebracht. Er verkaufte im Herbst 1953 sein großes Tauchgeschäft an Air Liquide, die es in „US Divers" umtaufte und unter diesem Namen fortan den gesamten amerikanischen Markt belieferte. In England wurde das Tauchgerät von Siebe und Gorman in Lizenz nachgebaut und kam unter dem Namen „Essjee-Aqualung" („S-G" von Siebe-Gorman) in den Handel.

Auch in Deutschland entstand ein neuer Industriezweig: 1949 gründeten Hans-Joachim Bergann und Kurt Ristau die „Barakuda Gesellschaft für Wassersport" in Hamburg, und bald darauf gab es auch in Deutschland das erste Tauchzubehör im Handel. Die erste Tauchmaske hieß Marke „Schmidt" hatte eine kleine, runde Sichtscheibe. 1950 erschienen dann die ersten Schwimmflossen mit eingetragenem Gebrauchsmusterschutz auf dem deutschen Markt: Das Modell „Barakuda-Original" wurde bei der Phönix-Gummiwaren-AG gefertigt. Ein Jahr später folgten die Barakuda-Tauchermaske Modell „Capri", die erste Maske mit ovaler Sichtscheibe, und ein Schnorchel mit Ballventil. 1953 folgten die von Dräger hergestellten Sauerstoff-Kreislaufgeräte „Tümmler" und „Delphin I", und etwas später das „Modell 138". Die durchschnittliche Tauchtiefe bis zu 10 Meter durfte aus Sicherheitsgründen bei dem „138" nur in Sonderfällen für kurze Zeit überschritten werden.

Das „Delphin II", das Dräger 1954 herausbrachte, war das erste deutsche Drucklufttauchgerät. Es war das preiswerteste dieser Zeit und wurde bald (vergleichbar mit dem „Volkswagen") zum „Volkstauchgerät". Es war ein Pendelatmer mit einer 5-Liter-Flasche und einem einzigen Luftschlauch, der wechselweise zum Ein- und Ausatmen diente. Dadurch mußte der Taucher mit jedem Atemzug einen kleinen Teil, etwa 0,5 Liter, verbrauchter Luft in sich aufnehmen, bevor er frische Luft erhielt. Die Luftreserve des Delphin II arbeitete automatisch. Sie war wegen ihrer Einfachheit sehr sicher. Es folgte bald der verbesserte Atemregler „Preßluftatmer PA 60", wie überhaupt von der Firma Dräger bis heute vieles für den Sporttaucher geschaffen wurde. Auch andere deutsche Firmen, wie etwa Auer und Matter, boten dem Taucher leichte Druckluftgeräte an. Ausländische Firmen verkauften bald ebenfalls über deutsche Vertretungen ihre Tauchgeräte und erweiterten damit das Angebot auf dem deutschen Markt.

Eine andere Version kam ebenfalls auf den Weltmarkt: Die „Narguile“ oder „Hookah“-Version, oft auch „die Wasserpfeife des Tauchers“ genannt. Dabei handelt es sich um ein Fernez-Gerät, daß statt dem einfachen Mundstück mit einem bedarfsgesteuerten Atemregler ausgestattet ist. Von dort aus geht ein dünner Druckschlauch zum Kompressor oder zu Vorratsflaschen an der Oberfläche. Diese einfachen Tauchgeräte werden nur sehr selten von Amateurtauchern eingesetzt. Verbesserte Geräte werden aber inzwischen häufiger von Beruftstauchern im Offshore-Bereich benutzt. Hier nennt man sie „Surface Demand Diving Equipment“ (SDDE). Bei einem 80 Meter langen Schlauch kann in 50 Meter Tiefe eine Grundfläche von 1000 qm abgesucht werden, was normalerweise für den kommerziellen Einsatz ausreichend ist.

Nach dem Zweiten Weltkrieg wuchs mit dem steigendem Angebot an Geräten und Zubehör im gleichen Maß die Schar der Tauchfreunde an, die mit dieser neuen Sportart begannen. Dies war die Geburtsstunde der Tauchclubs, obwohl es schon vereinzelt auch bereits vor dem Krieg Clubs gab. Der weltweit erste Unterwasser-Club wurde bereits 1933 von Jack Prodanovich, Ben Stone und Glen Orr in den USA gegründet und hieß die *Bottom Scratchers.*[179] Orr hatte in der kalifornischen Zeitung *Saturday Evening Post* die spannenden Berichte von Guy Gilpatric verfolgt und tauchte ebenso wie Gilpatric schon seit etwa 1929. Dieses Jahr markiert also nicht nur in Europa sondern auch in den USA den Beginn einer Entwicklung, aus der heraus sich unser modernes Sporttauchen entwickelte. Die *Bottom Scratchers* tauchten bei La Jolla in Kalifornien und beschäftigten sich zunächst wie ihre Kollegen am Mittelmeer vorwiegend mit Unterwasserjagd und Apnoetauchen.

Der Club war sehr klein und exklusiv, denn im Jahr 1939 wurde gerade erst die Mitgliedsnummer 6 vergeben. Dies ist vielleicht nicht mehr so verwunderlich, wenn man die kurios-amüsanten Aufnahmebedingungen des Clubs kennt, die alle in Apnoe durchgeführt werden mußten: Zunächst mußte man 10 Meter tief tauchen, natürlich ohne Flossen, und dann waren bei einem einzigen Tauchgang mindestens 3 Abalonen mit hinaufzubringen. Hinzu kam als nächste Prüfung, daß der Aspirant einem mindestens 1 Meter langen Hornhai an der Schwanzflosse ziehen und als krönenden Abschluß eine „wohlproportionierte“ Languste fangen mußte. Es ist also nicht erstaunlich, daß der Club bis heute insgesamt nur 19 Mitglieder hatte.[180] Da nur Männer als Mitglieder aufgenommen wurden, gründeten die Ehefrauen einen eigenen Club mit dem Namen *Sea Nymphs.*

Damals gab es in Kalifornien kaum Ausrüstungsgegenstände, so daß sich die Mitglieder des Clubs ebenso wie die europäischen Unterwasserjäger alles selbst bauen mußten. In Europa waren es vor allem Alexandre Kramarenko und Maxime Forjot, die den Weg zu unserer modernen Tauchermaske fanden, in Kalifornien war es zeitgleich mit ihnen Jack Prodanovich. Die Gewässer Kaliforniens sind relativ kalt, und so ist es kein Wunder, daß hier 1950 der erste Naßtauchanzug von Bradner und Bascom erfunden wurde.

Bei dem Eigenbau von Tauchgeräten und Zubehör waren der Phantasie oft keine Grenzen gesetzt. Die ersten, detaillierteren Bauanleitungen für Sporttauchgeräte gehen bereits auf das Jahr 1932 zurück: Damals beschrieb der amerikanische Junge Harry Hanson im *Everyday Science and Mechanics Magazine* recht anschaulich, wie er nach dem Vorbild William Beebes seinen offenen Taucherhelm selbst herstellte: „Man nehme einen ausgedienten Benzinbehälter, schneide ein rechteckiges Stück des Bleches heraus, setze ein Fenster ein, belaste den Helm vorn und hinten mit Gewichten und setze ein Stückchen Bleirohr auf den Deckel für den Anschluß eines Gartenschlauches, der dann als Luftschlauch für die Luftzufuhr mit einer Autoreifen-Pumpe dient."

Die neue Welle der Unterwasserbegeisterung schwappe natürlich auch nach Deutschland über: Ein deutscher Junge, Klaus Dieter Loewen, baute sich eine ähnlich abenteuerliche Ausrüstung: Er nahm einen Marmeladeneimer als Helm, als Gewichte verwendete er Hanteln und Füße von ausgedienten Nachttischlampen. Er hatte auch eine verschrottete Druckluftflasche, durch die er seinen Helm für kurze Zeit unabhängig machen konnte. Eine mit viel Kitt abgedichtet Fahrradlampe am Helm diente der Beleuchtung und ein mit Lautsprecher versehenes Telephon der mündlichen Verständigung. Loewen gründete schon Mitte der 30er Jahre einen kleinen Taucherclub am Rhein, der dort mit dem selbstgebauten offenen Taucherhelmen tauchte - der erste deutsche Club, auch wenn er noch nicht offiziell in ein Vereinsregister eingetragen war!

Im Juli 1935 gründete Yves Le Prieur in St. Raphael dann gemeinsam mit Jean Painlevé den ersten Tauchclub, in dem es um „Unterwassersport für Jedermann" ging. Der *Club des Scaphandres et de la Vie sous l'Eau* benutzte das Drucklufttauchgerät mit Vollgesichtsmaske und hatte allerlei Clubaktivitäten zu verzeichnen. Le Prieur unterrichtete häufig Anfänger im Tauchen, und dies war die Geburtsstunde des Unterwassertourismus, der Tauchschulen und des Tauchsports. Als der Zweite Weltkrieg kam, stagnierte die Entwicklung des Sporttauchens weltweit. Die jungen Männer hatten andere Aufgaben als zum Zeitvertreib unter die Wasseroberfläche zu tauchen.

Erst nach dem Krieg ging diese Entwicklung weiter, nun aber mit einem rasanten Aufwärtstrend. Henri Broussard

Das Logo des von Henri Broussard gegründeten Club Alpine des Sous-Marine (CASM) war eine von einer Tauchermaske eingerahmte Unterwasserlandschaft. (Zeichnung: Weinberg, S.; Dogué, Ph.; Neuschwander, J.: Unterwasserphotographie. Schaffhausen, 1993).

gründete 1946 in Cannes einen Club mit dem Namen *Club Alpine des Sous-Marine*, also „Unterwasser-Bergsteigerverein". Broussard war ein eingefleischter Bergsteiger und übertrug diese Leidenschaft auf den Unterwassersport. Cannes wurde auch tatsächlich innerhalb weniger Jahre das „Davos des Mittelmeeres". Er war weltweit der erste Tauchclub mit den autonomen Druckluftgeräten Cousteaus. Hier im Club in Cannes, und nur hier, konnte man zuerst die neuen Tauchgerät ausleihen, regelmäßig füllen und das Tauchen mit ihm erlernen. Schnell folgten nun weltweit weitere Clubs: 1946/1947 gründete Louis Lehoux den *Club de la Mer* und Marcel Isy-Schwartz den *Club des Chasseurs Sous-Marine de France*. Der erste Club in Italien wurde 1948 von Gonzatti und Stuart-Tovini gegründet. Stürmisch verlief die Entwicklung besonders in den Mittelmeerländern und in den USA, sind doch hier die Temperatur- und nicht zuletzt auch die Sichtverhältnisse wesentlich günstiger als in den mitteleuropäischen Breitengraden.

Während sich an südlichen Gestaden schon Tausende Sporttaucher tummelten, war in den frühen 50er Jahren der Tauchsport in Deutschland noch Einzelgängertum. Doch bald fanden die ersten Gleichgesinnten zusammen und gründen auch hier Unterwasserclubs. Der *Süddeutsche Tauchclub 1950 e.V. München* war der erste. Es folgen Gründungen in Hamburg, Berlin, Krefeld und vielen anderen Städten des Bundesgebietes.[181] Am 17. Oktober 1954 wurde schließlich in Düsseldorf anläßlich der Internationalen Jagd- und Fischereiausstellung der *Verband Deutscher Sporttaucher* (VDST) gegründet. Wegen der Kälte der heimischen Tauchreviers kam aber der Tauchsport in Deutschland nur langsam voran.

Eine wesentliche Entwicklung zeichnete sich erst in der Tauchsaison 1957 ab: der deutsche Tauchsport wurde immer internationaler. Es gehörte dazu, daß man als ernsthafter Taucher nicht nur in den heimischen Seen sondern auch im Mittelmeer tauchte. Von dem allgemeinen konjunkturellen Aufschwung der Bundesrepublik Deutschland profitieren auch die Anhänger des Tauchsports. Sie konnten mehr reisen und mehr Geräte kaufen, sich besser ausrüsten als vor einigen Jahren. Das kam der Breitenentwicklung des deutschen Tauchsports sehr entgegen und auch der Sicherheit zugute. Statt mehr oder minder unzuverlässigen Eigenkonstruktionen oder den aus alten Wehrmachtsbeständen umgebauten, gefährli-

Anlässlich einer Party an Bord der „Xarifa" in Cannes traf sich 1958 internationale Tauchprominenz (v.l.n.r.): Henry Broussard, Präsident des Club alpin sous marin, J. Schwart, Präsident des Club de chasse sous marine, Jean-Pierre Charvoz, Sekretär des Club alpin sous marin, Lotte Hass, Dimitri Rebikoff, Commandant Yves Le Prieur, Ada Rebikoff und Hans Hass. (Foto: Hans Hass, Wien)

chen Sauerstoffgeräten kaufte man sich teurere Druckluftgeräte, die aber erheblich sicherer sind. Auch das Netz der Füllstationen an den Küsten wurde immer dichter. Neue Tauchschulen entstanden, vor allem am Mittelmeer. Die erste, von Deutschen gegründete ausländische Tauchschule wurde bereits 1955 auf Elba in der Bucht von Naregno eingerichtet. Sie wurde von Hermann Heberlein gegründet und nahm im Mai 1956 den Tauchbetrieb auf.

Bücher, Filme und Clubzeitungen verbreiteten recht schnell die Erlebnisse der Unterwassersportler. Bevorzugtes Thema war damals nach wie vor noch die Unterwasserjagd. Die ersten Clubzeitungen waren die vom *Club Alpine des Sous-Marine* (*Bulletin officiel du Club*) und vom *Club des Chasseurs Sous-Marins* (*Neige et Glace*). Das erste im freien Handel erhältliche Tauchmagazin erschien 1950 in Amerika und hieß *Diver's News* - allerdings gab es sie nur 4 Ausgaben lang. Der *Skin Diver* erschien 1951 in Kalifornien, und in Deutschland war es der *Delphin,* der im April 1954 in Hamburg bei Barakuda erstmals erschien und den Beginn der deutschen Tauchmagazin-Zeit markierte. Ab Dezember 1954 war es das offizielle Mitteilungsblatt des VDST. Der britische Sub-Aqua-Klub, von Oscar Gugen und Peter Small im Oktober 1953 gegründet, hatte 1955 bereits 2.000 Mitglieder und gab eine eigene, einmal im Monat erscheinende Zeitung, den *Neptune* bzw. später den *Triton* oder *Diver*, heraus. In seinem Buch *Free Diving* von 1956 listete Dimitri Rebikoff auf, wieviele Clubs zu dieser Zeit in Amerika existierten: Es waren alleine 132 in Kalifornien, 32 in New York und 24 in Florida.

Bis 1955 war der Weltverkauf von Cousteaus Aqualunge auf 55.000 Stück gestiegen, davon entfielen 80% auf Kalifornien. Ein halbes Dutzend Bauversionen von ihm befand sich auf dem Markt. Die Verkäufe an Schwimmflossen, Tauchmasken und -anzügen ging in die Hunderttausende. Die nationalen Verbände schlossen sich schon bald zu internationalen Vereinigen zusammen: In den USA wurde 1960 NAUI (*National Association of Underwater Instructors*) und 1966 PADI (*Professional Association of Diving Instructors*) gegründet. Die CMAS (*Confédération Mondiale des Activites Sub-Aquatiques*) wurde 1959 in

Monaco gegründet und repräsentiert die Dachorganisation der europäischen Tauchsportverbände. Ihr erster Präsident wurde Jacques-Yves Cousteau, 1973 übernahm Jacques Dumas den Vorsitz.

Durch den sich ständig steigernden Zusammenschluß vieler Amateurtaucher in Clubs gab es auch eine immer besser werdende Ausbildung. Fehlende Ausbildungsunterlagen und theoretische Kenntnisse wurden damals aber noch oft durch praktische Erfahrungen ersetzt: Der *Club Alpin des Sous-Marine* verbot zum Beispiel seinen Mitglieder, „mehr als zwei Tauchflaschen Luft am Tag zu konsumieren“. Der Sicherheitsfaktor beim Tauchen wurde auch durch verbesserte oder neue Ausrüstungsbestandteile erheblich erhöht. Eine durch eine kleine Druckluftflasche aufblasbare Rettungsweste für den Notfall wurde, wenn auch nur langsam, obligatorisch.[182] In den 70er Jahren wurde durch einen speziellen Niederdruckabgang von der Reglerstufe hin zur Rettungsweste die Möglichkeit geschaffen, durch entsprechende Luftfüllung den Taucher unter Wasser besser auszutarieren. Bis dahin hatte man diesen Vorgang manuell durch ein Mundstück an der Weste durchgeführt oder ganz auf das Tarieren verzichtet.

Taucher können ihre Entdeckungen und Erlebnisse unter Wasser durch Fotos und Filme von phantastischer Schönheit dokumentieren und den zuhausegebliebenen wiedergeben. Zum bevorzugten Studienrevier wurde die bunte Welt der Korallenriffe, die von allen Lebensräumen unter Wasser die größte Artenvielfalt bietet. Diverse Instrumente wie Uhr, Kompaß und Tiefenmesser komplettieren die Ausrüstung.

Dann kamen als wichtiger Fortschritt die ersten Dekorechner auf den Markt. Es waren die italienischen Ingenieure Victor De Sanctis und Rico Alinari, die in den 70 Jahren ein Vorläufergerät entwickelten, das dem Taucher das Ausrechnen von Dekompressionszeiten ersparen sollte. Es wurde als Dekompressiometer bezeichnet und am Handgelenk getragen. In Aussehen und Größe glich es einem fotografischen Belichtungsmesser. Dieses Gerät, das auf einer physiologischen Analogie mit dem menschlichen Organismus beruhte und besonders bei Wiederholungstauchgängen erhebliche Mängel aufwies, wurde 1982 durch den ersten Decocomputer „Decobrain“ vom Markt verdrängt. Hier waren es zwei Schweizer, Jürgen Hermann und Roland Vogler, die ein entsprechendes Rechenprogramm entwickelten und den Siegeszug der Tauchcomputer einleiteten. Sie sind inzwischen in miniaturisierter Form zu einem bequemen Zubehör geworden und haben ihren festen Platz bei der Tauchausrüstung gefunden. In Amerika kam 1983 der Dekorechner „The Egde“ von Orca Industries auf den Markt.

Heute gibt es weltweit etwa 6 Millionen Sporttaucher. Die Schlüsselfiguren und Bahnbrecher dieser Entwicklung öffneten den Weg in die Tiefe für Hunderttausende von Amateurtauchern und Unterwasserforschern. Als sie mit dem Tauchen begannen, kannte man kaum etwas von der schweigenden Welt. Warum aber ziehen heute Millionen Menschen weltweit als Schwimmtaucher unter die Wasseroberfläche? Hans Hass meint dazu: „Der neue Sport läßt uns allem Alltäglichen und Bekannten entfliehen, läßt uns seltsame Abenteuer und Wunder erleben. Hat man sich erst einmal an das fremde Element gewöhnt, tut sich eine neue, wundersame Welt auf, deren Eindrücke man jedesmal aufs Neue freudig staunend in sich aufnimmt. Wir erleben das Wunder Leben bewußter, und damit wird jeder Tag zu einem besonderen Geschenk, solange die Neugier wach bleibt. Man wiegt unter Wasser so wenig, daß man senkrechte Klippenwände mit einem leichten Flossenschlag erklimmen kann. Man treibt über Gebirge dahin, fast schwerelos; man schwebt, man gleitet wie auf Skiern, spaziert an Grottendecken entlang wie eine Fliege. Es ist wie in einer Traumwelt - und ist doch wirklich, ist greifbar und fühlbar."

Mit der weltweit fortschreitenden Verbreitung des Schwimmtauchens nahm leider auch die Unterwasserjagd überhand. Durch schießwütige Unterwasserjäger, wie etwa diese beiden Brasilianer, wurden ganze Riffabschnitte leer und tot.
(Foto: Doukan, Gilbert: Underwater Hunting. London, 1953)

Aber so segensreich sich die neue, fast problemlose Art zu Tauchen erwies, so verhängnisvoll wirkte sie sich dadurch aus, daß nun nahezu jeder das Tauchen als Sport betreiben konnte. Hunderttausende drängten mit Druckluftgeräten ins Wasser und veränderten die natürlichen Verhältnisse tiefgreifend - wie überall, wo Menschen im Überschwang des Freizeitgenusses auftreten. Schlimmer noch war, daß in den 50er und 60er Jahren ganze Heerscharen schießwütiger Unterwasserjäger wahllos auf alle Tiere zielten, die in die Reichweite ihrer Waffen kamen. Gegen Gewehre, die Stahlpfeile oder Explosivspitzen mit Feder- oder Gummiantrieb verschossen, haben die Tiere keine Chance. Manche Jäger veranstalteten unter den Fischen ein vergleichbares Massenschlachten wie profitgierige Jäger im 19. Jahrhundert unter den Bisons, den Robben und den Walen.

Die Folgen ließen nicht lange auf sich warten: Hans Hass, der wegen anderen

Forschungsinteressen eine längere Tauchpause eingelegt hatte, schilderte sie 1970 eindringlich: „Ich war erschrocken über die Veränderungen, die vor sich gegangen waren. Tauchplätze, die ich noch aus der Erinnerung gut kannte, waren verödet. An vielen Küsten sind die Fische so gut wie ausgerottet, oder sie haben sich in größere Tiefen zurückgezogen. Besonders kraß wurde mir die Veränderung in den Riffen rund um Tahiti vor Augen geführt. Ich drehte im Rahmen einer Fernsehserie einen Film über den Bericht von James Morrison, einem der Bounty-Meuterer, sowie über Gaughins *NoaNoa* und über das Tahiti von heute. Morrisons Worte standen zu dem, was ich hier sah, in einem geradezu ungeheuren Kontrast. Er hatte geschrieben: 'Die Riffe sind überreich an Fischen aller Art, prächtig in ihrem Aussehen und köstlich zu essen. Überall erstrahlen ganz außerordentliche Farben - und diese außerordentlichen Farben sind nichts anderes als vorzügliche Fische.' Jetzt schwamm ich durch Mondlandschaften, in denen weit und breit kein Fisch zu sehen war, der länger als 5 Zentimeter gewesen wäre. All die prachtvollen Fische fehlten!"

Erfreulicherweise haben inzwischen eine ganze Reihe von Ländern Schutzgebiete eingerichtet, in denen die Unterwasserjagd, zumindest mit Tauchgerät, verboten ist. Der *Club Alpin des Sous-Marine* gab noch 1946 folgende Programmpunkte an: „Studienfahrten, Erkundungen, Unterwasserarchäologie, Schwimmen, Wasserballspiele und Unterwasserjagd". Aber schon drei Jahre später ließ der Club „Unterwasserjagd" fallen und setzte dafür „Ichthyologie" ein. An der Cote d'Azur, dem Geburtsort der Unterwasserjagd, war logischerweise zuerst ihre gravierenden Auswirkungen auf die Fauna und Flora zu bemerken. Die Bahamas waren dann 1958 die ersten, die einen submarinen Nationalpark einrichteten. Viele Sporttaucher sind jedoch überzeugt, daß der Schutz einzelner Gebiete nicht genügt und plädieren, wie es Hass bereits 1971 in einem Manifest gefordert hat, für ein generelles Verbot aller mechanischen Unterwasserwaffen.

Trotz aller Freiheit, die das autonome Drucklufttauchgerät dem Menschen bescherte, bleibt doch eine letzte Grenze: Die hinab in große Tiefen. Reine Druckluft ist ungeeignet, um als Atemgas für den Vorstoß in Tiefen jenseits der 50 oder 60-Meter-Grenze zu dienen. Sauerstoff wirkt schon unter einem relativ geringen Überdruck giftig, und Stickstoff verursacht den Tiefenrausch und Dekompressionsprobleme.

Es gab seit Erfindung des autonomen Drucklufttauchgerätes immer wieder Versuche, die absolute Tiefengrenze mit diesem Gerät auszuloten. Der erste tödliche Unfall bei Tieftauchversuchen mit dem Drucklufttauchgerät geschah am 17. November 1947. Damals unternahmen 7 Taucher unter dem Kommando von Phillipe Tailliez auf der *Elie-Monnier* Tieftauchversuche vor dem Hafen von

Toulon, bei denen zunächst Tiefen über 90 Meter und dann 120 Meter erreicht werden sollten. Als erster stieg der Marinemaat Maurice Fargues hinab, der als Helmtaucher schon oft den Belastungen großer Tiefen ausgesetzt und ein erfahrener Mann war. Mit einem Ballastgewicht in der Hand ließ sich Fargues an einem Führungsseil in die Tiefe ziehen. Er erreichte 120 Meter und konnte dort auf einer Schreibtafel sein Zeichen anbringen, wurde aber vom Tiefenrausch überwältigt, verlor sein Mundstück und starb.

Und es gab bei gleichen Versuchen weitere Tote: Am 6. November 1952 starb Jean-Pierre Serventi, ein ehemaliger Kampftaucher, bei einem Tauchgang in nur 70 Meter Tiefe. Er war Taucher an Bord der *Calypso* gewesen und tauchte zu einem Wrack hinunter, das bei Grand Congloué lag. Im Dezember 1953 unternahm der Anwalt Hope Root aus Miami einen Tieftauchversuch. Auch er erreichte 120 Meter Tiefe und kam nicht mehr lebend nach oben. Bis zum heutigen Tag gab es auch im Sporttaucherbereich eine Vielzahl von mehr oder weniger gefährlichen Tauchunfällen. All dies zeigte, daß die physiologischen Bedingungen des zunehmenden Druckes in der Tiefe und die Eigenschaften von Druckluft nicht straflos außer Acht gelassen werden konnten, und daß zumindest eine gründliche Ausbildung die Vorbedingung zum Tauchen ist. Das autonome Drucklufttauchgerät war für viele Zwecke der Passierschein in die Randzonen der Meere geworden, und lediglich die physiologischen Probleme konnten den Menschen nun noch abhalten, diesen Weg immer tiefer hinunterzugehen.

Setzt man einen maximalen Sauerstoffpartialdruck von 1,6 bar als Grenze für das Drucklufttauchen an, entspricht dies einer Tiefengrenze von etwa 66 Meter. Da schon wesentlich früher der Tiefenrausch beginnt, sehen Experten inzwischen 40 Meter Tiefe als Grenze des sicheren Drucklufttauchens an. Es gibt zwar in Bezug auf die tatsächliche Tiefengrenze Ausnahmen, doch diese sind extrem selten und alles andere als repräsentativ: Zwei auf den Bahamas ansässige Kanadier, Richard Birch und dem Physiker Roger W. Hutchins, haben im September 1963 bei Andros Island mit einem herkömmlichen Drucklufttauchgerät die Rekordtiefe von 143 Meter erreicht. Hier ging es nicht um Rekorde, sondern um Tests für eine neue Dekompressionstabelle, die Hutchins in den Laboratorien der Universität Buffalo theoretisch errechnet hatte.

Nach dem Zweiten Weltkrieg und mit zunehmender Verbreitung des autonomen Drucklufttauchens ergaben sich zwar für die interessierte Industrie viele Impulse für apparative Neuentwicklungen und Verbesserungen, doch auch mit den besten Druckluftgeräten ist es nicht möglich, tiefer und länger zu Tauchen als zu Beginn unseres Jahrhunderts, denn die Tauchmethode blieb unverändert. Um unter Umgebungsdruck tiefer zu Tauchen mußten deshalb andere Wege beschritten werden.

Erst wenn man andere Möglichkeiten der Atmung fände als mit Druckluft, wäre es möglich, noch tiefer hinabzusteigen und das Meer genauer zu erkunden. Am Ende seines Buches *Die schweigende Welt* schreibt Cousteau: „Unsere beste Reichweite bei unabhängigem Tauchen geht nur bis an die Grenze der Felsen. Wir sind noch nicht imstande, den Grund in Besitz zu nehmen, auf den die Staatsmänner ihre Ansprüche geltend zu machen pflegen. Es bedarf einer sehr viel besseren Ausrüstung als der Aqualunge. Diese Lunge ist primitiv und entspricht nicht dem Stand der Wissenschaft in unserer Zeit."

Das autonome Drucklufttauchgerät markiert einen sehr wichtigen Meilenstein in der Geschichte des Menschen unter dem Meer, aber bereits heute läßt sich prognostizieren, das die weitere Entwicklung in eine andere Richtung führen wird, und zwar von den offenen Drucklufttauchgeräten zurück zu den Kreislaufgeräten. Das Drucklufttauchen ist an seine Grenzen gelangt: Nicht herkömmliche Druckluft, sondern spezielle Atemgasgemische sowie eine entsprechende Technologie sind der Schlüssel für weitere Fortschritte in der Schwimmtauchtechnik.

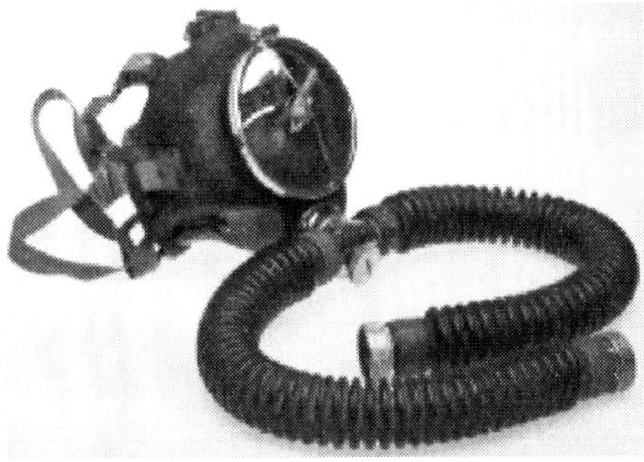

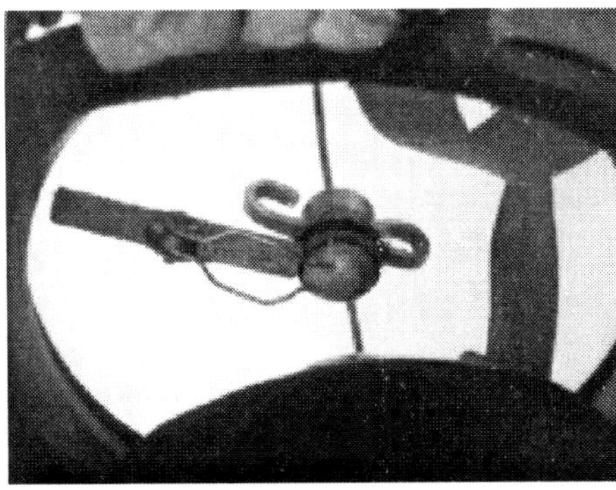

Eine besonders kuriose Einrichtung besass diese, um 1966 in der ehemaligen Tschechoslowakei gebaute Vollgesichtsmaske: Für den Fall, dass die Sichtscheibe beschlug, konnte sie durch einen innen angebrachten Scheibenwischer wieder gereinigt werden. Zu diesem Zweck war aussen auf Höhe der Nasenwurzel ein manuell zu betätigender Drehknopf angebracht. (Fotos: Hubert Sinzig, Salem)

Das Mischgas- und Sättigungstauchen

Anfang diesen Jahrhunderts mehrten sich Unfälle, bei denen Schiffe und Unterseeboote sanken und viele Menschen mit in die Tiefe rissen. Die Wracks lagen regelmäßig sehr tief und konnten außer mit Panzertaucheranzügen nicht erreicht werden. Spätestens als die enormen unterseeischen Erdöl- und Gasreserven bekannt wurden, stieg das Interesse am Tieftauchen nicht nur mit Panzertauchern sondern auch mit leichteren Tauchgeräten. Es wurde klar, daß der Mensch einen sicheren Weg finden mußte, noch tiefer als bisher hinabzutauchen und dort die nutzbringende Verweildauer auszudehnen.[183]

Die größte Schwierigkeit beim Tieftauchen liegt weniger in der Bewältigung des rasch zunehmenden Druckes, als in den damit verbundenen Folgeerscheinungen. Das Grundproblem bildet dabei vor allem unser konventionelles Atemgas. Während der Sauerstoff in ihm unbedingt lebensnotwendig ist, spielt der Stickstoff lediglich die Rolle des Verdünnungsgases. Nach unseren heutigen Kenntnissen ist er der Erreger des Tiefenrausches, und seine Löslichkeit im Organismus führt zur Notwendigkeit der Dekompression. Dem Laien scheint es nun vielleicht logisch, dieses Gas, das zur Atmung nicht notwendig ist, einfach zu eliminieren und reinen Sauerstoff zu verwenden - doch leider ist dies nicht (wenigstens nicht im vollem Umfang) möglich. Reine Sauerstoffatmung unter erhöhtem Druck hat eine vielfältige giftige Wirkung zur Folge.

Tieftauchen birgt also zunächst ein physiologisches Dilemma: Einerseits wirkt Sauerstoff schon in relativ geringen Tiefen bei erhöhtem Partialdruck im Atemgasgemisch giftig, zum anderen werden vom Organismus nicht benötigte Gase wie Stickstoff mit steigender Tauchzeit und -tiefe bis zur Sättigung in den Körpergeweben gelöst, was die gefürchtete Dekompressionskrankheit bewirkt. Daraus ergeben sich zwei Hauptprobleme beim Tieftauchen: *Erstens* muß dafür Sorge getragen werden, daß der Druck des Sauerstoffanteils des Atemgases unterhalb der kritischen Grenze von 1,6 bar bleibt und *zweitens* ist unbedingt zu beachten, daß die in den Geweben gelösten Gase beim Aufstieg aus der Tiefe niemals die Sättigungsgrenze überschreiten und ausperlen. Die Lösung beider Probleme ist eng miteinander verbunden: Der Grundgedanke beim Tieftauchen besteht nämlich darin, die Dekompressionszeiten zu verkürzen - dafür war in erster Linie der Stickstoffanteil relevant - und gleichzeitig die Gefahr einer Sauerstoffvergiftung zu mindern. Man mußte also die Anteile der beiden Hauptbestandteile der normalen Atemluft, Stickstoff und Sauerstoff, verändern und ein neues Mischungsverhältnis herstellen.

Schon um die Jahrhundertwende erkannte man diese Zusammenhänge und bemühte sich darum, die Situation zu ändern. Von 1912 an wurden die ersten Mischgas-Geräte gebaut. Als Mischgas wird dabei jedes Atemgas bezeichnet, das eine andere Zusammensetzung als die übliche Oberflächenluft hat. Diese Geräte arbeiteten entweder mit vorgefertigten Gasmischungen konstanter Zusammensetzung, oder es wurden je nach Tauchtiefe Mischungen verschiedener Zusammensetzung verwendet: Druckluft-Sauerstoff oder Stickstoff-Sauerstoff. Die ausgeatmete Luft wird hierbei für mehrere Atemzüge wiederverwendet, indem sie nach Art der Kreislaufgeräte durch einen Absorber geleitet, dort vom Kohlendioxid gereinigt und mit reinem Sauerstoff angereichert wird.

Das Grundrezept bei allen künstlicher Gasmischungen besteht also darin, einerseits den Sauerstoffanteil nicht zu gering zu halten, damit der Taucher nicht Mangel leidet, andererseits aber auch nicht zu hoch, damit keine Vergiftung eintritt. Entscheidend ist das Einhalten eines Gleichgewichtszustandes, und zwar abhängig vom richtigen Partialdruck. In künstlichen Atemgasgemischen muß der Sauerstoff idealerweise einen Partialdruck haben, der in jeder Tiefe nicht wesentlich von seinem Partialdruck an der Oberfläche abweicht. Das bedeutet, daß mit zunehmender Tiefe der Volumenanteil des Sauerstoffs am Atemgasgemisch abnehmen muß. Der nach der jeweiligen Tiefe unterschiedliche Volumenanteil des Sauerstoffs muß durch ein biochemisch reaktionsträges Gas (Inertgas), das sich normalerweise beim Stoffwechsel neutral verhält, auf 100 Volumenprozent aufgefüllt werden.

In unserem natürlichen Atemgas übernimmt die Rolle des Sauerstoffverdünners der Stickstoff. Der Tieftaucher benötigt aber wegen des hohen Narkosepotentials des Stickstoffes einen anderen Verdünner, der vor allem zwei Voraussetzungen genügen muß: Selbst unter hohen Drücken muß sich das gesuchte Gas leicht atmen lassen, also eine geringe Dichte aufweisen, und es darf auch zu keinen physiologischen Störungen führen. Diese Wirkung ist in erster Linie abhängig vom Molekulargewicht eines Gases. Schwerere Gase als Stickstoff (Molekulargewicht 28) sind zum Tieftauchen ungeeignet: Bei Argon (Atomgewicht 40) treten narkotische Wirkungen schon in 20 bis 30 Meter Tiefe auf; Krypton (Molekulargewicht 84) verursacht Schwindel; Xenon (Atomgewicht 131) wirkt sogar unter Normaldruck narkotisch.

Da Gase für größere Tiefen gesucht werden, kann man also nur unter denen wählen, welche leichter als Stickstoff sind. Viele Versuche wurden bis heute angestellt, um den geeigneten Sauerstoffverdünner zu finden. Man experimentierte mit biologisch reaktionsträgen leichten Gasen wie Wasserstoff (Molekulargewicht 2), Helium (Atomgewicht 4), Neon (Atomgewicht 20) und auch ausgefallenen gasförmigen Verbindungen wie Schwefelhexafluorid. Dabei bestätigte sich der Zusammenhang, daß sich, je leichter das verwendete Gas ist, die Narkoseschwelle umso weiter in die Tiefe verschiebt. Sie erreicht letztlich Grenzwerte, die für den Menschen bis heute noch nicht exakt ermittelt sind.

Man verwendete bei den allerersten Experimenten zur Atmung Gasgemische, bei denen der Stickstoffanteil soweit herabgesetzt ist, daß er den zulässigen Wert nicht gefährlich überschritt. Ein weiterer Schritt bestand darin, den Stickstoffanteil des Gemisches völlig oder zumindest teilweise durch möglichst leichte, inerte Gase mit physiologisch günstigeren Eigenschaften zu ersetzen. Wasserstoff, das im periodischen System der Elemente an erster Stelle stehende Gas, wäre als das leichteste besonders vorteilhaft. Es ist jedoch nicht ungefährlich in seiner Handhabung, da recht schnell ein explosives Gemisch entstehen kann. Von Neon nahm man Abstand, weil es den Nachteil eines unangenehmen, metallischen Geschmakkes hat.[184] In der Tauchpraxis wird heute für das Tieftauchen vorwiegend das Edelgas Helium benutzt, denn es hat sehr geringe narkotische Wirkung.

Das Kunststück des Tieftauchens besteht also in erster Linie darin, das richtige Gemisch zu bestimmen und es anhand einer Reglereinrichtung zuverlässig und möglichst auch tiefenvariabel einzustellen. Je nach Tauchtiefe und Anwendungsfall kommen heutzutage beim Mischgastauchen aber nicht nur eine sondern mehrere verschiedene Gasmischungen zum Einsatz. Moderne Systeme können inzwischen computergesteuert die jeweils benötigten Gase in der erforderlichen Zusammensetzung liefern.

In der Mischgastechnik unterscheidet man zwischen Kreislaufgeräten mit geschlossenem Kreislauf (Closed Circuit Rebreather, CCR) und Kreislaufgeräten mit halbgeschlossenem Kreislauf (Semiclosed Circuit Rebreather, SCR). Bei den halbgeschlossenen Geräten wird zumeist ein Fertiggasgemisch verwandt und ein Teil der verbrauchten Luft über ein Ventil ausgestoßen. Durch eine Konstantvolumendosierung wird das Atemgas unabhängig von der aktuellen Tauchtiefe voreingestellt und gleichmäßig nachdosiert. Das überschüssige Gasvolumen im System wird automatisch über ein Überdruckventil in das Wasser abgegeben. Moderne geschlossene Geräte werden auch als selbstmischende oder computergesteuerte Systeme bezeichnet, da das Gerät abhängig von der jeweiligen Tauchtiefe aus Einzelkomponenten das gewünschte Gemisch herstellt. Ein Computer regelt das Öffnen und Schließen der Flaschenventile und auch das Gasgemisch im Atembeutel.

Bei dem hochtechnologischen Mischgastauchen wirken Physik, Biologie, Chemie und Technik auf das engste zusammen. Viele Experimente finden dabei hinter verschlossenen Türen statt, denn dem Unternehmen, welchem es gelingt, in der Mischgas- bzw. Tieftauchtechnik führend zu werden, steht weltweit ein enormer Markt offen. Die Entwicklung der Mischgastechnik ist noch lange nicht abgeschlossen, sondern in vollem Schwung.

Man kann ohne Übertreibung sagen, daß das Mischgastauchen inzwischen zu einer eigenen und faszinierenden High-Tech-Wissenschaft innerhalb der Tauchtechnik geworden ist, denn hierin wird mit Recht die Zukunft gesehen. Das Drucklufttauchen deckt zwar einen breiten Anwendungsbereich ab, aber es bleiben immer häufiger - und zwar nicht nur im kommerziellen oder militärischen Bereich - eine Vielzahl Fälle, wo die herkömmliche Tauchtiefe oder -dauer von Druckluftgeräten überschritten werden muß. Hier liegt das weite Anwendungsfeld der Mischgasgeräte.

Mit Sauerstoff angereicherte Luft war das erste in der Taucherpraxis eingeführte Atemgasgemisch, um die schädlichen Wirkungen der normalen Atemluft zu verringern. Die ersten Versuche hiermit gehen bereits auf 1912 zurück. In diesem Jahr baute die deutsche Westfalia-Maschinenfabrik in Gelsenkirchen einen autonomen Helmtaucheranzug, der ein Gasgemisch mit 45% Sauerstoff und 55% Stickstoff für Tauchgänge bis 33 Meter Tiefe bzw. 30% Sauerstoff und 70% Stickstoff für Tauchgänge bis 66 Meter verwendete.

Zu Beginn des Ersten Weltkrieges kamen dann auch andere Arten dieser Tauchgeräte auf: In den Jahren nach 1912 baute Dräger sein autonomes Sauerstoff-Helmtauchergerät (DM 20) in drei verschiedenen Typen für Wassertiefen von 20, 30 und 40 Meter. Die Unterschiede lagen lediglich in der Größe der Sauerstoffflaschen und darin, daß die Apparate für Tiefen über 20 Meter nicht mit reinem Sauerstoff, sondern mit einem Gemisch von Sauerstoff und Druckluft arbeiteten. Das DM 40 (Dräger-Mischgastauchgerät für 40 Meter Wassertiefe) hatte eine Sauerstoff- und eine Druckluftflasche. Öffnete man beide Flaschen gleichzeitig, so erhielt man ein Mischungsverhältnis von 60% Sauerstoff und 40% Stickstoff. Die Gefahr der Sauerstoffvergiftung ist mit diesem Gerät nicht mehr gegeben, da der genügend hohe Stickstoffanteil von 40% das Atemgemisch soweit verdünnt, daß es bis 40 Meter (nach der damals gültigen Sicherheitsgrenze) nicht toxisch wirkt. 1914 baute Dräger dann auch den „DM-2“, einen Unterseeboot-Tauchretter, der ein Gemisch aus Sauerstoff und Stickstoff verwandte. Auch in England wurde von Siebe und Gorman ein ähnliches Gerät konstruiert und auf den Markt gebracht.

Diese Atemgase mit höherem Sauerstoffanteil als Luft (über 25%) werden als „Nitrox“ bezeichnet. Der Begriff leitet sich von den englischen Wörtern „nitrogen“ (Stickstoff) und „oxygen“ (Sauerstoff) ab. Der Vorteil des Nitrox-Gemisches liegt einerseits in seinem geringen Stickstoffanteil, welcher als Konsequenz eine geringere Aufnahme in den Geweben zur Folge hat. Da der kritische Wert des gelösten Stickstoffs im Körper dadurch erst später erreicht wird, verlängert Nitrox in erster Linie die Nullzeit, in der man ohne Dekompression auftauchen kann. Die Nullzeitgrenzen werden ja vom Stickstoffpartialdruck im Atemgas bestimmt, welche die Menge und Geschwindigkeit des sich im Körper lösenden Stickstoffes festlegt. Die Gefahr, einen Dekompressionsunfall zu erleiden, ist mit Nitrox also bei gleicher Zeit und Tiefe geringer als mit Druckluft. Für denjenigen, der die Nullzeitgrenzen überschreitet, bringt Nitrox den weiteren Vorteil, daß aufgrund des weniger aufgenommenen Stickstoffs die Dekompressionspausen kürzer werden.

Im Vergleich zu normaler Luft besteht jedoch bereits in geringerer Tiefe die Gefahr einer Sauerstoffvergiftung, da der Sauerstoffpartialdruck in Nitrox größer ist. Deshalb darf mit Nitrox nicht so tief getaucht werden wie mit normalem Atemgas. Während die theoretische Obergrenze für Drucklufttaucher spätestens bei 66 Meter liegt, ist mit Nitrox der Grenzwert des maximalen Sauerstoff-Partialdruckes schon in geringeren Tiefen erreicht. Oftmals wird deshalb, inzwischen computergesteuert, während des Tauchganges vom zunächst sauerstoffreichen „Travel-Mix" für den Abstieg auf das sauerstoffärmere „Bottom-Mix" für den Aufenthalt in der Tiefe und dann beim Aufstieg auf das „Deko-Mix" gewechselt.

Es gibt zwei Nitrox-Standardgemische: Mit 32% Sauerstoff und 68% Stickstoff wird das eine als NOAA-I (National Oceanic and Atmospheric Administration) bezeichnet, während 36% Sauerstoff und 64% Stickstoff NOAA-II heißen. Für alle anderen Mischungsverhältnisse gibt es die Bezeichnung EANx, das heißt „Enriched Air Nitrox", wobei das „x" den Sauerstoffanteil im Gasgemisch angibt (z.B. EAN 40).

NOAA-I erreicht den kritischen Sauerstoffpartialwert von 1,6 bar schon bei 40 Meter, und NOAAA-II bei 34 Meter Tiefe. Nitrox ist für Sporttaucher aber trotzdem eine interessante Alternative zu Druckluft: Der Stickstoff wird nicht nur als Ursache der Caisson-Krankheit sondern auch als die Hauptursache des Tiefenrausches angesehen. Je höher der Stickstoffpartialdruck ist, desto höher die narkotische Wirkung. Durch den geringeren Stickstoffanteil im Nitrox wird bei gleicher Tiefe somit auch dessen Partialdruck verringert. Mit einem Gemisch, das nur 68% Stickstoff anstelle der natürlichen 79% enthält, ist die narkotische Wirkung in 40 Meter Tiefe so, als ob man nur in 33 Meter Tiefe taucht. Das heißt: Nicht nur die Nullzeitgrenze sondern auch der Tiefenrausch tritt bei Nitrox später auf - ein weiterer wichtiger Sicherheitsaspekt. Nitrox wird also vor allem zur Verlängerung der Tauchzeiten bzw. Verkürzung der Dekompressionszeiten eingesetzt, allerdings in geringeren Tiefen als mit Druckluft.

Nitrox ist kein Tieftauchgas. Für diese Anwendung haben sich besonders Mischgase auf Heliumbasis einen festen Platz erobert.[185] Mehrere Wissenschaftszweige arbeiteten seit Beginn unseres Jahrhunderts, teilweise ohne voneinander zu wissen, gleichzeitig an der Lösung des Problems, neue Wege für die Atmung unter Wasser zu finden. Am Anfang stand dabei die Beobachtung von Jules Janssen, einem französischen Astronom des 19. Jahrhunderts, der eine Sonnenfinsternis durch das Spektroskop beobachtete und dabei bislang unbekannte gelbe Spektralbänder bemerkte. Er berichtete über das unbekannte Phänomen ungefähr um die gleiche Zeit, als der Amateurastronom Joseph Normann Lockyer, ein Beamter im britischen Kriegsministerium, 1866 begann, die Sonnenflecken zu beobachten. Auch er sah im Spektroskop Janssens einen strahlenden, nie zuvor beobachteten Sonnenring. Lockyer hielt ihn zunächst für ein Anzeichen für das Vorhandensein von Wasserstoff auf der Sonne und begann im Laboratorium zu experimentieren, um zu sehen, ob Wasserstoff die Ursache des geheimnisvollen Bandes sein konnte. Am Ende gelangte er zu dem Schluß, daß es sich offenbar nicht um Wasserstoff sondern um ein auf der Erde nicht vorhandenes, neues Element handeln müsse, das er nach dem griechischen Wort „Helios" für Sonne *Helium* taufte.

Helium war tatsächlich ein neues Element, aber bald darauf entdeckte William Ramsay, daß es nicht nur auf der Sonne sondern auch auf der Erde vorkam. Er erhitzte radioaktive Mineralien in Schwefelsäure, und dabei wurde Helium frei. Man nennt dies heute den Janssen-Lockeryer'schen Effekt. Beim Erhitzen seiner Gesteinssorten entdeckte er außerdem das Neon, das Krypton und das Xenon. Das Helium erwies sich dabei als ein Element, das durch Zerfall des Radiums und anderer radioaktiver Stoffe entsteht. Helium, neben Wasserstoff das leichteste Gas, ist geschmackslos, geruchslos und unsichtbar. Wasserstoff ist explosiv, Helium aber nicht. Außerdem ist Helium extrem selten: Vier Erdgasquellen im Westen der USA, in Texas, sind so gut wie die einzigen größeren natürlichen Heliumvorkommen, die noch bis vor kurzem ausgebeutet werden. Um die Jahrhundertwende kostete ein Kubikmeter Helium die unvorstellbar teure Summe von 2.500 Dollar!

Es war Elihu Thompson (1853-1936), ein Elektrofachmann und Allround-Erfinder aus Massachusetts, der das Helium den Tauchern zugutekommen ließ: Er gründete 1883 die Thomson-Houston Company, die 1892 mit Thomas A. Edisons Firma eine Fusion einging und von nun an General Electric hieß. Im Laboratorium der Firma in Lynn, Massachusetts, begann Thompson das Helium näher zu untersuchen. Es war unschädlich für Tiere, chemisch träge und besaß nur ein Siebtel der Dichte von Stickstoff, und ganz besonders interessant war, daß es das am wenigsten lösliche von allen Gasen war. All diese Eigenschaften ließen es für die Zwecke des Tauchens hervorragend geeignet erscheinen. Thompson machte deshalb 1919 dem Bureau of Mines, der Bergbaubehörde, den Vorschlag, in der Atemluft für Tieftaucher den Stickstoff durch Helium zu ersetzen.[186]

Das Bureau of Mines tat sich schon bald mit der Kriegsmarine und einer Herstellerfirma für Grubensicherheitsgeräte zusammen. 1925 wurden die Tieftauchversuche zunächst im Labor in Pittsburgh begonnen. Physiologen erprobten in der Druckkammer zunächst an Tieren und dann an Menschen ein Gemisch aus Helium und Sauerstoff unter extremen Druckverhältnissen. Die Ergebnisse waren sehr vielversprechend. Der amerikanische Marinearzt Albert R. Behnke unternahm daraufhin zusammen mit seinem Kollegen O.D. Yarbrough weitere Versuche. Sie experimentierten in einem Tank mit einem Taucher im geschlossenen Helmtaucheranzug. Der Druck entsprach einer Wassertiefe von 150 Meter, weit mehr als ein Mensch bei Druckluftatmung aushalten könnte. In den Jahren zwischen 1925 und 1930 wurden von ihnen fünf Forschungstauchgänge mit Helium-Sauerstoff-Gemischen durchgeführt. Heute bezeichnet man diese Gemische als „Helox" oder „Heliox", einer aus dem amerikanischen Sprachraum kommenden Zusammensetzung aus Helium und Oxygen.

Als nächstes erprobten der Ingenieur Max Gene Nohl und der Schriftsteller John David Craig 1935 in einer Druckkammer an sich selbst die Wirkung von Heliox. Nohl führte seine Experimente in Zusammenarbeit mit dem Arzt Edgar End durch. Nohl und End hatten zunächst vor, das bei Irland in 110 Meter Tiefe liegende Wrack der *Lusitania* zu untersuchen.[187] Die ersten Versuche verliefen durchweg erfolgreich, und so konnte damit begonnen werden, Helium auch bei richtigen Tauchgängen einzusetzen.

Die *Lusitania*-Expedition wurde leider abgesagt, aber Nohl stieg am 1. Dezember 1937 von Bord seines Schiffes auf dem Michigansee mit einem schlauchlosen Helmtaucheranzug eigener Konstruktion in die Tiefe hinab.[188] In den halbgeschlossenen Kreislaufgeräten zirkulierte 80% Helium und 20% Sauerstoff. Mit 126 Meter stellte Nohl einen neuen Tiefenrekord auf und war völlig im Besitz seiner Geisteskräfte, als die mehrstündige Prozedur des Auftauchens begann.

Nun interessierte sich auch die amerikanische Marine für die Atemtechnik mit Heliox. Am 23. Mai 1939 versank das amerikanische Unterseeboot *Squalus* in 73 Meter Tiefe, und Marinetaucher wurden mit halbgeschlossenen Heliox-Atemgeräten zur Rettung hinabgeschickt. Sie sollten eine Rettungskammer anbringen und lösten ihre Aufgabe mit vollem Erfolg. In 4 Durchgängen brachten sie 33 Besatzungsmitglieder nach oben. Die Taucher machten viele Tauchgänge mit dem Heliumgemisch, und dies war der erste praktische Einsatz der neuen Technik.

Der Kriegsausbruch in 1939 unterbrach die Versuche mit dem neuen Atemgasen; Taucher und Forscher wurden in den nächsten Jahren für andere Aufgaben eingesetzt. Es wurde allerdings auch im Krieg daran gedacht, Kampftaucher nicht nur mit ihren Sauerstoff-Kreislaufgeräten sondern auch mit Mischgasgeräten auf Nitrox-Basis auszurüsten.[189] Man führte dies aber dann doch nicht durch. Interessanterweise gab es bereits 1933 auch Überlegungen, Heliox für Unterseeboot-Tauchretter einzusetzen, wie das Patent des Italieners Mario Moschini zeigt.[190] Erst nach Kriegsende gab es wieder systematische Versuche zur Mischgastechnik: Der Taucher Jack Browne aus Milwaukee unterzog sich 1946 im Tank einem Experiment, bei dem der Druck einer Tiefe von 165 Meter entsprach. Auch er atmete Heliox.

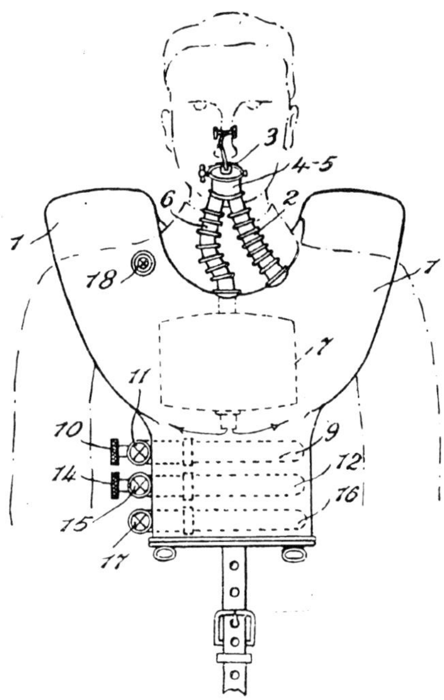

Das interessanteste Detail an dem Helium-Tauchretter von Mario Moschini von 1933 sind die im unteren Teil angeordneten drei Stahlflaschen mit verschiedenen Gasen bzw. Gemischen. Zum Austauchen aus grösseren Tiefen erzeugen automatische Flaschenventile in Abhängigkeit von Atmungsfrequenz und Wassertiefe ein entsprechendes Mischgas. Die obere Flasche (9) enthält ein Sauerstoff-Heliumgemisch (1:9), die mittlere (12) enthält 100%igen Sauerstoff, und die untere Flasche (16) 100%iges Helium. (Deutschland 680.053).

In den Jahren vor 1945 waren solche Versuche ausschließlich auf die USA beschränkt, außerhalb der USA war Helium kaum erhältlich. Die Hauptquellen waren nach wie vor in den USA, und es wurden nur in Frankreich, England und Kanada unbedeutende Vorkommen entdeckt. Der amerikanische Kongreß hatte den Export von Helium verboten, damit Adolf Hitler nicht etwa Zeppeline mit dem leichten Gas füllen und sie zu Luftangriffen auf die USA benutzen konnte. Luftschiffe wurden zwar im Zweiten Weltkrieg kaum noch eingesetzt, aber das Verbot blieb bestehen. Wer von den alliierten Verbündeten im Ausland für Tauchversuche Helium verwenden wollte, konnte es bekommen - vorausgesetzt, daß er eine schriftliche Genehmigung des Präsidenten der Vereinigten Staaten vorweisen konnte.

Die englische Kriegsmarine besaß 1948 noch einen geringen Vorrat an Helium aus amerikanischen Kriegslieferungen, wodurch der Kapitän W.O. „Bill“ Shelford, damals der bei der englischen Marine zuständige Inspekteur für das Taucherwesen, auf den Gedanken kam, eine Serie von Tauchversuchen zu organisieren, um die Tiefengrenze für die Bergung gesunkener Unterseeboote durch Taucher zu ermitteln. Zunächst stellte Shelford monatelange Laborversuche an und erarbeitete eigene Mischungen. Shelford fuhr mit seinem Schiff, der *Reclaim*, zu dem Loch Fyne, wo er praktische Tauchversuche durchführen wollte. Den Tiefenrekord im Tauchen mit Helium hielt immer noch Gene Nohl mit 126 Meter, den er zehn Jahre zuvor im Michigansee aufgestellt hatte. Bedingt durch den Gewichtsunterschied zwischen Seewasser und Süßwasser entsprach Nohls Tiefendruck 123 Metern im Meer.

Shelford arbeitete mit 18 Tauchern, die er systematisch in immer größere Tiefen hinunterschickte, überwachte die Gesundheit der Männer, achtete auf Anzeichen von Nervosität und anderen subjektiven Reaktionen und stellte jedem frei, mit den Versuchstauchgängen aufzuhören, wenn er nicht mehr wollte. Die englischen Taucher standen anfangs dem Heliumtauchen mit großer Abneigung entgegen, sie bezeichneten das neue Gemisch verachtend mit „Yankee-Gas" - auch hier zeigte sich der Konservatismus der Tauchergilde. Durch vielerlei Maßnahmen konnte Shelford allerdings der ablehnenden Haltung erfolgreich entgegenwirken. Schließlich erreichte der Versuchstaucher Wilfried Bollard tatsächlich 165 Metern Tiefe und stellte damit einen neuen Rekord für Heliumtaucher auf.

Mit Helium-Sauerstoff-Gemischen wurden dann in den weiteren Jahren immer größere Tiefenbereiche aufgesucht. 1957 tauchte der Engländer George Wookey vor der norwegischen Küste auf 184 Meter und blieb dort 1 Minute. Dieser Rekord wurde aber bald von dem Schweizer Mathematiker Hannes Keller aus Winterthur eingestellt, der gemeinsam mit seinem Freund, dem Arzt Albert Bühlmann (1923-1994)[191] von der Medizinischen Universitätsklinik Zürich (später Druckkammerlabor Zürich) die günstigsten Varianten für seine Experimente mit Hilfe einer der ersten elektronischen Datenverarbeitungsmaschinen ermittelt und seine Berechnungen in der Unterwasser-Forschungsstelle der französischen Marine dem Labortest unterzogen hatte. Am 3. Dezember 1962 gelangte Keller bei Catalina Island vor der kalifornischen Küste der Abstieg auf 300 Meter. Das Experiment war allerdings von einem tragischen Unglück begleitet, denn Kellers Tauchpartner Peter Small - ein 36jähriger Londoner Journalist und Mitbegründer des British-Sub-Aqua-Clubs - kam dabei ums Leben.

Seit diesen ersten Versuchen gab es viele weitere mit Helium-Gemischen, die den Tiefenrekord immer weiter nach unten schoben. Die Ölkrise der 70er Jahre trieb diese Forschungen weiter voran. Die Verwendung von Helium-Sauerstoffgemischen lieferte den Schlüssel zum Vorstoß in große Tiefen. Helium hat jedoch auch Nachteile, von denen der größte seine hohe Wärmeleitfähigkeit ist.[192] Da die Wärmeleitfähigkeit von Helium rund sechsmal so hoch wie die von Stickstoff ist, wird die Abgabe von Körperwärme, die ja vor allem auch durch die Atmung erfolgt, erheblich beschleunigt. Dieser Sachverhalt ist um so störender, als Helium ja gerade für größere Tiefen eingesetzt werden soll, wo die Umgebungstemperatur sowieso rasch absinkt. Deshalb ist es zweckmäßig, das Atemgas vorzuwärmen und bereits mit einer Temperatur zu liefern, die der in den inneren menschlichen Atemorganen nahekommt.

Neben dem höheren Wärmeverlust bei Verwendung von Helium gibt es einige weitere Nachteile. Taucher, die ein Heliumgemisch atmen, haben es schwer, sich untereinander und mit der Oberflächenstation zu verständigen. Die Schwingungen der stimmbildenden Organe hängen nämlich von der Gasart ab, die wir atmen, und Helium hat die unangenehme Eigenschaft, die menschliche Sprache zu verzerren. Die Forschung ist aber seit einigen Jahren bemüht, Methoden für ein Zurückmodulieren der Heliumsprache zu entwickeln. Neuere elektronische Hilfsmittel haben inzwischen zu befriedigenden Ergebnissen geführt.

Eine andere mit dem Atmen von Heliumgemischen verbundene, viel problematischere Erscheinung ist das „Heliumzittern", auch High Pressure Nervous Syndrome (HPNS), Hochdruck-Nervensyndrom oder Heliumtremor genannt, das manchmal schon ab 100 Meter Tiefe einsetzt. Dabei tritt ein starkes Spannungsgefühl im Schenkelmuskel auf und gelegentlich kommt ein Zittern der Hand hinzu, weitere Nebenwirkungen sind Muskelschmerzen und Steifheit, Kreislaufstörungen, Beschwerden im Ohr, Schwindel und Übelkeit sowie eine verminderte Reaktionsfähigkeit. Diese Beschwerden haben aber sehr wahrscheinlich ihre Ursache nicht in einer Druckkrankheit, und sind auch nicht die Folge einer Narkose oder sonstigen Vergiftung. Man führt sie auf eine Übererregung des zentralen Nervensystems zurück.

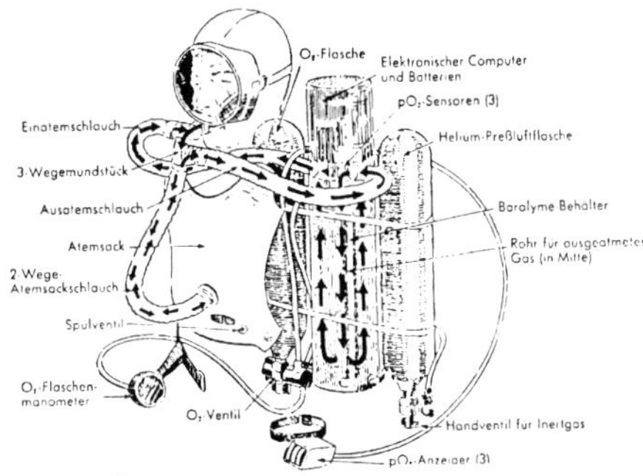

Dieses unter der Bezeichnung „Elektrolunge" bekanntgewordene Kreislaufgerät ebnete den Weg für den kommerziellen Einsatz der Mischgastechnik. Der amerikanische Elektriker und Ozeanograph Dr. Walter A. Stark hat sie 1970 vorgestellt. Für Tiefen zwischen 15 und 130 Metern arbeitet das Gerät mit einer Mischung aus Sauerstoff, Helium und atmosphärischer Luft (Trimix) in geschlossenem Kreislauf. Das Gerät wog 16 Kilogramm und erlaubte eine Tauchdauer von bis zu 6 Stunden.
Auf dem Rücken des Tauchers befinden sich zwei Flaschen, die eine für reinen Sauerstoff, die andere für eine Helium-Druckluft-Mischung. Herzstück ist der mittlere Behälter, der mit Baralyme als Kohlenstoffoxyd-Absorber gefüllt ist und auch einen kleinen Computer sowie Batterien enthält. Der Computer erhält Meßwerte zugeführt, die mehrere Sauerstoffsensoren aus dem Atemgas ableiten. Auf Grund dieser Daten gibt der Rechner automatisch das richtige Mischungsverhältnis vor. Der Computer sowie die entsprechenden Steuerventile waren wohlerprobte Teile aus der amerikanischen Raumfahrttechnik.
Der große Vorteil dieses Gerätes lag eben in dieser automatischen, tiefenabhängigen und optimalen Mischung des Atemgases. Dadurch eröffneten sich der Tauchtechnik neue Möglichkeiten. Das Gerät war allerdings noch sehr teuer und forderte während seiner Entwicklung und Erprobung auch ein Menschenleben: Der amerikanische Unterwasserfotograf Bill de Courd verunglückte mit der Elektrolunge in 100 Meter Tiefe tödlich.
(Zeichnung aus: Delphin 12/70, Seite 15)

Das Heliumzittern wurde zum ersten Mal 1965 beobachtet, als man Menschen auf 183 Meter Tiefe brachte, und war noch bis vor wenigen Jahren ein ernstes Hindernis auf dem Weg in die Tiefe. Auf der Suche nach geeigneten Abhilfemaßnahmen wurde in den Folgejahren eine Reihe experimenteller Tauchgänge unter anderem bei Comex in Marseille, der britischen Marine in Alverstoke, beim Druckkammerlabor in Zürich und bei der Duke University in North Carolina durchgeführt. Der amerikanische Tauchphysiologe Peter Bennett entwickelte dort um 1970 das als „Trimix“ oder „Heliair“ bekanntgewordene Gasgemisch aus Sauerstoff, Helium und Stickstoff, welches das Auftreten von HPNS verzögert und dem schädlichen Effekt des Heliums etwas entgegenwirkt. Es wird heute für extreme Tauchtiefen eingesetzt, so auch bei der bis vor kurzem gültigen Weltrekordtiefe von 686 Metern. Hierbei wurde dem Helium-Sauerstoff-Gemisch 10% Stickstoff beigemischt.

Ein weiterer Nachteil des Heliums besteht in seiner Seltenheit und den damit verbundenen verhältnismäßig hohen Kosten. Es wäre deshalb Verschwendung, das teure Gas nach Art verbrauchter Atemluft entweichen zu lassen, wie es bei offener Druckluftatmung üblich ist. Deshalb scheiden Geräte ohne Gasrückgewinnung (offenes System) in der Mischgastechnik aus. Bis 200 Meter Tiefe sind allgemein Atemgeräte mit halbgeschlossenem Kreislauf in Gebrauch. Dadurch wird zumindest einen Teil des Heliums bei gleichzeitiger Absorption des giftigen Kohlendioxids für mehrere Atemzüge verwendet. Mit zunehmender Tiefe steigt auch der Gasverbrauch. Das macht das Tauchen mit dem halboffenen Gerät teuer und begrenzt die Tauchdauer. In Tiefen von mehr als 200 Meter wird daher Helium grundsätzlich im geschlossenem Kreislauf geatmet, wenn möglich sogar schon ab 120 Meter.

Der geschlossene Kreislauf ist leider nicht unproblematisch. Im Gegensatz zum offenen Kreislauf, bei dem die verbrauchte Luft ausgestoßen wird, entfällt beim geschlossenen System der ständige Luftstrom, der die vielen in die Einatemluft dringenden Verunreinigungen fortwäscht. In verhältnismäßig geringen Tauchtiefen führen leichte Abweichungen vom optimalen Atemgasgemisch meist noch nicht zu Problemen, je tiefer aber der Taucher vordringt, desto kleiner wird die zulässige Toleranz für den Sauerstoff- und Kohlendioxidgehalt des Atemgases. Schon kleinste Abweichungen der Gaskonzentration etwa durch Verunreinigungen von ausdünstendem Kunststoff etc. können in großer Tiefe das Risiko einer Vergiftung stark erhöhen. Aus diesem Grund wäre auch beim Tieftauchen prinzipiell ein offenes System mit einer ständigen Spülung erwünscht, die geringe Effizienz spricht aber dagegen.

Wegen dieses Dilemmas - einerseits teures Atemgas und deshalb geschlossener Kreislauf, andererseits Gefahr durch Verunreinigungen und deshalb offener Kreislauf - wird eine völlige Autonomie (kleiner Kreislauf) des Tauchers in größeren Tiefen heute noch vielfach vermieden. Um den Partialdruck des Sauerstoffs und des Kohlendioxids besser überwachen zu können, entscheidet man sich häufig für den erweiterten Kreislauf, bei dem der Taucher durch einen Schlauch mit dem Gasversorgungsteil eines Unterwasserstützpunktes (Tauchkammer, Unterwasserstation oder Tauchfahrzeug) verbunden bleibt, oder sogar für den großen Kreislauf, bei dem eine Deckdekompressionskammer mit einbezogen ist. Dieses Vorgehen engt aber den Aktionsradius des Tauchers auf etwa 100 Meter von der Basis ein; und es ist überdies riskant, da Verschlingungen des Schlauches zum Ausbleiben des Atemgases führen können. Besonders wenn der Taucher Unterwassergeräte zu bedienen hat, wird ein solches Umbilical, die Nabelschnur, immer hinderlich sein. Der geschlossene kleine Kreislauf, das heißt die völlige Autonomie des Tauchers, bleibt daher auch für größere Tiefen das erstrebenswerte Ziel.

Zu den genannten Nachteilen des Heliums kommen einige weitere hinzu, aber so groß sie auch sein mögen - der Taucher kommt nicht ohne Helium aus, wenn er tiefer vordringen will, es ist nicht mehr aus der Tieftauchtechnik wegzudenken. Beruftstaucher benutzen auf Helium basierendes Atemgas im allgemeinen bereits bei Einsätzen ab 50 Meter Tiefe.

Die Mischgasgeräte dienten anfangs nur experimentellen Zwecken, und die Öffentlichkeit hörte von ihnen nur, wenn neue Tiefenrekorde erreicht wurden. Sonst blieb alles streng geheim. Heute gibt es kaum noch Geheimnisse, zumindest was das Prinzip betrifft. Man kann geheimgehaltene Gasmischungen und Dekompressionstabellen verhältnismäßig leicht mit Computern reproduzieren, und sie sind nicht mehr nur den Militärs bekannt, sondern werden auch von zivilen Forschungsinstituten und Firmen für verschiedene Zwecke entwickelt. Neuerdings gehen sogar Sporttaucher mit diesen Geräten ihrem Hobby nach. Die neue Methoden der Mischgastechnik machen es möglich, auch in diesem Bereich Tauchtiefen und Grundzeiten auszudehnen, und zwar im Rahmen von durchaus akzeptablen Risikogrenzen.

Diese neue Anwendung, die vor allem Wrack- und Höhlentaucher der Vereinigten Staaten entwickelten und die von dort inzwischen nach Europa kam und nun auch hier von Sporttauchern für ihre eigenen Interessen und Bedürfnisse angewendet wird, trägt den Begriff „Technical Diving“. In den Vereinigten Staaten haben sich ihm inzwischen schätzungsweise 100.000 Freizeittaucher verschrieben. Ihre Mischgasgeräte sind eine Weiterentwicklung der ursprünglich für militärische oder kommerzielle Zwecke verwendeten Kreislaufgeräte. Insofern bezeichnet sich diese Personenkreis nicht mehr als Sporttaucher sondern als Technical Diver.[193]

Technical Diving ist ein über das herkömmliche Sporttauchen weit hinausgehendes Gebiet, auf dem die Mischgastechnik Anwendung findet, um Leistung und Sicherheit unter Wasser zu verbessern. Heute unternehmen erfahrene TD's regelmäßig Tauchgänge in Tiefen von über 100 Meter, verbunden mit Grund-

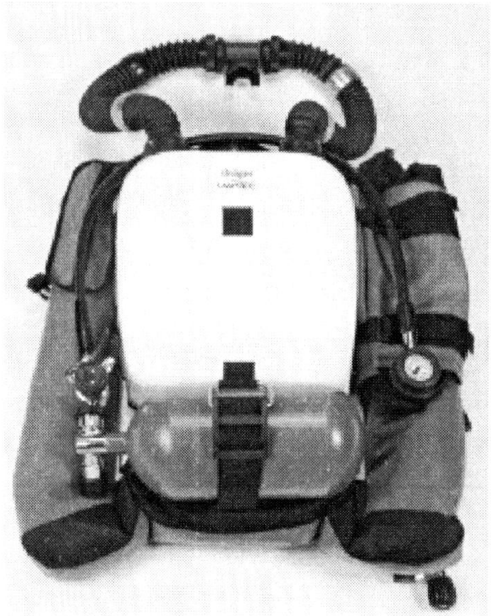

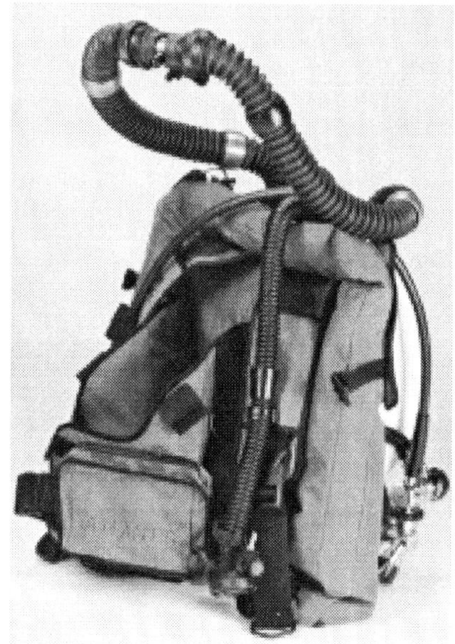

Das Kreislaufgerät „Atlantis" von der Firma Dräger arbeitet auf Nitroxbasis und soll Sporttauchern den Einstieg in die Mischgastechnik ermöglichen.
(Fotos: Drägerwerk AG, Lübeck)

zeiten von 20 bis 30 Minuten. Einzelne, extreme Tauchgänge führen sogar noch tiefer hinab: Am 6. April 1994 führte Jim Bowden in der Zacaton-Senkgrube im Norden Mexikos mit 276 Metern den bisher tiefsten Tauchgang mit offenem Scuba-System durch. Er verwendete Trimix und benötigte 10 Stunden für die Dekompression.

Eine entsprechende Szene ist in Europa erst am Entstehen, hier fehlt es noch an entsprechender Ausrüstung, vor allem aber auch am notwendigen Ausbildungsstand. In Deutschland sind inzwischen einige Mischgasgeräte im freien Handel. Das bekannteste ist das Nitrox-Kreislaufgerät Atlantis-I von der Firma Dräger, das speziell für den Freizeitbereich entwickelt wurde. Ein Prototyp des Gerätes wurde bereits 1994 vorgestellt, auch gab es bereits erste Kurse für Ausbilder, doch erst seit 1996 wird das Atlantis-I von Dräger in Zusammenarbeit mit der Firma Uwatec serienmäßig vertrieben. Es ist mit einem integrierten Tariersystem versehen. Viele Kenner sehen in ihm mit Recht die neue Generation von Sporttauchgeräten. Noch ist sein Preis jedoch etwa dreimal so hoch wie ein vergleichbares Druckluftgerät.

Das Atlantis-I ist ein 15 Kilogramm schweres, halbgeschlossenes Kreislaufgerät auf Nitroxbasis mit einer 4 Liter fassenden und auf 200 bar gefüllten Druckgasflasche.[194] Ein daran angeschlossener Atemregler liefert das Gemisch über eine konstante Dosierung und einen bedarfsgesteuerten Bypass in den Einatembeutel, aus dem der Taucher atmet. Die mit Kohlendioxid angereicherte Ausatemluft wird durch einen Atemkalkbehälter geleitet, dort vom Kohlendioxid befreit und wieder dem Kreislauf zugeführt. Der durch die konstante Dosierung bedingte Überdruck entweicht gelegentlich per Überdruckventil aus dem Ausatembeutel. Es ist ein sogenanntes Premixgerät, also ein Tauchgerät mit Fertiggasversorgung. Insgesamt stehen vier verschiedene Arten von Nitrox-Gemischen zur Verfügung für Tauchgänge von 20 Meter (mit 60/40% Sauerstoff/Stickstoff) bis 45 Meter Wassertiefe (mit 32/68% Sauerstoff/Stickstoff).

Das Mischgastauchen steckt in Europa im Freizeitbereich noch in den Kinderschuhen, aber diesen Geräten wird wohl die Zukunft gehören: Sie sind beachtlich leichter, nutzen den Atemgasvorrat wesentlich effizienter und sind ungleich geräuscharmer als die Drucklufttauchgeräte. Die bisher noch recht hohen Anschaffungskosten werden sich wohl bald durch größere Fertigungsstückzahlen senken lassen.

Es ist verständlich, daß bei allen Mischgastaucharten im Bereich der Ausbildung ein erhebliches Mehr an Theoriewissen und Praxiskönnen erforderlich ist. Deshalb gilt hier ganz besonders: Um Risiken beim Umgang mit den neuen Gasen und Geräten auszuschließen, ist eine fundierte Ausbildung nötig. Um Unfällen vorzubeugen ist in Deutschland der Erwerb des Atlantis-I sogar nur möglich, wenn man zuvor eine entsprechende Ausbildung durchlaufen hat.[195]

Das ungünstige Verhältnis zwischen der eigentlichen Tauchzeit und der Dekompressionszeit war eine der stärksten Beschränkungen, denen der Taucher bis etwa 1961 unterworfen war.[196] Dieses Verhältnis wurde immer schlechter, je tiefer der Taucher hinabstieg. Seine Tauchleistung nahm daher mit zunehmender Tiefe rapide ab. Wenn aber der Taucher unter Wasser bleibt, vermindert sich nach einem Naturgesetz die Lösung des unter dem erhöhten Druck aufgenommenen Gases und seine Verteilung im Körper nach einiger Zeit, denn die Gewebe werden langsam gesättigt. Ein Gleichgewicht stellt sich ein. Nach verschiedenen Untersuchungen vergehen bis zur vollen Gassättigung (Saturation) bei Atmung mit Helium etwa 24 Stunden und mit Stickstoff etwa 64 Stunden. Nach der Saturation werden von den Geweben keine weiteren Gase mehr aufgenommen und die Dekompressionszeit des Tauchers bleibt bis zur Rückkehr zur Oberfläche konstant, und zwar unabhängig davon, wie lange er über den Sättigungszeitpunkt hinaus unter dem Druck seiner Einsatztiefe atmet.

Diese Zusammenhänge hatten Paul Bert und John Scott Haldane schon im letzten Jahrhundert theoretisch begründet. Aber Jahrzehnte vergingen, bis man darin die Lösung für immer längere und tiefere Tauchgänge erkannte. Die Idee, den Menschen im Zustand der Gassättigung tauchen zu lassen, wird dem amerikanischen Marinekapitän Georges F. Bond zugeschrieben. Im Jahre 1957 startete er die Operation *Genesis*, bei der an Tieren verschiedene Atemgasgemische immer länger und unter immer höheren Drükken getestet wurden. Bonds Projekt fand bei der amerikanischen Marine allergrößtes Interesse, denn es barg die Möglichkeit, die unterseeische Aufrüstung beträchtlich zu erhöhen. Das Pentagon zog den Bau von mehreren bemannten Meeresbodenstützpunkten in Erwägung. Darüber hinaus versprach das Sättigungstauchen günstige Bedingungen für andere unterseeische Operationen. Aber auch die wissenschaftliche Forschung und die Industriekonzerne der USA warteten darauf, daß sich die Marine des Projektes annähme und Wissenschaft und Wirtschaft neue Horizonte öffnete. Deshalb begannen im September 1962 Versuche mit Testtauchern im offenen Meer.

In der Berufspraxis des Tauchers gehört der Sättigungsmethode die Zukunft. Obwohl das Auftauchen nach der Sättigung sehr langsam vor sich geht, steigt doch der produktive Anteil an der Gesamttauchzeit deutlich, je länger der Taucher dem Sättigungsdruck ausgesetzt ist. Längere Aufenthalte unter Wasser erfordern aber auch, daß der Taucher die Möglichkeit hat, seine Ausrüstung abzulegen, zu essen und zu schlafen. Mit dieser Prämisse brach das Zeitalter der Unterwasserhäuser und der Aquanauten an, denn was lag näher, als dem Taucher eine feste Unterwasserstation zu schaffen, die am Einsatzort oder in dessen unmittelbarer Nähe installiert ist. Wenn nötig kann sie über Monate und Jahre an demselben Standort verankert bleiben und sich ablösenden Aquanautenmannschaften als Unterkunft für längere Unterwasseraufenthalte dienen.

Die erste einfache Unterwasserbasis hatte bereits Edmund Halley im Jahre 1690 entwickelt, und sie besitzt alle Merkmale eines modernen Unterwasserhauses. Halleys Taucherglocke kann als primitiver Vorfahre der modernen Unterwasserhäuser gelten, denn er konnte durch luftgefüllte Holzfässer nicht nur bereits die verbrauchte Luft regenerieren, sondern die Taucher konnten auch seine Glocke verlassen. Als eines der ersten echten Unterwasserhäuser kann die in Deutschland entwickelte, luftgefüllte „Taucherschleuse“ von etwa 1928 gelten, in die sich Taucher zum Ausruhen zurückziehen konnte. Sie war in der Art einer verschließbaren Taucherglocke für zwei oder mehr Taucher bis 100 Meter Tiefe einsetzbar und wurde auch oft genutzt.[197] Mehrere Druckluftflaschen hielten die Schleuse trocken. Große Luftreiniger beseitigten die von den Bewohnern ausgeatmeten Kohlendioxid, aus Sauerstoffflaschen wurde die gereinigte Atemluft stets aufgefrischt. Diese Einrichtung gestattete dem Taucher, unabhängig von der Überwasserwelt nötigenfalls tagelang am Grunde des Meeres zu verweilen. Auch Robert Davis hatte bereits 1936 ein Unterwasserhaus auf dem Papier entwikkelt, seine Konstruktion wurde aber nie

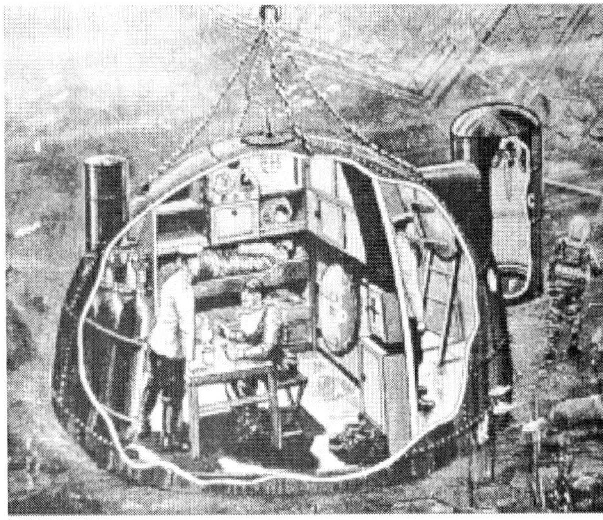

Der geniale englische Tauchtechniker Sir Robert Davis entwarf bereits in den zwanziger Jahren Pläne für Unterwasserhäuser. (Zeichnung: Sir Robert H. Davis: Deep Diving and submarine Operations. London, 1955. Copyright: Siebe Gorman & Co. Ltd.)

ausgeführt. Vorausgegangen war 1928 die Konstruktion einer versenkbaren Dekompressionskammer.

Wie bei vielen anderen Unterwassertechniken gab der Zweite Weltkrieg schließlich für die Verwirklichung dieser Idee starke Anstöße. So standen 1945 rund 6.000 japanische Kampftaucher in Unterwasserstützpunkten bereit, um bei der erwarteten Invasion gegen die Landungsschiffe zu operieren. Richtige Unterwasserstationen waren es damals allerdings nicht, man hatte Schiffe der eigenen Handelsflotte versenkt, einige Räume wasserdicht abgeschlossen und in diese Taucherschleusen eingebaut.

Die ersten experimentellen Versuche mit Unterwasserstationen begannen im Herbst 1962 mit Edwin A. Link (1904-1981). Etwa zur gleichen Zeit, als im September 1962 der belgische Testtaucher Robert Sténuit[198] bei dem amerikanischen Experiment *Man-in-Sea I* von Edwin A. Link bei Villefranche-sur-Mer über 24 Stunden in 61 Meter Tiefe in seiner drei Meter langen Kammer zubrachte, unternahmen die Franzosen unter Leitung von Jacques-Yves Cousteau mit *Precontinent I* ihren ersten Langzeitversuch im offenen Meer.

Zwischen 1962 und 1975 gab es eine Vielzahl von Versuchen und Experimenten mit Unterwasserhäusern, die teilweise in verschiedenen Ländern zeitgleich liefen.[199] Jedes Land versuchte, einen Vorsprung in dieser Technologie zu gewinnen. Nicht alle Resultate der internationalen Tieftauchforschung wurden bekannt, vieles bewegte sich sehr im Geheimen. Die bekanntesten Unternehmungen dieser Art sind die Versuche der Amerikaner mit *Sealab I, II* und *III* sowie *Tektite I* und *II,* und die Versuche von Cousteau mit *Precontinent I, II* und *III*

(Conshelf I, II und *III).* Das Taucherhandbuch der National Oceanic and Atmospheric Administration NOAA listete 1975 bereits weltweit 50 Unterwasserhäuser auf. Das letzte große Experiment mit Unterwasserhäusern wurde von der Mankai Range Inc. durchgeführt, die in 160 Meter Tiefe im Pazifik einen Wohnkomplex errichtete, in dem die Aquanauten 5 Tage lang leben konnten.

Trotz aller Vorteile, die das Mischgas- und Sättigungstauchen bis heute gebracht hat, und trotz aller Forschungsleistungen, ist die Frage nach der absoluten Tiefengrenzen für einen Taucher, der ein unter Umgebungsdruck stehendes Atemgas atmet, noch nicht gelöst. Der Wettlauf in die Tiefe ist noch nicht beendet. Den Forschern stellt sich nach wie vor die Frage, mit welchen Gaskomponenten oder durch welche Methode Tauchtiefe und -zeit noch weiter hinausgeschoben weden kann.

Als eine mögliche Lösung des Problems kommt zunächst nur der Wasserstoff in Betracht, denn er hat den Vorteil, noch leichter als Helium zu sein. Zudem ist er viel preiswerter und in jedem Land erhältlich. Bereits 1871 soll der russische Forscher A.N. Nodigin die Verwendung eines Wasserstoff-Sauerstoff-Gemischs in einem autonomen Atemgerät vorgeschlagen haben. Diese Anregung wurde lange Zeit nicht verwirklicht, nicht zuletzt wohl deshalb, weil bei unsachgemäßer Handhabung die Gefahr besteht, daß sich Wasserstoff und Sauerstoff zu dem hochexplosiven Knallgas mischen. Das Problem läßt sich aber mit der Herstellung geeigneter Mengenverhältnisse lösen.

1941 atmeten in Versuchen der britischen Marine John Burdon Senderson Haldane, der Sohn des Tauchmediziners John Scott Haldane, und E.M. Case kurzzeitig eine entsprechende Mischung. Weiterführende Experimente unternahm bald darauf die schwedische Marine. Während des Zweiten Weltkrieges versuchte der schwedische Ingenieur Arne Zetterström (1917-1945), diesen Weg in größere Tiefen zu begehen. Zetterström erreichte die Tiefe von 158 Meter, was damals über 26 Meter tiefer als jemals ein Mensch mit Helium getaucht war. Er kam aber durch einen Bedienungsfehler, den er nicht verschuldete, ums Leben.

Zur Zeit gibt es noch keine Antwort auf die Frage, wie tief letztlich der Taucher mit einem Atemgas auf der Grundlage von Helium oder Wasserstoff - eventuell als Helium-Wasserstoff-Sauerstoff-Gemisch (Hydreliox) -, den beiden in Frage kommenden Sauerstoff-Verdünnern, gelangen wird. Sicher ist: Je weiter sich der Mensch hinabwagt, desto schwieriger wird es werden, ein Gasgemisch zu finden, das unter den enormen Druckverhältnissen den chemischen Haushalt des Organismus nicht schädigte und ihn vor Narkosen und Krämpfen bewahrt.[200]

Setzt man voraus, daß die ideale Atemgasmischung irgendwann gefunden wäre, käme in einem solchen Fall trotzdem ein weiteres Problem hinzu: Der menschliche Organismus wird wohl kaum noch in der Lage sein, unter einem Druck, wie er in einer Tiefe von vielleicht 1.000 oder 1.500 Metern herrscht, das eingeatmete Gas aus seinen Lungen auszustoßen. Dies würde bedeuten, daß die Atmung durch künstliche Pumpen unterstützt werden müsste. Erste Experimente deuten darauf hin, daß sich dieses Problem vielleicht für einen gewissen Tiefenbereich lösen läßt. Eine größere Schwierigkeit bilden die im Atemgas immer enthaltenen Verunreinigung. Es ist anzunehmen, daß die giftige Wirkung der Verunreinigungen mit dem Druck zunimmt. Dies alles bedeutet, daß das Atmen mit Gasgemischen unter Umgebungsdruck sicher keine unbegrenzte Möglichkeiten bietet. Irgendwo zwischen 1.000 und spätestens 1.500 Metern gelangt der Mensch an eine absolute Barriere, die mit der herkömmlichen Methode der Gasatmung nicht mehr zu überwinden ist.

Man kann sagen, daß der Mensch heute unter Umgebungsdruck bis etwa 500 Meter Tiefe vordringen und sich dort bis zu 70 Tagen aufhalten kann. Natürlich sind diese Tauchgänge für Berufstaucher reserviert und erfordern eine sehr zuverlässige Betreuung. Der bisher tiefste Tauchgang im gewerblichen Tauchen führte in eine Tiefe von 327 Metern, und es spricht alles dafür, das diese Tiefe in der nächsten Zeit nicht wesentlich überschritten wird, da bemannte Tauchgänge inzwischen immer öfter von preiswerteren Robotern und ferngesteuerten Fahrzeugen abgelöst werden.

Auch wenn die Experimente mit Wasserstoff zunächst keine Alternative zu Helium zeigten, führten sie doch zu kühnen Theorien über die Möglichkeit menschlicher Wasseratmung. In der Tiefe atmete Zetterström ein Gasgemisch aus Wasserstoff und Sauerstoff, und Wasser besteht fast nur aus diesen beiden Elementen. Vielleicht wird es möglich, auf chirurgischem Wege eine Vorrichtung in den Körper einzuführen, die dem Menschen ermöglicht, Wasser zu atmen und so den Kreis seiner biologischen Entwicklung durch die Rückkehr in die See, aus der er einst hervorgegangen ist, zu schließen? Einen Ausweg aus der Problematik des Tieftauchens könnte die völlige Abkehr vom Atmen eines gasförmigen Gemisches bieten. Die These vieler Wissenschaftler lautet, der Mensch solle nicht nur nach Art der Fische unter Wasser schwimmen, sondern auch wie sie atmen.

Die Idee ist tatsächlich bestechend. Bekanntlich können die Fische den im Wasser gelösten Sauerstoff mit Hilfe ihrer wasserdurchströmten Kiemen aufnehmen und das Kohlendioxid als Abbauprodukt des Stoffwechsels wieder ans Wasser abgeben. Auf den Menschen angewendet, mutet dieses physiologische Prinzip zunächst aber absurd an, denn wie sollte sich der Mensch derart weitgehend dem Fisch anpassen?

Auf dem zweiten, großen Weltkongreß in London am 18. Oktober 1962, kurz nach dem Experiment *Precontinent I*, sprach Jacques-Yves Cousteau über seine Visionen zu diesem Thema. Es sollte der sensationelle Höhepunkt der Veranstaltung werden. Cousteau sagte: „Wir werden noch tiefer gehen. Es wird eine Epoche der menschlichen Chirugie kommen, denn um die Hindernisse bei der

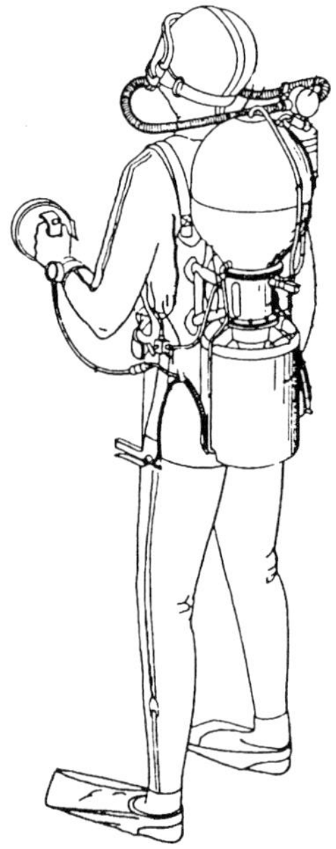

In einem Patent vom 29. März 1963 (USA 269.016, Deutschland 1.236.967) schlagen die beiden Amerikaner John Keithley Hubert und Frank Dana Bond vor, einen Schwimmtaucher mit einer besonderen Antriebsanlage zu versehen, um eine rationellere Fortbewegung und eine grössere Geschwindigkeit zu erreichen. Als Antrieb ist eine Dampfturbine vorgesehen, die mit Wasserstoffperoxyd arbeitet. Solche Anlagen sind als Antrieb für Unterseeboote bekannt und werden als Walter-Turbinen bezeichnet. Der Taucher soll die Turbine auf dem Rücken tragen, die Luftflasche wird an die Seite verlagert und erscheint nebensächlich. Ein ausgeklügeltes Steuerungssystem ermöglicht sehr exakte Richtungsänderungen. Mit dieser Erfindung ist wohl die grösste denkbare Mobilität für einen Schwimmtaucher erreicht. Das Patent wurde von der amerikanischen Bell Aerospace Corp. beantragt und gleicht dem Bauprinzip der Ein-Mann-Hubschrauber, die im Vietnamkrieg eingesetzt wurden (siehe dazu auch: Lusar, Rudolf: Die deutschen Waffen und Geheimwaffen des 2. Weltkrieges und ihre Weiterentwicklung. München, 1971).

Raumforschung und der Tiefseeforschung zu überwinden, muß der Mensch verändert werden. Man wird seine Lungen mit einer neutralen, dem Druck widerstehenden Flüssigkeit füllen; man wird die Nervenzentren, die Atmungsbewegungen kontrollieren, stillegen, man wird das Blut zum Sauerstoff-Kohlendioxid-Austausch durch eine Regenerationspatrone hindurchleiten. Amerikanische und europäische Forscher untersuchen bereits die Möglichkeit, das menschliche Atmungszentrum kurzzuschließen."[201] Solcherart glaubte Cousteau an Tauchtiefen von bis zu 2.000 Meter. Um die Jahrtausendwende gäbe es sogar Unterwasser-Krankenhäuser, in denen der neue Menschentyp, den er *Homo aquaticus* nannte, zur Welt käme und operativ dem Meer angepaßt würde. Bei näherem Betrachten der biologischen Zusammenhänge erscheint die Idee als gar nicht mehr so abwegig wie sie klingt, denn letztlich stammen alle Warmblüter von Flüssigkeit atmenden Vorfahren ab.

Zum erstenmal versuchte 1961 der holländische Forscher Johannes A. Kylstra an der Universität Leiden, Säugetiere eine Flüssigkeit atmen zu lassen. Der Forscher begann seine Versuche mit durch Sauerstoff angereichertem Wasser als Medium und Mäusen als Objekten. Einige Mäuse überlebten den Tauchversuch mehrere Stunden. Danach aber büßten die Tiere an Lebenskraft ein; schließlich setzte die Atmung aus.

Kylstra setzte seine Versuche mit verschiedenen Lösungen fort, und 1969 stellte sich der Taucher Francis J. Falejczyk freiwillig für das Experiment am Menschen zur Verfügung. Um kein unnötiges Risiko einzugehen, wurde der Test zunächst nur mit einem flüssigkeitsgefüllten Lungenflügel vorgenommen. Falejczyk befand sich bei vollem Bewußtsein und gab selbst das Startzeichen. Nur noch der eine Lungenflügel erhielt die normale Atemluft; über den zur zweiten Lungenhälfte führenden Schlauch sog Falejczyk eine Stunde lang ein mit Sauerstoff angereichertes salziges Atemwasser ein. Er berichtete nach Abschluß des Experiments, „daß er in der flüssigkeitsgefüllten Lungenhälfte kein wesentlich anderes Gefühl gehabt hätte als in der gasgefüllten. Auch sei das Hineinströmen und das Hinausstoßen der Atemflüssigkeit nicht mit irgendwelchen unangenehmen Reizungen verbunden gewesen.“[202]

Das Experiment bewies, daß der Mensch seinen Sauerstoffbedarf prinzipiell ebenfalls aus einer die Lunge durchströmenden Flüssigkeit decken könnte. Das Problem bleibt in erster Linie der Abtransport des Kohlendioxids, aber auch noch viele andere technische Hürden sind zu nehmen. Die gegenwärtigen Forschungen richten sich daher auf die Suche nach besser geeigneten Atemflüssigkeiten. In Frage kommen zum Beispiel auch bestimmte synthetische Fluor-Kohlenwasserstoff-Verbindungen, die das giftige Kohlendioxid dreimal leichter aus der Lunge aufnehmen als Salzwasser. Sie besitzen überdies die Eigenschaft, eine große Menge Sauerstoff in sich lösen zu können. Da es sich hier um Grundlagenforschung handelt, erfordern die Versuche einen enorm hohen Aufwand an finanziellen Mitteln und werden unter strengster Geheimhaltung durchgeführt. Es ist nicht ausgeschlossen, daß bereits Militärs in geheimen Labors auf dem Gebiet der Flüssigkeitsatmung einen wesentlichen Schritt weiter sind als in der Öffentlichkeit bekannt.

Einige Wissenschaftler sind mit ihrem Urteil noch zurückhaltend oder ablehnend, andere sehen in der Flüssigkeitsatmung *die* Lösung des Problems zum Tiefsttauchen, denn die Vorteile sind offensichtlich. Deshalb zweifeln viele Forscher nicht mehr daran, daß mit den vorliegenden Ergebnissen bereits die Grundlagen für ein Atemgerät geschaffen worden sind, das dem Taucher statt des Atemgases eine mit Sauerstoff angereicherte Flüssigkeit liefern wird. Indem seine Lunge mit seiner solchen Lösung durchspült wird, könnte eine Art Kiemenatmung in Gang gesetzt werden, der Taucher könnte vollständig zum „Fisch unter Fischen“ werden. Einige Forscher, wie G. Pagnelli und Walter L. Robb vertreten sogar die Auffassung, daß es einmal möglich sein wird, den notwendigen Sauerstoff direkt aus dem umgebenden Meerwasser zu entnehmen.

All dies klingt tatsächlich sehr nach Utopie. Aber diese Visionen sollen hier nicht voreilig abgetan werden: - Hatte man nicht auch von Utopie gesprochen, als Visionäre vor über 100 Jahren sagte, daß der Mensch eines Tages den Mond erreichen wird? Jules Vernes Roman *20.000 Meilen unter dem Meer* wurde ebenfalls bereits Realität - warum sollte dies nicht auch mit der Flüssigkeitsatmung einmal so sein? Wenn der Mensch schon auf dem Mond spazieren gegangen ist, warum sollte es ihm dann nicht gelingen, auch in große Tiefen vorzudringen und dort zu arbeiten? Wenn wir uns die Erfindungen zur Eroberung des Unterwasserraumes vor Augen halten, die während der letzten 2.000 Jahre in immer schnellerer Folge und immer bedeutenderer Auswirkung gemacht worden sind, wäre es absurd, die Möglichkeit der Wissenschaft und der Technik zu unterschätzen.

Besonders optimistisch äußerte sich George F. Bond, der als Begründer der Methode des Sättigungstauchens selbst einmal maßgeblich zur Revolutionierung der Tauchtechnik beigetragen hat. Nach seiner Auffassung wird man mit der Flüssigkeitsatmung „vielleicht kurze, nützliche Tauchgänge bis 4.000 Meter Tiefe durchführen können. Für diese letzten Schritte wird aber noch eine erhebliche grundlegende physikalische und technische Arbeit notwendig sein. Dennoch bleibt das Tiefsttauchen von Menschen bis in die Tiefen der meisten Ozeane der Welt eine reale Möglichkeit.“[203]

Wir sind am Ende unseres Streifzuges durch die Geschichte des Schwimmtauchens und des Menschen unter dem Meer angelangt. Sehr vieles ist in den letzten Jahrtausenden geleistet worden - manches geschah wohl zufällig, anderes wurde von ingeniösem Erfindergeist erdacht. Der Mensch greift heute nicht nur nach den Sternen, sondern erobert auch die letzten Tiefen der Meere. Durch die Sättigungs- und Mischgastauchtechnik hat er eine neue Schwelle überschritten, die es ihm ermöglicht, immer tiefer zu tauchen und seinen Aufenthalt unter erhöhtem Umgebungsdruck von Stunden auf Wochen und Monate auszudehnen. Dank hochleistungsfähiger Werkstoffe und computerüberwachter Regelungseinrichtungen ist das Tiefsttauchen inzwischen zwar in erster Linie ein medizinisch-physiologisches Problem geworden, es wird aber auch - oder ganz besonders - in der Zukunft ein technisches Abenteuer bleiben.

Nicht nur die Forschungsarbeiten und die Experimente sind fortgeschritten, sondern auch die Weiterentwicklung des Tauchens und der Unterwasserarbeiten. Das Interesse, das Regierungen, militärische Kreise, Ölgesellschaften und nicht zuletzt Sporttaucher bekunden, bringt bei dem Wettrennen in die Tiefe einen wesentlichen Vorschub. Eines ist sicher: Der dem Menschen bis ins hohe Alter eigene Trieb zum Forschen, sich mit keinem erreichten Ziel zufriedenzugeben, sondern immer weiterzuschauen, wird ihn immer tiefer und länger ins Meer hinunterführen.

ALINAT, J. und BOUSQUET, Y.: *L'Homme dans la Mer*. Paris, 1956.
AMEILHON: Recherches sur l'art du plongeur chez les Anziens. In: *Histoire de l'Academie des Inscriptions*, 40 (1780), S. 96-118.
AUGUSTINSKI, Gert: *Von der Luftblase zum Taucherhelm*. Selbstverlag, Petersberg, 1994.
AUSTRO-HUNGARIAN MONARCHY: *Unterricht im Taucherdienst in der k.k. Kriegs-Marine*. Theil I und II. Wien, Aus der kaiserlich-königlichen Hof und Staatsdruckerei, 1880.
BACHMANN, J.F.: *Die Kunst zu schwimmen oder Erfindung, vermittelst welcher man sich allemal aus einem Schiffbruch retten, auch bedürfendenfalls ganze Armeen über die breitesten Flüsse bringen kann*. Übers. a. d. Franz., Berlin 1742.
BACHRACH, Arhur J. und DESIDERATI, Barbara M. und MATZEN, Mary M. (Hrsg.): *A Pictorial History of Diving*. The Undersea and Hyperbaric Medical Society Inc., San Pedro CA, 1988.
BACON, Francis: *Novum Organum*. London, 1802. (Deutsch: Leipzig, 1870)
BAJER, Rudolf: *Tauchschwimmen - ein neuer Sport*. Wien-München, 1958.
BARTMANN, Hubertus: *Tauchgeräte*. Landsberg, 1993.
BAUER, Hans: *Abenteurliche Tiefsee*. Leipzig, 1955.
BAUER, J.A. und BAUER, S.E.: The earliest inventor of the Demand Regulator. In: *HDS Newsletter*, Nr. 14, Dezember 1995, S. 7-14.
-,-: *The Origins of the Demand Regulator*. Vortragsmanuskript, Espalion/France, Oktober 1997.
BAZIN, Ernest: *Extrait de l'histoire générale des hommes du XIXe siècle vivants ou morts de toutes les nations*. Paris, 1870-75.
BEEBE, William: *Beneath Tropic Seas*. New York, 1928.
-,-: The depths of the sea. A wanderer under the sea. In: *National Geographic Magazine*, 1932, Heft 61, S. 65-88 und Heft 62, S. 741-758.
BEKKER, Cajus: *Und liebten doch das Leben. Die erregenden Abenteuer deutscher Torpedoreiter, Froschmänner und Sprengbootpiloten*. Hannover, 1956.
-,-: *Einzelkämpfer auf See*. Hamburg, 1968.
BERGANN, Jochen: Der Produzent. In: *tauchen*, Heft 7/88, S. 38-39.
BERGE, Viktor und LANNIER, Henry Wysham: *Der Perlentaucher*. Frankfurt a.M., 1932.
BERT, Paul: *Lecons sur la physilogie comparée de la respiration*. Bailliéere, 1870.
-,-: *La pression barometrique*. Paris, 1878.
BEVAN, John: The first demand valve. In: *Diver*, London, Vol. 34, Nr. 2, Februar 1989, S. 36.
-,-: Die Helmtaucher. In: *tauchen*, Hamburg, Heft 1/92, S. 60-63.
-,-: *The infernal diver*. London, 1996.
BEVAN, John, und EVANS, Helen: The Whitstable Divers. In: *tauchen*, Heft 4/91, S. 35-37.
BILLAUDEL, M.: Notice sur la cloche a plonger. In: *Publications Acad. Roy. Sci. Belles-Lettres Arts*, Bordeaux, 1820/1829, S. 79-98.
BILLINGS, Henry: *Man under Water*. New York, 1954.
BOND, G.F. und O'NEAL, H.A.: *Sealab I Project*. Washington, 1965.
BORELLI, J.Alfonso: *De motu animalium*. Ed. Nova Neapolitania, Naples, 1734. Deutsch: *Die Bewegung der Tiere*. Leipzig, 1927.
BORGHESE, J. Valerio: *Die Teufel der Tiefe*. Boppard a.Rhein, 1961.
BOUTAN, Louis: Emploi du Scaphandre pour les études zoologiques et la photographie sous-marine. In: *Revue Scientific*, Paris, 1894, 1, S. 481-490.

-,-: *Scaphandre Autonome a Respiration Normale.* Paris, ca. 1900.
-,-: *La Perle.* Paris, 1925.
BOYCOTT, A.E.; DAMANT, G.C.C.; HALDANE, J.S.: Prevention of compressed air illness. London, *Journal Hyg.* 8 (1908), S. 342 ff.
BRACKE, Gerhard: *Die Einzelkämpfer der Kriegsmarine.* Stuttgart, 1981.
BRADNER, Hugo und DIETZ, R.S.: *Recent Developments in Scuba Diving in Europe.* London, Office of Naval Research, 1955.
BRASE, Will August Hermann: *International Submarine Bibliography.* Hamburg, 1944.
BRIZE-FRADIN: *La Chimie pneumatique appliquée aux travaux Sous l'eaux.* Paris, 1808.
BRÜHL, Ludwig: Die Eroberung der Meerestiefen. In: *Die Koralle,* Nr. 1, Berlin, 1925, S. 19-28.
BUSCHAN, Georg (Hrsg.): *Illustrierte Völkerkunde.* Stuttgart, 1923.
BÜSCHER, Gustav: *In den Reichen der Tiefe.* Stuttgart, 1941.
-,-: *Geheimnisvolle Tiefen. Das Innere der Erde, die Abgründe der Meere.* Union, 1957.
BÜHLMANN, Albert: Der Weg in die Tiefe. In: *Documenta Geigy,* Bulletin 1-5, Basel, 1961.
CARSON, Rachel: *Geheimnisse des Meeres.* München, 1952.
CLARK, Eugine: *Lady with a Spear.* New York, 1953.
COLL, Pieter: *Das Meer, der unentdeckte Kontinent.* Würzburg, 1968.
COLMAN, John S.: *Wunder des Meeres.* Stuttgart, 1952.
COMMANDER DE MONTGERY: *La navigation et la guerre sous-marine.* Paris, 1825.
COMMITTE ON UNDERSEA WARFARE. NAT. RES. COUN.-Nat. ACAD. OF SCI. (HSRG).: *An Annotated Bibliography of Submarine Technical Literature 1557-1953.* March 1954, AD No. 49957.
CONDROYER, Emile: *Les Pioniers de la Plongée.* Paris, 1948.
CORRIOL, J. und BOUFFIL-CORRIOL, N.: *Une histoire de la plongée sous-marine.* Marseille, 1984.
COUSTEAU, Jacques-Yves und DUGAN, James: *The Living Sea.* New York, 1963.
COUSTEAU, Jacques-Yves und DUMAS, Frédéric: *Die schweigende Welt.* Berlin, 1953.
COUSTEAU, Jacques-Yves und GAGNAN, Emile: *Scaphandres autonomes, Scaphandre 'Narguile' La Spirotechnique.* Paris, ca. 1954.
COUSTEAU, Jacques-Yves: *Par dix-huit metres de font.* Paris, 1946.
-,-: *Le monde sans soleil.* Paris, 1964.
-,-: *Man Re-enters the Sea.* New York, 1974.
COWAN, Zélide: *Early Divers. Underwater Adventures in the 17th and 18th Centuries.* Norfolk, 1994.
CRAIG, John D.: *Danger is my Business.* New York, 1938.
CULPIN, Howard: *The true Book about Underwater Exploration.* London, 1956.
CZAYA, Eberhard: *Aquanauten erobern die Tiefsee.* Berlin, 1977.
DAS HANDBUCH DES TAUCHSPORTS. Bielefeld, 1996.
DAVID, Daniel: A modest Pioneer - The life, and death, of Georges Commeinhes. In: *HDS Newsletter,* No. 13, August 1995, S. 7-9; und *Historical Diving Times,* No. 19, Summer 1997; S. 16-21.
DAVIS, Robert H.: Letter to the Editor, Entitled: The Self-Contained Diving Outfit. In: *Scientific American,* 21. Dezember 1912.
-,-: *Deep Diving and underwater rescue.* London, 1934.
-,-: *Deep Diving and Submarine Operations.* London, 4. Auflage 1935.
-,-: *Breathing in Irrespirable Atmospheres and, in some Cases, also Under Water.* London, 1938.
-,-: *Deep Diving and Submarine Operations.* London, 6. Auflage 1955.

DE LATIL, Pierre: *Vom Nautilus zum Bathyscaph*. Wiesbaden, 1955.
-,-: *The Underwater Naturalist*. London, 1954.
DE LATIL, Pierre und RIVOIRE, Jean: *Man and the Underwater World*. London, 1956.
DEACON, G.E.R. (Hrsg.): *Seas, Maps, and Men: An Atlas-History of Man's Exploration of the Oceans*. New York, 1962.
DELPEUCHE, Maurice: *La Navigation Sous-marine à travers les âges*. Paris, 1902.
DEMMIN, August: *Die Kriegswaffen in ihren geschichtlichen Entwicklungen von den ältesten Zeiten bis auf die Gegenwart*. Enzyklopädie der Waffenkunde. 2 Bände, Wiesbaden, 1895 und 1896.
DENAYROUZE, Auguste: *Manuel du Matelot-Plongeur et Instruction sur L'Appareil Plongeur Rouquayrol-Denayrouze*. Paris, 1867.
DICK, Peter: What has a Tea seller got to do with diving? Origins of the demand regulator. In: *HDS Times,* Nr. 16, Sommer 1996, S. 18-21.
DIOLÉ, Phillipe: *Underwater Exploration. A History*. London, 1954.
-,-: *Abenteuer unter dem Meere*. Zürich, 1955.
DOBBERTHIEN, Ulrike und CHAVALKIS, Janni: Beruf Schwammtaucher. In: *tauchen*, Hamburg, Heft 7/1995, S. 82-87.
DOMVILLE-FIFE, Charles W.: *Submarine Engineering of Today*. Philadelphia, 1914.
DONALD, Kenneth: *Oxygen and the Diver*. Worcester, 1992.
DOUGLAS, Jahn-Scott: *Die Wunderwelt des Meeres*. Frankfurt, 1957.
DOUKAN, Gilbert: *The World Beneath the Waves*. New York, 1957.
-,-: *Underwater Hunting*. London, 1953.
DRÄGERWERK LÜBECK (Hrsg.): *Drägertauchgeräte schlauchlos und mit Schlauch*. Katalog T, 6. deutsche Ausgabe, Lübeck, Februar 1946.
DRIEBERG, Friedrich von: *Memoire sur une Machine a Plongee Appelee Triton*. Paris, 1811.
DUGAN, James: *Man Explores the Sea*. London, 1956.
-,-: *Forscher und Taucher im Meer*. Zürich, 1960.
-,-: *Undersea Explorer. The Story of Captn. Cousteau*. London, 1957.
-,-: *World beneath the Sea*. Washington, 1967.
DUGAN, James und VAHAN, Richard: *Men under Water*. Philadelphia, 1965.
DUMAS, Frederic: *Epaves antiques, introduction a l'archéologie sous-marine Méditerranéenne*. Paris, 1964.
DUMAS, Jacques: *La Plongée sous-marine et le Droit*. Paris, 1957.
DUPONT, Felix: *Under Sea with Helmet and Camera*. New York, 1940.
EARLE, Sylvia A. und GIDDINGS, Al: *Exploring the Deep Frontier. The Adventure of Man in the Sea*. Washington, 1980.
EBERMANN, Oskar: *Sagen der Technik*. Band 30, Leipzig, 2. Auflage 1943.
EHM, O.F.: *Tauchen - noch sicherer*. Rüschlikon-Zürich, Stuttgart, Wien, 6. Auflage 1993.
ELLSBERG, Edward: *Men Under the Sea*. New York, 1939.
EUNSON, Robert: *Mikimoto, le Roi des Perles*. Paris, 1956
FALKENHORST, Carl: *In Meerestiefen. Geschichte der Erforschung und Eroberung der Meere*. Stuttgart, 1891.
FELDHAUS, Franz Maria: *Die Technik der Vorzeit, der geschichtlichen Zeit und der Naturvölker*. Leipzig, 1914.
-,-; *Leonardo (da Vinci) der Techniker und Erfinder*. 2. Auflage Jena 1922.
-,-: *Ruhmesblätter der Technik*. 2. Auflage in 2 Bänden, Leipzig, 1924 und 1926.
-,-: Kulturgeschichte der Technik. 2 Bände in der Reihe von WASSERLOOS, Ewald und WOLFF, Georg (Hrsg.): *Bd. 21 u. 22 der Mathem.-naturwissenschaftlich-technischen Bücherei*. Berlin, 1928.

-,-: *Die Technik der Antike und des Mittelalters.* Potsdam, 1931.
-,-: *Die Maschine im Leben der Völker.* Basel, 1954.
FIGUIER, Louis: *Les Merveilles de la science.* Paris, 1870.
FIELD, C.: Quanit Diving Apparatus of the 18th Century. In: *Scientific American*, Juli 1903, S. 9.
FOCK, H.: *Marinekleinkampfmittel.* München, 1968.
FOEX, Jean-Albert: *Exploration Sous-Marine de la Bible.* Paris, 1955.
-,-: *Der Unterwassermensch.* Schwabenverlag, Stuttgart, 1966.
FOUCHER-CRETEAU, J.: *L'Aventure est sous la Mer.* Paris, 1955.
FRANCIS-BOEUF: *L'exploration sous-marine.* Elzévir, 1947.
GAGEL, Ernst: *Die Sieben Meere. Ihre Erforschung und Erschließung.* Braunschweig, 1955.
GESNER, Konrad: *Fischbuch, das ist eine kurtze, doch vollkommne beschreybung aller Fischen...durch Cunradt Forer in das Teütsch gebracht.* Zürich, 1571.
GIERSCHNER, Norbert: *Lockende Meerestiefen.* Rüschlikon-Zürich, 1984.
GILPATRIC, Guy: *The Compleat Goggler.* New York, 1938.
GOODFELLOW, R.: *Underwater Engineering.* Tulsa, 1977.
GOODSALL, Robert H.: *Whitstable, Seasalter and Swalecliff.* 1938.
GRABATSCH, M.: *Torpedoreiter, Sturmschwimmer, Sprengbootfahrer.* Wels, 1979.
GÜNTHER, Hanns: Ins Meer hinab. Die Entwicklung der Taucherei. In: Günther, Hans (Hrsg.) (Werner De Haas): *Taten der Technik.* Zürich-Leipzig, 1923, S. 97-149.
-,-: *Die Eroberung der Tiefe.* Stuttgart, 1928.
HALDANE, John Burdon Sanderson: *Life at High Pressure.* Bert Publications Co., 1947.
HALLEY, Edmund: *Art of Living Underwater.* Royal Society Report. London, 1716.
HANAUER, Eric: *Diving Pioneers. An Oral History of Diving in America.* San Diego, 1994.
HANDBUCH TAUCHEN. München, 1996.
HARRIS, Garry L.: *Ironsuit. The History of the Atmospheric Diving Suit.* San Pedro, 1994.
HASS, Hans: Beitrag zur Kenntnis der Reteporiden mit einem Bericht über das Schwimmtauchen als neue Methode der Meersforschung. In: *Zoologica*, Stuttgart, Heft 101, 1948.
-,-: *Welt unter Wasser. Der abenteuerliche Vorstoß des Menschen ins Meer.* Molden Verlag, Wien-München-Zürich, 1973.
-,-: *Aus der Pionierzeit des Tauchens.* Hamburg, 1996.
HASSLACHER, von: Die Rouquayrol-Denayrouzeschen Taucher-, Athmungs- und Beleuchtungsapparate und ihre Anwendung beim Bergbaue. In: *Zeitschrift für das Berg-, Hütten- und Salinenwesen im preuss. Staate*, XXII. Band, 1874.
HAUX, Gerhard: *Tauchtechnik.* 2 Bände, Berlin, 1969 und 1970.
-,-: *Subsea Manned Enigineering.* London, 1982.
HEBERLEIN, Hermann: *Unterwasserwelt.* Zürich, 1958.
-,-: Historical Development of Diving and its Contribution to Marine Science and Research. In: *Proc. R.S.E. (B)*, 72, 27, 1971/72, S. 283-296.
HEINKE, J.W.: *On Improvements in Diving Dresses and other Apparatus for Working Underwater.* Published by Institution of Civil Enginneers, London, 18. März 1856.
HELLYER, David: Goggle Fishing in California Waters. In: *National Geographic Magazine*, Washington D.C., Nr. 5, Mai 1949, S. 615-632.
HESSE, H.E.: Schwimmen, Springen, Tauchen bei den germanischen Völkern im altnordischen Schrifttum. In: *Die Leibeserziehung*, Schorndorf, Heft 5, 1955, S. 110-113.
HOFF, E.C.: *A Bibliographical Sourcebook of Compressed Air, Diving and Submarine Medicine.* Navmed 1191. Bureau of Medicine and Surgery. Navy Department. Washington D.C., 1948/1954/1966.

HOFFMANN, Gabrielle: *Versunkene Welten*. Bergisch-Gladbach, 1985.
HONG, Suk Ki und RAHN, Hermann: The Diving Women of Korea and Japan. In: *Scientific American*, Mai 1967, S. 34-43.
IDYLL, C.P.: *Exploring the Ocean World. A History of Oceanography*. New York, 1969.
INGEGNOLI, Franco (Hrsg.): *Vademecum del cacciatore subacqueo*. pubblicazione annuale 4, Milano, 1958.
JAL, Auguste: *Archeologie Naval*. Paris, 1840.
JONES, Michael E.: *Deepwater Oil Production and Manned Underwater*. London, 1981.
JUNG, Michael: *Hans Hass. Ein Leben lang auf Expedition. Ein Porträt*. Stuttgart, 1994
-,-: Geschichte des Tauchsports. In: *Divemaster-Magazin*, Heft 3/94, S. 51-54; Heft 4/95, S. 19-25; Heft 3/96, S. 57-62.
-,-: Geschichte der Kreislauftauchgeräte. In: *Divemaster-Magazin*, Heft 4/94, S. 27-30
-,-: Historische Entwicklung des Rebreathertauchens. In: Lüchtenberg, Dietmar: *Rebreather Manual Nitrox*. Rebreather Advisory Board, Lübeck, 1996, S. 11-26.
-,-: Das Tauchen im Laufe der Zeit. In: *Handbuch des Tauchsports*. Bielefeld, 1996, S. 11-33
-,-: Hans Hass - Pioneer of swimdiving. In: *Historical Diver*, Los Angeles, H. 9, 1996, S. 12-25.
-,-: *Meeresgrundwanderer. Der vergessene Tauchpionier Peter Kreeft aus Barth*. Kückenshagen, 1997.
-,-: Oghushis unvergleichliches Tauchgerät. In: *Divemaster-Magazin*, Heft 2/97, S. 55-57.
-,-: From Counterlung to Swimdive Device. In: *Historical Diver*, Los Angeles, Nr. 12, Summer 1997, S. 20-21, und *Divemaster Magazin*, Stuttgart, Heft 4/97, S. 59-60.
-,-: *Tauchgeschichtekompendium Joseph August Schultes*. Merzig, 1998
-,-: Guillaumets Tauchgänge mit seinem bedarfsgesteuerten Atemregler. In: *Divemaster Magazin*, Heft 4/98.
-,-: *Tauchgeschichtekompendium Karl-Heinrich Klingert*. Merzig, 1998.
KELLER, Jörg: Historische Tauchanzüge. In: *tauchen*, Hamburg, Heft 6, 1982, S. 43-49.
KEMP, Paul: *Underwater Warriors*. London, 1996.
KENYON, Ley und DE HAAS, Werner: *Tauch mit!* Rüschlikon-Zürich, 1958
KERLL, Karl-Heinz: *Comité Sportif Manuel - Sports Committee Manual*. Stuttgart, 2. Auflage 1988.
-,-: *Verband Deutscher Sporttaucher VDST Chronik 1954-1994*. Mörfelden-Walldorf, 1994.
KLEINLEIN, Gerhard: *Bezwungene Tiefen*. Berlin, 1956.
KLINGBEIL, Kurt und KÜHLMANN, Dietrich: *Sporttauchen*. Berlin-Neuhagen, 1958
KLINGEL, G.C.: *Inagua*. New York, 1940.
KLINGERT, Karl-Heinrich: *Beschreibung einer in allen Flüssen brauchbaren Tauchermaschine*. Breslau, 1797.
-,-: *Kurzer Nachtrag zu der Geschichte und Beschreibung einer Tauchermaschine; nebst der Erklärung einer Laterne oder Lampe, die in jeder verdorbenen Luft und im Wasser brennt*. Breslau, 1822.
KUCHARSKI, W.: Zur Entwicklung des Tauchens in größeren Wassertiefen. In: *Werft, Reederei, Hafen*. Heft 4, Februar 1927, S. 65-71.
KUHLEMANN, Friedrich August: *Die Bedeutung des Tauchens in Vergangenheit und Gegenwart*. Köln, 1952.
KUROWSKI, Franz: *Unsere Zukunft das Meer*. Wien, 1970.
-,-: *In die Tiefen der Meere*. Würzburg, 1974.
-,-: *Krieg unter Wasser*. Düsseldorf, 1979.
LAMBERTSEN, Christian J.: A Diving Apparatus for Live-Saving Work. In: *Journal of the American Medical Association*, 29. März 1941.

LARSEN, Egon: *Mensch und Meerestiefe. Die abenteurliche Geschichte der Unterwasserforschung.* Ebenhausen-München, 1957.
LARSON, Howard Egon: *A History of Self-Contained Diving and Underwater Swimming.* National Academy of Sciences - National Research Council, Washington, 1959.
LAUSCH, Erwin: *Der Planet der Meere.* Hamburg, 1983.
LAWRENCE, Hans-Joachim: *Die Entstehungsgeschichte der U-Boote.* München, 1968
LE PRIEUR, Yves (Commandante): *Premier de plongée.* Paris, 1956, Reprint 1991.
LETHBRIDGE, John: Letter to the Editor. In: *Gentlemans Magazine*, September 1749.
LETTNIN, Heinz K.J.: *Tauchen mit Mischgas. Theorie, Technik, Anwendung.* Springer, Berlin, 1994
LINK, Edwin A.: Our Man-in-Sea Projekt. In: *National Geographic Magazine*, Washington D.C., Heft 123, 1963, S. 712-717.
-,-: Outpost under the Ocean. In: *National Geopraphic Magazine,* Washington D.C., Heft 127, 1965. S. 530-533.
LOFTAS, T.: *Letztes Neuland - die Ozeane.* Frankfurt, 1970.
LÜCHTENBERG, Dietmar: *Rebreather Manual Nitrox.* Rebreather Advisory Board, Lübeck, 1996.
LUSAR, Rudolf: *Die deutschen Waffen und Geheimwaffen des 2. Weltkrieges und ihre Weiterentwicklung.* München, 1971.
KRAEMER, Hans (Hrsg.): *Der Mensch und das Wasser.* Berlin, Leizig, ca. 1910.
MACINTOSH, G.D.: A japanese Diving applicance - Ohgushi. In: *Journal Royal Naval Medical Service*, 8, 1922, S. 300-301.
MANG, Walter: *Schwimmsport.* (Lehrmeisterbücherei) 2 Bände. Band I: Die vier Schwimmarten. 1923, Band II: Tauchen und Wasserspringen. 1926.
MARAINI, Fosco: *Hekura - The Diving Girls Island.* London, 1962.
MARCHI, Francesco de: *Architettura Militare.* Brescia, 1599.
MARINE-NATIONALE-GERS: *La Plongée.* Paris, 1961.
MARSFELD, A.F.: *Zukunft im Meer.* Berlin, 1972.
MARTIN, Robert C.: *The Deep-Sea Diver. Yesterday, Today and Tomorrow.* Maryland, 1978.
MARX, Robert F.: *The History of Underwater Exploration.* New York, 1990.
MCKEE, Alexander: *History Under the Sea.* London, 1968.
-,-: *Die Mary Rose.* Wien, Hamburg, 1983
MENGENBERG, Konrad: *Buch der Natur.* Frankfurt a.M., 1536.
MICHEL, Jacques: *Trois Inventeurs Méconnus: B. Rouquayrol, A. et L. Denayrouse.* Espalion, 1980.
MILLER, James W. und KOBLICK, Ian G.: *Living and working in the sea.* Flagstaff, 1996.
MILLER, Samuel: A Short History of Fins. In: *Historical Diver*, Heft 3/1994, S. 25-26; Heft 4/1995, S. 12-13; Heft 5/1995, S. 18-19.
MILLOT, Gilles: *Les Pieds - Lourds. Historie des scaphandriers á casque francais.* Le Chasse Marée/edition de l'estran, 1987.
MIYAMOTO, Tsuneichi: *Ama, the Women Sea Divers of Japan.* Tokio, 1962.
MÖNKE, Franz: In Patentschriften geblättert. In: *Poseidon*, Berlin-Ost, Heft 1/1967, S. 34-37 und Heft 3/1967, S. 132-137.
MÖHRES, F.: *Welt unter Wasser.* Stuttgart, 1964.
MONDAY, Nyle C.: Watanbe Riichi and Ohgushis peerless respirators. In: *Historical Diver*, Nr. 8, 1996, S. 20-22.
MONTGERY, Capt. de fregate: *La Navigation et La Guerre Sous-marine.* Paris, 1825.
MOON, Richard E.; VAAN, Richard D. und BENNETT, Peter B.: Die Physiologie der Dekompressionskrankheit. In: *Spektrum der Wissenschaft.* Heidelberg, Oktober 1995, S. 72-80.

MOUTON, Patrick: Tauchpionier Yves Le Prieur. In: *tauchen*, Hamburg, Heft 12/85, S. 28-29.
MUHL, Dr.: *Essai sur l'art de faire vivre l'homme sous l``eau*. Pau, E. Vignancour, 1836.
MUTH, Claus-Martin: Sauerstoff - Mythos und Wirklichkeit. In: *tauchen-Magazin*, Hamburg, Heft 12/97, S. 112-114
NEUSTADT, Arthur: *Japanische Reisebriefe*. Berlin, 1913.
PALMER, Rob: *An Introduction to Technical Diving*. Teddington, 1994.
PESCE, G.-L.: *La Navigation sous-marine*. Paris, 1906.
PETERSON, Mendel: *History under the Sea*. Washington, 1965.
PETIT, Charles und PIEL, René: *Prix-Couvant des Scaphandres Denayrouze*. Paris, 1924.
POOLE, Lynn: *Männer unter Wasser*. Stuttgart, 1957.
POULET, Guy und BARINCOU, Robert: *Das Große Buch vom Tauchsport*. München, 1972.
POPP, C. Freih. v.: Über Taucherei und Tauchapparate. In: *Zs. d. österreichischen Ingenieur- u. Architekten-Vereins- Wochenschrift*. 1876, S. 296-299 u. 306-307.
PRINGLE, Patrick: *Modern adventures under the Sea*. London, 1959.
PROUJAN, Carl: *Zu den letzten Grenzen der Erde*. Dritter Teil: Geheimnisse des Meeres. Gütersloh, 1977.
PROST, Frank J.: *Scyllias - Diving in Antiquity*. Oxford, 1968.
PULVENIS, Marie Felix Raymond: *La Chasse aux poissons, chasse sous marine. Avec la description, les möurs et la représentation de tous les poissons intéressant le chasseur.* Paris, 1945.
RAHN, Hermann (Hrsg.): *Physiology of Breath-Hold Diving and the Ama of Japan*. Publication 1341, National Academy of Sciences - National Research Council, Washington, 1965.
REBIKOFF, Dimitri: *Unterwasser-Aufnahmen*. Seebruck a. Chiemsee, 1953.
-,-: *Licht im Meer*. Hamburg, 1955.
REGNARD, Paul: *Recherches expérimentales sur les conditions physiques de la vie dans les eaux*. Paris, 1891.
RIEDL, Rupert: Was ist Unterwasserforschung? In: *Umwelt*, 3, 1947.
-,-: Unterwasserforschung im Mittelmeer. In: *Naturwissenschaftliche Rundschau*. Heft 2, 1954, S. 65-71.
-,-: *Biologie der Meereshöhlen*. Hamburg, 1966.
RIFFAUD, Claude: *La grand aventurte des hommes sons la mer: du temps d'Aristote d'l'age nucleare*. Paris, 1988.
ROMANOVSKY, Vsevolod: *Conquest of the Deep*. London, 1965.
ROSS, Frank: *Undersea Vehicles and Habitats*. New York, 1970.
SADKOVICH, James, J.: *The Italian Navy in World Wor II*. London, 1994.
SCHEYER, Werner: *Flaschen, Ventile, Reserveschaltungen*. Stuttgart, 1992.
-,-: *Lungenautomat*. Stuttgart, 1994.
SCHLEE, Emil: Bibliographie zur Geschichte des Schwimmens, Wasserspringens und Tauchens. In: *Die* Leibeserziehung, Schorndorf, 1960, Heft 2, Seiten 58-60, und Heft 4, S. 128-129.
SCHOTT, Caspar: Magia universalis, Technica Curiosa, Sive, Mirabilia Artis. Würzburg 1657.
SCHULT, Christian: Atlantis I - Rebreather für Sporttaucher. In: Kern, Axel und Lachenmeir, Paul (Hrsg.): *Tagungsbericht zur Tauchlehrertagung am 27.01.1996 auf der BOOT in Düsseldorf.* Mörfelden-Walldorf, 1996, S. 106-117.
SCHWIMMEN UND TAUCHEN. Miniatur-Bibliothek, Heft 391, Leipzig, 1902.
SHELFORD, W.O.: Ohgushis Peerless Respirators. In: *Triton*, London, Februar 1972, S. 9-12.
SIEBE, Henry: *The Conquest of the Sea*. New York, 1874.
SPAMER, Otto: *Das Buch der Erfindungen*. Leipzig, 1880.
STIBBE, Axel: *Sporttauchen*. Stuttgart, 1994.

STELZNER, Hermann: *Tauchertechnik*. Lübeck, 2. Auflage 1943.
-,-: *Taucherlehrbuch*. Lübeck, 1948.
STENUIT, Robert: The Deepest Days. In: *National Geographic*, S. 534-547, Heft 127, 1965.
-,-: *The Deepest Days*. New York, 1966.
-,-: Geschichte des Tauchens. In: *tauchen*, Heft 8/89, S. 62-65 und Heft 9/89, S. 14-19.
-,-: 50 Jahre Lungenautomat. In: *tauchen*, Hamburg, Heft 11/93, S. 70-76.
STREICHER, Sonnfried: *Fabelwesen des Meeres*. Rostock, 1985.
-,-: Sagengestalten des Meeres. In: *Poseidon*, 10/1976, S. 452-455.
-,-: Nessi & Co.. In: *Poseidon*, 1/1977, S. 32-36.
TAILLIEZ, Phillipe; DUMAS, F.; COUSTEAU, J.Y.; ALINAT, J. und DEVILLA, F.: *La plongée en Scaphandre*. Paris, 1949.
-,-: *To Hidden Dephts*. New York, 1954.
-,-: *In den Tiefen der Meere*. Wien, 1956.
TAUCHEN-Magazin: *Tauchretter und Gegenlunge*. Hamburg, Heft 1/90, S. 12-14.
TAYLOR, Colin: Formidable. Lemaire D'Angerville. In: *Diver,* London, Heft 7/96, S. 40-42.
TEROUKA, G.: Die Ama und ihre Arbeit. In: *Arbeitspysiologie*, Berlin, Band 5, 1932, S. 239-251.
THEATRUM PONTIFICALE oder: *Des Schau-Platzes der Brücken und Brücken-Baues*. Leipzig, 1726.
TOSCHI, Elias: *Tesei e i cavalieri subaquei*. Rom, 1967.
TOUDOUZE, G. u.a: *Historie de la Mer*. Paris, 1934.
UNITED STATES BUREAU OF MINES; DEPT. OF INTERIOR, GROVE C.W.: *Self-Contained Oxygen Breathing Apparatus*. Washington D.C., Govt. Ptg. Off., 1941.
UNITED STATES NATIONAL OCEANIC AND ATMOSPHERIC ADMINISTRATION NOAA/ MANNED UNDERSEA SCIENCE AND TECHNOLOGY OFFICE: *The NOAA diving manual: Diving for science and technology*. Washington, 1975.
VADUS, J.R.: *International Review of Manned Submersibles and Habitats*. Rockville, 1975.
VALINTINE, Reg: *Divers and Diving*. Poole, 1981.
VERNE, Jules: *Zwanzigtausend Meilen unter dem Meer*. 2 Bände, Zürich, 1976.
WALDRON, T.J. und GLEASON, James: *The Frogmen*. London, 1950.
WALKER, Sydney F.: *Submarine Engineering*. London, 1914.
WASMUND, Erich: Entwicklung der Naturforschung unter Wasser im Tauchgerät. In: *Geologie der Meere und Binnengewässer*, Bornträger, Berlin, 1938, Band 2, S. 87-151.
WEINBERG, Steven; DOGUE, Philippe; NEUSCHWANDER; John: *Unterwasserfotografie - Hundert Jahre Geschichte, Technik, Faszination*. Schaffhausen, 1993.
WELHAM, Michael: *Kampfschwimmer. Geschichte, Ausrüstung, Einsätze*. Stuttgart, 1996.
WENZEL, Hein: *Das Meer. Größter Erdteil der Welt*. Bern, 1961.
ZÖLLNER, Johann Friedrich: Zöllners Lesebuch für alle Stände. Berlin, 1785, Teil 4.

Allen interessierten Lesern sei die Mitgliedschaft in der Historical Diving Society (HDS) empfohlen, die regelmäßig neueste Forschungsergebnisse zur Geschichte des Tauchens publiziert. Kontaktadresse: Historical Diving Society, 23 Brompton Drive, Brierly Hill, West Midlands, DY5 3NZ, England. Eine Mitgliedschaft ist auch in der amerikanischen Sektion möglich: Historical Diving Society USA, c/o 2022Cliff Drive # 119, Santa Barbara, CA 93109, USA.

Anmerkungen

1 Der im 18. Jahrhundert lebende französische Abbé Ameilhon faßte als erster Berichte über das Tauchen im Altertum in einer ausführlichen Studie zusammen.
2 geschrieben zwischen 900 und 700 v.Chr. Ilias, Band 16, S. 740.
3 Thule, 21, c.9, S. 240.
4 Thule, VI, c.40, S. 127.
5 Thule, 16, Seite 225.
6 Sagenhafte Geschichten über das Tauchen sind auch in dem Buch von Gerhard Vieth zu finden: Vieth, Gerhard Ulrich Anton: *Versuch einer Encyklopädie der Leibesübungen II.* 1795
7 Charybdis, ein von Homer und anderen Schriftstellern, den geringen nautischen Kenntnissen jener Zeit entsprechend, als sehr gefährlich geschilderter Meeresstrudel zwischen Sizilien und Italien, in der Nähe der noch gefährlicheren Scylla. Dieser war ein senkrechter, unten zu Höhlen ausgewaschener Felsen am Nordeingang der Straße von Messina. Einst wurde die Fahrt zwischen Charybdis und Scylla als verhängnisvoll geschildert, weil die Schiffer, im Bestreben den Strudel der Charybdis zu vermeiden, leicht in die Brandung der Scylla gerieten („Incidis in Scyllam, dupiens vitare Charybdim"). Demgemäß dachte sich die Mythe die Scylla als einen Drachen mit sechs Köpfen und zwölf Füßen, der in einer unterseeischen Höhle lebte und alle Vorüberfahrenden verschlang, so sechs der besten Männer des Odysseus und die Sonnenrinder des Herakles...
8 1 Stadion = 200 Schritt = 160 Meter
9 In der Beowulf-Dichtung berichtet man, daß der angelsächsische Nationalheld der Sage nach mit einem Nix in den Fluten kämpfte und in den Meeresschlund tauchte, um dort, nach schwerem Kampf, aus der Halle der Meerwölfin mit einem goldenen Schwertgriff und dem Haupt des Seeungeheuers Grendel zurückzukehren.
10 Varro, L.L., S. 126.
11 Jal, Auguste: *Archéologie Naval.* Paris, 1840, Bd. 1, S. 441.
12 Rothe, Johannes: *Ritterspiegel.* 1400, Strophe 2701-2705. In: Bartsch, K.: *Mittelhochdeutsche Gedichte*, Stuttgart, 1860.
13 Plinius: *Historia naturalis* 32,21.
14 Bis zur Entdeckung der Antibiotika war Olivenöl ein oft benutztes Heilmittel gegen Ohrenentzündungen.
15 Oppian: *Über das Fischen*, Halieutica, S. 634-675.
16 Stelzner, Hermann: *Tauchertechnik.* Lübeck, 1943, S. 320.
17 Die beiden Brüder Louis und Auguste Boutan bauten um 1900 in Frankreich ein autonomes Tauchgerät. Von dem Ingenieur Auguste Boutan ist außer seiner Mithilfe beim Bau des Apparates kaum etwas bekannt. Um eine größere Mobilität unter Wasser zu erreichen, konstruierten beide ein autonomes Tauchgerät auf der Basis eines traditionellen Helmtauchergerätes. Mit dem Gerät soll Boutan bis zu 3 Stunden getaucht sein (siehe Boutan, Louis: *La Perle.* Paris, 1925). Um 1900 veröffentlichte Louis Boutan in Paris ein Buch mit dem Titel *Scaphandre Autonome a Respiration Normale* (autonomes Tauchen unter normalen Atembedingungen), in dem er diesen interessanten Apparat genauer beschrieb. Es gab leider nur eine sehr kleine Auflage davon, seine genaue Konstruktion ist bis heute noch weitgehend unbekannt.
18 Siehe z.B.: Rahn, Herman und Yokoyama, Tetsuro: *Physiology of Breath-Hold Diving and the Ama of Japan.* Washington, 1965.
19 *Guinness Buch der Rekorde,* 1979.
20 Haedicke konstruierte 1886 den „Submarinegucker", der dazu dienen sollte, die Taucherarbeiten von oben zu beaufsichtigen und aus einem weiten Zylinder mit Glasboden bestand, welcher mit dem Boden nach unten in das Wasser getaucht wurde. Der Blick dringt frei in das Wasser und reicht so tief, wie es die Beleuchtungsverhältnisse und die Klarheit des Wassers gestatten. Siehe dazu auch: Brewster, David: Beschreibung eines Fernrohres, welches zum

Sehen unter Wasser bestimmt ist. In: *Gilberts Annalen der Physik.* Halle, 1815, Band 50, S. 65-76.

21 Defrémery, M.: *Voyages d'Ibn Batoutah dans la Perse et l'Asie central.* Paris, 1848.

22 Minoru Nukada: Historical Development of the Amas Diving Activities. In: Rahn, Herman und Yokoyama, Tetsuro: *Physiology of Breath-Hold Diving and the Ama of Japan.* Washington, 1965, S. 117 und Gilpatric, Guy: *The Compleat Goggler.* New York, 1938, S. 89.

23 Diole, Philippe: Gegen die Jagd unter Wasser. In: *Der Tierfreund*, Bern, März 1956, S. 36-38.

24 Doukan, Gilbert: *The world beneath the waves.* London, 1957, S. 23.

25 Es gab allerdings auch in Europa Vorgänger: Bereits 1933 baute Yves Le Prieur eine Vollgesichtsmaske für sein autonomes Druckluftgerät. Ein europäischer Vorläufer der Vollgesichtsmaske kann man auch in dem Tauchgerät „apparail pneumatonautique" von Lemaire D'Angerville sehen, das von ihm 1828 hergestellt wurde. Diese Konstruktion geriet aber in Vergessenheit.

26 Siehe: Lausch, Erwin: *Der Planet der Meere.* Hamburg, 1983.

27 Siehe: Buschan, Georg: *Illustrierte Völkerkunde.* Stuttgart, 1923. S. 376.

28 Plutarch: *Vita Camill* 1, S. 141.

29 Horatius Flaccus: *Satyr* I, 4, Seite 120.

30 *Traitéda la construction théoretique et pratique du Scaphandre ou du bateau de l'homme* par M. de la Chapelle, Censeur Royal, Bd. 1, Paris 1775.

31 Dugan, James: *Forscher und Taucher* im Meer. Zürich, 1960, S. 20.

32 USA 74.931.

33 Frankreich 767.013, USA 2.099.973, Deutschland 658.872.

34 Siehe Anmerkung 110

35 Mönke, Franz: In Patentschriften geblättert. In: *Poseidon*, Berlin, Heft 1/1967, S. 34 ff. und 3/1967, S. 132 ff., und Miller, Samuel: A Short History of Fins. In: *Historical Diver*, Heft 3/1994, S. 25-26; Heft 4/1995, S. 12-13; Heft 5/1995, S. 18-19, zum folgenden.

36 USA 2.423.571.

37 Deutschland 1.085.798.

38 USA 3.055.025.

39 USA 3.032.787.

40 USA 3.183.529.

41 USA 4.017.925.

42 USA 3.922.741.

43 USA 4.738.645 und 4.887.985.

44 USA 4.857.024.

45 USA 4.820.218.

46 Aus den *„Gründlichen Berichten von Geschützen des Diegum Uffanum* nach Archeley Zütphen, 1630".

47 Borelli, Johann Alfons: *Die Bewegung der Tiere.* Leipzig, 1927, S. 57.

48 Hagen, Friedrich Heinrich, und Büsching, J. G.: *Deutsche Geschichte des Mittelalters.* Berlin, 1808-1825.

49 Stigler, Robert: Schwimmen, Tauchen, Baden. In: *Nachrichten des Vereins zur Verbreitung naturwissenschaftlicher Erkenntnisse*, Band 55, Wien, 1914.

50 Siehe Patent von Pratt, 1902: USA 690.663.

51 Der von Hermann Stelzner 1943 verwandte Begriff des „Taucherkessels" ist insofern problematisch, als daß man heute unter einem Kessel im allgemeinen ein *offenes* Gefäß versteht. Der Begriff der „Tauchkammer" umgeht diese Schwierigkeit und soll weiterhin für geschlossene, innen unter atmosphärischem Druck stehende Tauchgeräte Verwendung finden.

52 De Marchi, Francesco: *Architettura militare.* Brecia, 1599, Buch 2, Kap. 82 und 84.

53 nach V. Malfatti: *Le navi romane del Lago diNemi.* Rom 1905, S. 25.

54 Keßler, Franz: *Geheime Künste.* Oppenheim, 1616.

55 Schott, Gaspard: *Technica Curiosa sive Mirabilia Artis.* 1664.

56 Nach Streicher, Sonnfried: *Fabelwesen des Meeres.* Rostock, 1985. Sagengestalten des Meeres. In: *Poseidon*, 10/1976, S. 452-455. Nessi & Co.. In: *Poseidon*, 1/1977, S. 32-36; zum folgenden.

57 Nach Feldhaus, Franz Maria: *Leonardo.* Jena, 1922, zum folgenden. Siehe dazu auch (!): Reti, Ladislao: *Tracce dei Progetti perduti di*

Filippo Brunelleschi nel Codice Atlantico da Leonardo da Vinci. Florenz, 1965.
58 Salzmann, Johannes: *Disertatio Academica de Urinatoribus*, um 1700.
59 Funktionsverwandt zum DIVEMAN, Siehe S. 96.
60 Als „Werg“ wird der beim Hecheln zurückbleibende Abfall von Flachs oder Hanf bezeichnet. Siehe zu Klingert auch: Jung, Michael: *Tauchgeschichtekompendium Karl-Heinrich Klingert.* Merzig, 1998.
61 Jung, Michael: *Meeresgrundwanderer. Der vergessene Tauchpionier Peter Kreeft aus Barth.* Kückenshagen, 1997.
62 Patent Nr. 6757 von John Bethell, 1835.
63 Mulh, D.: *Essai sur l'art de faire vivre l'homme sous l'eau.* Pau, E. Vignancour, 1836.
64 John Bevan ist auch Präsident der englischen Historical Diving Society. Weitere Informationen zur Geschichte der Helmtauchertechnik beispielsweise bei Bevan, John: *The Infernal Diver*, London, 1996; oder Augustinski, Gert: *Von der Luftblase zum Taucherhelm*, Petersberg, 1994.
65 England 4.869. Siehe auch: *Dingler's Polytechnisches Journal*, Band 18, 1825, S. 11-14.
66 Goodsall, Robert H.: *Whitstable, Seasalter and Swalecliff.* 1938.
67 Siehe: *Dingler's Polytechnisches Journal*, Band 1, 1820, S. 415-420.
68 Ein solcher Halbanzug, bei dem der Helm mit einer wasserdichten, bis zur Hüfte reichenden Jacke fest verbunden ist, nennt man auch „halboffener Taucherhelm“.
69 Seine Detektivarbeit beschreibt Alexander McKee in seinem Buch *History Under the Sea*, London, 1968.
70 Interessierten Lesern sei auch einen Besuch im „Museum of Man in the Sea“ in Panama City, Florida, empfohlen. Dieses Museum besitzt eine große Anzahl alter und neuer Tauchgeräte der verschiedensten Art aus den USA, England, Frankreich, Deutschland und Japan sowie eine umfangreiche Bibliothek mit seltenen Büchern, Fotos und Filmen zur Geschichte des Tauchens.
71 Spamer, Otto: *Das Buch der Erfindungen.* Leipzig, 1880, Band 9, S. 573
72 Siehe hierzu: Wasmund, Erich: Entwicklung der Naturforschung unter Wasser im Tauchgerät. In: *Geologie der Meere und Binnengewässer*, Berlin, 1938, Band 2, S. 87-151.
73 Colladon, Louis-Theodore F.: *Relation d'une Descente, en Mer, dans la Cloche des Plongeurs.* Paris, Lagier Jeune, 1826.
74 Moon, Richard E.; Vaan, Richard D. und Bennett, Peter B.: Die Physiologie der Dekompressionskrankheit. In: *Spektrum der Wissenschaft.* Heidelberg, Oktober 1995, S. 72-80, zum folgenden.
75 Dugan, James: *Forscher und Taucher im Meer.* Zürich, 1960, zum folgenden.
76 Haller von Hallerstein, Sigmund Freiherr: *Drei Fälle von Luftdrucklähmung.* Dissertation, Kiel, 1889.
77 Die IANTD (International Association of Nitriox and Technical Divers) gibt einen maximalen Partialdruck für den Sauerstoff von 1,6 bar an, wenn die Tauchzeit 45 Minuten nicht überschreitet. Die genauen Tiefengrenzen entprechen einem tolerierten Sauerstoff-Partialdruck von 1,4 bar in kalten Gewässern und/oder bei Tauchgängen mit größerer körperlicher Anstrengung bzw. 1,6 bar in warmen Gewässern und/ oder bei Tauchgängen ohne größere Anstrengung.
78 Falkenhorst, Carl: *In Meerestiefen.* Stuttgart, Berlin, Leipzig, 1891, S. 123 f.
79 Unfallverhütungsvorschriften für Taucherarbeiten VBG 39. Die in den deutschen Regelungen festgelegte Maximaltiefe von 50 Meter für Druckluft leitet sich aus dem relativ hohen Stickstoffpartialdruck von 4,8 bar ab, bei dem sich bereits narkotische Wirkungen zeigen können, die das Verhalten des Tauchers beeinträchtigen.
80 Der Chemiker Carl-Wilhelm Scheele (1742-1786) entdeckte unabhängig von John Priestley (1733-1804) Chlor (publiziert 1774) und Sauerstoff (er nannte sie „Feuerluft“, publiziert 1777) und leistete Pionierarbeit zur Gaschemie. Scheele, Carl-Wilhelm: *Chemische Abhandlungen von der Luft und dem Feuer.* Uppsala/Leipzig, 1777. Die Entdeckung des Sauerstoffes wurde ergänzt durch die Forschungen des Franzosen Antoine Laurent Lavoisier (1743-1794). Er erkannte die Bedeutung des Sauerstoffes bei der Oxidation

und auch, daß bei jeder Verbrennung Sauerstoff verbraucht wird.

81 Foex, Jean-Albert: *Der Unterwassermensch*. Stuttgart, 1966.

82 Hales, Stephan: *Vegetable Staticks*, 1726.

83 Ingenhousz, Johann: *Vermischten Scriften phisisch-medizinischen Inhalts*. Wien, 1782.

84 Die erste Idee eines autonomen *Tauch*gerätes, das nach dem Konzept eines selbstregenerierenden Systems arbeiten sollte, hatte 1842 der Franzose Sandala. Es war aber leider nicht mehr als eine vage Vorstellung, keine Zeichnungen wurden veröffentlicht oder Geräte gebaut.

85 Henry Fleuss beteuerte später, er habe damals nichts von der Erfindung von Theodore Schwann, der zeitgleich das gleiche Gerät gebaut hat, gewußt. Sie müssen wohl tatsächlich, ohne daß einer von dem anderen gewußt hat, gleichzeitig am selben Problem gearbeitet haben. Heute spricht man Henry Fleuss die Erfindung des ersten, funktionsfähigen autonomen Tauchgerätes auf der Basis des Sauerstoffkreislaufes zu, da es in späteren Jahren vielerlei Anwendung und weite Verbreitung gefunden hat. Es besteht aber kein Zweifel daran, daß dies nur dem Engagement der Firma Siebe und Gorman zu verdanken ist, die das Gerät ab 1879 mit großem Erfolg vertrieben haben. Schwann hatte als Privatmann diese Möglichkeiten nicht, und folglich blieb sein Gerät weithin unbeachtet.

86 Dugan, James: *Forscher und Taucher im Meer*. Zürich, 1960, zum folgenden.

87 Vor Fleuss waren bereits Karl Condert, 1831, Rouquayrol/Denayrouze, 1865, sowie T.C. McKeen, 1867 mit einem autonomen Tauchgerät mehr oder weniger erfolgreich getaucht.

88 Fleuss war mit seinem Sauerstoff-Kreislaufgerät neben Schwann in direkter Linie der Stammvater der heutigen Sicherheitsgeräte für Bergleute, der Atmungsgeräte der Feuerwehr, der Rettungsgeräte für Unterseebootsbesatzungen und der Atmungsgeräte der Kampftaucher im Zweiten Weltkrieg.

89 Dieses Prinzip der Druckangleichung durch einen Atemsack gibt es bereits seit Jahrhunderten.

90 Dieses Prinzip wird noch heute bei dem von der Firma Dräger produzierten LAR V (lungenautomatisches Regenerationsgerät) verwendet.

91 Zum Spülen des Atemkreislaufes wird vor dem Abtauchen aus dem Gerät an der Wasseroberfläche geatmet. Dabei wird durch den Mund eingeatmet und durch die Nase unter Umgehung des Gerätekreislaufes ausgeatmet.

92 Es gibt jedoch eine Begebenheit, bei der die Vorteile des neuartigen Sauerstoff-Kreislaufgeräts für Taucher besonders deutlich wurden: 1880 bei der Überflutung des Severn-Tunnels in England benutzte es der Cheftaucher von Siebe und Gorman, Alexander Lambert. Lambert übernahm mit Vorliebe die schwierigsten Aufgaben. Aus dem Wrack der *Alphonse XII.*, das bei Gran Canaria in 50 Meter Tiefe auf dem Grund lag, barg er 1885 alleine Goldbarren im Wert von nahezu einer halben Million Dollar. Mit Hilfe von Sprengungen brach er sich Bahn durch einige Decks, um an die Stahlkammer des Schiffes zu gelangen. Dabei erkrankte er an der Dekompressionskrankheit und mußte das Tauchen aufgeben. Er blieb aber bei Siebe und Gorman und arbeitete dort als Sachverständiger weiter. Erzählungen über seine Großtaten füllen die Seiten vieler Bücher zur Tauchgeschichte.

93 Das Gerät wurde zwar erst am 1. Juli 1905 patentiert, war aber schon 1903 fertig. Siehe dazu: Davis, Robert: *A Diving Manual*. London, Siebe and Gorman, 1924.

94 Davis und Fleuss gaben ihrer Bauvariante des Unterseeboot-Austauchgerätes einen besonders pfiffigen, technischen Kniff: Damit der Unterseeboot-Fahrer beim Ausstieg aus seinem Boot die Aufstiegsgeschwindigkeit regulieren und abbremsen konnte, wurde unter dem Atemsack ein Rollo angebracht, das je nach Bedarf ganz oder nur teilweise ausgezogen werden konnte. Durch den erhöhten Wasserwiderstand wurde so die Aufstiegsgeschwindigkeit etwas gebremst.

95 England 13.604.

96 Dräger, Bernhard: *Neue Untersuchungen über die Erfordernisse eines zur Arbeit brauchbaren Rettungsapparates*. Essen-Ruhr, 1904.

97 Haase-Lampe, Wilhelm: 20 Jahre Dräger-Tauchtechnik. In: *Dräger-Heft* 160, Lübeck, März/April 1932, S. 2094-2102.

98 Deutschland 273.788 von 1912 und Deutschland 309.182. Bereits an diesem Punkt der neu erreichten Mobilität dachte man an mehr, als nur Arbeit auf dem Meeresgrund zu verrichten. Das *Scientific American Magazine* schrieb im Zusammenhang mit dem neuen Unterwasserschlitten „von dem anbrechenden Zeitalter eines neuen Sportes, der Unterwasserreise, die jedem Menschen in naher Zukunft möglich sein sollte." (Davis, R.W.: Letter to the Editor „The Self-Contained Diving Outfit". In: *Scientific American,* 21.12.1912). Die echte Mobilität des Tauchers wurde aber erst 1942 durch das Schwimmtauchen erreicht.
99 USA 1.878.474, Deutschland 529.399.
100 Gilpatric beschreibt eine Unterwasserjagd „des Österreichers" in seinem Buch: *The Compleat Goggler*, New York, 1938, S. 99.
101 Auf den niederländischen Antilleninseln wurden sie kurz vor Kriegsausbruch natürlich mißtrauig beobachtet. Man hielt sie für Agenten und Spione, denn auf Curaçao gibt es eine große Ölraffinerie. Sogar der amerikanische Präsident Franklin D. Roosevelt erwähnte in einer seiner Reden vor dem Kongress, in der Karibik wären bereits deutsche Spione, die unterseeische Stützpunkte für deutsche Unterseeboote vorbereiteten. Niemand konnte sich vorstellen, daß die drei Europäer wirklich nur die Riffe vor der Insel erforschen wollten.
102 Er wurde 1942 in deutschen Kinos gezeigt, dauert 15 Minuten und ist ein Stück Unterwasserfilmgeschichte. Er zeigt Korallenriffe, Unterwasserjagd und die Annäherung an einen großen Hammerhai.
103 Der etwa 80 Minuten lange Film über den Verlauf der Agäis-Expedition, die Erforschung unterseeicher Grotten und die Beobachtung von Haien wurde 1948 in deutschen Kinos gezeigt. Außerdem sind diese ersten Tauchgänge in einer Artikelserie von Hass in der *Berliner Illustrirten Zeitung* unter dem Titel „Mein Weg zu den Haien" von Dezember 1942 bis Januar 1943 dokumentiert.
104 Nur einen Tag später setzten die italienischen Kampftaucher zum ersten Male Schwimmtaucher unter der Bezeichnung Gamma-Gruppe zum Angriff auf britische Schiffe in Gibraltar ein. Zum allerersten Male benutzte Hass im Frühjahr 1941 im Versuchstank des Drägerwerkes das Schwimmtauchgerät. Bereits im April 1942 flog Hass dann kurz nach Griechenland, um die Expedition vorzubereiten und nach einem geeeigneten Schiff zu schauen. Hass nutze diese Gelegenheit, um bei der Insel Ägina einen Prototypen des Atemgerätes zu testen. In den Gewässern der Insel hatte die griechische Armee vor Einmarsch der deutschen Truppen viele Pulverladungen der Küstengeschütze im Meer versenkt, wo sie jetzt in 20 Meter Tiefe lagen. Hass tauchte einige Male ohne Schwierigkeiten hinab und brachte mehrere dieser Pulverladungen an das Ufer. Hier wurden sie dann entzündet, und das Pulver verbrannte in einer lodernd heißen Flamme, als schöner Auftakt zu einer neuen Epoche, in der Schwimmtaucher das Meer erobern (siehe Anmerkung 156).
105 Hass, Hans: Beitrag zu Kenntnis der Reteporiden mit besonderer Berücksichtigung der Formbildungsgesetze ihrer Zoarien und einem Bericht über das Schwimmtauchen als neue Methode der Meeresforschung. *In: Zoologica, Stuttgart, Band 37, Heft 101, 1948.* In dieser Dissertation gibt Hass auch einen ausführlichen Bericht über die neue Methode der Unterwasserforschung mit Hilfe des Schwimmtauchgerätes und der sich der Wissenschaft bietenden Möglichkeiten.
106 Das „Underwater Film Festival for Underwater Photographers" fand in Los Angeles am 12. Dezember 1959 statt. Die Auszeichnung trägt umgangssprachlich die Bezeichnung „Unterwasseroscar". Siehe: *Skin Diver Magazine*, September 1960, S. 20 and 36.
107 Jung, Michael: *Hans Hass - Ein Leben lang auf Expedition.* Stuttgart, 1994.
108 Hantschk, Andreas and Jung, Michael: *Rahmenbedingungen der Lebensentfaltung. Die Energontheorie von Hans Hass.* Solingen, 1996.
109 Wasmund, Erich: Entwicklung der Naturforschung unter Wasser im Tauchgerät. In: *Geologie der Meere und Binnengewässer.* Berlin, 1938, Vol. 2, S. 87-151.
110 Eine empfehlenswerte Darstellung der internationalen Entwicklung der Kampftaucher der

Neuzeit findet sich in Welham, Michael: *Kampfschwimmer.* Stuttgart, 1996.
111 Lake, Simon: Submarines that are Strictly Invisible. In: *Scientific American*, 16. Januar 1915.
112 Ouvaroff, Serge: *Torpilles Humaines*. Paris, 1951.
113 Borghese, Valerio: *Die Teufel der Tiefe*. Boppard am Rhein, 1961.
114 Er erlangte später besondere Berühmtheit, als er im April 1956 spurlos verschwand, während er den Rumpf des russischen Kriegsschiffes *Ordzhonikidze*, das vor Portsmouth ankerten, nach geheimen Radaranlagen untersuchte.
115 Deutschland 665.253 (Belloni-Tauchanzug).
116 siehe dazu: Waldron, T.J. und Gleason, J.: *The Frogmen*. London, 1950.
117 siehe dazu: Bekker, Cajus: *Und liebten doch das Leben*. Hannover, 1956. Bekker, Cajus: *Einzelkämpfer auf See*. Hamburg, 1968. Bracke, Gerhard: *Die Einzelkämpfer der Kriegsmarine*. Stuttgart, 1981.
118 Lake, Simon: Submarines that are Strictly Invisible. In: *Scientific American*, 16. Januar 1915.
119 Warren, C.E.T und Benson, James: *Und über uns die Wellen. Geschichte der britischen Torpedoreiter und Kleinst-U-Boote*. München, 1955.
120 Lambertsen, C.J.: A Diving Apparatus for Live-Saving Work. In: *Journal of the American Medical Association*, 29. März 1941.
121 Grove, C.W.: *Self-Contained Oxygen Breathing Apparatus*. United States Bureau of Mines, Dept. of Interior. Washington D.C., Govt. Ptg. Off., 1941.
122 Die Japaner verwandten auch „Kaiten" genannte, mit Sprengstoff vollbeladene Ein-Mann-Unterseeboote für Selbstmordkommandos.
123 Sténuit, Robert: Geschichte des Tauchens. In: *tauchen-Magazin*, Hamburg, 8/89, S. 63-65, und 9/89, S. 14-19; sowie Sténuit, Robert: 50 Jahre Lungenautomat. In *tauchen-Magazin*, Hamburg, 11/93, S. 70-76 zum folgenden.
124 Siehe: Michael Jung: *Joseph August Schultes.* Merzig 1998.
125 England 5.176.
126 *Notice historique sure le nouveau systeme de navigation sous-marine, avec des bateux à fonds ouverts à volonte* invente par M. Beaudouin, des Andelys. Paris, August 1827. England 5.471. Siehe dazu auch Pesce, G.L.: *La Navigation sous-marine*. Paris, 1906, S. 92.
127 Description of a Diving Dress invented and used by Charles Condert of Brooklyn New York. In: *Journal of the Franklin Institut*, September 1935. Der Beitrag wurde kurze Zeit später unter dem gleichen Titel in London nachgedruckt im *Mechanics Magazine*, Oktober 1835. Ref. No. 43.
128 *Dinglers Polytechnisches Journal*, Band 230, Heft 4, 1836.
129 Frankreich 6.159. Das Gerät hatte auch eine Rettungsvorrichtung mit separater Druckluftflasche.
130 Die nachfolgenden Schilderung über Jean-Jeremie Pouilliot erfolgt in Anlehnung an: Dick, Peter: What has a tea seller got to do with diving? In: *Historical Diving Times*, Heft 16, 1996, S. 18-21.
131 England 5.089.
132 Frankreich 1.975. Pouilliot erhielt im Juli 1828 noch ein weiteres Patent (Frankreich 2.062) für einige andere, sehr einfache Tauchgeräte, die allerdings nichts wesentlich Neues mehr beinhalten.
133 Die nachfolgenden Schilderungen über Theodore Guillaumet erfolgen in Anlehnung an Bauer, J.A. und Bauer, S.E.: The earliest inventor of the Demand Regulator. In: *HDS Newsletter*, Nr. 14, Dezember 1995, S. 7-14. Den ersten Hinweis dazu lieferte 1989 John Bevan in seinem Artikel: Bevan, John: The first demand valve. In: *Diver,* London, Vol. 34/2, Febr. 1989, S. 36. Das englische Patent 7.695 von 1838, das Bevan fand, war auf William Edward Newton ausgestellt, einem technischen Zeichner, der im englischen Patentamt arbeitete. Er hatte Guillaumets Erfindung auf dessen Wunsch unter seinem eigenen Namen in England eintragen lassen. Beide Patente sind aber identisch und stammen ursprünglich von Guillaumet.
134 Patent von Guillaumet, Theodore: *Brevet d'Invention Pour un appareil Plongeur*. Frankreich 11.429. Siehe dazu auch Jung, Michael:

Guillaumets Tauchgänge mit seinem bedarfsgesteuerten Atemregler. In: *Divemaster Magazin*, Heft 4/1998.

135 Am 26. Mai 1838, also im gleichen Jahr, verlieh die englische „Royal Society for the Encouragement of Arts“ eine Silbermedaille an W.H. Thornwaite aus Hoxton (London). Er hatte einen speziellen Gürtel für Taucher entwickelt, welcher es ermöglichen sollte, bei Gefahr wieder zur Oberfläche aufzusteigen. Er versah gleichsam den Dienst eines Hebeballons. Bis dahin hatten schon viele Taucher ihr Leben verloren, und es wurde dringend ein Rettungsgerät dieser Art benötigt. Thornwaits Gürtel war ähnlich wie die damaligen Anzüge aus gummiertem Stoff hergestellt und hatte einen kleinen, mit 30 bar gefüllten Druckluftbehälter. Wollte oder mußte der Taucher aufsteigen, öffnete er ein Handventil, die einströmende Druckluft füllte den Gürtel und erzeugte einen Auftrieb. Bei den Tests mit diesem Gürtel kam es aber zu Unfällen, da zu dieser Zeit noch kein Wissen über die Ursachen der Druckluftkrankheiten vorlag. Bei Thornwaites Gerät handelte es sich also *nicht* um eine Tarierhilfe, sondern um ein Rettungsgerät. Bereits Leonardo da Vinci und D'Angerville hatten die Idee einer Tarierhilfe, konnten sie aber nicht praktisch umsetzen. Thornwaites Idee war ein direkter Vorgänger des Tauchretters für Unterseeboote. Nach Guillaumet, 1838, welcher der erste war, rüstete 1867 auch T. Cato McKeen seinen Taucher mit einer Tarierhilfe aus. 1961 wurde in Frankreich von Maurice Fenzy die erste Bauart unseres heutigen Rettungskragens patentiert. Unser heutiges Stabilization Jacket wurde erstmals 1971 von der amerikanischen Firma Scubapro gebaut.

136 Siehe dazu: Sténuit, Robert: Geschichte des Tauchens. In: *tauchen-Magazin*, Hamburg, Heft 8/89, S. 63-65, und Heft 9/89, S. 14-19. Sténuit, Robert: 50 Jahre Lungenautomat. In: *tauchen-Magazin*, Hamburg, Heft 11/93, S. 70-76, zum folgenden.

137 Siehe dazu: Michel, Jacques: *Trois inventeures mecconus*. Espalion, 1980.

138 Frankreich 44.655.

139 Dieses System war schon 1838 durch Augustus Siebe bei seinen Pumpen für das Helmtauchergerät verwendet worden.

140 Frankreich 63.606.

141 USA 59.529.

142 Österreichisch-Ungarisches Königshaus: *Unterricht im Taucherdienst in der k.k. Kriegs-Marine*. Theil I und II. Wien, Aus der kaiserlich-königlichen Hof und Staatsdruckerei, 1880.

143 Aus: *Das Buch von der Deutschen Flotte*, Bielefeld und Leipzig, 1880.

144 Jules Verne war nicht der erste Schriftsteller, der Millionen von Lesern für die Unterwasserwelt begeisterte. Schon ein Jahr vor dem Erscheinen seines Buches *„20.000 Meilen unter dem Meer“* (1869) war die erste Ausgabe des Buches *„Reisen unter den Meeren“* von Aristide Roger erschienen, und schon 1845 konnte man das Buch *„Die Reise in Meerestiefen“* von Clement-Jules Briois lesen. Briois beschreibt in seinem Zukunftsroman *„Die Reise in Meerestiefen“* eingehend einen Froschmann, der über erstaunliche Möglichkeiten verfügt, um unter Wasser zu leben: Da er gepresste Luftpillen einnimmt, braucht er keinen Tauchapparat. Briois, Dr. Clement-Jules: *Voyages au fond de la mer par le capitaine Merobert*. Paris, 1845.

145 Das grundsätzliche Prinzip des Puffersackes ist bereits lange bekannt.

146 In Espalion wurde auch von Jacques Michel 1980 die Biografie der „drei verkannten Erfinder“ (*Trois inventeurs méconnus*) veröffentlicht.

147 Shelford, W.O.: Ohgushis Peerless Respirators. In: *Triton* (heute *Diver*), London, Februar 1972, S. 9-12; und in: *Skin Diver*, November 1972, zum folgenden.

148 Es wurde in vielen Ländern der Erde patentiert, unter anderem: England 131.390, USA 1.331.601, Frankreich 496.716. Es ist noch nicht bekannt, warum das Gerät „Ohgushi“ genannt wurde.

149 Der englische Arzt G. D. Macintosh war Augenzeuge einer Tauchdemonstration und bestätigt diese Angaben (siehe Literaturverzeichnis). Er beschrieb eine Demonstration, in der ein Taucher mit dem Ohgushi-Gerät innerhalb von 2 Minuten auf 82 Meter abtauchte, dort 20 Minuten verweilte und innerhalb von 3 Minuten wieder aufstieg.

150 Mouton, Patrick: Tauchpionier Yves Le Prieur. In: *tauchen-Magazin*, Hamburg, Heft 12/85, Seite 28-29, zum folgenden. Le Prieur, Yves (Commandante): *Premier de plongée*. Paris, 1956. (Reprint 1991). Vogt, Hans-Heinrich: *Wir werden Wasser atmen*. Stuttgart, 1971. Sténuit, Robert: Geschichte des Tauchens. In: *tauchen-Magazin*, Hamburg, Heft 8/89, S. 63-65, und Heft 9/89, S. 14-19. Sténuit, Robert: 50 Jahre Lungenautomat. In: *tauchen-Magazin*, Hamburg, Heft 11/93, S. 70-76, zum folgenden.

151 Diese Fernez-Taucherbrille war die von den Unterwasserjägern in den dreißiger Jahren am häufigsten verwandte Sehhilfe.

152 Frankreich 633.421 vom 21. August 1926.

153 Darüber erschien in der französischen Zeitschrift *la Nature* am 16. Oktober 1926 ein kurzer Bericht.

154 Dieser Druckregler wird auch gelegentlich als „Mandet-Regler" oder „manodétendeur" bezeichnet, da er auf eine Erfindung von J. Mandet von 1899 zurückgehen soll.

155 *La Pieuvre* (Der Krake), *Le Bernard L'Ermite* (Der Einsiedlerkrebs) oder *Le Spirographe* (Die Schrauben-Sabelle).

156 In manchen Büchern zur Geschichte des Tauchens findet man den Hinweis, auch Le Prieur hätte bereits Schwimmtauchversuche mit seinem Tauchgerät und Flossen durchgeführt. Dies ist möglich, allerdings konnte ich bislang keinen dokumentarischen Beweis in Form von Foto- oder Filmmaterial dafür finden. Le Prieur selbst berichtete nicht über solche Versuche.

157 Das Gerät wurde später in größerer Stückzahl von der französischen Firma „Epervier et Gillet" hergestellt.

158 Pittard, Jean-Jacques: Une nouvelle station lacustre dans le lac de Geneve. In: *Archs Suisses Anthrop. Gén.*, 8, 1938, S. 16-30.

159 Der bekannte Unterwasserfotograf Dimitri Rebikoff übernahm später dieses Prinzip. Er benutzte aber zum Erwärmen des Wassers statt des Gaskessels das erwärmte Kühlwasser des Außenborders seines Bootes, der während des Tauchganges ständig lief.

160 Die nachfolgenden Schilderungen über Georges Commeinhes erfolgt in Anlehnung an David, Daniel: A modest Pioneer - The life, and death, of Georges Commeinhes. In: *HDS Newsletter*, No. 13, August 1995, S. 7-9; und *Historical Diving Times*, No. 19, Summer 1997, S. 16-21; zum folgenden.

161 Frankreich 794.660.

162 Frankreich 976.590.

163 Sténuit, Robert: Geschichte des Tauchens. In: *tauchen-Magazin*, Hamburg, Heft 9/89, S. 16.

164 Tailliez, Phillipe, u.a.: *La plongée en Scaphandre*. Paris, 1949.

165 Frankreich 989.153

166 Tailliez, Philippe: *In den Tiefen der Meere*. Wien, 1956.

167 Der einstufige Regler, auch als Lungenautomat bezeichnet, hat einige Nachteile: Um mit geringen Kräften am Ventilkörper auszukommen, sind die Bohrungen sehr klein. Bei nachlassendem Flaschendruck entsteht ein starker Strömungswiderstand. Bei voller Flasche ist der Gasdruck auf den Ventilteller sehr groß, so daß ein hoher Ansaugwiderstand nötig ist.

168 Frankreich 937.032, USA 2.485.039, Deutschland 974.972. Emile Gagnan meldete später noch weitere Patente zur Verbesserung der Mechanik des Atemreglers an, wie etwa Deutschland 1.026.655 (1954), Deutschland 1.028.013 (1956).

169 „Aqualunge" ist eine eingetragene Handelsbezeichnung für den von Cousteau und Gagnan gebauten *scaphandre-autonome*.

170 Ähnliche Atemregler, die beide Stufen in einem einzigen Gehäuse vereinen sind die Waterlung (Sportsway), Viking (Christiansen) und der PA 61/II (Dräger).

171 Weitere Atemregler, die nur eine einzige Stufe besaßen waren neben dem Mistral von Spirotechnique bzw. U.S. Divers: Spiro Sub, Air-Lung (Dacor), Scuba (Healthway), Monomat (Dräger).

172 Ihre offizielle Bezeichnung lautet heute „Gruppe für unterseeische Studien und Forschung", Groupe d'études et de rechereches sous-marines, Gers.

173 Frankreich 922.872.

174 Sténuit, Robert: 50 Jahre Lungenautomat. In: *tauchen-Magazin*, Heft 11/93, S. 75.

175 Frankreich 1.073.608.
176 Frankreich 1.126.597.
177 Nachfolger bzw. gleiche Bauvarianten mit zwei getrennten Stufen waren in den Anfangsjahren: Aquilon Spiro 8 (Spirotechnique), Cristal, Aga, Calypso (U.S. Divers), Aqualung, Waterlung (Sportsway), Scubair (Healthways), Hydro Pak (Scott), Polaris (Cressi), Corallo (Mares), Snark (Nemrod), Poseidon (Aquasport), Mark VI (Scubapro), Zyclomat (Barakuda), Bocamat (Dräger), Baramat 2000 sowie durchweg alle heutigen, im Handel befindlichen modernen Atemregler.
178 Siehe: Hanauer, Eric: *Diving Pioneers. An Oral History of Diving in America.* San Diego, 1994.
179 Siehe: Hanauer, Eric: *Diving Pioneers. An Oral History of Diving in America.* San Diego, 1994.
180 Siehe: Hellyer, David. In: *National Geographic Magazine*, Mai 1949.
181 siehe dazu Kerll, Karl-Heinz: *VDST-Chronik 1954-1994.* Mörfelden-Walldorf, 1994
182 siehe Anmerkung 135
183 Czaya, Eberhard: *Aquanauten erobern die Tiefsee.* Berlin, 1977, zum folgenden.
184 Das Gasgemisch aus Neon und Sauerstoff wird Neox genannt. Die hohen Kosten machen dieses Gasgemisch nur für Kreislaufgeräte interessant. Im Vergleich mit Heliumgemischen sind die Dekompressionszeiten mit Neox bei tiefen, kurzen Tauchgängen geringer.
185 Dugan, James: *Forscher und Taucher im Meer.* Zürich, 1960, zum folgenden.
186 Thompson, Elihu: Copy of 1919 letter to Bureau of Mines suggesting use of helium in diving. In: *Science*, 65, 1927, S. 36-38. Gaertner, G.: Helium für Taucher. In: *Umschau,* Heft 3, 1929. 1919 soll der Amerikaner C.J. Cooke ebenfalls ein Patent zum Heliumatmen für Taucher eingereicht haben.
187 Craig, J.D.: *Danger is my Business.* New York, 1938.
188 Kane, John: Max. E. Nohl - The world record dive of 1937. In: *Historical Diver*, Nr. 7/96, S. 14-19.
189 Donald, K.W. und Davidson, W.M. : Oxygen uptake of divers. In: *Admirality Experiment Diving Unit (R.N.)* Report XV/44, 1944. Später publiziert in: Donald und Davidson: Oxygen uptake of booted and fin swimming divers. In: *J. Appl. Physiol.*, Heft 7, S. 31-37, 1954.
190 Deutschland 680.053.
191 Sein Buch über Tauchmedizin gilt heute als Standardwerk. Bühlmann, Albert A.: *Tauchmedizin. Barotrauma, Gasembolie, Dekompression, Dekompressionskrankheit.* Springer, 1993.
192 Czaya, Eberhard: *Aquanauten erobern die Tiefsee.* Berlin, 1977, zum folgenden.
193 Palmer, Rob: *An Introduction to Technical Diving.* Teddington, 1994.
194 Schult, Christian: Atlantis I - Rebreather für Sporttaucher. In: Kern, Axel und Lachenmeir, Paul (Hrsg.): *Tagungsbericht zur Tauchlehrertagung am 27.01.1996 auf der BOOT in Düsseldorf.* Mörfelden-Walldorf, 1996, S. 106-117.
195 Kontaktadresse in Deutschland: Rebreather Advisory Board, Lachswehrallee 2c, D-23558 Lübeck oder Tauchschule Atlantis (IAND Austria), Gablenzgasse 40, A-1160 Wien.
196 Czaya, Eberhard: *Aquanauten erobern die Tiefsee.* Berlin, 1977, zum folgenden.
197 siehe dazu: Günther Hanns: *Die Eroberung der Tiefe.* Kosmos, Stuttgart, 1928, S. 67.
198 Historiker, Schatztaucher und Unterwasserforscher. Bekanntgeworden unter anderem durch seine Forschungen in der Bucht von Vigo. Verfasser von *Le épaves de l'Or* (Paris 1958; deutsche Fassung: Die Schatzsucher von Vigo. Berlin 1960) und *La chasse aux gallions,* Brüssel 1962.
199 siehe dazu: Miller, James W. und Koblick, Ian G.: *Living and Working in the Sea.* Flagstaff, 1996.
200 Czaya, Eberhard: *Aquanauten erobern die Tiefsee.* Berlin, 1977, zum folgenden.
201 Eaton, Bernard (Hrsg.): *The Undersea Challenge.* A report of the proceedings of the Second World Congress of Underwater activities, 1962 in London.
202 In: *Stern-Magazin*, Hamburg, 11. Januar 1970.
203 In: *Marine-Rundschau*, Bonn, Heft 3/1971, S. 146.

Abbildungsnachweis/Hinweis:

Wo eruierbar, ist die Bildquelle bzw. der Inhaber der Nutzungsrechte in der entsprechenden Bildlegende genannt. Alle Quellenangaben der Illustrationen beziehen sich auf das im Anhang beigegebene Literaturverzeichnis „Bibliografie des Schwimmtauchens/Literaturverzeichnis“. Leider war es dem Autor trotz seiner intensiven Bemühungen nicht bei allen Abbildungen möglich, die Rechtsinhaber zu ermitteln. Diese sind gebeten, sich gegebenfalls mit dem Autor in Verbindung zu setzen. Die bei den Patentzeichnungen in Klammern stehenden Ländernamen und Zahlen (z.B. Deutschland 7.163) bezeichnen das Land, welches das betreffende Patent erteilt hat sowie die Registriernummer der Patentschrift und dienen als Quellenangabe. Nicht gesondert gekennzeichnete Abbildungen stammen aus dem Archiv des Verfassers. Grundsätzlich behält sich der Verfasser die Rechte an allen Illustrationen vor.

Haftungsausschluß

Die in diesem Werk dargestellten Geräte oder beschriebenen Techniken/Methoden sind nicht zum Nachbau bzw. Nachahmung empfohlen oder freigegeben sondern besitzen rein dokumentarischen und illustrativen Charakter. Der Nachbau von Geräten oder einzelnen Bestandteilen ist ohne Erlaubnis des Patent- bzw. Lizenzinhabers grundsätzlich verboten. Autor, Herausgeber oder Verlag übernehmen keinerlei Haftung für den Fall einer Verletzung dieser Direktiven. Geschützte Warennamen (Warenzeichen) wurden nicht besonders gekennzeichnet. Aus dem Fehlen solcher Hinweise kann nicht geschlossen werden, daß es sich um einen freien Warennamen handelt.

Der Autor dankt für freundliche Unterstützung, Informationen sowie die Genehmigungen zum Nachdruck von Bildmaterial:

Deutschland: Michael Adams, Freiburg; Friedrich Albermann, Merzig; Gert Augustinski, Petersberg; Klaus Bachmann, Köln; Drägerwerk AG, Lübeck; Deutsches Patentamt, München; Karl-Heinz Kerll, Münster; Friedrich Naglschmid, Stuttgart; Hubert Sinzig, Salem; tauchen-Magazin, Hamburg; Kleemann, Frankfurt; Manfred Müller, Trier; Philipp Röer, Merzig; Joseph Steuer, Saarlouis; Sonnfried Streicher, Stralsund; Stadtarchiv Stralsund; Sponholz Verlag, Hannover; Nowea, Düsseldorf.

Österreich: Hans Hass, Wien.

Schweiz: Hermann Heberlein, Locarno.

Holland: John Neuschwander, Eindhoven.

Belgien: Robert Sténuit, Brüssel.

Frankreich: Lucien Cabrolié, Espalion; Daniel David, Saint Brieuc; Editions France Empire, Paris.

England: John Bevan, London; Peter Dick, Osterley; Bernard Eaton, Teddington; Siebe Gorman & Co. Ltd., Gwent; Collins Educational, London.

USA: Joe A. Bauer, Islamorada; Robert Finch, Tucson; Leslie Leaney, Santa Barbara; Robert C. Martin; Samuel Miller, Anaheim; Robert F. Marx, Indialantic; National Academy Press, Washington; Scientific American, New York.

Personenregister

Das Verzeichnis enthält die im Buchtext erwähnten Personen, jedoch ohne Bildunterschriften, Anmerkungen und Literaturverzeichnis.